KB260464

이도학 · 김도경 · 김인규 · 서영교 · 정동찬(윤용현) · 정석배 · 천진기 · 채미하 지음

서경문화사

책머리에

 본서는 한국전통문화학교 논문집인 「전통문화논총」 창간호와 2집에 수록된 논문 가운데 한국 역사 내지는 한국 문화의 정체성과 관련한 주제들을 중심으로 편집한 것이다. 본서에 수록된 글들은 당초 대학 논문집에 수록된 논고이기 때문에 자연 독자가 제한되기 마련이었다. 수록된 각 논고들의 珍重한 價値에도 불구하고 일반 독자들의 접근이 용이하지 않았던 것이다. 그러던 중 본 논문집의 필자 가운데 다음과 같은 의견을 개진해 온 경우가 있었다. 비슷한 주제의 글들만이라도 모아서 이 분야에 관심 있는 독자들에게 널리 읽히도록 하는 것이 바람직하지 않겠는가? 熟考 끝에 일리있는 지적이라고 판단하여 '서경문화사'에 출판을 제의하였더니 흔쾌히 김선경 사장님이 수락해 주셨다. 그럼에 따라 기왕의 논고들은 좀더 보완되고 정제된 모습으로 많은 독자들 앞에 선을 보이게 되었다.

 본서에는 한국사와 관련된 논문으로서 「韓國史에서의 天下觀과 皇帝體制」를 비롯해서 「新羅의 神宮 祭祀」와 「文武王代 倭典의 再設置와 對日外交」를, 그리고 우리 문화의 정체성 확인과 관련해서 「바위 그림의 동물 상징 해석을 위한 시론」과 「'先흉노-스키타이 세계'의 墓制」·「겨레 과학인 우리 수레」·「일본 法隆寺 건축의 고구려적 성격에 관한 初探」·「조선 明宗代 星州地域 寺刹의 製紙 活動」라는 논문을, 그 밖에 「고등학교 국사 교과서상 후백제사 서술의 문제점」과 더불어 자료 소개 차원에서 光武 원년(1897)의 문서인 「嶺南京約所節目册」을 수록하였다.

 이렇게 하여 본서에서 모두 10편의 글을 담게 되었다. 좋은 논문을 주신 채미하·서영교·천진기·정석배·정동찬·김도경·김인규 선생님께 감사드리는 한편, 출판을 허락해 주신 김선경 사장님과 노고를 아끼지 않은 편집부 직원 여러분들께 심심한 謝意를 표하고자 한다.

2004년 12월 20일

필자를 대표해서
李道學

겨레과학인 우리 수레 — 정동찬·윤용현

日本 法隆寺 建築의 高句麗的 性格에 關한 初探 — 김도경

朝鮮 明宗代 星州 地域 寺刹의 製紙活動 — 김인규

3부

고등학교 국사 교과서상 후백제사 서술의 문제점 — 이도학

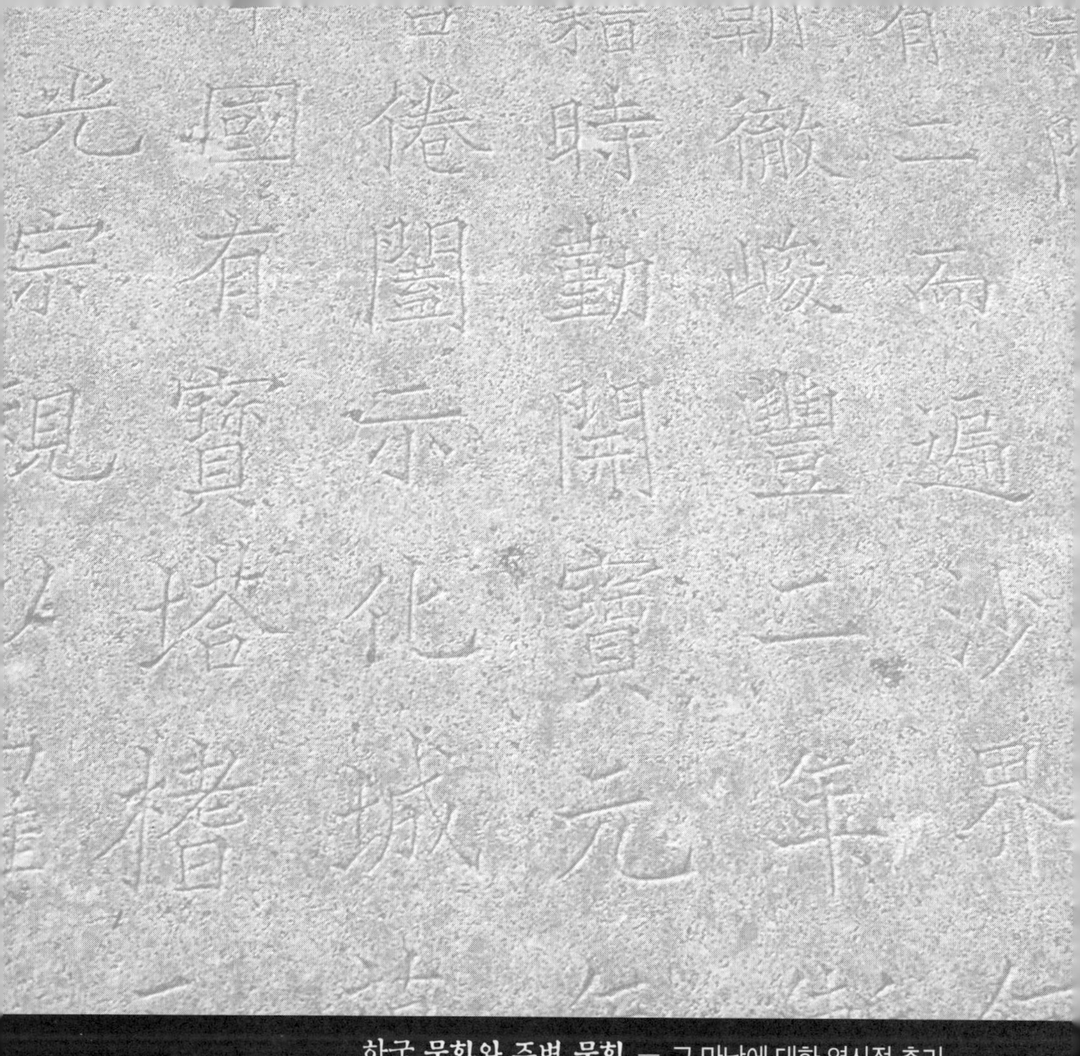

1부

韓國史에서의 天下觀과 皇帝體制

이도학(한국전통문화학교 문화유적학과 교수)

I.머리말

　중국에서 시작된 自國 중심의 세상 인식인 天下觀은 중국만의 전유물은 아니
었다. 흔히 지적되고 있듯이 고구려 광개토왕대의 永樂이라는 年號를 비롯하
여 신라 「진흥왕순수비문」의 '朕' 을 위시한 황제적인 용어들이 숱하게 보인다.
게다가 「중원고구려비문」에는 고구려가 신라를 '東夷' 라고 일컬었던 게 확인
된다. 「무녕왕릉매지권」에서는 백제 무녕왕의 사망을 황제의 사망을 가리키는
'崩' 이라고 하였다. 황제체제하에서 가능한 이러한 표기는 古代國家時期에서
끝나는 것이 아니었다. 고려 광종대의 황제적인 위세를 비롯해서 해당 시기의
용어들에서도 숱하게 확인되고 있다. 이는 분명 우리나라가 황제국가였음을
웅변해 주는 근거들이다. 그렇지만 이는 중국에 조공을 하고 册封을 받는 등의
행위하고는 背馳되는 현상들이다. 이것을 어떻게 해석해야 될까 하는 문제에
逢着하게 된다.
　이러한 황제적 표현은 우리나라 뿐 아니라 일본열도에서도 확인되고 있다.
그리고 越南을 비롯한 동아시아 세계 전체에 걸쳐서 포착되는 일반적인 현상인
것이다.1) 본고에서는 우리나라의 역사 발전과정에서 천하관이라는 것이 어떻

게 생성되었으며 중국적인 질서관과는 어떠한 관계를 설정하고 있었는지를 구명하고자 한다. 그럼으로써 자칫 빠질 수 있는 我田引水格의 역사 해석을 배제하고 우리 국가의 정체성을 확립하는데 一助하고자 하였다. 이와 관련한 기존의 연구 성과는 고구려와 발해 그리고 고려시대에 개별적으로 국한되어 있을 뿐이다.[2] 더구나 천하관과 결부된 황제체제의 운영 실태에 관해서는 연구가 부족하다. 본고에서는 이같은 한계를 극복하기 위해 고조선을 필두로 백제와 신라 뿐 아니라 금석문 자료까지 이용하여 한국사 전체의 역사 전개 과정에서 천하관과 황제체제의 운영과 그 변천 과정을 살피고자 하였다.

II. 天下觀의 생성과 황제체제의 탄생

1. 天孫 意識과 천하관의 확립

국가의 존재는 주변의 여타 국가군들에 대해 우월성을 확립하면서 자국 중심으로 세상을 바라 보는 인식 체계를 갖추게 된다. 그것은 배타성을 수반하는 차별화된 우월 의식인데, 자국을 건국한 시조의 출신을 하늘과 연결시키면서 국

---

1) 劉仁善, 『중국의 天下思想』 1988, p.150. p.174.
2) 우리나라의 천하관과 황제체제에 관한 연구로서는 다음의 성과가 대표적이다.
  盧泰敦, 「금석문에 보이는 고구려인의 천하관」 『고구려사연구』 1999, pp.356~391.
  梁起錫, 「4·5c 高句麗 王者의 天下觀에 對하여」 『湖西史學』 11, 1983.
  윤국일, 「고구려 최고 통치자의 황제적 지위」 『력사과학』 1990-1.
  盧明鎬, 「高麗時代의 多元的 天下觀과 海東天子」 『韓國史硏究』 105, 1999.
  金基德, 「高麗의 諸王制와 皇帝國體制」 『國史館論叢』 78, 1997.
  여기서 위의 3편은 고구려를 대상으로 하였다. 네번째 논문은 高麗시대 全般을 대상으로 하였는데, 많은 관련 자료를 원용하고 있는 力論이지만, 관련 금석문을 전혀 이용하지 않았다. 다섯번째 논문은 고려의 諸王制를 중심으로 황제체제를 서술하였다. 그런데 이상의 논문들은 천하관이나 황제체제와 관련한 용어 사용에만 국한된 경향을 보였다.

가 탄생의 근거를 제시함으로써 자국의 우월성과 영속성을 기약하고자 하였다. 이러한 점은 건국설화를 통해서 확인할 수 있다.

주지하듯이 고조선의 단군신화는 그 최초의 산물이라고 하겠다. 단군신화의 桓因은 태양신적인 요소가 많이 가미된 天神이라고 한다.[3] 고조선에 이어 한국 역사상 두 번째로 등장하는 국가인 부여의 시조는 東明이었다. 日光感情出誕說話로 탄생한 東明은[4] 이름 자체가 태양이 솟아나는 '동쪽의 밝음' 곧 光明을 가리킨다. 이는 夫餘 王者가 태양의 후예라는 選民意識을 지녔음을 뜻한다. 그러한 東明은 天神인 天帝의 子[5]로 일컬어졌던 것을 볼 때 日神과 天神은 동일한 神格임을 알 수 있다. 이는 고구려에서 시조인 주몽을 '皇天之子'·'日月之子'·'天帝之子'라고 한데서도 뒷받침된다. 이렇듯 최고 최상의 수식어를 총동원하여 고구려인들은 王家의 淵源을 역시 星座의 으뜸인 太陽에서 찾았다.[6] 그리고 백제 太祖라고 하는 都慕大王에게는 '日神' 곧 태양신의 靈이 내려왔다[7]고 했다. 대가야와 금관국의 시조는 天神 夷毗訶의 아들이라고 하였다.[8]

이처럼 고대국가는 자국 왕실의 연원을 하늘의 태양에서 찾았다. 廣大無邊한 宇宙에서 태양의 존재는 가위 절대성의 상징이었다. 그랬기에 태양은 왕실과 국가 권력의 정당성을 세우는데 다투어 끌어 당겨졌다. 이러한 연유로 인해 건국 시조로서 '태양의 아들'이 설정되었다. 더욱이 河伯의 外孫임을 덧붙여 고구려 주몽왕을 天과 水가 결합된 존재로서 부각시켰다. 주몽왕의 渡河說話는 위기일발의 손에 땀을 쥐게 할 정도로 긴장감의 극치를 맛보게 한다. 그러나 주몽왕은 踊躍 渡河해서 정말로 天과 水가 결합된 존재였음을 입증하고 있다. 요

---

3) 徐永大, 「단군신화의 의미와 기능」『단군과 고조선사』2000, p.125.
4) 李道學, 『백제고대국가연구』1995, p.286, 註 298.
5) 『三國志』권 30, 東夷傳 夫餘 條.
6) 盧泰敦, 앞의 책, p.375.
7) 『續日本紀』권 40, 延曆 9년 7월 조.
8) 『新增東國輿地勝覽』권 29, 高靈縣 建置沿革 條.

컨대 고구려 건국설화는 시조왕이 일시적으로 고난에 빠진 적이 있지만 영웅적인 분투로써 군사적인 원정을 성공리에 마무리 짓고 지상계에 天孫의 나라를 세웠음을 선포하고 있다. 광대한 영역을 가진 현재 왕국의 위치에 이르기까지, 시조인 주몽왕의 고난에 찬 이동을 서술함으로써, 이 토지를 고구려 王家가 점유하고 통치할 수 있다는 권리를 선언하고 있는 것이다. 주몽왕의 사망을 하늘이 황룡을 보내어 맞아서 하늘로 올라갔다는 모티브를 채용하여 서술하였다. 이는 天孫의 소임인 국가 창건의 위대한 사업을 마무리짓자 자신의 本鄕인 하늘로 돌아 갔음을 알리고 있는 것이다. 고구려 시조 생애의 시작과 끝을 天과 연결시키고 있다.[9]

고대국가는 자국 왕실을 이처럼 天孫으로 간주했다. 이는 신포시 오매리 寺址에서 출토된 금동판 명문에서도 확인되고 있다.[10] 고구려인들은 天孫이 다스리는 자국을 세상의 중심에 자리잡은 天孫國으로 여기는 자부심을 지니게 되었다. 가령 "威武를 四海에 떨쳤노라"[11]와 "天下 四方이 이 國都가 가장 성스러움을 알지니"[12]라고 한 구절이 그것을 말해 준다. 이같은 사해·사방적 천하관의 중심국은 자국인 고구려를 가리키기 때문이다.[13] 그러한 상징적 표상의 하나가 世界樹 형상을 刀劍化한 백제 七支刀였다. 여기서 세상의 중심에 자리잡았다는 宇宙木인 세계수는 그 가지가 사방 수천 리에 뻗쳐 있는 것으로 보았

---

9) 松原孝俊,「神話學から見た‘廣開土王碑文’」『朝鮮學報』145, 1992, pp.1~54.
10) 이 金銅板의 銘文과 성격에 대해서는 다음의 논고를 참조하기 바란다.
　　李道學,「新浦市 出土 高句麗 金銅板 銘文의 檢討」『民族學硏究』1, 1995, pp.113~131.
　　宋基豪,『渤海政治史硏究』1995, p.103.
11) 韓國古代社會硏究所,「광개토왕릉비문」『譯註 韓國古代金石文』I, 1992, p.8.
12) 韓國古代社會硏究所,「모두루묘지명」앞의 책, I, pp.93~95.
　　이 책에서는 ‘國都’를 ‘國郡’으로 판독하는 견해를 취했다. 그러나 본고에서는 ‘國都’로 釋文한 견해가 타당하다고 보았다.
13) 盧泰敦, 앞의 책, pp.356~391.

다. 국왕을 축으로 한 왕권의 사방 확대를 상징하는 聖具가 이것을 형상화한 칠
지도였다.[14) 칠지도가 제작된 해인 369년 겨울에 근초고왕은 한강 남쪽에서 전
장병이 중앙을 의미하는 黃色 旗幟를 펄럭이는 가운데 査閱을 받았다. 다음의
기사가 그것이다.

> 11월 漢水 남쪽에서 크게 査閱하였는데, 旗幟는 모두 黃色을 사용하였다.[15)

　여기서 백제왕은 자신의 統治圈域을 세상의 중심으로 인식하였던 것이다. 황
색은 황제를 상징하는 자부심의 표상이었기 때문이다.[16) 이처럼 자국 중심으
로 세상을 보는 시각은 그 주변 나라들에 대한 호칭을 통해 구체적으로 확인된
다. 가령 고구려가 신라왕을 '東夷寐錦'이라고 일컬었다.[17) 고구려가 신라를
東夷라고 일컬었음은 자국 중심의 사방적 천하관이 확립되었음을 뜻한다. 비
록 고구려 멸망 이후의 자료이기는 하지만 「고자묘지명」에서 "海東의 諸夷를
평정하고 고구려를 건국했다"[18)는 구절의 '諸夷'를 통해서도 그것이 확인된
다. 이와 관련해 고구려는 주변의 종족을 '濊貊' 따위로 기록하였다.[19) 고구려
인들은 중국인이 부여한 예맥과 같은 멸칭적인 종족 이름에서 벗어나고자 했
다.[20)

<hr>

14) 李道學, 앞의 책, pp.240~243.
15) 『三國史記』권 24, 近肖古王 24년 조.
16) 李道學, 앞의 책, p.251.
17) 李基白, 「중원고구려비의 몇가지 문제」 『史學志』13, 1979, p.38.
　　韓國古代社會硏究所, 「중원고구려비문」 앞의 책, I , p.44.
　　李道學, 「中原高句麗碑의 建立 目的」 『高句麗硏究』10, 2000, p.280.
18) 韓國古代社會硏究所, 「고자묘지명」 앞의 책, I , p.510
19) 이에 관해서는 李道學, 「'廣開土王陵碑文'의 思想的 背景」 『韓國學報』106, p.10에 詳論하
　　였다.

이 점에 있어서 백제의 경우도 예외가 되지 않았다. 369년에 백제는 노령산맥 이남의 마한세력을 '南蠻'이라는 멸칭으로써 일컬었다.[21] 주지하듯이 남만은 東夷 · 西戎 · 北狄과 더불어 중국적인 천하관에서 나온 호칭이었다. 백제는 이 것을 원용하여 자국을 중심한 우월감 속에서 사방 오랑캐관을 설정하였던 것이 다.[22] 그밖에도 적개심으로 가득찬 전쟁 관련 기록 속에 보이는 호칭이기는 하 지만, 백제는 고구려와 北魏를 '狛'[23]과 '獫狁' · '凶梨'[24]라는 멸칭으로써 각 각 일컬었다. 사비성 도읍기의 백제는 전국을 5方으로 구획하였다. 이러한 5方 制度는 『禮記』에 "中國戎夷五方之民 皆有性也"라고 하여 중국과 四方의 이민 족을 총칭하는 천하관인 '五方之民' 의식의 영향을 받았다고 본다.[25] 백제는 이제 儒敎經典을 빌어 자국 천하관의 근거를 설정하고 있는 것이다.

신라에서도 그러한 천하관이 확인된다. 文殊菩薩이 중국에 유학온 신라의 慈 藏律師에게 "不同東夷共工之族"이라는 말을 했다고 한다.[26] 여기서 '共工'은 본래 堯舜시대 四兇의 하나로서 흉폭했다는 족속을 가리키지만 일반적으로 야 만의 뜻으로 사용되고 있다. 이 문구는 비록 문수보살의 말을 빌어 이야기하고 있다. 그러나 신라인들은 "동이 야만족하고는 같지 않다"라는 의미로서 신라 독자의 세계관을 보여 준다. 실제 신라는 한 때 상전의 나라이기도 했던 고구려 를 '穢貊(獩貊)'이라고 얕잡아 불렀다.[27] 요컨대 삼국은 주변국에 대한 蔑稱의 사용을 통해 배타적 우월감을 확립했고, 王室의 위엄을 과시하고자 했다.

---

20) 濊에는 '汚'와 '濁'의 뜻이 있다(中華學術院, 『中文大辭典』5, 1985, p.1600).
21) 『日本書紀』권 9, 神功 49년 조.
22) 李道學, 앞의 책, pp.244~245.
23) 『日本書紀』권 14, 雄略 14년 조.
    『日本書紀』권 19, 欽明 15년 조.
24) 『南齊書』권 58, 백제 조.
25) 李道學, 앞의 책, p.243. 註 140.
26) 『三國遺事』권 3, 황룡사구층탑 조
27) 李道學, 앞논문, pp.10~11.

중국에서 생겨난 천하관은 일본열도의 倭에서도 나타나고 있다. 『일본서기』
에 의하면 "東夷之中 有日高見國"·"東夷多叛, 邊境騷動"·"西戎" 등과 같이 大
和政權에 대적하는 야만 세력으로서 '동이'와 '서융'이 보이고 있다.[28] 이는
일본 중심의 中原意識의 發露라고 하겠다. 5세기대의 九州 船山古墳의 銘文鐵
劍에서도 "천하를 다스리는 와카다케루 대왕의 세상(治天下獲加多支鹵大王世)"
라고 하여 그것이 확연히 드러나고 있다.[29]

2. 稱帝建元 문제

자국 중심의 천하관은 稱帝建元을 통해 나타나기 마련이다. 먼저 고대국가의
군주에 대한 호칭을 검토해 본다. 「광개토왕릉비문」에서 고구려는 자국 시조를
'皇天之子'라고 하였다. 皇天은 天神을 가리키므로, 皇天의 子는 天子를 가리
킨다. 고구려인들이 자국 왕을 天子와 같은 절대적 권위를 지닌 존재로 인식했
음을 알려준다. 이와 관련해 고구려에서 국왕을 天子의 뜻을 지닌 '天王'[30]이
라고 일컬었을 가능성이다. 주몽의 父라는 해모수를 일컬어 '天王郎'이라 하였
으며[31] 天王地神塚에서도 '天王'이라는 명문이 확인되기 때문이다.[32] 전자의
경우는 후대의 인식이 투영되어 표기된 것이라고 하겠다. 후자 명문의 天王은
地神의 상대적 개념으로 적혔을 가능성도 있다. 그러나 前秦의 苻堅이 '大秦天
王' 號로써 즉위한[33] 것을 비롯하여 '天王' 號는 주로 4세기대에 북방 민족의
군주를 가리키는 호칭으로 사용되었다. 그러므로 '天王' 號는 고구려 당대의
君主號에 대한 인식을 반영할 수 있다. 더욱이 이러한 호칭을 사용하던 시기는

5세기 중반에 조영된 天王地神塚[34]의 연대와 부합될 뿐 아니라, 고구려 인근의 이민족 수장들이 사용하였던 호칭인데, 황제를 稱하기 전 단계의 호칭으로[35] 보이기 때문이다.[36] 이러한 지역적 연동성에 입각한 정황에 비추어 볼 때 고구려에서도 국왕을 天王이라고 일컬었을 가능성은 고려해 볼만하다.

그런데 분명한 것은 삼국 모두 왕권이 강화된 단계에서 국왕의 호칭을 '太王'이라고 하였다는 점이다. 고구려의 경우 '國岡上廣開土境平安好太王'(광개토왕릉비문)·'太王'(태왕릉 전돌·延壽銘 銀盒)·'好太聖王'(모두루묘지명)라고 하여 확인되고 있다. 이같은 太王의 기원은 위만조선의 右渠王을 통해서 확인할 수 있다. 右渠王의 '渠'는 '大'의 뜻이 있는데, 漢側에서 右大王을 폄하시켜 右渠王으로 표기했다고 본다. 右渠王이 大王으로서의 위상을 지녔음은 위만조선의 裨王이 '小王'의 뜻이므로, 이와 상대되는 '大王'의 존재를 자연스럽게 상정할 수 있다. 이는 右渠王의 본래 이름이 右大王이었다는 점과 무리없이 연결되어진다.[37] 위만조선에서는 大王과 王 그리고 相의 존재가 확인된다. 여기서 朝鮮相이나 尼谿相과 같은 地名을 冠稱한 相의 경우 侯格에 해당된다고 보겠다. 漢軍의 위만조선 공략에 협력했던 위만조선의 相들이 終戰 後 侯로 封해진[38] 것을 볼 때 相이 侯格에 해당됨을 알 수 있다. 이는 비록 褒賞的인 성격이 다분하다. 그렇더라도 漢帝國의 爵位는 해당 국가의 그것에 견주어서 시행되었다고 보는 게 합리적이기 때문이다. 그 성격상 삼국과 동일하다고야 볼 수 없

---

34) 전호태,『고구려고분벽화연구』2000, p.129.
35) 姜文晧,『中國中世政治史研究』1999, pp.45~53.
36) 그런데 蕭道成에게 讓位를 강요당한 劉宋의 順帝가 자신의 신세를 한탄하면서 한 말 가운데 "잘못되더라도 來世에서는 天王의 집에 태어나지 않기를"라고 한데서 南朝의 황제가 '天王'이라는 표현을 사용하고 있다. 이 점 주목을 요하는 것으로서, 그 표현을 이민족 출신 황제들의 호칭으로만 간주하기는 어렵지 않을까 생각된다.
37) 李道學,「古朝鮮史의 몇 가지 問題에 관한 再檢討」『東國史學』37, 2002, pp.38~39.
38)『史記』권 115, 朝鮮傳.

겠지만, 大王·小王의 존재가 확인됨으로써 太王權體制가 확인된 게 위만조선이었다. 그러한 위만조선에 선행했던 이른바 기자조선의 準王은 위만에게 圭를 하사하고, 100里 땅을 封하였다.[39] 여기서 分封 대상은 말할 나위없이 王·侯들이 될 것이다.

太王 휘하에 王은 물론이고 侯와 太守들이 포진하고 있다. 「고자묘지명」의 다음과 같은 기사를 통해서도 王·侯의 존재가 보인다.

公의 이름은 慈이고 字는 智捷으로 朝鮮人이다. 先祖가 朱蒙王을 따라 海東의 諸夷를 평정하여 高麗國을 세운 이후 대대로 公侯宰相이 되었다. 後漢末에 이르러 高麗는 燕의 慕容氏와 싸워 大敗하여 나라가 장차 멸망하려 했다. 20代祖 密은 분연히 창을 잡고 홀로 들어가 머리를 벤 게 몹시 많았다. 이로 인하여 燕軍을 격파하고 本國을 보전할 수 있었다. 封하여 王을 삼으려 했으나 세 번이나 사양하고 받지 않았다. 인하여 高氏 姓과 食邑三千戶를 내리고 덧붙여 金文鐵券을 내려 말하기를 "마땅히 高密 子孫은 대대로 侯에 封하게 한다."[40]

이와 더불어 백제의 王·侯制를 다음과 같은 表로 정리해 보았다.

연대	이름	將軍號	王·侯·太守號
450	馮野夫		西河太守
	餘昆	征虜將軍	左賢王
	餘暈	征虜將軍	
458	餘紀	冠軍將軍	右賢王
	餘都	輔國將軍	
	餘乂	輔國將軍	

39) 『三國志』권 30, 東夷傳 韓 條.
40) 韓國古代社會研究所, 「고자묘지명」 앞의 책, I , p.510.

연도	인물	장군호	작호
458	沐衿	龍驤將軍	
	餘爵	龍驤將軍	
	餘流	寧朔將軍	
	貴	寧朔將軍	
	于西	建武將軍	
	餘婁	建武將軍	
472	餘禮	冠軍將軍	弗斯侯
	張茂	龍驤將軍	帶方太守
490	姐瑾	冠軍將軍 都將軍 ↑ 寧朔將軍	都漢王 ↑ 面中王
	餘古	寧朔將軍 ↑ 建威將軍	阿錯王 ↑ 八中侯
	餘歷	龍驤將軍 ↑ 建威將軍	邁盧王
	餘固	建威將軍 ↑ 廣武將軍	弗斯侯
	高達	龍驤將軍 建威將軍	帶方太守 廣陽太守
	楊茂	建威將軍	廣陵太守 ↑ 朝鮮太守
	會邁	廣武將軍 ↑ 宣威將軍	清河太守
495	沙法名	征虜將軍	邁羅王
	贊首流	輔國將軍	中王
	解禮昆	建威將軍	弗中侯
	木干那	廣威將軍	面中王
	慕遺	龍驤將軍	樂浪太守
	王茂	建武將軍	城陽太守
	張塞	振武將軍	朝鮮太守
	陳明	揚武將軍	

(* 위의 表는 『宋書』『魏書』『南齊書』 백제 조에 근거하여 작성하였다. ↑ 는 昇爵을 말함.)

위의 表를 놓고 볼 때 백제왕 휘하에 왕과 후 그리고 태수들이 포진하고 있었음을 알 수 있다. 백제왕은 왕 중의 왕인 대왕 곧 太王의 위치에 군림하였음을 뜻한다. 「진흥왕순수비문」에도 '太王'의 존재가 확인된다. 稱王하고 있는 신라 葛文王의 존재도 王中王인 太王體制의 산물임은 분명하다. 그러한 太王의 위상은 중국에서는 그것이 확인되지 않기 때문에 곧바로 견주어 볼 수는 없다. 그러나 분명한 사실은 중국에서도 王侯를 거느린 존재는 皇帝 외에는 없다는 점이다. 그러므로 皇帝的 위상을 가진 존재가 삼국의 太王임은 자명해진다. 그럼에도 황제라는 帝號를 사용하지 않은 이유를 漢土의 지배와 漢土의 天子를 理想으로 삼지 않았기 때문이라고 한다. 五代 이전에는 漢土를 一角이라도 지배했을 경우에만 帝를 칭했다는 것이다.[41] 一見 개연성이 높은 견해라고 하겠다. 그러나 '太王'의 존재를 명시한 신라 「마운령 진흥왕순수비문」에서 '帝王'이라는 칭호가 보인다. 진평왕이 하늘로부터 받은 신라 3寶의 하나인 天賜玉帶를 '聖帝帶'라고 하였다.[42] 이 '聖帝'는 독자적인 연호를 선포하고 개경을 皇都라고 하던 고려 광종대에 주조된 興海 「大寺鐘記」에서 고려왕을 '聖帝'[43]라고 한 사실과 연결되고 있다. 그러므로 太王과 皇帝는 그 位相에 있어서 서로 연결되는 호칭임이 확인된다. 그 밖에 신라에서 '朕'이나 '巡狩'와 같은 황제적인 용어가 사용되었다.[44] 巡狩는 天子가 諸侯에게 가는 것을[45] 말하고 있다. 백제 국왕의 사망을 가리켜 天子의 죽음에나 쓰는 '崩'자를 사용하였다.[46] 요컨대 이러한 사실들은 삼국이 모두 皇帝觀을 共有했음을 뜻한다.

建元의 문제는 고구려와 신라에서 확인되고 있다. 금석문 자료를 통해 고구

41) 文一平, 「年號와 帝號의 制」『湖岩全集』5, 1995, pp.55~68.
42) 『高麗史』권 2, 太祖 20년 조.
43) 朝鮮總督府, 『朝鮮金石總覽』上, 1919, p.554-2.
44) 韓國古代社會研究所, 「마운령 진흥왕순수비」 앞의 책, II, p.87.
45) 『孟子』권 12, 告子章句下.
46) 韓國古代社會研究所, 「무녕왕 지석」 앞의 책, I, p.151.

려에서는 永樂·永康·延嘉·景·建興·延壽와 같은 독자적인 연호들을 사용한 사실이 밝혀졌다.[47] 『삼국사기』를 통해서는 신라의 법흥왕대부터 진덕여왕대까지 建元·開國·太昌·鴻濟·建福·仁平·太和라는 고유 연호가 사용되었음이 확인되었다.

3. 황제체제의 운영 여부

지금까지 살펴 본 바에 따르면 삼국의 왕들은 太王이라고 하였다. 太王의 위상은 帝王에 해당되는 것으로서 중국 황제에 필적할만한 호칭이었다. 이는 建元은 물론이고 '朕'이나 '巡狩' 그리고 '崩'과 같은 황제적인 용어를 사용한데서도 확인되었다. 문제는 이러한 황제적인 용어가 관념이나 인식 차원을 떠나 실제 황제적인 통치 행위의 산물인가 與否이다.

일단 세상의 중심에 자리잡았다는 天孫國 의식은 주변 제국들을 低級하게 일컫게 했다. '東夷' 등과 같은 사방 오랑캐 호칭이 그것이다. 보다 중요한 것은 이러한 우월감이 정치적인 행위로써 발휘될 때 현실적인 위상을 갖게 된다. 이른바 천손국과 주변 국가간의 외교적 관계가 되는데, 「광개토왕릉비문」에 보이듯이 '朝貢' 관계로써 나타나고 있다. 기록에는 보이지 않지만 황제적 위상을 확보했던 백제나 신라의 경우도 上下 朝貢 관계로 주변 小國들에게 군림하였다고 생각된다. 백제의 경우 탐라로부터 貢賦 즉 조공을 받았고,[48] 한 때 斯羅 즉 신라를 비롯한 가야 제국들을 衛星國으로 거느리고 있었던 게 확인되었기 때문이다. 즉 「양직공도」에는 백제 곁의 소국들을 "有叛波·卓·多羅·前羅·斯羅·止迷·麻連·上巳文·下枕羅等附之"라고 기재하였다.[49]

---

47) 韓國古代社會研究所, 「불상 명문·기타 명문」, 앞의 책, I, pp.122~137.
48) 『三國史記』권 26, 동성왕 20년 조.
49) 이에 관해서는 다음의 글을 참조하기 바란다.
　　李道學, 「양직공도와 중국의 고대한국의 유이민」 『中國洛陽文物名品展』 1998, p.208.

주지하듯이 황제국은 주변국들과 外臣 관계를 설정해 놓았다. 자국 영역내의 주민들은 內臣을, 주변의 조공국은 外臣의 범주에 속하게 된다.[50] 이때 황제국은 조공국의 수장에게는 자국의 관작을 除授하고 있다. 그러한 內外臣 관계의 실례는 백제에서 다음과 같이 포착된다. "4월에 탐라국이 방물을 바치자 왕이 기뻐하여 使者에게 은솔 벼슬을 주었다."[51] 여기서 탐라국은 백제 통치권 밖의 세력이었지만, 백제에 대한 조공 의무를 이행해야할 대상이었다. 탐라가 貢賦를 바치지 않자 동성왕이 무진주까지 親征하여 그것을 再開시킨데서 확인된다.[52] 요컨대 문주왕이 탐라국의 사자에게 자국의 官等을 제수하는 행위는 분명히 外臣 관계의 설정을 뜻한다. 백제는 이때 탐라국 사신에게만 불쑥 제수했다고 보기는 어렵다. 백제는 탐라국왕을 비롯하여 일련의 除授가 있었고, 또 그러한 선상에서 탐라국 사신에게 除授가 있었다고 하겠다. 실제로 백제에 복속된 耽羅國主는 백제 佐平의 官號를 稱하였다. 또 그러한 관계를 '臣屬'이라고 하였기 때문이다.[53] 이와 관련해 앞의 表를 통해 보았던 백제 王·侯·太守들의 分封 지역을 다음과 같은 表로 작성해 보았다.

國內 分封地[54]	國外 分封地[55]	國內 分封地	國外 分封地
面中王(광주 광역시)	西河太守(山西省 汾陽縣)	弗斯侯(전북 전주)	帶方太守(遼寧省 義縣 北)
都漢王(전남 고흥)	廣陽太守(河北省 隆化縣)	邁羅王(전북 옥구)	樂浪太守(遼寧省 義縣 北)
八中侯(전남 나주)	朝鮮太守(河北省 盧龍縣)	辟中王(전북 김제)	城陽太守(河南省 泌陽縣 南)
阿錯王(전북 함열)	廣陵太守(江蘇省 揚州市 西北)	弗中侯(전남 보성)	
邁盧王(전남 장홍)	淸河太守(山東省 淸河縣)		

50) 이에 관한 논의는 金翰奎, 「古代 東아시아 世界秩序의 構造的 特性」 『東아시아 歷史의 還流』 2000, pp.3~23을 참조하기 바란다.
51) 『三國史記』 권 26, 문주왕 2년 조.
52) 『三國史記』 권 26, 동성왕 20년 조.
53) 『三國史記』 권 6, 문무왕 2년 조.

위에서 地名에 王·侯를 冠稱한 이들은 왕족을 비롯한 백제 본토 출신이었
다. 반면 중국에 使臣으로 파견되었던 太守들은 중국계였던 것으로 밝혀진 바
있다.[56] 이와 더불어 주목할 점은 이무렵 백제의 官爵은 이원화되어 있다는 점
이다. 본토 출신의 경우는 한반도 관내의 지역명을 王·侯號에 冠稱하고 있다.
반면 중국계 使臣들은 대체로 북중국 지역 태수호를 칭하고 있다. 중국계 태수
들에게는 선비족의 점유 공간인 북중국에 대한 영유권을, 본토 출신에게는 마
한 故地에 대한 영유권을 내세우고 있는 듯하다. 이는 명목상으로는 중국 남조
정권에 조공하고 除授를 요청하고 있지만, 백제의 영향력이 미치지 못할 뿐 아
니라, 책봉을 한 南朝 정권의 관할권 밖이기도 하다. 오히려 이는 백제 중심의
內外天下觀과 결부지어서 설명할 소지가 있다. 백제 영토내에는 본토인을, 중
국 지역은 그 실제 지배 여부와는 상관없이 중국인을 封함으로써 擬制的인 內
外臣 관념 속에서의 백제적인 小宇宙觀을 엿볼 수 있는 단서 내지는 그 일면의
표출로 짐작된다.[57] 「중원고구려비문」에 보이는 고구려의 신라왕에 대한 의복
賜與 역시 外臣에 대한 복속 의례가 된다.[58]

4. 황제체제의 출현 배경

고구려의 황제체제는 口頭禪과 같은 관념의 산물은 아니었다. 이는 고구려의
국력과 국세를 통해서 확인할 수 있다. 전성기 때 고구려는 동쪽으로는 북간도
를 비롯한 연해주 일대까지, 서쪽으로는 요하를 넘어 대능하선을 돌파하여 北

---

54) 末松保和, 『任那興亡史』1961, pp.110~114 참조.
55) 이들 지명 비정은 復旦大學 歷史地理硏究所, 『中國歷史地名辭典』1988에 의하였다.
56) 李道學, 「漢城末 熊津時代 百濟 王位繼承과 王權의 性格」『韓國史硏究』50·51合輯, 1985,
   pp.8~9.
57) 李道學, 「鈴木靖民, '倭國政權과 百濟'에 대한 討論文」『古代東亞細亞와 百濟』2002,
   p.205.
58) 李基白, 앞논문, p.38.

魏와 대치하였다. 고구려는 북으로는 부여가 있던 송화강 유역까지 진출하였다. 또 유목국가인 柔然과 더불어 지금의 내몽골 지역인 대흥안령 산맥 부근에 거주하고 있던 地豆于에 대한 분할을 시도했었다. 고구려의 영향력은 몽골 고원 지대까지 미치고 있었다. 남으로는 고구려의 5만 대병력이 낙동강 유역까지 도달하여 백제·가야·왜의 동맹군을 격파하였다.[59] 고구려는 소백산맥 이남의 영일만까지 영역을 확보하여 지척에 두고 신라 수도를 압박했다. 백제에 대해서는 그 수도인 한성을 함락시켜 금강 유역까지 밀어붙였다. 이러한 고구려의 남진은 역사 기록에 적혀 있는 것보다 훨씬 남쪽까지 진척되었다. 최근의 발굴 결과 충북 청원과 대전의 유성 일대까지 진격해서 주둔한 흔적이 포착되었기 때문이다.

강성한 國勢를 지녔던 고구려는 그에 상응하는 대우를 받았다. 484년에 북위에 파견되어 온 사신의 서열이 南齊가 1위, 고구려가 2위였다. 고구려는 동아시아와 북아시아 전역에서 북위 및 남제와 어깨를 나란히 하는 강국으로 국제적인 인정을 받았던 것이다. 489년에는 북위에 온 남제 사신이 고구려 사신과 동급으로 취급받자 불만을 가지고 항의할 정도였다. 고구려 장수왕이 사망했을 때였다. 訃告를 받은 북위의 황제가 喪服을 입고 동쪽 郊外에 나아가 哀悼式을 거행하였다. 동시에 북위는 사신을 고구려에 보내 조문했다. 북위에서는 지금의 산동성 광효현 일대인 菁州에다 고구려 시조를 제사지내는 사당인 高麗廟를 세우기까지 하였다. 이러한 사실들은 북위가 고구려에 대하여 최상급 대우를 했음을 알려준다.[60] 고구려의 國勢를 느낄 수 있는 정황들이다.

백제의 경우를 보자. 신라말 최치원은 "고구려와 백제의 전성 시절에는 强兵이 백만이나 되어…남쪽으로는 吳越을 침공하였고…중국의 커다란 좀이 되었

---

59) 李道學, 「高句麗의 洛東江流域 進出과 新羅·伽倻經營」『國學硏究』2, 1988, pp.91~96.
60) 손영종, 『고구려사』1990, p.348

다"라고 하여 해상을 통한 백제의 중국 남부 진출을 언급하였다. 중국의 최남부 지역인 廣西壯族自治區에 소재한 지금의 '百濟鄕'이 大洋을 누볐던 백제의 역동적인 자취가 된다. 이곳은 百濟郡이 설치된 지역이었다. 晉平郡은 그 자치구내의 蒼梧縣 일대나 복건성의 福州로 새롭게 비정된다. 『신당서』에서 백제의 서쪽 경계를 越州(절강성 紹興市)라고 한 기록 또한 중국 경영을 암시해 준다.

백제는 제주도 뿐 아니라 북규슈와 지금의 오키나와를 중간 기항지로 삼고 대만해협을 지나 필리핀 群島까지 항로를 연장시켰다. 필리핀 군도는 黑齒國으로 알려졌던 곳이다. 중국 낙양의 북망산에서 출토된 黑齒常之 墓誌石에 의하면 그 가문은 부여씨 왕족에서 나왔지만 '흑치'에 分封된 관계로 그 地名을 따서 氏를 삼았다고 한다. 왕족을 지방의 거점에 파견하여 통치하는 담로제의 일면을 엿볼 수 있다. 백제는 다시금 항로를 확장시켜 인도지나 반도에까지 이르렀다. 백제는 지금의 캄보디아를 가리키는 扶南國과 교역하였다. 그리고 백제는 북인도 지방의 모직물을 수입하여 倭에 선물하기까지 했다. 모두 6세기 중반에서 7세기 중반 경의 일이었다. 이러한 항해 루트 덕분에 성왕대의 승려인 謙益이 중인도에서 佛經을 가져 올 수 있었다.

동아시아의 모든 물산은 백제로 집중되었다. 백제 땅에는 남방 鳥類인 앵무새와 건조 지대에 서식하는 駱駝, 초원의 목축인 羊 등과 같은 진귀한 동물들이 서식하였다. 게다가 백제인들은 악어의 존재까지도 확인했던 것 같다. 물산 뿐 아니라 사람도 마찬가지였다. 『수서』백제 조에 보면 "(그 나라 사람들에는) 신라·고구려·왜인 등이 섞여 있으며, 또한 중국인도 있다"고 하였다. 그랬기에 백제는 고구려의 69만7천 호보다 많은 76만 호를 거느린 大國의 위용을 자랑하게 되었다.[61]

<hr>

61) 李道學, 「百濟의 交易網과 그 體系의 變遷」 『韓國學報』 63, 1991; 李道學, 「百濟의 交易과 그 性格」 『STRATEGY21』 1999, pp.54~98.

이러한 환경 속에서 백제는 多種族 국가의 성격을 띠게 되었다. 백제 조정의 요직에는 중국인이나 倭人들까지 起用되었다. 가령 성왕 때 전국의 5方 가운데 하나인 東方의 장관인 東方令에 왜 조정의 物部 출신의 마카무노무라치라는 귀족이 임명되었다. 또 나솔 관등의 모노노베노 가히와 같은 인물을 비롯하여 백제 조정에는 많은 倭系 관료들이 활약하고 있었다. 그리고 西河太守에 임명된 馮野夫를 비롯하여 將軍號를 지닌 王茂와 張塞 그리고 陳明과 같은 인물들은 모두 중국계이다. 요컨대 백제 조정에서는 왜인과 중국인들이 高位職에 있었던 게 확인되었을 정도로 열린 사회였다.[62]

III. 황제체제의 전개

1. 통일신라기

삼국말기에 접어들어 신라는 독자적인 연호 사용을 포기하고 唐의 연호에 唐의 服色을 받아들였다. 그렇다고 해서 신라가 고유의 전통적인 황제관을 포기한 것은 아니었다. 이는 太宗 武烈王의 '太宗' 이라는 시호를 폐지하라는 당의 압력에 掘하지 않은데서도 알 수 있다.[63] 그리고 신라왕의 어머니나 배우자들에 대해서 여전히 '太后' 니 '王后' 니 하는 호칭을 사용하였다. 문무왕은 자신의 어머니를 '文明皇后' 라고 말하였다.[64] 김천 「갈항사석탑기」에도 원성왕의 어머니를 '照文皇太后' 라고 기록했다. 「황복사금동사리함명문」에서 효소왕의 어머니를 '神睦太后' 라고 하였다. 이러한 사실은 신라에서 대외적으로는 왕을

---

62) 李道學, 「중·고등학교 국사교과서 서술의 문제점과 백제사 인식」 『살아 있는 백제 역사를 찾아서』 2002, pp.15~16.
63) 『三國遺事』권 1, 太宗春秋公 條.
64) 『三國遺事』권 2, 駕洛國記.

칭했지만 내부적으로는 '皇'이라는 칭호를 사용했음을 뜻한다.[65] 통일신라기에 경주에 창건되었던 皇福寺라는 왕실 祈福寺刹의 이름 역시 그러한 분위기를 전해준다. 그리고 왕위계승권을 지닌 왕자를 여전히 太子라고 일컬었다. 이는 태자의 東宮이 소재한 경주 안압지에서 '太子' 銘 木製 蓋가 출토된[66] 데서도 입증된다.

唐의 황제체제에서는 親王·嗣王·郡王을 諸王이라고 하였다.[67] 황제체제 하에서는 제후들을 앞서와 같은 諸王에 封했던 것이다. 통일신라에도 그러한 면모가 모두 존재했는지는 알 수 없다. 그러나 郡王의 존재는 김주원에게 封한 '溟州郡王'[68]을 통해 확인되고 있다. 그러므로 現傳하는 기록에는 보이지 않지만 郡王과 연결되는 諸王制度의 존재 가능성을 배제할 수 없다. 662년(문무왕 2)에 탐라가 신라의 '屬國'이 되었다고[69] 하였듯이 엄연히 신라의 蕃屬國이 존재하였다. 이로써도 통일신라가 황제체제를 유지했음을 뒷받침할 수 있게 된다. 황룡사 목조9층탑에서 신라의 조공국으로 인식되어 온 九韓이 조공을 한다든지, 9층탑의 각층은 "第一層日本 第二層中華 第三層吳越 第四層托羅 第五層鷹遊 第六層靺鞨 第七層丹國 第八層女狄 第九層穢貊"[70]라고 하여 주변 국가나 세력에 각각 대응시켰다. 이는 삼국말·통일신라기에 걸친 신라인들의 세계 인식이라고 하겠다.[71] 이와 관련해 신라에서는 발해를 '凶夷'로 일컫기까

65) 박시형,『광개토왕릉비』1966, p.147.
66) 국립경주박물관,『文字로 본 新羅–新羅人의 記錄과 筆跡』2002, p.97.
67) 黃雲龍,「高麗諸王考」『又軒 丁仲煥博士還曆紀念論文集』1974, p.3.
68) 『新增東國輿地勝覽』권 44, 江陵大都護府, 人物 條.
69) 『三國史記』권 6, 문무왕 2년 조.
70) 『三國遺事』권 3, 皇龍寺九層塔 條.
71) 혹자는 이들 이름이 후대 것이라고하여 고려시대 인식으로 간주하기도 한다. 그러나 여기서 鷹遊와 穢貊은 백제와 고구려로 각각 지목되고 있으므로(趙法宗,「百濟 別稱 鷹準考」『韓國史研究』66, 1989, pp.11~15; 李道學,「古朝鮮史의 몇 가지 問題에 관한 再檢討」pp.26~27), 9층 탑이 건립될 무렵의 세계관이 담겨 있다고 보아야 한다.

사진1. 황룡사 목조 9층탑 초석

사진2. 분황사 모전석탑의 네 귀퉁이에 세워진 석상은 사자와 물개 각각 2구씩이다. 사자는 서쪽의 중국을 향해 있고, 물개는 동쪽의 일본을 향해 세워져 있다. 왜구의 침공을 막기 위한 호국적인 차원에서 동쪽을 향해 물개를 세워 두었다고 한다. 그런데 사진에서 보는 바와 같이 일제 강점기 때 물개의 다리를 부러뜨려 놓았다고 전해진다.

지 하였다.[72] 통일신라인들의 세계 인식은 686년에 세워진 淸州 雲泉洞 新羅寺
蹟碑에서 '四海'와 '萬邦'이라는 개념을 사용하여 자국을 천하의 중심에 두고
임금의 덕을 칭송한데서도 확인된다.[73]

발해의 경우 독자적인 연호를 사용하였다. 仁安·大興·寶曆·中興·正
曆·建興·咸和 등이 대표적인 연호이다. 발해에서는 국왕을 '皇上'이라고 했
다.[74] 그리고 771년(大興 34)에 文王이 일본에 보낸 國書에 의하면 발해 왕실이
'天孫'임을 선언하였다.[75] 발해 역시 고구려 이래의 天孫 意識 속에서 독자적
인 천하관을 지녔음을 알 수 있다. 이에 걸맞게 끔 발해에서는 황제의 명령을
가리키는 용어인 '詔'를 사용하였다.[76]

2. 고려시대

후삼국시대에 접어들어 고유한 천하관은 역사의 전면에 크게 드러나게 되었
다. 궁예 정권에서는 武泰·聖册·水德萬歲·政開라는 연호를 사용하였다.[77]
후백제의 경우도 '正開'라는 연호를 반포한 바 있다.[78] 고려에서도 태조대의
'天授'를 비롯한 광종대의 '光德·峻豊' 등과 같은 연호가 사용되었다.[79] 이
에 짝하여 고려왕은 황제를 칭했던 사실이 확인된다. 975년에 쓰여진 驪州 高

---

72) 韓圭哲, 『발해의 대외관계사』 1994, p.88 註 176.
73) 청주 운천동 신라사적비에 대해서는 신정훈, 「淸州 雲泉洞 新羅寺蹟碑 再檢討」 『白山學
    報』 65, 2003, 138쪽을 참조하기 바란다.
74) 한국고대사회연구소, 「정효공주묘지」 앞의 책, Ⅲ, pp.459~460.
    國史編纂委員會, 「貞孝公主墓誌銘」 『한국고대금석문자료집』 Ⅲ, 1996, p.377.
75) 『續日本紀』 권 32, 寶龜 3년 2월 조.
76) 宋基豪, 『발해를 다시 본다』 2000, p.36.
77) 『高麗史』 권 1, 태조 즉위 전.
78) 金包光, 「片雲塔과 後百濟의 年號」 『佛敎』 제49호, 1928, pp.33~35.
79) 峻豊은 靈巖 「西院鐘記」와 淸州 「龍頭寺幢竿記」에, 光德은 聞慶 「靜眞大師圓悟碑文」과 같
    은 금석문에서도 확인되고 있다.

達寺址「元宗大師惠眞塔碑文」에 보면 "皇帝陛下詔曰…我皇帝陛下"라는 문구가 그것을 분명히 말해준다.[80] 너무도 명쾌하게 '皇帝陛下'가 적혀 있지만 기존의 연구에서는 이 명문을 간과하였다. 그리고 977년(경종 2)에 새겨진 하남시 고골의 「약사마애불 명문」에 의하면 "太平 2년 丁丑 7월 29일 오른쪽 石佛에 대해 重修하여 今上皇帝 萬歲를 기원하노라"라고 적혀 있다. 고려인들이 자국의 국왕을 '今上皇帝'라고 했던 사실이 보인다.[81] 956년(광종 7)에 주조된 興海「大寺鐘記」의 '今上聖帝'라는 문구 역시 그것을 말해준다. 그리고 국왕을 '皇上'[82]으로, 숙종을 '先皇'이라고 표현하였다.[83] 神宗의 증손자인 王瑛의 墓誌銘에 보이는 "皇曾祖△文宗大王"[84]라는 구절의 '皇'도 같은 맥락에서 해석할 수 있다. 그밖에 "海東天子이신 지금의 皇帝에 이르러"[85]라고하여 天子니 皇帝를 일컫고 있다. 이러한 사실들은 경순왕이 고려 태조를 '天子'라고 하였으며[86] 崔遠의 '表'에서 태조를 '陛下'라고 한 데서도 확인된다.[87] 그밖에 1117년(예종 12)에 작성된「崔繼芳 墓誌銘」에 보면 崔繼芳을 가리켜 "公以 皇后之戚"라고 한 대목, "上謂左右 曰朕知…"라고 한 구절, 숙종의 왕비를 '明懿太后'라고 한 것을 통해[88] '皇后'·'朕'·'太后'라는 용어를 사용하는 황제체제였음을 확인할 수 있다.

---

80) 朝鮮總督府,「元宗大師惠眞塔碑文」앞의 책, p.214.
81) 李弘稙,「京畿道廣州郡東部面校理磨崖佛銘」『考古美術』1-2 1960;『한 史家의 遺薰』1972, p.205.
82)『東文選』권 104, 西京大花宮大宴致語.
83)『高麗史』권 96, 尹瓘傳.
84) 金龍善,「王瑛墓誌銘」『高麗墓誌銘集成』1997, p.259.
85)『高麗史』권 71, 樂志, 風入松.
86)『補閑集』권 上.
87) 李道學,『궁예 진훤 왕건과 열정의 시대』2000, p.195.
88) 任世權·李宇泰 編著,『韓國金石文集成』28, 한국국학진흥원·청명문화재단, 2003, 41쪽.

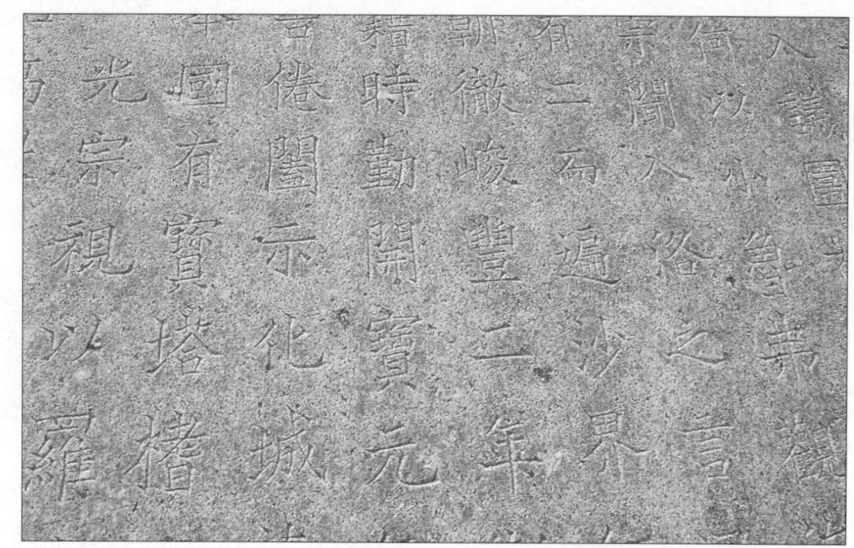

사진3. 원주 거돈사지 원공국사비에 보이는 '峻豊' 연호

사진4. 경기도 하남시 고골의 약사마애불과 그 왼편의 명문

  그리고 국왕의 명령은 聖旨 · 詔 · 勅 · 制라고 하였다.[89] 국왕을 '陛下'라고 일컬었다. 가령『고려사』윤관전은 물론이고「進三國史記表」만 보더라도 고려 인종을 가리키는 '聖上陛下'라는 문구가 2번씩이나 나온다. 이는 인종대에 편찬된『삼국사기』에서 新羅本紀 · 高句麗本紀 · 百濟本紀와 같이 '本紀'를 사용한 사실과도 연결된다. 주지하듯이 本紀는 황제의 역사를 서술할 때 사용하는 용어인 것이다.『고려사』纂修凡例에서 "史記를 보건대 천자는 (本)紀라고 하였고, 제후는 世家라고 하였다. 지금 고려사를 편찬하는데는 王紀를 世家라고 함으로써 명분을 바르게 했다"라고 한 구절에서도 이는 확인된다. 그리고 고려왕은 자신을 '朕'이라고 했다.[90] '太子'니 '太后' 역시 황제체제하에서의 용어들이었다. 이 역시『고려사』纂修凡例에 보면 "무릇 宗이니 陛下 · 太后 · 太子 · 節日 · 制 · 詔하는 類는 비롯 참람된 호칭이기는 하지만 여기에서는 당시 부르던 일컫던 것을 따름으로써 그 사실을 보존한다"라고 하여 언급한 바 있다. 太子의 경우는 皇太子로 일컫기까지 했다.[91] 그밖에 황제만이 행할 수 있는 祭天의례 장소인 圓丘를 갖추었다.[92] 고려 왕실을 '皇家',[93] 조정을 '天庭',[94] 혹은 '聖朝'[95]라고 일컬었다. 수도인 개경을 '皇都'라고 하였으며[96] 개경의 內城을 '皇城'이라고 칭한 것도[97] 황제국가의 면모를 보여주고 있다. 그밖에 廟號를

---

89) 이는 문헌자료는 말할 것도 없고, 금석문에서도 확인된다. 비근한 예로서「정진대사원오탑비」에서의 '聖旨'를,「圓空國師碑文」에서는 '詔'를,「원종대사혜진탑비문」에서의 '詔'와 '制'를 들 수 있다.
90) 朝鮮總督府,「居頓寺圓空國師碑文」앞의 책, p.257.
91) 金龍善,「李公壽墓誌銘」앞의 책, p.64.
92) 金基德, 앞논문, p.167.
93)『高麗史』권 93, 崔承老傳.
94)『高麗史』권 96, 尹瓘傳.
95) 朝鮮總督府, 앞의 책, p.203.
96)『高麗史』권 2, 光宗 11년 조.
97)『高麗史』권 56, 志 10, 地理 王京開城府 條.

비롯하여 祭祀나 中央官制 · 五軍編制에 있어서도 황제체제가 확인된다고 한다.[98]

　이러한 황제체제는 고려의 封爵 제도에서 확인된다. 고려왕은 왕족 출신의 많은 侯를 거느렸다. 그런데 이러한 侯들은 金官 · 卞韓 · 扶餘 · 樂浪 · 辰韓 · 朝鮮을 비롯한 과거의 王國名을 冠稱하는 경우가 많았다.[99] 심지어는 신라의 마지막 왕인 경순왕 金傅를 '樂浪王'에 封하고 있다.[100] 이렇듯 고려왕은 왕족이나 신하들을 侯나 王으로 封하였다. 이에 수반하여 食邑을 하사하였는데, 의심할 나위없이 황제체제의 면모인 것이다.[101] 요컨대 고려왕은 이러한 국가들을 統御하는 황제같은 인상을 주려는 의도가 깔려 있었다.

　대외 관계에 있어서 고려는 女眞을 北蕃 · 東蕃 · 東北蕃 · 西蕃 등 蕃이라고 일컬었다. 고려에 대응하는 세력을 가리키는 용어로서의 蕃은 唐代에 와서는 폄하된 의미라기 보다는 '對稱' 또는 '相對'의 의미를 지녔다고 한다.[102] 설령 蕃이 藩屛의 개념은 아니라고 하더라도 고려는 遼를 '北戎'으로,[103] 여진을 '戎狄'[104] 혹은 '東虜'[105]로 그 후신인 金을 '北狄'이라고 지칭하였다.[106] 그리고 "南蠻과 北狄이 스스로 來朝하여 百寶를 우리 天子 섬돌 아래에 드리네"[107]라고 한데서 南蠻에 대한 인식도 있었음을 알 수 있다. 이러한 사실은 고려가 자국 중심의 황제적 세계관을 구축했음을 알려준다. 그리고 고려는 女眞이

98) 金基德, 앞논문, pp.159~172.
99) 『高麗史』권 10, 順宗 3년 2월 조.
100) 『高麗史』권 2, 景宗 즉위년 10월 조.
101) 河炫綱, 「高麗 食邑考」『歷史學報』26, 1965, pp.113~115.
102) 朴漢濟, 「唐代 長安의 空間構造와 蕃人生活」『東아시아 歷史의 還流』2000, p.55. 註 4.
103) 『東文選』권 104, 咸寧節御宴致語.
104) 『高麗史節要』권 2, 成宗 원년 6월 조.
105) 任世權 · 李宇泰 編著, 「閔瑛 墓誌銘」앞의 책, 29, 29쪽.
106) 金龍善, 「李坦之 墓誌銘」앞의 책, p.127.
107) 『高麗史』樂志, 風入松.

나 탐라국으로부터 조공을 받았고, 이들 추장들에게 관작과 의복을 하사하였다. 아울러 고려 조정에서는 여진인들이 얻고자 하는 物貨를 사여하는 동시에 고려 조정의 관작을 받게 함으로써 추장들의 권위를 높여주는 한편 고려의 배경을 과시할 수 있게 하였다.[108] 金이 건국 초기에 고려에 보낸 국서의 대상을 '高麗國皇帝'[109]라고 한 것도 이러한 배경에서 연유한 것으로 보인다. 어쨌든 이는 고려 중심의 천하관이 형성되었음을 뜻한다. 이와 관련한 내용들을 『고려사』에서 몇 가지만 다음과 같이 摘記해 보았다.

耽羅國 태자 末老가 來朝하자, 星主와 王子 벼슬을 주었다(태조 21년 조).
동여진의 大匡 蘇無蓋 등이 와서 말 700필과 方物을 바쳤다(정종 3년 조).
동여진의 아리고와 서여진의 凌渠 등 백여 명이 와서 토산물을 바쳤으므로 그들에게 모두 벼슬을 주고 또 포백을 주었다(현종 9년 조).
서여진의 아홀 · 사일 · 나골개 등 1백여 명이 와서 토산 말과 무기를 바쳤다. 그들에게 관작을 한 급씩 올려 주었다(현종 20년 조).
탐라의 세자 고오노가 내조하였다. 그를 유격장군으로 임명하고 관복 한 벌을 주었다(현종 20년 조).
서여진의 우화 등 156명은 관방을 개척할 때 공로가 있었으므로 그들에게 모두 벼슬을 한 등급씩 높여 주었다(정종 2년 조).
동여진의 귀덕장군 니구두 등 57명에게 벼슬을 한 등급씩 더 높여 주었다(정종 3년 조).
동여진의 귀덕장군 고지문이 내조하였다. 그에게 회화장군이라는 벼슬을 수여하는 동시에 그를 수종하여 온 자들에게도 모두 벼슬을 주었다(정종 4년 조).
동여진의 추장 오타를 도령장군으로 임명했다(정종 6년 조).
耽羅國의 성주인 유격장군 加利가 아뢰기를 "왕자 豆羅近因이 죽었는데, 단 하루라도 후계자의 자리를 비울 수 없사오니 號仍으로 왕자를 삼게 해 주시기 바랍니다"라

고 하면서 토산물을 바쳤다(정종 9년 조).

耽羅國에서 사절을 파견하여 태자 책봉을 축하하였다. 사절 13명에게는 벼슬을 주고 뱃사공과 수행한 이들에게는 물품을 차등 있게 내렸다(문종8년 조).

일본국 薩摩州에서 사절을 파견하여 방물을 바쳤다(문종 34년 조).

일본국 對馬島에서 사신을 보내어 방물을 바쳤다(문종 36년 조).

耽羅 星主 懿仁이 와서 와서 土物을 바쳤다. 그를 定遠將軍을 더해주고 衣帶를 하사하였다(선종 9년 조).

고려 조정이 여진 추장에게 내려준 고려의 將軍號와 官階는 대략 다음과 같다.

懷化將軍 / 懷化大將軍 / 歸德將軍 / 歸德大將軍 / 奉國將軍 / 奉國大將軍 / 寧塞將軍 / 寧塞大將軍 / 柔遠將軍 / 柔遠大將軍 / 都領將軍 / 將軍

大丞 / 元甫 / 正甫 / 元尹 / 大相 / 正朝 / 甫尹 / 中尹 / 左尹 / 正位 / 大完

위의 將軍號는 고려 조정의 武散階에는 보이지 않으므로별도로 제정된 것임을 알 수 있다. 그런데 大丞을 비롯한 官階는 고려의 9品 官階에 보이는 것이 대부분이다.[110] 반면 고려는 여진과는 달리 탐라 왕족에게는 그 신분적 高下에 따라 武散階를 제수하였다.[111] 고려에서는 여진 보다는 탐라를 우대한 것이다. 이는 중국이 삼국이나 고려에 행하여 왔던 형식을 그대로 취한 것이라고 하겠다. 탐라에 대한 고려의 시책은 탐라국 지배층에게 벼슬을 내렸던 백제에서 그 연원을 찾을 수 있다. 이렇듯 고려는 주변 국가와 세력들을 蕃으로 간주하여 그 중심에 군림하는 황제국체제를 취했던 것이다.

그리고 고려는 都護府를 설치하였다. 都護府制는 唐에서 자국에 內屬한 주변

---

110) 고려의 9品 官階名은 朴龍雲, 『高麗時代史』上, 1985, p.107을 참조하기 바란다.
111) 旗田巍, 「高麗の武散階」 『朝鮮學報』21 · 22合併特輯號, 1961, pp.465~467.

민족들을 형식적으로는 唐의 郡縣體制 안으로 편입시키면서 실제로는 고도의 自治權을 부여하는 唐代 특유의 세계 지배체제였다. 이러한 都護府는 해당 종족이나 민족의 외교와 군사 문제에만 간여하고 통제하는 羈縻施策의 일환이었다.[112] 그러한 都護府制를 고려에서도 실시했다. 즉 兩界에 둔 安北大都護府(寧州)와 安邊都護府(登州) 그리고 安西大都護府(海州) 등이 그것이다.[113] 이러한 도호부는 당초 후삼국 통일 후 후백제와 신라의 수도에도 安南都護府(全州)와 安東都護府(慶州)를 각각 설치했던 점에 비추어 볼 때 唐制를 원용한 황제적 통치관이 반영된 기구라고 하겠다.[114]

IV. 중국과의 관계에서 본 황제체제의 推移

우리나라 황제체제의 성격은 중국에 대한 册封體制와는 모순없이 연결될 수 있는 사안일까? 삼국시대 이래로 중국에는 조공과 더불어 책봉을 대대로 받는 관계를 설정하고 있었다. 그러나 국내적으로는 독자적인 연호를 사용한다든지, '皇帝陛下'는 물론이고 '朕'을 비롯한 稱號들을 유감없이 구사하였다. 얼핏 모순되어 보이는 이러한 현상을 어떻게 해석해야 될까? 이와 관련해 다음과 같은 지적은 의미심장하다. "中國에 가장 근접한 外國은 中國에 向해서는 藩屬의, 國內에 대해서는 獨立의 二重體制를 취하지 않으면 안되었다. 중국에 대해서는 어느 정도 體面上으로 讓步하지 않으면 곧 討伐을 당할 위험이 있었다. 아울러 國內에 대해서는 君主는 絶對尊嚴하지 않으면 그 地位가 保存되지 않았던

---

112) 金翰奎, 『한중관계사 I 』1999, pp.202~203.
113) 朴龍雲, 앞의 책, p.129.
114) 이러한 점에 있어서도 고려시대의 都護府와 조선시대의 그것은 명칭만 동일할 뿐 그 성격은 전혀 틀린 것이다.

것이다."[115] 고대국가 이래 우리나라 정치체제가 이중성을 지니고 있음을 喝
破하였다. 그러나 중국으로부터의 침벌 위협 때문에 이중체제가 탄생했다는
견해는 적어도 삼국시대의 경우라면 수긍하기 어렵게 된다.

삼국은 주변 제국들을 제압하고 집권국가로 발전하였다. 이 때 왕실과 국가
의 영속성과 지배의 정당성을 과시할 목적으로 태양과 연결되는 초월적인 설화
체계를 수립해 나갔다. 이와 더불어 독자적인 연호의 사용을 비롯한 왕과 왕실
의 권위를 내세울 수 있는 제도적 장치를 구축하였다. 삼국은 당초 연맹체내에
서는 상대적으로 강력한 지배권을 확립할 수 있었다. 그러나 예전의 자기 울타
리 안에서의 그것과는 다른 차원의 삼국간의 각축전이라는 경쟁에 직면했다.
그것은 쉽게 결판이 나지 않는 장기간에 걸친 소모전의 양상을 띠고 있었다. 그
러한 가운데서 강력한 변수로 중국세력의 존재가 그 언저리에 성큼 다가오게
된 것이다. 중국의 존재가 결코 멀리만 있지 않았음은 개로왕이 북위에 올린 表
에서 고구려 정벌을 부추긴 것을 비롯하여, 신라가 唐을 끌어들임으로써 수백
년간에 걸친 動亂의 終止符를 찍은데서 헤아려진다. 이렇듯 삼국은 중국세력
을 自派로 만들든지 아니면 최소한 중립 지대로 남겨 두기위해서라도 경쟁적으
로 중국적인 질서관 속에 편제되지 않을 수 없었다.

이러한 추정은 삼국의 왕들이 중국의 책봉을 처음 받은 시점이 고구려가 355
년(고국원왕 25)이고, 백제는 372년(근초고왕 27)이고, 신라는 565년(진흥왕 26)이
라는 점을 주목하지 않을 수 없다.[116] 여기서 고구려와 맞대치하고 있는 主敵

115) 宮崎市定,「三韓時代の位階制について」『朝鮮學報』14, 1959, p.275.
116) 金翰奎, 앞의 책, pp.187~190.
　　　한편 이 책 p.187의 '高句麗王册封官爵表'에서는 後漢 光武帝가 대무신왕 15년에 '(고구
　　　려)왕'에 封한 것을 제일 앞에 게재하였다. 그러나 이 기사는 新의 왕망이 고구려왕을 下
　　　句麗侯라고 폄하시킨 것을 王으로 회복시켜준 것에 불과하다. 이것은 다른 책봉 기사와
　　　는 성격이 다르다고 하겠다.

인 백제왕에 대한 책봉 시점이 신라와는 달리 서로 큰 차이가 나지 않았다. 이러한 점에서도 앞서 추정의 타당성은 방증되지 않을까 한다. 더구나 355년에 고국원왕이 前燕으로부터 작호를 받은 것은 환도성 함락과 왕모가 인질이 된 상황에서 나온 것이다. 고구려가 前燕에 자발적으로 조공을 하고 관작을 받은 것은 아니었다. 後燕으로부터 396년에 광개토왕은 '平州牧 遼東·帶方二國王'에 봉해졌다.[117] 여기서 帶方은 "東明의 후손에 仇台가 있었는데 仁信이 두터웠다. 처음 帶方故地에서 나라를 세웠다"[118]라고 하였듯이 백제의 건국지로 인식되었던 곳이다. 그럼에도 광개토왕을 帶方王으로 책봉했음은 帶方故地에 대한 연고권을 인정해 주는 것이었다. 이는 책봉의 성격이 조공국의 의사가 반영된 자발적이었을 뜻한다고 하겠다. 실제로 372년에 근초고왕은 남중국의 東晋으로부터 '領樂浪太守'에 봉해졌다. 이는 고구려가 점유하고 있는 낙랑군에 대한 지배권을 오히려 백제에 인정해 준다는 차원에서 나온 것이었다. 광개토왕이 帶方王에 봉해진 것은 이에 대한 대응에서 비롯되었다고 보여진다. 그러므로 조공과 책봉이 자국의 국제적 입지의 강화라는 차원에서 이루어졌음을 생각하게 한다. 帶方故地에서 건국했다는 백제의 역대 왕들이 책봉받은 帶方郡王·帶方郡公[119]이라는 爵號는 帶方故地에 대한 영유권 다툼과 관련되었음을 느끼게 한다. 이 역시 책봉의 성격을 잘 암시해 주는 실례가 된다.

이러한 맥락에서 고구려와 백제는 接境하면서 이제까지와는 달리 군사적 충돌을 벌였다. 369년(고국원왕 39)의 雉壤 전투가 양국간 최초의 전쟁이었다. 성격이 동일하므로 비교 尺度가 될 수 있는 396년과 372년의 고구려왕(帶方王)과 백제왕(樂浪太守)에 대한 책봉은 이러한 대결 국면에서 나왔다고 보아야 정황적으로 맞다. 더구나 고구려왕과 백제왕에 대한 책봉 주체 역시 상호 대립적인 북

---

117) 金翰奎, 앞의 책, p.187.
118) 『北史』권 94, 백제 조.
119) 兪元載, 『中國正史百濟傳研究』 1998, pp.301~326.

중국의 後燕과 남중국의 東晉으로 나누어져 있었다. 따라서 그 책봉의 성격이 일방적일 수 없는 국제적 역학 관계의 산물임을 뜻한다고 하겠다.

삼국이 상호 대립·항쟁하는 기간 중에 중국에 다투어 책봉을 받고 있는 현상은, 이처럼 4세기 후반경부터 고구려와 백제를 필두로 개시되었다. 이는 일단 고구려와 백제간의 항쟁에 따른 중국세력의 권위를 이용하여 국제 관계 속에서 유리한 高地를 점유하는 한편, 국내 세력을 제압하려는 경쟁 상황의 산물이었다고 본다. 중국 자체의 분열로 인한 자체 대립이 삼국간의 경쟁과 얽히면서 이것을 부추긴 측면이 크다고 하겠다.

일반적으로 중국과의 책봉을 통한 외교 관계가 설정된 시점을 고대국가의 완성으로 간주하는 견해가 있었다. 그러한 견해의 타당성 여부를 떠나 적어도 그 시점이라면 연맹내의 諸國을 통합했을 정도의 강력한 세력으로 성장하였다. 그리고 중국과의 관계를 시급히 모색하지 않을 수 없을 정도로 역시 비슷한 과정을 밟아 온 강대한 이웃 세력과 각축하게 되었음을 알려주는 지표라고 하겠다. 그랬기에 강압적이라기 보다는 오히려 자발적이요 능동적으로 중국적인 질서관 속에 들어 가고자 했다. 삼국간의 장기간에 걸친 경쟁과 대립, 내부적으로는 왕권의 강화와 지배의 절대성 확립이라는 현안, 이 모두를 충족시키기 위해 중국의 황제권을 인정하면서도 자국 중심의 황제체제 구축과 같은 이중성을 띤 정치체제가 탄생하게 된 것이다.

고려시대에는 태조와 광종대에 建元을 하였다. 이후 고려는 宮崎市定의 지적처럼 대외적인 침벌을 피하기 위한 외교적 방편으로써 주변 강대국의 연호를 사용했다. 그러면서도 내부적으로는 황제체제를 지속하는 일종의 이중체제를 유지했다는 견해는 인정할만하다. 그런데 지금까지는 고려가 황제 칭호를 사용했다는 점에만 주목하는 경향이 있었다. 그러나 이 보다도 고려가 자국 중심의 소우주관을 형성하여 황제체제를 운영했다는 사실이 중요하다. 중국에서도 남북조시대에만 사용되었던 將軍號 除授를, 고려는 女眞 추장이나 耽羅 왕족들에게 하였기 때문이다. 비록 탐라 왕족은 고려의 武散階에 포함되었다고 하더라도 그 본질은 여진의 그것과 동일하다. 이러한 맥락에서 稱帝建元을 내세운

妙淸의 亂의 성격을 재검토해 볼 필요가 있을 것 같다. 여기서 稱帝는 고려에서 내부적으로 실시하고 있었으므로 별다른 문제야 없었겠지만, 문제는 建元의 사용이다. 묘청의 난 이전에 윤언이가 제일 먼저 建元을 요청하였다.[120] 그런데 고려가 광종대 이후로 稱帝는 하였지만 건원을 할 수 없었던 것은 年號 자체가 正朔과 연결되어 있는 사안이라는 것이다. 중국으로부터 고려는 正朔을 매년 받고 있는 상황이었다. 이와 관련해 자연 정삭을 받는 국가의 연호를 사용할 수밖에 없었다. 이는 다음과 같은 기사를 통해서도 확인된다. "辛未에 中書門下가 '遼가 여진의 침략을 받아 危亡의 형세가 보이니 遼로부터 받은 正朔을 행할 것이 못됩니다. 이제부터 公私의 문자에는 마땅히 遼의 天慶 연호를 제거하고 다만 甲子만을 사용할 것입니다' 라고 아뢰니 이를 잘들어 좇았다."[121] 굳이 그러한 점만 아니라고 하더라도 年號 자체는 대상국과의 외교상의 비중을 결정짓는 要諦였기 때문일 것이다. 더욱이 고려와 전쟁을 벌였던 遼나 金의 압력으로 그 연호를 받아들이게 된 것은 侵伐을 피하기 위한 외교적 방편이었다.

　그럼에도 金이 고려에 대해 稱臣을 요구하고 있는 시점에서 建元을 요구하게 된 것은 어떤 배경에서 나온 것일까? 고려가 연호를 사용하지 않은 것은 광종대 이후였다. 연호를 사용하지 않은지 상당한 시일이 흘렀음에도 갑자기 建元을 요구한 것이다. 이때는 외부적으로는 金의 稱臣 요구가 있었고, 내부적으로는 이자겸의 난 등으로 인해 왕권이 동요되는 상황이었다. 對호족관계에 있어서 왕권의 위상을 확립해 주었던 것이 황제체제였다.[122] 그러나 이것이 붕괴됨으로써 위기 의식이 高潮된데서 기인한 현상이 아니었을까 싶다. 建元과 西京遷都論에 인종이 끌리게 된 것도[123] 왕권 강화적인 요소가 있었기 때문으로 생각

120)『高麗史』권 96, 尹瓘傳 附 彦?傳.
121)『高麗史』권 14, 睿宗 11년 4월 조.
122) 金塘澤,「高麗 仁宗朝의 西京遷都·稱帝建元·金國 征伐論과 金富軾의 ‘三國史記’ 編纂」『歷史學報』170, 2001, p.12.

하게 한다.[124] 고려에게 조공할 대상이었으며 고려를 父母國으로 여겼던 여진이 金을 건국한 후 강성해짐에 따라 이제는 고려에 事大를 요구하였다. 이와 맞물려 황제체제를 유지해 주었던 여진이라는 主蕃屬의 붕괴에 따른 황제체제의 해체라는 위기 국면에 접어들게 되었다. 이로 인해 인종은 서경파와 손을 잡고 建元의 旗幟를 걸면서 해체 국면의 황제체제를 유지하려고 안간힘을 쓰게 되었던 것 같다. 또 그것은 결국 金과의 대결로 이어질 수밖에 없는 성질의 것이었으므로, 묘청의 金國 征伐論으로까지 발전하게 되었다고 본다.

고려는 이후에도 명목상의 황제체제를 유지하였다. 그러나 몽골의 침략으로 독자적 천하관의 산물로서 자부심의 마지막 가시적 堡壘였던[125] 황룡사9층탑이 燒失되었다. 그리고 고려는 몽골의 간섭을 받기 시작했다. 이 때 元은 고려의 마지막 蕃屬이었던 탐라에는 충렬왕대에 耽羅摠管府를 설치하여 직접 지배하였다. 元이 설치한 총관부는 고려 영역이 원래 아니었던 蕃屬 지역에 설치되었다. 西京에 설치한 자비령 이북의 東寧府(西京)와 和州(永興)에 설치한 철령 이북의 雙城摠管府(永興)도[126] 사실 여부와는 상관없이 그러한 인식에 기인한 것이었다. 어쨌든 이러한 연유로 인해 元이 이들 지역을 자국 직할령으로 삼아 직접 지배하게 된 것 같다. 그 저간에 고려왕의 廟號에는 祖·宗 대신 '忠' 자를 붙이게 되었고, 황제 용어인 朕·陛下·太子는 왕의 그것인 孤·殿下·世子로 각각 고쳐 부르게 되었다. 그밖에 宣旨는 王旨로, 赦는 宥로 격하되어 일컫게 되고 말았다.[127] 이같은 황제 용어의 終焉은 고려의 마지막 蕃屬國의 해체와

---

123) 李丙燾, 『高麗時代의 研究』 1948, pp. 199~204.
124) 金塘澤, 앞논문, pp. 10~15.
125) 이는 고려시대에도 황룡사 9층탑을 계속 重建하였던 사실을 통해서도 충분히 유추할 수 있다.
126) 李基白, 『韓國史新論』 1994, p. 214.
127) 金基德, 앞논문, p. 170.

대체로 軌를 같이하였다.[128]

V. 맺음말 - 皇帝體制의 시작과 끝

국가의 시조를 天孫으로 인식한 사실은 고조선의 건국신화인 단군신화에서 확인되고 있다. 夫餘의 경우 東明이라는 시조 이름을 통해 천손 의식의 존재를 엿볼 수 있다. 그러한 천손 의식은 고구려와 백제 등 삼국의 건국설화에도 보이고 있는데, 왕실과 국가의 정통성을 토대로 지배의 영속성과 절대성을 과시하기 위한 목적에서 생성된 것이었다. 천손 의식은 국왕이 太王權 體制를 구축한 시점에서 크게 發揚되었던 것 같다. 이러한 太王權 體制는 大王과 小王이 존재했던 위만조선시기까지 거슬러 올라 갈 수 있게 한다. 물론 위만조선에 侯와 太守의 존재는 확인된 바 없다. 그러나 裨王(小王)의 존재 자체가 그 예하의 侯나 太守의 상정없이는 어렵게 하기 때문이다. 실제 지역적 기반을 가지고 있던 위만조선의 相은 侯에 해당하는 위상이었다.

고구려에서 태왕권 체제는 장군총 보다 이른 시기의 고분으로서 '太王' 銘 전돌이 출토된 태왕릉과 「모두루묘지명」에서 '好太聖王' 이라고 해서 太王으로 일컬어졌던 이가 고국원왕(331~371)으로 지목되고 있는 만큼,[129] 적어도 4세기 중반경에는 태왕권 체제가 구축되었음을 알 수 있었다. 太王은 '王中王' 으로서 그 예하에는 王과 侯 그리고 太守를 거느리는 체제였다. 백제의 경우는 아신왕을 '大王' 으로 호칭한 바 있으므로 태왕권 체제를 운위할 수 있지만, 적어

128) 1105년(숙종 10)에 탐라국은 탐라군으로 개편되어 고려의 관할에 들어 갔다. 그러나 탐라는 원래부터 고려의 영역은 아니었으므로 몽골이 자국의 영역으로 만들었다고 보겠다. 적어도 이러한 인식을 깔고 있었음은 다른 摠管府의 경우와 맞추어 볼 때 얻을 수 있는 공통점이요 일치점이라고 하겠다.

도 개로왕대(455~475)에는 태왕권 체제가 확인되었다. 신라의 경우는 진흥왕대
에 太王의 존재가 확인되고 있으며, 그 연원은 「울주천전리서석」을 통해 볼 때
법흥왕대(514~540)까지 소급될 수 있다.[130]

　王・侯・太守를 거느린 太王의 존재는 「진흥왕순수비문」을 통해 볼 때 '帝'
에 해당되었다. 이러한 황제체제는 단순히 口號나 관념적 차원의 성질의 것은
아니었다. 황제체제에 맞게끔 소우주관을 갖추고 있었다. 자국 주변에 조공국
을 거느렸고, 內外臣 관념까지 설정하고 있었기 때문이다. 백제가 分封한 王・
侯・太守들의 분봉 지역은 馬韓故地와 중국 본토로 二元化되어 있었다. 본토
인들은 자국 영내로, 중국계 인들은 백제의 영향력이 미치지 못하는 중국 본토
로 분봉되었다. 이는 본토인(內臣)과 중국계인(外臣)을 모두 臣下로 설정하고 있
는 백제 太王權의 구도 속에서 나온 천하관의 산물이었다. 그렇게 이해할 때만
이 중국계 백제인의 중국 본토 分封을 이해할 수 있게 되는 것이다. 백제는 擬
制的인 內外臣制를 운영한 것이었다. 백제가 年號를 사용하지 않은 것은, 중국
대륙이 南北朝로 분열되어 있고, 전통적인 우호국인 南朝의 잦은 정권 교체 등
과 같은 多變的인 국제사회에서 독자성의 표출로 해석할 수 있을 것 같다. 백제
조정에는 중국계 뿐 만 아니라 倭系 인물들까지 포진하고 있었다. 이같은 백제
의 多種族體制下의 국가 운영과, 국왕의 子弟宗族을 지방에 분봉하는 檐魯體
制, 그리고 광대한 동아시아 교역권은 名實相符한 황제체제의 배경이 되었다.

　고구려와 신라는 독자적인 年號를 사용했다. 그러나 삼국은 중국 역대 왕조
에 조공을 하였고, 冊封을 받았다. 이는 삼국의 대결 상황 속에서 국제적으로
유리한 입지의 확보 차원에서 기인한 것이었다. 그것은 중국으로부터의 侵伐
을 두려워 한데서 비롯되지는 않았다. 이러한 基調는 비록 통일신라가 독자 연

---

129) 李道學, 「광개토왕릉비문의 國烟과 看烟의 性格에 대한 再檢討」, 『韓國古代史研究』28,
　　2002, pp.87~88.
130) 韓國古代社會研究所, 「울주천전리서석」, 앞의 책, II, pp.164~165.

호를 폐지하고 唐의 年號와 服色을 채용했지만 그대로 유지되었다. 신라는 耽羅라는 蕃屬國을 거느렸던 황제체제였다. 고려에 접어들어 일시적으로 年號가 부활되었다가 폐지되었지만 황제체제는 존속되었다. 이 때 고려는 탐라 왕족에게 그 신분적 高下에 따라 武散階를 제수하였다. 그러한 殘影은 조선 왕실이 對馬島의 受職倭人에게 내려준 告身에 남아 있다. 가령 1555년(명종 10: 嘉靖 34)에 작성한 '平長親爲折衝將軍僉知 中樞府事者'가 一例가 된다.

　한국사에서 황제체제의 종언은 고려의 마지막 번속국이었던 耽羅가 元의 직할령으로 떨어지면서부터였다. 그로부터 600여 년의 세월이 흐른 뒤 대한제국의 성립과 더불어 高宗皇帝와 純宗皇帝 그리고 開國·建陽·光武, 隆熙라는 연호를 대내외에 당당하게 闡明하였다. 그러나 온전한 황제국가 시절을 누릴 새도 없이 국가의 몰락이라는 엄청난 민족적 시련에 逢着하게 되었다. 그렇기는 하지만 장구한 세월 동안 지속되어 온 우리 역사에서의 천하관과 황제체제는 중국에 同化되지 않고 민족의 정체성을 유지할 수 있었던 근원적인 힘으로 작용하였다. 이러한 점에서 그것이 지닌 역사적 의미를 反芻할 수 있을 것 같다.

新羅의 神宮 祭祀

채미하(경희대 사학과 강사)

I. 머리말

신라의 신궁 설치에 대해서는 다음과 같이 전한다.

A. 1) 春二月 置神宮於奈乙 奈乙始祖初生之處也(『三國史記』3, 新羅本紀 3, 炤知麻立干 9年)

  2) 第二十二代智證王 於始祖誕降之地奈乙 創立神宮 以享之(『三國史記』32, 雜志 1, 祭祀)

사료 A-1)에 따르면 소지왕 9년에 '始祖初生之處' 인 '奈乙' 에 신궁을 설치('置')하였다고 하고, A-2)에는 지증왕이 '始祖誕降之地' 인 '奈乙' 에 신궁을 '創立' 하였다고 되어 있다. 여기에서 '始祖' 는 누구인가.[1] 이와 관련해서 다음이 주목된다.

B. 冬十月 羣臣上言 始祖創業已來 國名未定 或稱斯羅 或稱斯盧 或言新羅 臣等以爲新者德業 日新 羅者網羅四方之義 則其爲國號宜矣 又觀自古有國家者 皆稱帝稱王 自我始祖立國 至 今二十二世 但稱方言 未正尊號 今羣臣一意 謹上號新羅國王 王從之(『三國史記』4, 新羅本紀 4, 智證麻立干 4年)

사료 B에 따르면 지증왕은 여러 신하들의 건의에 따라 국호를 '新羅' 로 하고 중국식 '王' 號를 사용하였다고 한다. 그 건의 중 "始祖創業已來"와 "自我始祖立國 至今二十二世"라는 구절이 주목된다. 다 아는 바와 같이 신라의 시조는 박혁거세왕이었다고 전한다. 그리고 『삼국사기』와 『삼국유사』에 따르면 지증왕은 박혁거세왕으로부터 따질 때 제22대 왕에 해당한다. 그러니까 지증왕대에도 시조는 혁거세왕이 된다. 그렇다면 지증왕대 창립되었다는 신궁의 시조역시 혁거세왕이었을 것이다.[2] 같은 시기에 서로 다른 시조가 존재하였다고는 생각되지 않기 때문이다.

그런데 시조묘의 시조 역시 혁거세왕이었다. 이에 신궁이 설치되면서 혁거세왕을 시조로 모신 이유가 궁금하다. 또한 사료 A-1)과 A-2)에 따르면 신궁이 설치된 시기가 달리 나올 뿐만 아니라 시조 출현에 대한 표현('初生'과 '誕降')과

1) 신궁의 시조와 관련하여 기왕의 견해를 보면 혁거세설(今西龍,「新羅骨品考」『新羅史研究』, 1933, pp.232~233. 李丙燾,『國譯三國史記』, 乙酉文化社, 1977, p.49. 羅喜羅,『신라의 국가제사』, 지식산업사, 2003, pp.139~159)과 김씨 시조설로 대별된다. 이 중 김씨 시조설은 김씨가 왕위를 계속해서 잇는다는 것에 주목하여 나온 것인데, 김씨 시조를 알지(小田省吾,「半島廟制槪要」『朝鮮』269, 1937, pp.69~70. 金炳坤,『신라 왕권 성장사 연구』, 2003, pp.261~270)·미추(邊太燮,「廟制의 變遷을 통하여 본 新羅社會의 發展過程」『歷史敎育』8, 1964, pp.61~63)·내물(末松保和,「新羅上古世系考」『新羅史の諸問題』, 1954, pp.108~110. 木下禮仁,「新羅始祖系譜の構成」『朝鮮史研究會論文』2集, 1966, p.48 ;「第6章 王統系譜の形成」『日本書紀と古代朝鮮』, 健書房, 1993. 辛鍾遠,「三國史記 祭祀志 硏究-新羅祀典의 沿革·內容·意義를 중심으로-」『史學研究』38, 1984 ;『新羅初期佛敎史硏究』, 民族社, 1992, p.84)·성한(姜鍾薰,「神宮의 設置를 통해 본 麻立干時期의 新羅」『韓國古代史論叢』6, 1994, pp.211~212쪽) 등으로 보고 있다. 한편 신궁의 주신을 자연신, 그 중에서도 특히 천지신이라고 파악하기도 한다(崔光植,「新羅의 神宮에 대한 新考察」『韓國史研究』43, 1983 ;「신라의 신궁제사」『고대한국의 국가와 제사』, 한길사, 1994, pp.205~209. 鄭再敎,「新羅의 國家的 成長과 神宮」『釜大史學』11, 1987, pp.17~24와 p.30. 崔根泳,「韓國古代의 天神信仰에 대한 考察-新羅의 경우를 중심으로-」『崔永禧先生華甲紀念韓國史學論叢』, 探究堂, 1987, p.14). 그리고 혁거세와 알영 2人이라고도 하기도 한다(李鍾泰,「新羅 智證王代의 神宮設置와 金氏始祖認識의 變化」『擇窩許善道先生停年紀念韓國學論叢』, 1992, p.74~75. 金杜珍,「新羅 金閼智神話의 形成과 神宮」『李基白先生古稀紀念韓國私學論叢(上)』, 一潮閣, 1994, pp.76~78).

신궁이 설치되는 모습('置'와 '創立')이 달리 전한다. 이것은 각 사료가 서로 다른 자료에 의거하여 작성되었음을 일러주는 것으로 헤아려 볼 수 있을 것이다.

2) 이와 관련하여 다음도 참고된다.
春二月 親祀神宮(宗廟之制 雖以金氏爲始祖 而神宮之祭 一遵舊儀不廢 嗣君世世行之) (『東史綱目』5上, 辛酉 宣德王 2年)
위에 따르면 종묘의 제도에서 김씨로서 시조를 삼았으나, 신궁의 제사는 여전히 행해졌다고 한다. 여기에서 종묘는 五廟로, 오묘에서 김씨를 시조로 삼은 것은 혜공왕대부터이다. 그러하다면 安鼎福의 評은 신궁의 시조가 김씨는 아니었다는 것을 말하는 것으로 여겨진다. 이와 관련해서 崔光植도 "『三國史記』本紀에는 神文王代 五廟制가 성립되어 시행된 것으로 기록되어 있다. 한편『三國史記』祭祀志에는 惠恭王代에 五廟制가 성립되어 시행된 것으로 기록되어 있다. (중략) 이 기록에 의하면 神宮이 金姓 始祖를 모시는 金姓始祖廟가 아니라는 것을 명백히 알 수 있다"고 하였다(위의 책, 1994, p.204). 그리고『삼국사기』제사지에 따르면 시조묘와 오묘의 경우에는 그 주신을 밝히고 있는 반면, 신궁의 경우에는 그냥 시조라고만 쓰고 있다. 만약 신궁의 시조가 혁거세가 아니라고 한다면, 제사지 찬자는 시조묘나 오묘의 경우처럼 분명하게 그 시조를 밝히지 않았을까 한다(金杜珍, 앞의 논문, 1994, p.76. 朴承範, 「新羅 祭儀의 變遷過程硏究」, 檀國大學校 碩士學位論文, 1995, pp.43~44. 羅喜羅, 앞의 책, 2003, pp.147~149. 李鍾泰, 「三國時代의「始祖」認識과 그 變遷」, 國民大學校 博士學位論文, 1996, p.36 ;「新羅의 始祖와 太祖」『白山學報』52, 1999, pp.9~10). 한편 다음도 관심을 끈다. 위 사료 A에서는 신궁을 '奈乙'에 세웠다고 전한다. 그리고 혁거세는 '楊山麓 蘿井傍林間'(『三國史記』1, 新羅本紀 1, 始祖 赫居世居西干 卽位年)에서, '楊山下 蘿井傍'(『三國遺事』1, 紀異 1, 新羅始祖 赫居世王)에서 나타났다고도 전하고 있다. 그런데 사료 A의 나을과 나정은 음훈상으로 통한다고 한다(李丙燾, 위의 책, 1977, p.49). 혹 이는 신궁의 '始祖'가 혁거세임을 말해주는 것이 아닐까 한다. 그리고 다음도 참고된다.
春正月 親祀神宮 龍見楊山井中(『三國史記』4, 新羅本紀 4, 法興王 3年)
위에 따르면 법흥왕 3년에 신궁에서 친사하였다고 한다. 그리고 '楊山井'에서 용이 나타나고 있다. 용은 왕과 관련이 있다고 한다(金貞淑, 「新羅文化에 나타나는 動物의 象徵-『三國史記』新羅本紀를 중심으로-」『新羅文化』7, 1990, pp.74~76 및 李熙德, 『韓國古代 自然觀과 王道政治』, 一志社, 1999, pp.202~204). 그러하다면 용이 출현한 것은 왕이 신궁에서 친사한 것에 대한 대응으로 나타난 것으로 볼 수 있을 것이다. 그리고 그 용은 '楊山'의 우물가에서 나타났다. '楊山'은 현재 경북 경주시에 있는 남산으로(鄭求福 외 4人, 『譯註三國史記 3-주석편(상)』, 韓國精神文化硏究院, 1997, p.14), 남산에는 여러 우물이 있었겠지만, 이 곳에는 혁거세가 태어났다고 전하는 나정이 있다. 양산정은 아마도 나정을 말하는 것이 아닐까 한다. 양산정이 나정이라고 한다면 신궁의 시조는 혁거세였음을 어느 정도 시사해 주는 것이 아닐까 한다.

그리고 이것을 통해 소지왕대의 신궁과 지증왕대 신궁의 차이를 살펴볼 수 있을 것으로도 생각된다. 뿐만 아니라 신궁 제사는 정치·사회적 변동에 따라 변화되어 간다고 여겨진다.

이에 본고에서는 우선 신궁에 혁거세왕을 모신 이유를 생각해 보려고 한다. 그리고 소지왕대와 지증왕대의 신궁 설치 기사가 가지는 의미도 살펴볼 것이다. 또한 신궁 제사의 변화를 중고기에는 진평왕대를 중심으로, 중대 이후에는 종묘제의 수용과 오묘제의 始定 및 改定·更定과 관련지어 고찰해 볼 것이다.

II. 中古期의 神宮 祭祀

1. 炤知·智證王과 神宮 祭祀

앞의 사료 A-1)에 따르면 신궁 설치 시기를 소지왕 9년이라고 하고, A-2)에는 지증왕이라고 하여 다르게 나온다.[3] 그런데 소지왕 17년과 지증왕 3년에 왕이 신궁에서 친사하고 있다.[4] 이로 볼 때 신궁은 소지왕 9년에 설치되었다고 할

3) 기왕의 연구에 따르면 신궁의 설치 시기에 대해『삼국사기』신라본기의 기록을 중시하는 경우는 소지왕대로(邊太燮, 앞의 논문, 1964, p.59. 李丙燾, 앞의 책, 1977, p.49. 李鍾旭,『新羅國家形成史研究』, 一潮閣, 1982, p.166 등),『三國史記』祭祀志의 기록을 중시하는 경우는 지증왕대로 파악하고 있다(申瀅植,「新羅의 時代區分」『韓國史研究』18, 1977, p.18 및 p.38. 吉岡完右,「中國郊祀의 周邊國家への傳播-郊祀의 發生から香春尸羅神의 渡來まて」『朝鮮學報』108, 1983, pp.36~37 등). 그리고 소지마립간대와 지증왕대 다 의미가 있다고 파악하기도 한다(崔光植, 앞의 책, 1994, pp.198~199 및「新羅와 唐의 大祀·中祀·小祀 비교연구」『韓國史研究』95, 1996, p.4. 浜田耕策,「新羅의 神宮と百座講會と宗廟」『東アジア世界における日本古代史講座-東アジアにおける儀禮と國家』, 學生社, 1982, pp.224~226 등). 한편 鄭再教는 내물왕 이후 눌지왕대 사이의 어느 시기에 신궁이 설치되었다고 보고 있다(앞의 논문, 1987, pp.17~24).

수 있을 것이다.

　소지왕 9년에 설치된 신궁의 시조는 시조묘의 시조와 같은 혁거세왕이다. 그리고 신궁이란 신을 제사하는 곳을 말하며,[5] 신궁은 교묘라고도 한다.[6] 郊는 원래 중국에서 천지신을 제사하는 장소이고, 교사는 그 제사를 의미한다. 신궁의 궁은 廟와 동일한 의미로[7] 묘는 조상을 제사하는 장소이다. 신궁에 모셔진 혁거세왕 역시 시조묘에 모셔졌던 혁거세왕과 마찬가지로 국조이면서 천신적 성격을 띄었다고 여길 수 있는 것이다.

　그러하다면 소지왕이 신궁을 설치하면서 시조묘에 모셔진 혁거세왕을 모신 이유는 무엇일까. 마립간 시기는 이사금 시기와는 달리 마립간위의 부계 장자 계승이 실현되었다. 눌지왕은 내물왕의 장자이고, 자비왕은 눌지왕의 장자이며, 소지왕은 자비왕의 장자이다. 또한 왕위만 부자상속이 이루어진 것이 아니라 副王이라고 할 수 있는 갈문왕의 지위 역시 왕의 형제나 가까운 부계 친족이 부자 계승하였다.[8] 뿐만 아니라 내물왕, 실성왕, 눌지왕, 자비왕, 소지왕의 妃들도 모두 김씨로 내물왕은 4촌, 실성왕도 4촌, 눌지왕은 6촌, 자비왕은 4촌, 소지왕은 5촌과 혼인하였다. 이처럼 마립간 시기에는 김씨왕실 중심으로 정국이

---

4) 春正月 王親祀神宮(『三國史記』3, 新羅本紀 3, 炤知麻立干 17年)
　　春二月 親祀神宮(『三國史記』4, 新羅本紀 4, 智證麻立干 3年)
5) 辛鍾遠, 앞의 책, 1992, p.82 註 76) 참고.
6) 辛鍾遠은 교묘란 제천의례와 시조 제사의 성격을 함께 가지는 신궁 제사를 말한다고 하였다(위의 책, 1992, p.80). 羅喜羅는 신궁의 제사가 시조 제사와 제천의례를 아울러 가지는 것이었음을 생각할 때 郊祀와 廟制를 합친 성격의 신궁 제사를 교묘라 부른 것이라고 할 수 있다고 하였다. 그리고 중국에서도 郊祭 때 조상을 配祭하기 때문에 교제를 교묘에 제사한다고 표현하는 경우도 있다(이와 관련해서 羅喜羅, 앞의 책, 2003, pp.155~158).
7) 池田末利, 1981, 「附釋廟」『中國古代宗教史研究-制度と思想』, pp.328~329.
　　서영대, 1997, 「서평-『고대한국의 국가와 제사』, 최광식 저」『한국사연구』98.
　　羅喜羅, 2003, 앞의 책, p.157.
8) 李基白, 『新羅政治社會史研究』, 一潮閣, 1974, pp.22~23.

운영되어 나갔다.

　그런데 당시 시조묘 제사는 왕실 뿐만 아니라 여러 세력집단의 長들이 함께 국조이자 천신인 혁거세왕에 대한 제사를 지냈다.[9] 이에 이미 정국을 주도한 김씨왕실은 국조이자 천신인 혁거세왕에 대한 제사도 독점하려고 하지 않았을까 한다. 김씨왕실이 신궁을 설치하여 혁거세왕을 모신 것은 이와 같은 이유로 짐작되어진다.

　시조묘는 혁거세왕릉이거나 능 부근에 세워졌을 것이다.[10] 그런데 사료 A에 따르면 신궁은 시조가 '初生'·'誕降'한 곳에 두어졌다고 한다. 죽음을 상징하는 시조묘에서의 제사는 인격적 시조신의 성격이, 탄생을 상징하는 신궁에서의 제사는 상대적으로 인격을 초월한 성격을 더 많이 구현한 시조의 제사가 되는 것이다.[11] 이와같이 생각할 수 있다면 김씨왕실은 시조가 출현한 곳에 신궁을 설치하여 시조의 신성성을 시조묘 제사 보다 더욱 부각시킨 것으로 여겨진다.

　이러한 신궁 설치와 관련해서 갈등이 있지 않았을까 한다. 이와 관련해서 소지왕이 사냥에 갔다 돌아오는 길에 天泉井에서 노옹으로부터 封書를 전해받고 금갑을 활로 쏘아서 반역을 꾀한 분수승과 궁주를 죽이는 설화가[12] 주목된다. 이 사금갑 설화는 전통신앙과 불교와의 갈등으로 이해되고 있다.[13] 그런데 이 때는 소지왕 10년으로 신궁 설치 다음 해에 해당한다. 그러하다면 사금갑 설화는 소지왕 9년에 설치되는 신궁 설치와 관련된 갈등을 알려주는 것으로도 짐작되어진다.[14] 이와 관련하여 『동사강목』의 다음 기록이 관심을 끈다.

9) 채미하, 「신라의 시조묘 제사」『민속학연구』 12, 2003, p.283.
10) 채미하, 앞의 논문, 2003, p.287.
11) 羅喜羅, 앞의 책, 2003, pp.148~153.
12) 『三國遺事』1, 紀異 1, 射琴匣.
13) 崔光植, 앞의 책, 1994, p.214 및 pp.340~341. 朱甫暾, 「三國時代의 貴族과 身分制」『韓國
　　社會發展史論』, 一潮閣, 1992, p.45. 辛鍾遠, 1992, 「新羅 佛敎傳來의 諸樣相」『新羅初期佛
　　敎史硏究』, 民族社, 1992, pp.155~158. 姜鍾薰, 앞의 논문, 1994, pp.238~239.

C. 鷄林誅其妃善兮夫人(妃與僧潛通故也)(『東史綱目』2下, 戊辰)

위 사료 C에 따르면 왕비 선혜부인이 중과 사통하였기에 죽였다고 한다.[15] 『삼국유사』의 궁주가 여기에서는 선혜부인으로 나온다. 『동사강목』의 기사가 무엇에 근거했는지는 잘 알 수 없으나, 근거 없는 이야기는 아닐 것이다.

왕비 선혜부인은 이찬 내숙의 딸이다.[16] 내숙은 소지왕 8년에 국정을 맡고 있었다.[17] 그러하다면 소지왕 9년 신궁이 설치될 때 내숙으로 대표되는 귀족세력이 신궁 설치를 반대한 것이 아니었을까 한다. 기왕의 시조묘 제사에서는 왕실 뿐만 아니라 여러 세력집단의 장들이 함께 국조이자 천신인 혁거세왕에 대한 제사를 지냈다. 그런데 김씨왕실이 신궁을 설치하여 왕실만이 혁거세왕에

14) 이와 관련해서 다음이 참고된다. 사금갑 설화의 『삼국유사』 편년을 그대로 믿고 '天泉井' 을 신궁과 관련지어 생각한다면, '천천정' 은 신궁과 관련된 나정과 관련이 있는 어떤 건조물을 말하는 것으로, 시조왕이 하늘에서 내려와 탄생하였다는 '泉井' 은 그 속성상 '天泉' 을 의미한다고 하였다. 즉 시조왕의 탄생을 가능케 한 우물이라는 의미에서는 '나정' 으로 그 탄생이 하늘과 관련이 있음을 강조하는 의미에서는 '天泉' 으로 불리었을 것으로, 소지왕은 신궁 설치 후에 그 곳에 제사를 드리러 갔었고, 제사 결과 신탁을 받아 궁중 내의 중요한 문제를 처리할 수 있었던 것이다(羅喜羅, 앞의 책, 2003, p.152 주) 57).
15) 한편 金杜珍은 폐쇄적인 왕족의식을 고수하려는 왕실과 이들과는 달리 박씨세력과 연합한 지증 즉 습보계 왕족들 사이의 반목이 사금갑 설화로 나타났고, 따라서 사금갑 설화는 소지왕에 반대하는 왕실 내부세력을 제거하는 것으로 나타난 것으로 보고 있다(앞의 논문, 1994, pp.72~73). 그리고 李鍾泰는 사금갑 설화는 불교의 수용을 두고 왕실과 여타 귀족집단과의 대립의 표현일 수도 있고, 다른 한편으로는 김씨왕권의 독점적이고 폐쇄적인 정국운영에 대한 반발을 나타내 주는 것일 가능성도 제시하고 있다(앞의 논문, 1992, pp.57~58). 한편 정효운은 서출지 설화는 新羅 上代에 보기 드문 왕의 암살모의 사실을 서술하고 있다고 하면서, 이 사건이 박씨와 관련이 있는 것으로 보고 있다(「新羅 中古時代의 王權과 改元에 관한 연구」『考古歷史學誌』2, 1986, p.16).
16) 炤知麻立干立 (중략) 妃善兮夫人 乃宿伊伐飡女也(『三國史記』3, 新羅本紀 3, 炤知麻立干 卽位年)
一作炤知王 (중략) 妃期寶葛文王之女(『三國遺事』1, 王曆 1, 第二十一 毗處麻立干)
17) 二月 以乃宿爲伊伐飡 以參國政(『三國史記』3, 新羅本紀 3, 炤知麻立干 8年)

대한 제사를 주도하려고 하자 내숙을 비롯한 귀족세력들이 여기에 반대하였던 것으로 짐작되어지는 것이다.

이러한 왕실과 유력 귀족 세력간의 갈등 속에서 왕비 선혜부인이 죽었다고 한다면 소지왕은 신궁 설치를 반대한 귀족세력을 제거하였을 것으로 짐작되어 진다. 이러한 갈등을 극복한 김씨왕실은 혁거세왕에 대한 제사를 통해 왕실만 이 지고신인 천신의 후손이며 국조의 후손임을 더욱 강조하였을 것으로 헤아려 볼 수 있는 것이다.

이와 관련해서 다음이 참고된다. 『삼국지』 동이전에서 고구려 전체의 신으로 모셔졌던 천신(일신)과 隧神이 5세기의 「광개토왕릉비」와 「모두루묘지」 및 같 은 시기의 전승을 담은 『위서』 고구려전에서는 계루부 왕실의 시조인 주몽의 아버지와 어머니로 고착화되어 나타나고 있다. 이 두 신의 결합의 소산인 주몽 은 현 왕실과 왕권의 초월적 권위와 위엄의 상징으로 강조되었다고 한다.[18] 이 것은 고구려의 왕권이 강화되면서 왕실의 시조만이 유일한 천의 후예임을 내세 우면서 귀족가문의 족조전승이 왕실을 중심으로 재편된 결과라고 한다.[19]

한편 지증왕은 신궁을 시조가 '誕降'한 곳에 '創立'하였다고 한다. 『삼국유 사』에 따르면 지증왕은 내물왕의 손자로 되어 있어 소지왕의 재종숙이라고 한 다.[20] 「영일냉수리신라비」에는 지도로갈문왕으로 나온다. 갈문왕은 준왕적 위 치로 정치에 어느 정도 참여하였다고 한다.[21] 또한 『삼국사기』에 따르면 그의 나이 64세에 즉위하였다고 기록되어 있다. 이로 볼 때 지증왕은 소지왕대의 정 국 운영에서 상당한 정치적 지위를 누렸을 것이고 소지왕 9년 신궁 설치에도 적 극적으로 참여한 것으로 짐작되어진다.[22] 그런데 사료 A-1)에 따르면 소지왕은 시조가 '初生'한 곳에 신궁을 '置'했다고 하고, A-2)에서는 지증왕이 시조가

---

18) 이상 노태돈, 『고구려사연구』, 사계절, 1999, p.364.
19) 이상 徐永大, 「高句麗 貴族家門의 族祖傳承」 『韓國古代史研究』 8, 1995, p.181 및 p.183.

'誕降' 한 곳에 신궁을 '創立' 하였다고 한다. 그 이유는 무엇일까.

앞의 사료 B의 "自我始祖立國 至今二十二世"라는 구절은, 이 무렵 혹은 아마도 그리 앞서지 않은 어느 왕대에 정리된 역대 왕의 계보에 의거한 것으로 여겨진다. 이와 관련해서는 다음이 관심을 끈다.

D. 二月 修葺歷代園陵 夏四月 祀始祖廟(『三國史記』3, 新羅本紀 3, 訥祗麻立干 19年)

사료 D에 따르면 눌지왕은 19년 2월에 역대원릉을 수즙하고 있다. 여기에서 '園陵' 은 왕릉을 말하는 것으로,[23] '歷代園陵' 은 혁거세왕 이후의 박·석·김씨 왕들의 릉이라고 할 수 있다. 그리고 '修葺' 은 '집을 손질하고 지붕을 새로 잇는다' 는 뜻이다. 이로 본다면 눌지왕 19년에 역대원릉을 수즙하였다는 것은 역대왕릉에 딸린 건물들을 보수·정화하였음을 의미하는 것으로 풀이할 수 있다.[24] 이렇게 역대왕릉을 정비하면서 눌지왕은 역대 왕의 계보를 정리하지 않았을까 한다.[25] 이 사실을 그 해 4월에 시조묘에 가서 아뢴 것으로 여겨진다.[26]

20) 一作智哲老 又智度路王 金氏 父訥祗王弟期寶葛文王 (하략)(『三國遺事』1, 王曆 1, 第二十二智訂麻立干)

그런데『삼국사기』에 의하면 내물왕의 손자인 습보갈문왕의 아들로 전왕인 소지왕의 재종제로 되어 있다(『三國史記』4, 新羅本紀 4, 智證麻立干 卽位年).『삼국유사』와『삼국사기』의 기록 중 어느 것이 옳은지는 단정할 수 없으나, 지증왕은 즉위시의 나이가 64세였으므로 소지왕과 같은 세대로 보기는 어렵다. 따라서『삼국유사』의 기록이 더 옳지 않을까 한다(李基東, 「新羅 奈勿王系의 血緣意識」『歷史學報』53·54, 1972 ;『新羅骨品制社會와 花郞徒』, 一潮閣, 1984, pp.63~64). 李鍾旭은『삼국사기』의 기록이 보다 더 믿을 만하다고 보았으나(『新羅上代王位繼承研究』, 嶺南大學校出版部, 1980, pp.31~33 및 pp.85~93), 따르지 않는다.

21) 李基白, 앞의 책, 1974, pp.15~18.

22) 姜鍾薰, 앞의 논문, 1994, p.192.

23) 園陵은 능, 곧 왕릉을 뜻한다(諸橋轍次,『大漢和辭典』3, 大修館書店, 1957, p.93).

24) "修葺歷代陵園" 을 조그맣게 축조되어 있었거나 퇴락한 역대 왕릉(원릉)을 대형고총으로 확대 개축한 것으로 보기도 한다(崔秉鉉, 「新羅의 成長과 新羅 古墳文化의 展開」『韓國古代史研究』4, 1991, p.156 ;『新羅古墳研究』, 一志社, 1992, pp.380~381).

이것은 눌지왕이 시조인 혁거세왕에게 그것을 인정받기 위한 상징적인 의미가
아니었을까 하는 것이다.

　그런데 시조로부터 당대에 이르는 왕계의 정리는 시조의 신격화 작업과도 밀
접한 관련이 있었을 것이다.27) 이로써 시조의 신성성은 더욱 강조되었을 것으
로 짐작된다. 그리고 '初生'보다 '誕降'했다는 것이 보다 본질적인 시조 출현
의 모습을 보여주는 표현이라고 한다.28) 그러하다면 시조로부터 시작되는 새
로운 왕계의 반영이 지증왕대의 신궁 설치 기사에서 '誕降'이라는 표현으로 나
타난 것이 아닐까 한다.

　그리고 앞의 사료 B의 "自我始祖立國 至今二十二世"라는 구절이 다시 한 번
더 주목된다. 이것은 지증왕이 시조인 혁거세왕으로부터 제22대 왕에 해당한
다는 것을 말하며, 늦어도 이 때 시조 혁거세왕으로부터 시작되는 신라의 새로
운 왕의 계보가 확정되었음을 알려주는 것으로 여겨진다. 그러하다면 지증왕
이 시조 혁거세왕을 모시는 신궁을 '創立'했다는 것은 새로운 왕의 계보의 확
립과 관련있는 것으로 헤아려 볼 수 있을 것이다.29)

　이와 관련해서는 다음이 참고된다. 소수림왕을 이은 고국양왕대에 종묘를 수
리하고 國社를 세웠는데,30) 그 새 종묘에는 추모왕 등의 신위가 모셔졌다고 한
다.31) 이로써 새로운 왕계는 확고히 정착하게 되었고, 이 왕계가 「광개토왕릉

---

25) 羅喜羅는 눌지왕이 왕권의 안정과 계승의 정당화라는 의도에서 역대 원릉을 修葺하고 있
　　다고 하면서, 이것을 왕실의 왕통 계보의 정리와 연관된다고 이해하고 있다(羅喜羅, 앞의
　　책, 2003, pp.134~136). 한편 역대왕릉 정비의 주요 대상은 내물계의 직계조상들로서 바
　　로 내물계의 정통성 과시 내지는 수단으로 보기도 한다(崔秉鉉, 앞의 책, 1992, pp.380~
　　381).
26) 소지왕 19년 4월 시조묘 제사를 역대능원을 수즙하고 난 후의 시조묘 제사체계의 변화와
　　관련된 것으로 보기도 한다(朴承範, 앞의 논문, 1995, p.28).
27) 이와 관련해서 趙仁成, 「4, 5세기 高句麗 王室의 世系認識變化」『韓國古代史研究』4, 1991
　　참고.
28) 羅喜羅, 2003, 앞의 책, p.149 주 47) 참조.

비」에 반영된 것이며 『삼국사기』에 전하는 왕계일 것이라고 한다.[32]

이상에서 마립간시기 말 김씨왕실은 신궁을 설치하여 혁거세왕에 대한 제사권을 독점하였다. 그리고 신궁을 시조가 출현한 곳에 둔 것은 시조묘 제사 보다 시조의 신성성을 부각시키기 위한 것이었다. 또한 지증왕이 신궁을 '誕降'한 곳에 '創立'하였다고 한 것은 소지왕대 보다 시조의 신성성을 더욱 부각시킴과 아울러 혁거세왕으로부터 시작되는 신라의 새로운 왕의 계보가 확정된 것과 짝하는 것으로 헤아려 보았다.

2. 眞平王과 神宮 祭祀

지증왕이 처음으로 신궁에서 즉위의례를 행한 이후 약간의 예외가 있기는 하지만, 중고기 대부분의 왕들은 즉위 다음해나 그 다음해에 신궁에서 친사하였다. 이 점은 상고기 시조묘 제사가 갖는 즉위의례와 같은 것이다.[33] 신궁 제사

29) 그리고 소지왕 9년 신궁을 설치하면서 왕은 신궁에서 친사하였을 것이다. 또한 왕 17년에도 신궁에서 친사하였다(崔光植은 소지왕 17년 정월에 왕이 친히 신궁에 치제함으로써 신궁에 대한 친제가 확정된 것으로 보고 있다(앞의 책, 1994, pp.197~198). 그러나 신궁을 설치하면서 왕은 여기에서 친사하였을 것이다. 이것은 즉위의례로서의 親祀가 아니었다. 즉위의례로서의 신궁 친사는 지증왕대에 처음 이루어진다(崔光植은 『삼국사기』제사지에 지증왕대에 신궁이 창립된 것으로 기록한 것은 신왕의 즉위의례로서 신궁에 처음으로 친사한 것이 지증왕이기 때문이라고 하였고, 그리고 이 때 신궁이 제도화되었다고 한다(앞의 책, 1994, p.341)). 한편 지증왕대 신궁 창립 기사는 대·중·소사와 관련시켜 신궁의 등급을 정하고, 그 의례나 관리 인원 등을 재조정한 것이라고 보기도 한다(辛鍾遠, 앞의 책, 1992, p.95). 신궁 창립과 더불어 기존의 제사제도에 대한 정비가 있었던 것은 짐작되지만, 당시 신라에 대·중·소사가 수용되었다고 여겨지지 않는다(蔡美夏, 「『三國史記』祭祀志 新羅條의 分析-新羅 國家祭祀體系의 再檢討와 관련하여-」『韓國古代史研究』13, 1998, pp.217~230)). 이에 소지왕대는 '置', 지증왕대는 '創立'이라는 다른 표현을 쓰고 있는 것이 아닐까 한다. '置' 보다는 '創立'이 보다 공식적인 것으로 여겨진다는 점에서 그러하다.

30) 三月 下教 佛法求福 命有司 立國社 修宗廟(『三國史記』18, 高句麗本紀 6, 故國壤王 9年)

31) 趙仁成, 앞의 논문, 1991, pp.71~73.

32) 노태돈, 앞의 책, 1999, p.93.

는 즉위의례의 성격을 지닌 것으로, 신왕은 신궁에서 친사함으로써 자신이 '시
조'에서 비롯된 정통의 왕자이며 자신의 지배행위가 정당한 것임을 내외에 공
포하였다.

王代	王名(姓)	年·月	內容
22	智證麻立干(金)	3.3	親祀神宮
23	法興王(金)	3.1	親祀神宮
24	眞興王(金)		
25	眞智王(金)	2.2	王親祀神宮
26	眞平王(金)	2.2	親祀神宮
27	善德王(金)	2.1	親祀神宮
28	眞德王(金)	1.11	王親祀神宮

〈표 1〉新羅 中古期의 神宮 祭祀

그런데 남해왕 이후 신라 상고기의 모든 왕들은 시조묘에서 제사를 지냈던
반면 신궁의 경우에는 진흥왕이 친사하지 않고 있다. 여기에 대해 진흥왕대는
불교가 성행한 시대로 진흥왕이 불교에 경도되었기 때문에 신궁 제사를 친히
집행하지 않았던 것이라고 한다.[34] 불교의 융성은 진흥왕 뿐만 아니라 진평왕
의 경우에도 마찬가지였다. 이로 볼 때 유독 진흥왕이 불교에 경도되었기 때문
에 신궁에서 친사하지 않았다고는 보여지지 않는다.

그리고 진흥왕의 치세 기간이 길고 삼국의 대립으로 대외적으로 다망한 시기
였기 때문에 신궁에 대한 친사는 행해졌지만, 그 사실이 누락되었을 것으로 파

33) 浜田耕策, 앞의 논문, 1982, pp.229~230. 辛鍾遠, 앞의 책, 1992, p.88. 崔在錫, 앞의 책,
    1987, p.236 및 p.241. 姜鍾薰, 앞의 논문, 1994, pp.198~199.
34) 浜田耕策, 앞의 논문, 1982, pp.230~232.

악하기도 한다.[35] 신궁이 설치된 이후 대부분의 왕들은 즉위년 또는 그 다음해에 신궁에서 친사하였다. 반면 즉위 3년에 신궁에서 친사하는 왕들도 있다.[36] 『삼국사기』신라본기에 따르면 진흥왕 3년과 4년 기사가 보이지 않는다. 그러하다면 진흥왕은 왕 3년에 신궁에서 친사하였는데, 그것이 누락되었다고 여길 수도 있을 것이다.

그런데 진흥왕은 왕 6년에 거칠부 등에게 『국사』를 편찬하도록 하였다.[37] 『국사』는 유교적 정치이념에 입각하여 왕실의 정통성과 위엄을 과시하려는 목적에서 편찬되었다고 한다.[38] 여기에는 왕실에서 행한 제사가 빠짐없이 기록되었을 것이다. 그리고 그 이후에도 마찬가지였다고 짐작되어진다. 그러하다면 진흥왕대 신궁 친사 기록이 보이지 않는 것은 단순한 누락은 아닌 듯하다. 그 이유는 무엇일까.

신라 중고기는 지증왕계가 왕통을 독점하였지만, 중고 전반부인 진지왕대까지는 박씨 왕비가 계속된다.[39] 그런데 다음이 주목된다.

E. 眞平王立 諱白淨 眞興王太子銅輪之子也 母金氏萬呼(一云萬內夫人) 葛文王立宗之女 (『三

---

35) 井上秀雄, 「新羅の始祖廟」 『古代朝鮮史序說-王子と宗教』, 寧樂社, 1978, pp.59~60.
36) 지증왕, 법흥왕, 효소왕, 경덕왕, 원성왕, 애장왕 등이 그러하였다.
37) 秋七月 伊湌異斯夫奏曰 國史者 記君臣之善惡 示褒貶於萬代 不有修撰 後代何觀 王深然之 命大阿湌居柒夫等 廣集文士 礦之修撰(『三國史記』4, 新羅本紀 4, 眞興王 6年)
　　眞興大王六年乙丑 承朝旨 集諸文士 修撰國史 加官波珍湌(『三國史記』44, 列傳 4, 居柒夫)
38) 趙仁成, 「三國 및 統一新羅時代의 歷史敍述」 『韓國史學史의 硏究』, 乙酉文化社, 1985, pp.16~19.
39) 「표」로 나타내면 다음과 같다.

王名	王妃名	王妃의 父名	姓	典據
智證王	延帝夫人	登欣	朴	三國史記
法興王	保刀夫人		朴	三國史記
眞興王	思道夫人		朴	三國史記
眞智王	知刀夫人	起烏公	朴	三國遺事

사료 E를 보면 진평왕의 부인 동륜은 진흥왕의 장자로, 입종갈문왕의 딸인 김씨 만호부인과 혼인한 사실을 알 수 있다. 만호부인은 진흥왕과 남매사이였다.[40] 동륜태자와 만호부인의 혼인을 계기로 진흥왕을 포함한 지증왕계는 지증왕대 이래로 누려온 왕족으로서의 지위 뿐만 아니라 동륜태자가 예정대로 진흥왕의 뒤를 이어 왕위에 오를 경우 왕비족의 지위까지도 차지할 수 있게 되었다. 이것은 진흥왕이 지증왕계를 제외한 그 밖의 혈족집단을 왕실에서 배제하여 독존적이고 초월적인 왕실을 구축하려는 노력의 일환이었다고 여길 수 있다.[41] 이처럼 진흥왕은 지증왕계를 제외한 다른 혈족집단을 왕실에서 배제하려고 하였다. 이것은 진흥왕이 자신의 왕실과 그 전의 왕실을 구분짓기 위한 노력의 하나가 아니었을까 한다. 그리고 이것의 일환으로 진흥왕은 신궁 제사에 대한 변화도 시도한 것으로 짐작되어진다. 아마도 진흥왕은 신궁 제사를 지증왕계만이 제사지내는 것으로 변화시키려고 하였을 것이다. 그것의 반영이 진흥왕의 신궁 친사 기록의 누락으로 헤아려진다.

그런데 동륜태자가 왕위를 계승하기 전에 죽고[42] 진흥왕의 차자인 사륜(진지왕)이 왕위에 오르면서[43] 지증왕계 중심의 왕실을 구축하려는 노력은 수포로 돌아갔던 것으로 보인다. 그렇지만 진지왕의 뒤를 이어 진흥왕의 손자, 즉 동륜의 아들 백정이 진평왕으로 즉위한다. 진평왕은 직계존비속을 석가족으로

---

40) 眞興王(중략) 法興王弟葛文王立宗之子也(『三國史記』4, 新羅本紀 4, 眞興王 卽位年)

41) 이것은 지증왕대 이후 지속되어 온 지증왕계와 박씨족 사이의 연합관계가 이 때에 이르러 금이 가기 시작하였음을 말하는 것이라고 한다(李喜寬, 「新羅上代 智證王系의 王位繼承과 朴氏 王妃族」『東亞研究』20, 1989, pp.94~95).

42) 立王子銅輪爲王太子(『三國史記』4, 新羅本紀, 4, 眞興王 27年)
　　三月 王太子銅輪卒(『三國史記』4, 新羅本紀 4, 眞興王 33年)

43) 眞智王立 諱舍輪(或云金輪) 眞興王次子 母思道夫人 妃知道夫人 太子早卒 故眞智立(『三國史記』4, 新羅本紀 4, 眞智王 卽位年)

표방하여,[44] 일반 왕족의 신분인 진골과 구별되는 성골이라는 독존적인 왕족 신분을 만들었다. 곧 진평왕은 석가족을 표방하면서, 일반 왕족의 신분인 진골과 구별되는 성골이라는 독존적인 왕족 신분을 만들었던 것이다.[45] 이것은 지증왕계 내에서도 한층 좁은 범위의 왕실집단이 자신들을 나머지 지증왕계 친족집단과 구별하기 위한 것이었다.

그리고 다음도 관심을 끈다.

F. (眞平大王) 1) 卽位元年 有天使降於殿庭 謂王曰 上皇命我傳賜玉帶 王親奉跪受 然後其使上天 2) 凡郊廟大祀皆服之(『三國遺事』1, 紀異 1, 天賜玉帶)[46]

사료 F-1)에 따르면 진평왕은 즉위 원년에 上皇으로부터 옥대를 받고 있다. 여기서 상황은 불교의 제석이라고도 한다.[47] 그런데 전통적인 천관념은 불교가 들어온 이후에도 왕의 권위를 뒷받침해 주었을 것이다. 천사옥대 설화는 이것의 하나로 왕의 권위가 직접적으로 상황, '천'에 의해 보증받고 있음을 나타내는 것으로 여겨진다.

그런데 천사옥대 설화의 배경이 되는 시점이 진평왕 원년인 것은 즉위의 정당성을 드러내고자 하는 진평왕측의 강력한 정치적 목적에서 비롯된 것이었다고 한다.[48] 그리고 천사옥대 설화에는 왕권강화를 도모하고자 했던 진평왕의 정치적 의도가 개재되어 있었다고도 한다.[49] 진평왕은 진지왕을 축출하고 왕

---

44) 진평왕과 그 왕비는 각기 석가의 부모인 백정과 마야부인을 취하였으며, 진평왕의 두 동생도 석가의 숙부 이름인 백반, 국반을 취하였다. 이와 관련해서 金杜珍, 「新羅 眞平王代의 釋迦佛信仰」『韓國學論叢』10, 1988, pp.34~39 참고.

45) 李基東, 앞의 책, 1984, pp.86~89.

46) 初卽位有神降於宮庭曰 天賜玉帶 王棺受之 凡郊廟大祀皆帶之(『三國史節要』7, 己亥(眞平王元年)

47) 金相鉉, 「萬波息笛說話의 形成과 意義」『韓國史研究』34, 1981, p.10.
안지원, 「新羅 眞平王代 帝釋信仰과 王權」『歷史教育』63, 1997, pp.89~90.
李晶淑, 「眞平王代 王權强化와 帝釋信仰」『新羅文化』16, 1999 a , p.6.

위에 즉위하였다. 그리고 진평왕은 여러 제도 개혁 등을 통해서 왕권 강화에 주력하였다.[50] 천사옥대 설화는 이를 뒷받침해 주었을 것이다.

그리고 사료 F-2)에 따르면 진평왕은 천사옥대를 "凡郊廟大祀皆服之"했다고 한다. 여기에서 '교묘대사'를 '교묘와 대사'로,[51] '교사와 종묘의 큰 제사'로,[52] '교묘의 큰 제사'[53]로 풀이하고 있다. 그리고 '皆'를 '모두', '으레(히)'로 해석하고 있다.[54] '皆'를 '모두'로 본다면 '교묘대사'는 '교묘와 대사', 또는는 '교사와 종묘 그리고 대사', '교사와 종묘와 같은 큰 제사'로 풀이할 수 있을 것이다. 그런데 '으레(히)'로 본다면 '교묘대사'는 '교묘와 같은 큰 제사'로 해석되어진다. 여기의 '교묘'는 신궁이다. 이 신궁은 대사, 곧 큰 제사였다. 이것은 신궁이 중고기의 가장 중요한 제사였음을 말해주는 것으로 여길 수 있는 것이다.

이러한 신궁 제사에 진평왕대부터 왕이 상황, 천이 내린 옥대를 착용하였다

48) 천사옥대 설화가 진평왕 원년 사실로 등장하게 된 배경에는 진지왕을 폐위시킨 것에 따른 진평왕 즉위의 정당성을 표방하기 위한 정치세력들의 정치적 의도가 담겨있다고 한다(李晶淑, 앞의 논문, 1999 a , p.7).
49) 진평왕의 '天賜玉帶' 설화에 보이는 왕자의식의 고양은 단순히 상징적인 것만은 아니었고 실질적인 왕권의 성장을 반영한 것이라고 할 수 있다(金相鉉, 앞의 논문, 1981, p.58. 高慶錫,「毗曇의 亂의 성격문제」『韓國古代史論叢』7, 1995, pp.247~249. 李晶淑,「眞平王 末期의 政局과 善德王의 卽位」『白山學報』52, 1999 b , p.226). 천사옥대 설화의 배경이 된 시점은 진평왕 원년이나, 그 내용은 진평왕의 지위와 직접 관련이 있는 것으로, 왕권이 확립됨으로써 진평왕이 국정에 상당한 자신감을 갖게 된 이후에야 비로소 가능한 사실로 보여진다(李晶淑, 앞의 논문, 1999 a , pp.6~7).
50) 이와 관련해서 李晶淑,「新羅 眞平王代의 王權 硏究」, 梨花女子大學校 博士學位論文, 1995 참고.
51) 辛鍾遠은 '郊廟大祀'에서 '郊廟'는 신궁 제사를 가리키는 것으로, 郊는 천에 연결되며, 廟는 조상신에 연결된다고 한다. 그리고 대사는 대·중·소사 중의 대사라고 하고 있다(앞의 책, 1992, pp.78~80). 그런데 '교묘대사'를 '교묘제사와 대사'로 해석할 수 있다면, 진평왕대에 (명산대천 제사만으로) 대·중·소사가 있었다고 할 수 있다. 하지만 '대사'는 '교묘' 제사, 교묘제사와 같은 큰 제사를 가리키는 것일 수도 있다.

는 것은 이전에 신궁에서 제사를 지낸 왕과 지금의 왕이 다름을 내세우기 위한 것이 아니었을까 한다. 아마도 기존의 왕실과 자신의 왕실을 구분하기 위한 것으로 생각된다.

또한 다음도 주목된다.

G. 春正月 金律告王曰 臣往年奉使高麗 麗王問臣曰 聞新羅有三寶 所謂丈六尊像·九層塔幷聖帶也 像塔猶存 不知聖帶今猶在耶 臣不能答 王聞之 問臣曰 聖帶是何寶物耶 無能知者 時有皇龍寺僧 年過九十者曰 予嘗聞之 寶帶是眞平大王所服也 歷代傳之 藏在南庫 王遂令開庫 不能得見 乃以別日齋祭 然後見之 其帶粧以金玉 甚長 非常人所可束也(『三國史記』12, 新 羅本紀 12, 景明王 5年)

사료 G에서 신라 사람들이 옥대를 聖(帝)帶라고도 불렀다고 하는 점이다.[55]

52) 李載浩는 '郊社(祀)와 종묘의 큰 제사' (『三國遺事』(上), 明知大學校出版部, 1975, p.108)로, 徐永大는 '郊祀와 宗廟의 제사와 같은 大祀' (「韓國古代 神觀念의 社會的 意味」, 서울대학교 박사학위논문, 1991, p.145)로 보고 있다. 여기에서 교사는 천에 대한 제사를, 종묘는 조상에 대한 제사를 말하는 것으로, 당시 여기에 비교될 수 있는 것으로 신궁 제사를 생각해 볼 수 있다. 그러나 필자는 교묘는 신궁으로, 신궁에 이 기능이 다 있는 것으로 파악하므로, 따르지 않는다. 한편 안지원은 '郊廟大祀는 始祖廟 제사와 神宮 제사를 가리키는 것이며 왕이 직접 지냈기 때문에 大祀라고 하였' 다고 파악하였다(앞의 논문, 1997, p.89). 李晶叔은 시조묘 제사와 신궁제사를 교묘대사라 하였다고 한다(앞의 논문, 1999 a , p.6). 郊를 始祖廟 제사, 廟를 神宮 제사로 파악하고 있는 듯한데, 이미 시조묘 제사는 신궁이 설치됨으로써, 왕이 직접 제사 지내지 않는 것이 되었으므로, 이 견해 역시 따르지 않는다. 그리고 교묘를 시조묘로 보기도 하나(崔在錫,「新羅의 始祖廟와 神宮의 祭祀」『東方學志』50, 1986 ;『韓國古代社會史研究』, 一志社, 1987, p.266), 위와 같은 이유로 따르지 않는다.

53) 李丙燾는 '교묘대사' 를 '교묘의 큰 제사' (『三國遺事』(修正版), 乙酉文化社, 1992, p.214) 로, 羅喜羅는 '교묘제사와 같이 왕이 친히 제사하는 큰 제사' 로 보고 있다(앞의 책, 2003, pp.155~156).

54) 북한에서는 '모두' (리상호 옮김, 『삼국유사』, 1960, p.149)로, 李丙燾는 '으레히' (앞의 책, 1992, p.204)로, 李載浩는 '으레' (앞의 책, 1975, p.108)로 해석하고 있다.

55)『高麗史』2, 世家 2, 太祖 20年 夏5月 癸丑 및『東史綱目』3上, 己亥(新羅 眞平王元年) 참고. 한편『三國史記』12, 新羅本紀 12, 景明王 5年에는 '聖帶' 로 나온다.

이것은 진평왕이 성골 출신 왕이라는 연유에서라고 한다.[56] 그러하다면 진평
왕대 이후 신궁 제사는 성골왕만이 지낼 수 있는 제사로 여겨진 것으로 짐작되
어진다.

이로 본다면 진평왕대 이후 신궁 제사에는 천사옥대를 띤 성골왕만이 제사지
낼 수 있었을 것이다. 이러한 신궁 제사를 통해 동륜계 왕실은 왕실의 위엄과
권위, 신성성을 더욱 더 강조하였을 것이다. 뿐만 아니라 진평왕의 뒤를 이어
여왕으로 왕위에 오르는 선덕왕과 진덕왕의 즉위를 정당화하는데 신궁 제사는
큰 역할을 하였을 것으로 여겨진다.

Ⅲ. 中代 이후의 神宮 祭祀

김춘추가 관심을 가진 종묘제는 문무왕대에 수용되었고,[57] 그것이 始定된 것
은 신문왕대였다.[58] 오묘제가 수용되고 시정된 이후에도 신궁 제사는 국가의
중요한 제사였음은 분명하다.[59] 우선 중대의 신궁 제사와 관련된 기사를 「표」
로 제시하면 다음과 같다.

56) 천사대 혹은 성제대라 불렀다는 것은 성골의식의 발생을 암시하는 한 자료로 볼 수 있다고
  한다(이기동, 「신라의 정치·경제와 사회」, 『한국사』 7, 1997, p.257). 한편 당시 신라 사람
  들이 옥대를 진평왕이 성골 출신 왕이라는 연유로 성제대라고도 일컬었다는 기록은 옥대
  가 성골왕실의 지배이데올로기로서 표방되어진 제석신앙과 밀접히 연관됨을 시사해 주는
  것이라고도 한다(안지원, 앞의 논문, 1997, p.87).
57) 이에 대해서는 蔡美夏, 「新羅 宗廟制의 受容과 그 意味」 『歷史學報』 176, 2002 참고.
58) 蔡美夏, 「新羅 宗廟制와 王權의 推移」, 경희대학교 박사학위논문, 2001, pp.84~96.

王代	王名(姓)	年.月	內容	備考
29	太宗武烈王(金)			
30	文武王(金)			
31	神文王(金)	2.1	親祀神宮	
		7.4		遣大臣於祖廟
32	孝昭王(金)	3.1	親祀神宮	
33	聖德王(金)	2.1	親祀神宮	
34	孝成王(金)	3.1		拜祖考廟
35	景德王(金)	3.4	親祀神宮	
36	惠恭王(金)	2.2	王親祀神宮	

〈표 2〉 新羅 中代의 神宮 祭祀

위의 「표 2」을 보면 무열왕과 문무왕, 그리고 효성왕은 신궁에서 친사하지 않았다. 이것을 기록의 누락이라고도 한다.[60] 그런데 신궁 제사는 즉위의례의 일부로 중고기 왕들은 자신의 왕위계승의 정당성을 신궁 제사를 통해 대내외적으로 인정받았다. 그러하다면 무열왕, 문무왕과 효성왕이 신궁에서 친사하지 않은 이유는 단순한 기록의 누락으로는 생각되어지지 않는다.

진평왕대 이후 신궁 제사는 천사옥대를 띤 성골왕만이 지닐 수 있는 제사로 여겨졌다. 이것을 염두에 둔다면 무열왕과 문무왕은 진골로 왕위에 올랐기 때

59) 대체로 신궁 제사를 신라말까지의 최고의 제사로 파악하고 있다. 이와 관련해서 李鍾泰, 앞의 논문, pp.67~68. 羅喜羅, 2003, 앞의 책 참고. 특히 崔光植은 비록 제후국의 제사인 오묘와 사직에 제사하였지만, 실제적으로는 신라에 있어 최고 상위의 제사는 통일 이후에도 시조묘와 신궁에 대한 제사로 보고 있다(앞의 책, 1994, pp.336~337쪽). 朴承範은 신라가 당과 동맹관계를 맺으면서 중국식 연호와 복식을 채용하고 중대의 여러 왕이 당의 책봉을 받고 난 후 신궁에서 친사를 하는 것을 볼 때, 신라는 중국적 세계질서 속에 편입되었다고 하면서, 이 시기 신궁에의 치제는 제천으로서의 성격이 아닌 것(「新羅의 始祖廟 祭儀」 『史學志』 30, 1997, p.61)으로 파악하였다.

문에 신궁에서 친사하지 못한 것이 아니었을까 한다. 그런데 문무왕의 뒤를 이은 신문왕은 신궁에서 친사하였다.

H. (상략) 王泛海入其山 有龍奉黑玉帶來獻 迎接共坐 (중략) 太子理恭(卽孝昭大王) 守闕 聞此事
走馬來賀 徐察奏曰 此玉帶諸窠 皆眞龍也 王曰 汝何以知之 太子曰 摘一窠沈水示之 乃摘左
邊第二窠沈溪 卽成龍上天 (하략)(『三國遺事』2, 紀異 2, 萬波息笛)

위의 사료 H에 따르면 신문왕은 용으로부터 흑옥대를 받고 있다. 여기에서 용은 문무왕과 김유신이 보낸 使者龍으로, 흑옥대는 문무왕과 김유신이 보내준 것이었다고 한다. 흑옥대 설화는 진평왕대의 천사옥대 설화가 변이되고 재편성된 것이라고 한다.[61] 아마도 신문왕은 천사옥대가 아닌 흑옥대를 통해 왕권의 신성함을 강조하고, 무열왕권의 정당성을 주장하였을 것이다. 흑옥대의 窠하나 하나가 모두 진룡이었다는데서 옥대의 신성함과 그것을 몸에 띤 왕 자신의 위엄은 강조될 수 있었을 것이다.

그러하다면 신문왕은 신궁에서 천사옥대 대신 흑옥대를 띰으로써 신궁에서 친사하지 않았을까 한다. 그리고 이후 진골로 왕위에 오르는 중대 왕들 뿐만 아

---

60) 井上秀雄은 29대 무열왕, 30대 문무왕은 그 치세 기간도 길고 삼국의 대립과 통일전쟁에서 대외적으로 다망한 시기였기 때문에 친사 신궁은 행해졌지만, 누락된 것으로 보았다(앞의 책, 1978, pp.59~60). 그리고 浜田耕策은 태종무열왕과 문무왕은 신라본기가 삼한일통의 항쟁을 주체로 편찬되고 있으므로 신궁 친사는 편찬과정에서 누락된 것으로 보았고, 孝成王의 경우도 누락된 것으로 보고 있다(앞의 논문, 1984, pp.230~232). 그러나 신궁에서 신왕의 즉위의례라는 점에서 이들 왕들의 것만 누락되었다고는 여겨지지 않는다. 그리고 崔根泳은 무열·문무왕이 신궁에서 친사하지 않은 이유는 삼국통일을 의식한 나머지 당의 비위를 거슬리지 않기 위한 것으로 파악하였다. 그리고 무열·문무왕은 『禮記』 王制篇에 '天子는 天地와 天下의 名山大川을 제사하되, 諸侯는 社稷과 자기 영역내에 있는 名山大川을 제사한다' 라고 쓰어 있는 관례를 이행한 것이고, 효성왕 역시 다른 군왕들에 비하여 친당정책을 추구하였기에 신궁에 치제하지 않은 것으로 파악하였다(앞의 논문, 1987, pp.15~16).
61) 金相鉉, 「萬波息笛說話의 形成과 意義」 『韓國史研究』 34, 1981, pp.9~10.

니라 하대의 왕들 역시 그러하였을 것으로 짐작되어진다. 그런데 천사옥대는 신라 말까지 신라 삼보의 하나로 여겨졌다. 흑옥대는 그러하지 못하였다. 따라서 신문왕대 이후 신궁 제사는 중고기의 신궁 제사 보다 그 격에 변화가 있었을 것으로 여겨진다. 그리고 다음도 주목된다.

I. (상략)舊屬太常 唐開元二十五年二月 勅 宗廟所奉 尊敬之極 因以名署 情所未安 宜令禮官祥

擇所宜 奏聞 至五月 太常少卿韋紹奏曰 謹詳經典 兼尋令式 宗廟享薦 皆主奉常 別置署司 事

非稽古 其太廟署請廢省 本司傳奉其事 許之 二十五年 勅 宗正設官 實司屬籍 而陵寢崇敬 宗

廟惟嚴 割隷太常 殊乖本系奉先之旨 深所未委 自今以後 諸廟署並隷宗正寺也(『通志二十略』

職官略4, 宗正卿 太廟令)

사료 I에 따르면 개원 25년(737 ; 효성왕 1)부터 종묘에 대한 제사를 宗正寺에서 담당하였다고 한다. 그런데 개원 25년 이전에는 太常寺의 장관인 태상경이 종묘 제사를 관장하였다. 이로 볼 때 개원 25년부터 당에서는 종묘 제사와 다른 제사들이 분리되고 있음을 알 수 있다. 개원 25년은 효성왕 1년이다. 당시 당과의 활발한 교류관계를 염두에 둔다면 신라에서도 이것을 알고 있었을 것이다. 그러하다면 효성왕 어느 시기에 오묘 제사를 담당하는 관부가 설치된 것으로 짐작되는 것이다.[62] 효성왕 3년 조고묘에 배알하고 있는 기사는[63] 이와 관련 있는 것이 아닐까 한다. 그리고 오묘 제사를 관장하는 관부가 설치되면서 오묘

62) 오묘 제사를 담당하는 관부와 관련하여 다음이 주목된다.
　　春典 舍知二人 史八人(『三國史記』39, 雜志 8, 職官 中)
　　春典은 왕묘제사관계의 업무를 관장한 기구로, 오묘 제사를 담당한 것으로 파악하면서, 이 것은 당의 태묘서에 비교된다고 하였다(三池賢一, 「新羅內廷官制考(下)」『朝鮮學報』62, 1977, p.45). 한편 李仁哲은 邊典은 '春典'으로 읽고 '春' 자에 술의 뜻이 있다는 것과 내정 관제에 술 만드는 관청이 보이지 않는다는 사실 등에 의거하여 춘전을 왕궁 내에서 양조의 업무를 담당한 관청으로 보고 있다(「新羅 內廷官府의 組織과 運營」『新羅政治制度史研 究』, 一志社, 1993, pp.78~79).
63) 春正月 拜祖考廟(『三國史記』9, 新羅本紀 9, 孝成王 3年)

제사의 중요성은 부각되었을 것으로 생각된다.

한편 혜공왕 15년 改定 오묘제가 인정되면서[64] 신라의 오묘제에는 중대한 변화가 초래되었던 것으로 헤아려진다.[65]

J. 1) 非未鄒之靈 無以遏金公之怒 王之護國 不爲不大矣 2) 是以邦人懷德 3) 與三山同祀而不墜 4) 躋秩于五陵之上 5) 稱大廟云(『三國遺事』1, 紀異 1, 未鄒王 竹葉軍)

사료 J에서 "3) 與三山同祀而不墜 4) 躋秩于五陵之上"이 주목된다. 우선 "3) 與三山同祀而不墜"는, "三山과 同格으로 (未鄒王을) 제사하고 (그 格을) 떨어뜨리지 않았다"라고 해석된다. 그리고 "4) 躋秩于五陵之上"은 "(未鄒王에 대한 제사의) 格을 五陵 (제사)의 위에 놓았다"로 해석할 수 있다. 미추왕에 대한 제사가 삼산에 대한 제사와 동격이고, 오릉에 대한 제사보다 상위에 두어졌다는 의미이다.

미추왕은 혜공왕대 오묘의 시조가 되었다. 이 점에서 미추왕은 오묘를 대표한다고 할 수 있지 않을까 한다. 그리고 미추왕에 대한 제사가 삼산에 대한 제사와 동격이고 오릉 제사보다 위에 놓여졌다면 그를 대표하는 오묘 제사가 삼산과 동격이고 오릉 제사의 위에 두어졌다고 헤아려 볼 수 있는 것이다.

오릉은 혁거세왕이 묻혔다고 인식되었던 곳이다.[66] 따라서 오릉에 대한 제사는 혁거세왕에 대한 제사로 볼 수 있다. 그러하다면 미추왕에 대한 제사, 곧 오묘 제사가 혁거세왕에 대한 제사와 비교되었던 이유는 무엇일까.[67] 오묘는 왕실의 직계 조상을 모시는 제사제도이다. 이러한 오묘 제사가 혁거세왕에 대

---

(64) 이와 관련해서 蔡美夏, 「新羅 惠恭王代 五廟制의 改定」 『韓國史研究』 108, 2000 참고.

(65) 그리고 국가제사체계에도 변화가 있었다고 여겨지는데, 이와 관련하여 蔡美夏, 앞의 논문, 1998, pp.224~228 및 앞의 논문, 2000, pp.55~56 참고

(66) 『삼국유사』에 따르면 오릉은 혁거세가 묻혔다고 인식되던 곳이다(『三國遺事』1, 紀異 1, 新羅始祖 赫居世王). 반면 『삼국사기』에는 혁거세의 妃인 알영, 2대 남해 · 3대 유리 · 4대 파사의 능으로 전하고 있다.

한 제사와 비교되고 있는 것은 혁거세왕을 제사지내는 신라의 국가제사 또는
왕실제사를 염두에 두었기 때문으로 생각된다. 그것으로는 시조묘 제사와 신
궁 제사가 있었다. 시조묘 제사는 혁거세왕이 묻혔다고 여겨지는 곳에서 행해
진 것으로 보았다. 그렇다면 오릉에 대한 제사는 시조묘 제사라고 할 수 있다.
그런데 시조묘는 신궁이 설치되면서 그 제사의 격에 변화가 있었다고 헤아려
보았다. 그리고 종묘제가 수용되고 오묘제가 시정되면서 시조묘 제사는 형식
적인 것으로 되어가다가, 혜공왕대 오묘의 首位가 태조대왕에서 시조대왕으로
바뀌면서 시조묘 제사는 사라진 것으로 보았다.[68] 그러하다면 혜공왕대 오묘
제사와 비교될 수 있는 신라의 국가제사 또는 왕실제사는 신궁 제사이다. 비록
신궁 제사가 혁거세왕이 탄생한 곳에서 이루어진다고는 하지만, 오릉, 혁거세
왕에 대한 제사는 신궁 제사로 짐작되는 것이다. 이와 같이 생각할 수 있다면
미추왕에 대한 제사가 오릉에 대한 제사 위에 두어졌다는 것은 오묘 제사가 혜
공왕 15년 화백회의를 통해 신궁 제사보다 우위를 점하게 되었음을 의미하는
것으로 보여진다.[69]

　　그리고 오묘제가 개정된 이후 하대에는 새로운 왕이 즉위하고 얼마 있지 않
아 신왕의 父, 더 나아가 祖, 曾祖, 高祖 등을 대왕으로 추봉하였다. 그리고 대왕
추봉이 있은지 얼마 있지 않아 오묘의 신위 개편이 있었을 것이다. 이러한 오묘

67) 羅喜羅는 미추왕 제사의 차례를 혁거세 제사보다 높은 위치에 둔 것에 대해 "시조묘로서
　　의 위치를 지켜왔던 혁거세릉의 지위가 격하되고 김씨의 시조왕인 미추왕의 릉이 시조묘
　　로서의 자리를 잡게 된 것"으로 파악하기도 한다(앞의 책, 2003, pp.195~196).
68) 채미하, 앞의 논문, 2003, pp.286~290. 한편 대부분의 연구자들은 시조묘 제사가 신라 멸
　　망 때까지 끊이지 않았다고 한다. 이 중 邊太燮은 신궁 설치 이후에도 김씨왕조는 여전히
　　신라 최고의 시조인 혁거세시조묘를 봉사하고 있는데, 애장왕 이후 3왕의 기록 중에 신궁
　　을 제사함과 동시에 시조묘를 제사하였다는 것으로 증명된다고 하였다. 그리고 이 때의 시
　　조묘는 형식적이고 전통적인 국조로서의 성격을 지니고 있음에 불과하다고 하였다(앞의
　　논문, 1964, p.65).

의 신위 개편은 대체로 신왕의 원년에 이루어졌을 것이다. 이것은 신라 하대에 오묘 제사가 중요하였음을 말해주는 것으로 여겨진다.

또한 선덕왕, 원성왕, 애장왕은 오묘의 신위 개편을 신궁 제사 보다 앞서 행하고 있다. 이것은 오묘제가 개정된 이후 오묘 제사의 격이 신궁 제사보다 우위에 두어진 것을 반영하는 것으로 생각된다.

혜공왕대 개정된 오묘제는 애장왕대 다시 개정된다. 이를 更定 五廟制라고 할 수 있다.[70] 그것을 전후한 39대 소성왕, 43대 희강왕, 44대 민애왕, 45대 신무왕, 49대 헌강왕, 50대 정강왕, 51대 진성왕, 52대 효공왕, 53대 신덕왕, 54대 경명왕, 56대 경순왕이 신궁에서 친사하지 않고 있다. 이것은 오묘제가 更定된 이후 신궁 제사가 형식적인 것으로 변화하였음을 알려주는 것으로 헤아려진다.[71] 신라 하대의 神宮 제사와 오묘 제사를 「표」로 제시하면 다음과 같다.

王代	王名(姓)	年.月	內容	備考
37	宣德王(김)	1.4		五廟 개편
		2.2	親祀神宮	
		4		社稷壇 設置
38	元聖王(김)	1.2		五廟 개편
		3.2	親祀神宮	
39	昭聖王(김)	1.5		五廟 개편
40	哀莊王(김)	2.2		謁始祖廟
		2.2		五廟 개편
		3.1	王親祀神宮	
41	憲德王(김)	2.2	王親祀神宮	
		5.2		謁始祖廟
42	興德王(김)	2.1	王親祀神宮	
		8.4		王謁始祖廟
43	僖康王(김)	2.1		五廟 개편
44	閔哀王(김)	1		五廟 개편
45	神武王(김)	1		五廟 개편
46	文聖王(김)	5.7		五虎入神宮園
47	憲安王(김)	2.1	親祀神宮	
48	景文王(김)	2.2	王親祀神宮	
		6.1		五廟 개편
		12.2	親祀神宮	
49	憲康王(김)			
50	定康王(김)			
51	眞聖王(김)			
52	孝恭王(김)			
53	神德王(김)	1.5		五廟 개편
54	景明王(김)			五廟 개편
55	景哀王(김)	1.10	親祀神宮	
56	敬順王(김)	1.11		五廟 개편

〈표 3〉 新羅 下代의 神宮 祭祀와 五廟 祭祀

Ⅵ. 맺음말

　이상에서 신라의 신궁 제사에 대해 살펴보았다. 신궁의 시조 역시 시조묘와 마찬가지로 혁거세왕을 모셨다. 이사금 시기 시조묘 제사는 왕 뿐만 아니라 다른 세력집단의 長들이 함께 제사지내는 것이었다. 그런데 마립간 시기 김씨왕실은 정국을 주도해 나가는 과정에서 왕실만이 지고신인 천신과 국조인 혁거세왕을 독점하려고 하였다. 이에 김씨왕실은 신궁을 설치하여 혁거세왕을 독점하였다고 보았다. 그리고 신궁을 시조가 출현한 곳에 둠으로써 시조묘 제사 보다 시조의 신성성을 부각시켰다. 또한 마립간 시기 김씨왕실은 시조로부터 시작하는 역대 왕의 계보를 정리하였다. 지증왕이 신궁을 시조가 탄강한 곳에 창립하였다는 것은 시조 혁거세왕으로부터 시작되는 신라 역대 왕의 계보가 확립되는 것과 관련있는 것으로 보았으며 소지왕대 보다 시조의 신성성이 더욱 부각된 것이라고 하였다. 한편 신궁 제사는 진평왕대부터 上皇, 天이 내린 옥대를 착용하였고 신라 사람들은 옥대를 성제대라고도 불렀다. 이로 볼 때 진평왕대 이후 신궁 제사는 성골왕만이 지낼 수 있는 제사로 여겨졌다고 이해하였다.

　이러한 신궁 제사는 중국식의 종묘제가 수용되고 오묘제가 始定된 이후에도 여전히 국가의 중요한 제사의 하나였으나, 그 격에 변화가 있었을 것으로 보았다. 특히 신문왕대 이후 신궁 제사에서 왕은 천사옥대가 아닌 흑옥대를 띠었다. 이로써 신궁 제사는 진골 왕도 제사지낼 수 있는 것으로 되었으며 신궁 제사는 중고기 보다 그 격이 떨어진 것으로 보았다. 특히 혜공왕 15년 화백회의를 통해 미추왕에 대한 제사 곧 오묘 제사가 오릉에 대한 제사 곧 신궁 제사보다 우위를 차지하게 되었다. 이것은 신라하대 오묘의 신위 개편이 원년에 이루어지고 그것이 신궁 제사 보다 앞서 이루어지는 것에서도 알 수 있었다. 그리고 오묘제가 更定 된 이후 신궁 제사는 더욱 형식적인 것으로 변하였다고 보았다.

文武王代 倭典의 再設置와 對日外交

서영교(경북대 영남문화연구원)

I. 머리말

『日本書紀』와 『續日本紀』를 보면 668년부터 700년까지 신라가 25회에 걸쳐 일본에 사신을 파견했던 사실이 확인된다. 사절단의 대표도 대아찬 이상의 진골왕족이나 고위인사가 많았다.[1] 그러나 한국학계에서는 이러한 일본측의 기록에 대하여 의심을 가지고 있는 사람이 많다.

『新東亞』1973년 1월 호에 게재된 이기백의 글을 보면 "통일신라시대에 신라가 일본에 20회가 넘는 사신을 파견하였고 그 사신 중에는 김유신과 같은 인물도 들어있는 것은 도무지 믿을 수 없다"라고 하고 있다. 나아가 그는 일본이 신라에 사신을 파견한 횟수가 그 반 정도밖에 되지 않는다는 것도 전혀 신용할 수 없는 대목이며, 당시 양국의 필요성을 생각한다면 그 횟수는 그 반대가 되어야 하리라고 한다.[2]

---

1) 金恩淑, 「8세기의 新羅와 日本의 關係」, 『國史館論叢』 29, 1991, pp.104~105.

신형식도 이기백과 같은 입장이다. 그에 의하면『일본서기』에 보이는 668년 (문무왕 8년)에서 703년(성덕왕 2년)까지 27차에 걸친 신라의 사신파견 기록은 신라사회의 당시 성격이나 입장에서 볼 때 이해하기 어려운 실정이며, 백제부흥군을 지원하기 위해 참전한 일본에 신라가 조공해야 할 이유가 전혀 없다. 그는 당시 신라가 강력한 무열왕권의 확립과 당군 축출을 통한 민족적 응집력에서 대외교섭의 필요성이 없었다는 것은 이를 뒷받침한다고 한다.[3]

7세기말의 한일관계를 보는 우리학계의 시각에는 다음과 같은 전제가 있다. 676년에 羅唐戰爭이 신라의 승리로 종결되었으며, 당을 한반도에서 몰아낸 강력한 국가 신라가 일본에게 많은 사신을 파견할 필요가 없다는 것이다.

山尾幸久씨의 지적대로 이 시기의 신라 사신파견에 관한 내용이 일본측의 기록에는 남아 있지만 한국 측에는 없다. 따라서 국제관계라 하는 것은 상대적인 것이기에 그것은 일본측의 인식이지 객관적 실재는 아닐 수도 있다.[4]

그러나 7세기말의『일본서기』기록이 납득이 가지 않는다고 하여 그것을 부정하는 것은 부당하다. 그것은 사실규명을 방치하는 행위다. 우리는 어떻게 해서 그러한 기록이 남게 되었는지 고민해야 하며, 그것이 무엇을 반영하고 있는지 검토해 보아야 한다고 생각한다. 7세기 후반의『일본서기』·『속일본기』기록은 사실로서 인정할 수 있을 만큼 상당히 정확해져 있었다.

한편 8세기를 전후로 한 시점에 신라가 일본에 조공을 한 것은 사실이며, 이것으로 인해 신라가 일본과의 관계에서 안정을 확보할 수 있었다고 하는 鈴木靖民씨의 지적은[5] 귀중한 암시를 주고 있다. 신형식의 지적대로 나당전쟁 이

---

2) 李基白, 「고대 한일관계사의 연구의 방향」, 『韓國古代史論』(증보판), 일조각, 1995, pp.188~189.
3) 申瀅植, 「統一新羅의 對日關係」, 『統一新羅史硏究』, 삼지원, 1990, p.328.
4) 山尾幸久 著, 정효운 譯, 「古代 韓日關係史 硏究에 대하여」(上), 『考古歷史學志』 4, 동아대박물관, 1988, p.260.

후 신라 · 唐 양국간의 외교가 25년간 단절되었던 것[6]은 엄연한 사실이다.

그렇다면 신라가 무엇때문에 일본과의 관계에서 안정을 희구했던 것인가. 여기에 대하여 전덕재와 윤선태는 보다 구체적인 안을 제시하고 있다. 즉 신라가 나당전쟁 이후 일본과 당의 연결을 우려하여, 일본에 대해 저자세 외교로 일관하지 않을 수 없었다는 것이다.[7] 나당전쟁 이후 신라에 적대적이었던 당이 여전히 강대국으로서 건재해 있었다는 사실을 염두에 둔다면 전덕재와 윤선태의 지적은 주목할 가치가 있다.

적대국이 건재해 있을 경우 戰後 전쟁 재발에 대한 우려는 지속될 수밖에 없다. 양국의 국력의 차이가 현저하다면 전쟁 재발에 대한 우려는 약소국의 몫이다.[8] 나당전쟁에서 신라의 승리만 강조한다면 전후의 국제상황을 응시하고 있었던 신라인들의 고민을 무시할 수 있다.

이에 본고에서는 먼저 나당전쟁 후 신라인이 처한 입장을 살펴보고, 다음으로 신라 內省의 工房들 사이에 위치해 있는 倭典의 설치시기와 그 기능에 대한

---

5) 鈴木靖民, 『古代對外關係史の硏究』, 吉川弘文館, 1985, pp.117~118.

6) 신형식은 이시기에 당측이 신라에 대하여 보다 적극적인 접촉을 시도하였다고 지적한 바 있다. 그에 의하면 신라는 문무왕 8년(668) 이후 당에 보낸 사신은 사죄사가 대부분이며, 神文王은 당 고종의 冊封에 답례는 물론 조공도 하지 않았으며, 효소왕 역시 거의 대당 조공이 없었다고 한다. 문무왕 8년부터 성덕왕 2년까지 35년간 사실상 국교단절 상태였다고 할 수 있다는 것이다(申瀅植, 『韓國古代史의 新硏究』, 일조각, 1984, p.327).

7) 전덕재 「신라 중대 대일외교의 추이와 진골귀족의 동향」, 『한국사론』37, 서울대 국사학과, 1997, 6월, pp.18~19. 尹善泰, 「752년 신라의 대일교역과 『바이시라기모쯔게(買新羅物解)』 —正倉院 소장 「貼布記」의 해석을 중심으로」, 『역사와 현실』24, 1997, 6월, pp.58~59. 그 근거로 윤선태는 『續日本紀』 卷19, 天平勝寶 4年 6月의 기사를 들고 있다. 752년 대아찬 김태렴 등 신라 사절을 환영하는 만찬에서 일본 천황이 신라가 과거 일본의 藩屛이었던 점을 신라 사절에 재인식시키면서 前王 승경(孝成王)과 大夫 思恭이 이러한 抗禮를 지키지 않은 것에 질책을 가하고 있으며, 그것은 일본 천황이 효성왕 이전의 양국 관계를 외교적 전범으로 받아들이고 있다는 점을 말해주는 것 다름아니라 한다.

8) 徐榮敎, 「九誓幢완성 배경에 대한 新考察-羅唐戰爭의 餘震-」, 『한국고대사연구』18, 2000, pp.225~226.

검토를 하고, 마지막으로 신라의 일본에 대한 사신파견과 물품 증여 사례에 대하여 살펴보고자 한다. 이러한 과정을 통해 7세기 말 신라인들이 처한 국제적 상황을 어느 정도 감지할 수 있을 것이다.

II. 시대적 배경

『三國遺事』卷2, 文虎王 法敏 조를 보면 기상이변을 간절히 바라는 신라인들의 염원이 보인다. 문무왕이 유가승 12명으로 하여금 文豆婁法이란 주술적인 행사를 나당전쟁기는 물론 戰後에도 대대적으로 행하게 했다. 채색비단으로 사찰을 꾸리고 풀로 神像을 만들어 명랑법사를 필두로 하는 승려들은 秘術의 염불을 했는데, 풍랑이 크게 일어나 唐船團이 모두 침몰했다고 한다.[9] 물론 이러한 주술적인 儀式의 저변에 흐르고 있는 것은 당 제국에 대한 신라인들의 공포였다.

나당전쟁은 약소국인 신라가 670년 3월 唐을 선제공격하면서 시작된 전쟁이었다. 669년 10월 吐蕃이 실크로드(천산남로)를 급습하자 그간 순종적이었던 신라는 태도가 돌변하여 당에 정면공격을 단행했다.[10] 당의 힘이 한반도에 전면

---

9) 현명한 지도자란 위태로운 시기에 民들의 동요를 잠재우고 그 상황을 그들에게 긍정적으로 보여지게 하는, 다시 말해 희망을 주는 능력이 필요하다(金相鉉, 「四天王寺의 창건과 의의」, 『신라의 사상과 문화』, 一志社, 1999). 최강국 당을 상대로 한 전쟁은 신라 일반인들에게 불안하고 공포를 주는 사건이었음에 틀림이 없다. 신라군 수뇌부는 669년 9월 서역의 토번이 실크로드를 석권했고, 당의 대규모 병력이 이곳에 집중되고 있다는 사실을 알고, 670년 3월 압록강을 넘어 당군을 선제 공격했다. 이때 신라군 수뇌부가 "국제정세의 전략적 상황을 고려해서 이러한 결정을 내렸다."라고 신라 일반인들을 설득할 수 없다. 오히려 강렬한 이미지를 주는 주술적 행사가 그들의 마음에 안정을 주었을 것이다. 어느 사회나 정신적 공황이 일어날 때 대규모 토목공사나 강렬한 이미지 연출로 대다수 사람의 이목을 한 곳에 집중시키는 경향이 있다.

10) 徐榮敎, 「羅唐戰爭의 開始와 그 背景」, 『歷史學報』 173, 2002.

적으로 미치지 못할 상황이 되자 신라는 사정없이 덤벼들었던 것이다.

나당전쟁의 발발 소식은 주변국가에 전해졌을 것이며, 가장 충격을 받았던 당사자는 다름 아닌 신라 일반인들이었을 것이다. 나당동맹기에 신라인들은 당의 무리한 요구에 시달렸다. 따라서 언제까지 당의 위엄에 눌려 끌려 다닐 것인지 근심하던 사람들도 있었을 것이다.[11] 하지만 그들조차 신라가 이렇게 당에 정면도전하리라는 것은 생각지도 못했을 것이다.

당시 당은 서역의 오아시스 국가들과 북방의 유목민들을 정복한 세계 초유의 강대국이었고, 신라와의 국력차이는 너무나 명백했기 때문이다. 당과의 전쟁은 신라 일반인들이 도저히 상상할 수 없는 것이었다.

나당전쟁의 발발 소식을 전해 듣고 충격을 받은 신라 일반인들을 후세의 우리는 비웃을 수도 있다. 지금의 입장에서 보면 당은 결국 한반도에서 물러났고 신라가 통일을 이룩한 결과가 있기 때문이다. 정치란 한치 앞이 칠흑의 어둠이라 한다. 역사도 한치 앞이 어둠이다. 후세에 와서 돌이켜 보면 이미 다 결판이 난 사실들, 역사적 사실이나 역사적 현상들은 모두가 다 명쾌해 진다. 이러한 시점에서 바라보고 글을 쓰는 한 당시 사람들의 기분을 이해하고 그것을 전달할 수 없다.

후세사람이 보면 명백한 일, 자명한 일도 당시의 사람들에게는 조금도 명백하게 알 수 있는 일이 아닌 것이다. 당과의 전쟁은 그 자체가 신라인들에게 공포였고, 후에 결국 당이 한반도에서 철수했다는 사실은 신라인들에게 기적이지 정상이 아니었다. 신라가 당과 싸워 승리했고 그 후에 신라인들이 자신감을 가

---

11) 『삼국유사』권1, 장춘랑과 파랑 설화는 "우리는 예전에 나라를 위하여 목숨을 바쳤사온 바 백골이 되어도 나라를 끝까지 보위코자 군사들만 따라 다녔습니다. 그러나 당나라 장수 소정방의 위력에 부딪혀 남의 꽁무니로 쫓겨다니게 되었습니다. 원하옵건대 왕은 저희들에게 얼마의 군사를 보태주소서"라고 하여 당의 부당한 처사에 분개하던 신라인들의 심정을 반영하고 있다.

지게 되었다는 주장한다면 그것은 명백히 지금의 시각이다. 전쟁 결정의 주도권을 쥐고 있었던 것은 당의 황제이지 신라의 국왕이 아니었다. 당시 신라인들은 이 사실을 너무나 잘 알고 있었다.

나당전쟁이 휴전될 당시 당이 토번과 전쟁을 계속하고 있었고, 680년대 가서 동돌궐의 부흥운동이 일어난 것도 사실이다. 하지만 이러한 국제상황이 당시 신라인들에게 전쟁의 종결을 의미한다고 자신 있게 말할 수 없다. 약자의 입장으로 돌아간다면 그렇다. 약자란 강자 앞에서 온갖 지나친 우려를 하게 마련인 것이다. 나당전쟁이후 신라의 급진적인 군비증강은 이를 단적으로 말해주고 있다.

『삼국사기』 권40, 직관지 武官 조에서 확인할 수 있는 통일 후 군부대의 실질적인 창설은 대부분 신문왕대(681-691) 이루어졌다. 신문왕 3년(683)에 고구려인으로 황금서당, 말갈인으로 흑금서당을 창설했고, 동왕 5년(685)에 경남 합천 주둔 하주정을 완산주정으로 개칭해서 백제지역인 전주로 전진 배치했으며, 이듬해인 동왕 6년에 報德城民(고구려인)으로 벽금서당과 적금서당을 창설하였고, 적금무당도 설치되었다. 동왕 7년에는 백제 殘民으로 청금서당을 창설했고, 황금무당을 설치했으며, 동왕 9년에 지금의 서울, 춘천, 강릉지역에 三邊守를 두어 북변의 방어를 강화했고, 왕도에 皆知戟幢을 설치하여 對기병 방어체제를 보강했다.

통일 후 군비증강 가운데 신문왕 당대 5년(683-688) 사이의 九誓幢 5개 부대(황금·흑금·적금·벽금·청금서당)의 증설은 軍官 숫자만을 놓고 보더라도 신라의 주력군단 六停 전체의 그것과 맞먹는 규모이다.[12] 7세기 후반 신라의 일본에 대한 적극적인 외교정책은 이러한 시대 분위기와 무관하지 않다.

---

12) 徐榮敎, 「羅唐戰爭期 唐兵法의 導入과 그 意義」, 『韓國史研究』 116, 2002, pp.55~58.

Ⅲ. 倭典의 內省再置 시기와 그 기능

『삼국사기』 권38, 직관지를 보면 "領客府의 본래 명칭은 倭典이었는데 진평왕 43년(621)에 領客典(후에 또 倭典을 별도로 설치하였다)으로 고쳤다"라고 명기하고 있다. 왜전이란 명칭에서 미루어 볼 때 倭國 사신의 접대와 교역을 담당한 관청이라 할 수 있다.

621년 왜전을 영객전으로 개칭한 것은 신라의 대외관계 중심축이 당으로 쏠린 것을 반영한다. 그 해 신라와 당 양국이 처음으로 외교적 접촉을 했다. 신라가 당 건국 후 최초로 사신을 보냈고, 또 당 사신이 처음으로 신라에 왔다.[13] 당 사신의 접대를 위해서라도 종래의 倭라는 개별적인 명칭은 폐기될 수밖에 없었을 것이다. 진덕왕 6년(651)에 신라의 중앙 행정관제가 대폭 개편되고[14] 또 이때 당과의 관계가 더욱 긴밀해지면서 중소관서의 기관명 "영객典"이 令을 두는 영객府로 확대 개편된다.[15]

위의 ( ) 안에 있는 내용에서 알 수 있듯이 왜전은 621년에 영객전으로 개칭된 후 어느 시기에 다시 설치되었다는 것을 알 수 있다. 『삼국사기』 권39, 직관지 中에 內省 소속의 관청 기록에서 "倭典己下十四官員數闕"이라 하여 왜전이란 관명이 보인다. 浜田씨는 이것이 바로 621년 이후에 별도로 설치된 왜전이며, 따라서 그것은 전기 왜전과 후기 왜전으로 구분하여 볼 필요가 있다고 한다.[16]

---

13) 『三國史記』 卷4, 眞平王 43年; 『舊唐書』 卷199, 新羅傳.
14) 李基東, 「新羅中代의 骨品制와 官僚制」, 『新羅 骨品制社會와 花郎徒』, 일조각, 1984, pp.118~128.
15) 李成市 著, 김창석 譯, 『동아시아의 왕권과 교역』, 청년사, 1999, p.99.
16) 浜田耕策, 「新羅聖德王代の政治と外交」, 『朝鮮歷史論集』上(旗田巍 古稀紀念論叢), 1979, pp.222~223.

내성 속에 왜전이 별치된 시점에 대한 李成市의 견해는 다음과 같다. 650년 신라가 당의 연호를 채택하면서 명실상부한 外臣이 되었으며, 그 다음 해(651)에 개편된 신라의 官制는 당의 禮的 규제의 영향을 받지 않을 수 없었다 한다. 이는 당에서 오는 사절의 영접의례를 비롯하여 대당외교 교섭 전반에 구체적으로 나타났을 것이며, 신라에게 당과 왜는 전혀 다른 차원의 교섭 당사국이 되었고, 영객전에서 확대된 영객부가 당의 禮制를 따르는 전문적인 외교 담당 부서가 되고 한편에서는 대일본 교섭을 위해서 왜전을 별치할 필요에 직면했을 것이라 한다.

씨의 견해를 요약하면 당시 신라는 당에 비해 외교 의례적으로 등급이 한 단계 낮은 대일본 외교창구를 설치할 필요가 있었고, 651년에 영객부에서 대일본 교섭의 기능을 분리하여 왜전을 내성에 설치했다는 것이다.[17]

그러나 651년 당시 일본에 대한 외교적 수요는 거의 없었다. 신라가 생존을 위해 당에 외교적으로 매달렸던 시기이며, 일본과는 적대적으로 돌아선 상태였다. 『일본서기』권25, 효덕천황 5년(650) 조를 보면 일본은 신라사신들이 당의 관복을 입었다 하여 입국을 거부했다.

일본에게 唐服을 입은 신라 사신의 모습은 나당동맹이 체결된 것을 가시적으로 보여준 것이며, 이는 일본에게 나당연합군의 침략에 대비하여 축성을 단행케 하는 계기가 된 것도 사실이다.[18] 신라에 대한 일본의 적대 의식은 『일본서기』권25, 효덕천황 백치 2년(651) 조에서 "難波에서 筑紫까지 배를 띄워 협박만 해도 兵을 일으키지도 않고 신라를 굴복시킬 수 있다."고 한 巨勢大臣의 주청

---

17) 李成市,「正倉院所在新羅氈貼布記の研究」,『古代東アジアの民族と國家』, 岩波書店, 1998, pp.343~350.

　　　,「新羅と日本-8世紀の交流を中心に」,『하와이대 주최 한국학대회 발표요지』, 1996. pp.20~21.

18) Inoue Mitsusada, "The century of reform *Cambridge History of Japan*, Vol.1(Ancient Japan), Cambridge University Press, Cambridge, 1993, p.209.

에서도 확인된다.

651년 신라의 대규모 관제 개혁이 단행되었고, 당의 예적 규제에 영향을 받지 않을 수 없었던 것을 부인하고자 하는 것은 아니다. 또한 영객전에서 영객부로의 전환은 당에 대한 외교적 업무량 증가로 인한 확대 개편인 것도 인정하며, 영객부가 650년부터 대일외교 창구 역할을 상실했을 수도 있다.

그러나 문제는 상황이 반전된 668년 이후이다. 李成市의 견해대로라면 나당간의 관계가 급속히 냉각되고 동시에 일본과의 외교 수요가 증폭되는 이 시기에 영객부의 역할이 감소되어야 한다. 그러나 675년 영객부는 업무증가로 卿 1인을 증치하고 있다. 영객부가 대일외교를 관장하지 않았다는 증거는 어디에도 없다.

한편 浜田씨는 영객부가 당시 대일외교에서 그 기능을 발휘했던 것으로 보고있다. 그러나 그는 712년 詳文師가 通文博士로 개칭된 성덕왕 13년(714)[19] 왜전이 설치되었으며, 이 때 영객부가 대일외교 기능을 상실한 것으로 보았다. 그는 당에 올리는 상표문 작성을 담당한 상문사의 통문박사로의 개칭이 신라의 당에 대한 조공외교 강화의 징표이며, 신라가 일본에 대한 저자세 태도를 청산하는 신호탄이었다 한다. 그 결과 영객부에서 대일본 외교창구를 왜전으로 분리 설치하여 한 단계 격하시켰다는 것이다.[20]

그의 지적대로 714년 이후 신라가 일본의 강요에도 불구하고 천황에게 표를 올리지 않았으며, 일본사신은 당과 다른 의례적 대접을 받을 수밖에 없었다. 성덕왕대 신라의 대당외교가 다시 활기를 띠고 진행되었으며, 따라서 당에 대한 외교문서 작성의 중요성도 강화되었고, 이에 반비례하여 일본에 대한 신라의 태도에 변화가 보였던 것도 사실이다. 그러나 왜전의 설치가 영객부의 대일 교

---

19) 『三國史記』卷39, 職官志 中, "詳文司 聖德王十三年 改爲通文博士"; 同書 卷8, 聖德王 13年 2月 "改詳文司 爲通文博士 以掌書表事".
20) 浜田耕策, 「新羅聖德王代の政治と外交」, 앞의 책. pp.219~227.

섭기능 상실을 의미한다고 보는 浜田씨의 견해는 수긍할 수 없다.

내성 속에 왜전이 별치된 시점에 대해서는 李成市와 浜田氏는 각각 651년과 714년으로 다르다. 하지만 공통점도 있다. 두 사람은 모두 영객부에서 왜전을 분리하여 별도로 설치한 것은 당과 倭의 사신이 다른 의례적 대우를 받았고, 동시에 내성 내부에 왜전 설치는 영객부의 대왜교섭 기능의 상실을 의미한다고 보았다. 양씨는 왜전의 재설치를 신라의 외교 대상으로서 일본의 의례적 위치의 격하로 직결시키고 있는 것이다.

여기서 문제 해결의 키는 내성 내부에 설치된 왜전의 성격 파악에 있다. 『삼국사기』권38, 직관지를 보자.

陵色典 大舍一人 史一人
穢宮典 景德王改爲珍閣省 後復故 稚省十人 宮翁一人 助舍知四人 從舍知二人
朝霞房 母二十三人
染宮 母十一人
疏典 母六人
紅典 母六人
蘇芳典 母六人
攢染典 母六人
漂典 母十人
倭典 已下十四官員數闕
錦典 景德王改爲織錦房 後復故
鐵鍮典 景德王改爲築冶房 後復故
寺典
漆典 景德王改爲飾器房 後復故
手典 景德王改爲聚毳房 後復故
皮典 景德王改爲鞄人房 後復故
鞦典
皮打典 景德王改爲韗(韗)工房 後復故
磨典 景德王改爲梓人房 後復故

鞜典

靴典

打典

麻履典 (『三國史記』卷38, 職官 上)

왜전은 내성의 공방들 사이에 위치해 있다. 이점에 주목한 三池씨는 내성에 설치된 왜전은 진평왕 43년(621) 이전의 왜전과 다르며, 내성 내부의 방대한 수공업조직으로 볼 때 후기 왜전은 대왜교역 등에 의한 제품생산을 수득하기 위한 관청으로 볼 수 있다고 지적한 바 있다.[21] 鈴木靖民도 이와 같은 입장을 취하고 있다. 그에 의하면 내성의 왜전은 대일외교를 왕실에서 지원하는 별도의 관청이었을 가능성이 크다고 한다.[22]

왕실업무를 통괄하던 내성이 산하에 방대한 궁정수공업을 유지한 것은 실로 신라왕실의 특별 수요에 기인했을 가능성이 높고,[23] 그 사이에 왜전이 위치하고 있었다는 것도 일본에 보낼 물품생산과 관련하여 볼 수 있다. 다시 말해 왜전은 일본에 보낼 물품의 생산을 독려하고, 물품의 수송과 관리 등 대일 교역에 따르는 전반적인 실무를 수행하였을 가능성이 크다.

『일본서기』권29, 천무천황 조와 同書 권30, 지통천황 조의 679년에서 689년 사이에 해당되는 기록을 바탕으로 표를 만들어 보자.[24] 679년과 689년 사이의 『일본서기』에 보이는 신라 사신의 방문 가운데 교역품목이 명기된 부분만 알파벳을 달았다.

---

21) 三池賢一,「新羅內廷官制考(下)」,『朝鮮學報』62, 1972, pp.40~41.
22) 鈴木靖民,「正倉院佐波理加盤付屬文書の基礎的研究」,『朝鮮學報』85, 1977, pp.60~61.
23) 尹善泰,『統一期 新羅王室의 村落支配』, 서울대 박사학위논문, 2000, pp.125~138 참조.
24) 鈴木靖民,『古代對外關係史の研究』, pp.616~619의 〈表4〉 新羅使一覽 참조.

	日本도착	使 人	朝 貢 品
A	679년 10월	阿飡 金項那 沙飡 薩藁生	朝貢 물품은 金·銀·鐵·鼎·錦·絹·布·馬·狗·騾·駱駝의 10여 類, 별도로 獻物을 했는데, 천황·황후·태자에게 金·銀·刀·旗 등을 선물한 것이 수없이 많았다.
	680년 5월	大奈麻 考那 (送高麗使使)	
	680년 11월	大奈末 金原升 沙飡 金若弼	進調
B	681년 10월	一吉飡 金忠平 大奈末 金壹世	金·銀·鐵·鼎·錦·絹·鹿皮·細布類 등이 각각 수없이 많았다. 이에 별도로 천황·황후·태자에게 獻物을 했는데, 金·銀·霞錦·幡·皮類가 수없이 많았다.(문무왕의 喪을 고했다.)
	682년 6월	大奈麻 金釈起 (送高麗使使)	
	683년 11월	沙飡 金圭山 大奈麻 金長志	進調
	684년 12월	大奈麻 金物儒	唐學生送使
C	685년 11월	大阿飡 金建勳, 波珍飡金智祥이 와서 신라정치에 대하여 천황에게 보고했다.	조공한 물품은 細馬·騾·犬·鏤金器·金·銀·霞錦·綾羅 虎와 豹의 皮·藥類 數百余種이었다. 이와는 별도로 물품을 헌상했는데, 金·銀·霞錦·綾羅·金器·屛風·鞍皮·絹布·藥類 六十余種 등 수없이 많았다. 그 외에 皇后·皇太子·親王들에게 헌상하는 물품도 매우 많았다.
D	687년 9월	王子 金霜林 級飡 金薩慕 級飡 金仁述 大舍 蘇陽信 등이 와서 신라의 정치에 대하여 보고하였다.	조공한 물품은 金·銀·絹·布·銅·鐵 등의 10 여 종류이다. 이와는 별도로 佛像과 여러 종류 彩絹, 10 여종의 鳥·馬를 바쳤다. 王子 김상림이 따로 金·銀·彩色 그리고 여러 가지 진귀한 80 여종의 물품을 헌상했다.
E	689년 4월	級飡 金道那 천무 천황의 喪을 당하자 장례의식에 참가. 이때 學文僧 明聰· 觀智도 동행했음	金銅阿彌陀象·金銅觀世音菩薩像·大勢至菩薩像과 彩帛·錦·綾을 헌상했다.

　문무왕 19년(679)부터 신문왕대 전 기간에 걸쳐 신라는 일본에 대규모 물품을 증여하고 있다. 이러한 고도의 수공기술과 희귀한 재료가 소요되는 물건들은 내성의 여러 공방들을 제외하고는 생각할 수 없다. 그렇다면 내성 내부의 왜전 설치시기는 일본에 대한 신라의 증여 물품이 대폭 증가하는 문무왕 19년(679) 직전이 될 공산이 크다.

　나당전쟁이 종결되는 676년을 전후로 하는 시기에 신라는 일본에 접근하는 대신에, 당과의 외교를 단절했다.[25] 이때 영객부가 폐지되지 않고 건재한 것이 확실한 이상 그것은 대일 외교에 창구 역할을 했을 것이다. 675년 당과의 외교적 교류가 급감할 때 설치된 영객부 卿의 1인 증치는 당시 급증한 대일외교수요를 고려하지 않고서는 생각할 수 없다.

　675년에 天武天皇이 최초로 大伴連國麻呂를 대표로 하는 사절을 신라에 파견했으며, 다시 그 이듬해 物部連摩呂의 사절단이 신라에 왔다. 당시 일본에 등장한 新政權의 외교사절 쇄도로 영객부의 업무량은 증가하지 않을 수 없었다.

　내성 산하의 왜전 설치는 영객부의 대일본교섭 기능의 상실을 의미하는 것이 아니다. 그것은 왕실이 영객부의 대일외교 활동에 소요되는 물품들을 직접 지원해 주기 위한 조처였을 것이다. 가령 C와 D의 경우와 같이 약재를 일본에 가져갈 경우를 생각해 보자.

　후술하겠지만 685년 11월 19일(C) 신라가 약류 100여 종과 약물 60여 종을 보낸 것은 후술하는 바와 같이 천무천황의 持病과 관련이 있는 것으로 생각된다. 『日本書紀』卷29, 천무천황 14年 12月 13日 조를 보면 醫師가 皇宮에 초빙되어 식사를 내접받은 후 祿物을 사여받고 있다. 또한 동서 권29, 천무천황 15年 6月 2日 조를 보면 천황의 侍醫가 작위를 수여 받고 있다. 藥類란 종류가 무수히 다양한 것인 만큼 병세에 대한 사전지식이 없는 약재 선별이란 무의미하다. 다시

---

25) 申瀅植, 『韓國古代史의 新研究』, p.327.

말해 사전지식이 없이 무작위로 약제를 모아 가지고 간다면 어떤 특정한 병의 치료에 도움이 되지 못한다.

직접적인 자료는 없지만 신라에서 일본에 보내는 약재의 준비과정을 감히 추측해 보면 다음과 같지 않았을까 한다.

아마도 684년 4월 20일에 신라에 왔던 일본사신 高向臣麻呂 등이[26] 천왕의 지병과 관련하여 약류나 약물을 요청했을 가능성이 높다. 물론 일본 사신들이 지참하고 간 처방은 천황의 의사들이 만들어 주었을 것이다. 일본사신의 요청은 영객부의 슈을 통해 신라국왕에게 보고되고 그것에 관한 지침이 내성의 왜전에 하달되었을 것이다. 왜전은 먼저 供奉의사를 통하여 일본 천황의 병세를 대략 파악한 후 이를 고려하여 藥典에 어떠한 종류의 약류나 약물을 수집할 것인지에 대한 명령을 하달했을 것이다. 685년의 조공품목에서 100종의 약류나 60종의 약물은 왜전에 전달되어 그 수집된 품목과 약의 질을 확인한 후 보관되었을 것이다.

일본에 보내지는 물품이 다양하고 그 양이 많을수록 그것을 꼼꼼히 주문 · 관리하는 관서가 필요하다. 이는 약의 종류가 100종이나 되는 것을 보아도 알 수 있으며, 무엇보다 그것은 天皇이나 皇后 · 皇子 · 內親王 등 일본 황실가족이 복용하는 것이다. 따라서 혹시라도 발생할 수 있는 부작용을 예방해야 하기 때문에 그것에 대한 관리는 철저했을 것이다.

Ⅳ. 7세기 말 對日外交의 성격

663년 백촌강 전투이후 天智天皇이 신라사신의 일본입국을 거부한 것은 아

---

26) 『日本書紀』卷29, 天武天皇 13年 夏4月 20日.

니었다. 하지만 이보다 앞서 자행한 그의 반 신라적인 행위는 신라인들의 뇌리에 지울 수 없는 것이었다.

우리는 여기서 663년 일본군의 대규모 군대 파병의 슬로건이 신라정벌이었다고 하는 石母田正씨의 지적을 재음미해 볼 필요가 있다. 그는 7세기 당의 백제·고구려에 대한 전쟁이 양국의 토벌과 그에 이어지는 점령군에 의한 직접통치를 행했던 점에서 古代 帝國主義의 성격이 있었다고 파악하고, 백제 왕자 豊璋이 천황의 勅에 의해 왕위를 계승하였던 것을 단서로 백제에 대한 일본의 군사 파병도 고대 제국주의적 의도에서 이루어졌다고 보았다. 또한 그에 의하면 663년 백제에 파병된 일본 군대의 구성은 대부분이 지방호족이며, 일본조정은 신라정벌 후 얻어지는 노획품의 재분배에 대한 기대감을 지방호족들에게 강조했다는 것이다.[27]

『일본서기』권27, 천지천황 2년 3월 조를 보면 "前軍의 장군 上毛野君稚子·間人連大蓋, 中軍의 장군 臣勢神前臣譯語·三輪君根麻呂, 後軍의 장군 阿倍引田臣比邏夫·大宅臣鎌柄을 보내어 2만 7천명을 이끌고 신라를 치게 했다"라고 하여 그 목적이 신라정벌임을 밝히고 있다. 또한 동서 권27, 천지천황 2년 6월 조에 "전군의 장군 上毛野君稚子 등이 신라의 沙龜岐奴江에 있는 2성을 함락시켰다"라고 하여 일본의 최초 공격 상대는 신라임을 알 수 있다.

더구나 671년 신라에 의해 웅진도독부에서 밀려난 唐將 郭務悰과 그 휘하에 있던 2천 명의 사람들이 47척의 배에 실려 들어오자[28] 일본은 그들에게 甲·冑·弓·矢 등 군수품을 사여했다.[29] 이들이 일본에 들어온 사실은 671년 9월에 일본에 입국한 사찬 김만물 등의 신라사절이 동년 12월에 귀국하면서[30] 신

---

27) 石母田正,「古代における"帝國主義"について」,『日本古代國家』, 岩波書店, 1971, p.70.
　　鄭孝雲,「七世紀의 韓日關係의 연구」(下),『考古歷史學志』7, 東亞大 博物館, 1991, p.227.
28)『日本書紀』卷27, 天智天皇 10年 11月.
29)『日本書紀』卷28, 天武天皇 元年 春 3月.

라에 전해졌을 것이며, 그들에게 군수품이 지급된 사실은 672년 3월 28일에 일본에 입국한 報德國의 사절 前部富加抄[31] 등이 신라에 알렸을 것이다.

이 사건은 신라에게 충격적으로 받아들여졌을 가능성이 크다. 당과 일본의 동맹관계가 성립되어 일본이 당군에게 보급을 한다면 신라입장에서는 치명적인 것이 된다. 당시 신라는 이미 당과 힘겨운 싸움이 이미 시작된 시점이었다. 그러나 672년에 일본에 쿠테타가 일어나 정권이 바뀌었다.

672년 7월 23일 천지천황의 아들 大友皇子가 山前(京都府 乙訓郡 大山崎村)에서 자살하면서 천무천황의 쿠테타는 완전히 성공했다. 백제부흥군을 지원했고 당장 곽무종에게 무기를 공급한 天智係가 소멸하고 왕통이 天武係로 넘어갔던 것이다. 이는 신라 수뇌부에게 일본과의 관계를 개선할 수 있는 절호의 기회로 여겨졌을 것이다. 그 이듬해 대아찬 김승원을 필두로 하는 대규모 사절단이 파견되었다. 이는 『일본서기』권29, 천무천황 2년(673) 윤 6월 15일 조에 상세히 나와 있다.

신라가 韓阿湌 金承元 · 阿湌 金祇山 · 大舍 霜雪 등을 보내어 천황의 즉위를 축하하였다. 아울러 一吉湌 金薩儒 · 韓奈麻 金池山 등을 보내어 先皇(천지천황)의 喪을 弔하였다.

대아찬 김승원 등 진골귀족을 사절단 대표로 하는 신라 사절단의 목적은 역시 천무천황의 등극을 축하하고 어떻게 해서든지 일본과의 관계를 개선해 보려는 것이었다. 앞서 일본에 파견된 사신의 지위를 고려해 볼 때 이는 파격적인 것이 분명하며, 675년 2월에 가서 王子 忠元을 대표로 사절을 파견한 것은 더욱 그러하다.

---

30) 『日本書紀』卷27, 天智天皇 10年 12月.
31) 『日本書紀』卷28, 天武天皇 元年 春 3月.

신라의 일본에 대한 적극적 외교는 나당전쟁이 휴전된 이후에 더욱 가속화된다. 678년 9월에 당 고종은 신라를 재침하려 했다. 이는 토번 정벌이 시급함을 주장한 侍中 張文瓘의 만류로 이루어지지 못했지만[32] 어쨌든 이 사건이 신라에게 경각심을 준 것은 사실이다. 게다가 그 이듬해(679년) 서역에서는 당과 吐蕃 사이의 화해의 분위기가 감돌고 있었다.[33]

그 해에 토번의 유력한 동맹인 서돌궐의 여러 부족들이 당군에게 격파되어 그 可汗은 사로잡히고 말았고, 토번도 676년 이후 만손만첸 贊普가 죽은 후 太后와 權臣(葛爾氏) 사이의 암투가 지속되는 등 내분상태에 있었다.[34]

679년 10월부터 본격화된 신라의 일본에 대한 물량 공세는 이러한 국제정세의 변화와 관련이 있을 것이다. 위의 도표(A)에서 알 수 있듯이 신라는 상당한 물량의 제품을 일본에 보내고 있으며, 이와는 별도로 천황·황후·태자에게도 귀금속과 刀를 증여하고 있다. 서역전선에서의 평화적 기운은 신라에게 불안한 징조였다. 당과의 전쟁재발을 염두에 둔 신라는 일본의 天皇과 그 가족, 고위 귀족들의 환심을 사야했던 것이다.

신라는 당시 천황을 비롯한 일본 최상층에 배려를 아끼지 않았다. 앞서 언급한 바와 같이 685년 11월 19일(C) 신라가 약류 100여 종과 약물 60여 종을 증여한 것은 천무천황의 持病과 관련이 있는 것으로 생각된다.『일본서기』권29, 천무천황 4월 19일조를 보면 신라사신이 藥을 증여한 기록 보인다. 그 바로 아래

---

32)『資治通鑑』卷202, 唐紀18 高宗 儀鳳 2年(678) 9月 조를 보면 "上將發兵討新羅"라 하여 당 고종이 신라를 치려하자 侍中 張文瓘이 "諫曰 今吐蕃爲寇 方發兵西討"라 하여 지금 토번 문제가 시급하다고 만류했다; Naoki Kojiro, 'Nara state(Felicia G. Bock, tr)' *The Cambridge History of Japan* Vol. 1, Cambridge University Press, Cambridge, 1993, p.223.

33) 당과 토번 사이의 평화협정은 문성공주가 추진한 것이었다(『資治通鑑』卷202, 高宗 調露 元年(679) 10月 "吐蕃文成公主遣其大臣論塞調傍來告喪 幷請和親") ; Owen Lattimore, "Inner Asian Frontiers of China", *American Geographic Society*, New York, 1940, p.217; C. P. Fitzgerald, *The Empress Wu*, The Cresset Press, London, [1956] 1968, p.81.

(동서 권29, 5월 24일 조)에 "天皇의 病이 심해져 川原寺에서 『藥師經』을 설하게
하고 궁중에 安居시켰다."라는 기록이 보인다. 따라서 이는 천황이 이보다 앞
서 병을 가지고 있었던 것을 말해준다.

　신라의 친절은 이것으로 끝나지 않았다. 천무천황이 병상에서 일어나지 못하
자 687년(D) 신라는 佛像을 보냈다. 천황의 병이 완치되기를 바라는 세심한 배
려를 하고 있는 것이다. 이는 川原寺(일본 왕경 소재)에서 『藥師經』을 설한 것으
로 보아 藥師如來像이었을 가능성이 높다. 689년(E) 천무천황의 장례식에 참여

34) 나당전쟁은 실로 서역의 전황과 톱니바퀴처럼 맞물려 돌아갔다. 669년 9월 토번이 천산남
로를 급습하자 670년 4월 설인귀가 이끄는 당의 主力軍이 서역에 투입되었다. 이 때 요동
이나 한반도 북부지역의 당군은 상당히 위축되어 있었고, 670년 3월 신라군은 압록강 이북
까지 작전 반경을 넓힐 수 있었다. 670년 7월 靑海지역에서 설인귀가 이끄는 唐軍이 전멸
당하자, 그 해 그 달에 신라는 백제의 전 지역을 장악한다. 672년 4월 토번의 사절이 장안
에 도착하여 당 고종과 무후를 접견하면서 모종의 협상을 진행시킬 때 한반도에서 唐將 高
侃이 이끄는 정예기병이 그 해 8월 石門 전투에서 신라 중앙군단을 거의 전멸시킨다. 同年
12월에는 고구려 유민이 지키고 있는 白水山을 공격하여 함락시키고 이를 지원하려고 온
신라군마저 격파했으며, 그 이듬해인 673년 윤 5월에 이근행이 瓠盧河之西에서 고구려인
들에게 치명적인 피해를 주었던 것이다. 673년 겨울까지 당군의 공격은 지속되었다. 그러
나 673년 12월 토번이 弓月 등 천산 지역의 서투르크 제부족을 충동질하여 천산북로를 봉
쇄하려 하자 나당전쟁은 674년 전기간과 그 이듬해 2월까지 14개월간의 소강상태에 이른
다. 670년 토번에게 실크로드(천산남로) 경영권을 상실한 당은 그 대안으로 타림분지를 북
쪽으로 우회하는 천산북로를 이용했는데, 이것마저 위협 당하자 이 루트의 방어에 전력을
기울이게 되었던 것이다. 따라서 674년 당은 신라에 대한 공격을 중지할 수밖에 없었다.
647년 1년 동안 전쟁소강은 신라가 전열을 재정비할 수 있는 소중한 기간이 된 것이 확실
하다. 그러나 675년에 이러한 상황이 반전된다. 그 해 1월에 토번의 사절이 장안에 와서 평
화회담을 진행시키자 2월에 유인궤가 이끄는 당군은 임진강 이남까지 남하하여 칠중성을
대파하고 그곳을 전진기지로 삼아 매초성까지 장악했던 것이다. 676년 토번의 내분을 이
용하여 唐 高宗이 총공세를 가하려고 했을 때 나당전쟁은 무기한 휴전상태로 돌입했다. 그
해 이근행의 말갈사단은 서역으로 이동하여 靑海의 대토번전선에 투입되었던 것이다. 676
년 당시 신라인들의 시각으로 보았을 때 盛唐期 당의 再侵은 충분히 있을 수 있다. 만일 토
번이 평정된다면 당이 이끄는 말갈군대는 또 다시 신라로 그 기수를 돌릴 수 있는 것이다
(徐榮敎,「羅唐戰爭과 吐蕃」,『東洋史學硏究』79, 2002).

하기 위해 왔던 신라의 사신이 금동아미타상·금동관세음보살상·대세지보살
상을 가지고 왔던 것은 그의 죽음에 대한 애도의 뜻과 동시에 그의 극락왕생을
기원하는 것이다.[35] 이 3개의 불상이 바로 아미타삼존불이다. 일본의 황실과
최고위층의 심정과 정서에 호의를 남기기 위해 679년에서 689년에 걸쳐 신라는
이토록 노력했던 것이다.

신라의 이러한 대일본 외교의 적극성은 앞서 언급한 바와 같이 700년까지 이
어지며, 이후 하강곡선을 그리고 있지만 그래도 734년 직전까지 지속된다. 그
러나 734년 당과의 관계를 나당전쟁 이전의 수준으로 회복한 신라는 일본과의
관계에서 종전과 달리 고자세로 돌변한다.[36]

734년 당 현종은 신라가 영유하고 있던 평양 이남의 땅을 공식적으로 인정했
다. 당이 이전까지 취해왔던 신라에 대한 애매한 태도를 청산했던 것이다. 이제
신라는 일본에 대하여 신경을 쓰지 않아도 된다. 당과의 관계가 냉각될 때 일본
의 향배는 신라에게 치명적이지만 당과의 관계가 호전될 때 대일관계는 중요하
지 않다.

734년에 일본에 파견된 신라 사신은 '신라'를 '王城國'이라 표현하여 返却
되었고,[37] 이어서 736년 신라에 파견되었던 일본 사신은 "신라가 상례를 지키
지 않고, 사신의 뜻을 받아들이지 않았다"고 보고하였다. 당시 일본측은 신라
를 정벌할 계획을 논의할 정도로 신라의 변화된 태도에 분개하고 있었다.[38] 또
한 742년 신라에 온 일본 사신을 경덕왕은 받아들이지 않았다.[39] 뿐만 아니라
743년 신라는 일본에 보내는 국서에서 종래 천황에 바치던 調를 土毛라 개칭하

35) 金相鉉, 「신라 中代 왕실의 불교신앙」, 『신라의 사상과 문화』, 一志社, 1999, p.115.
36) 윤선태, 「752년 신라의 대일교역과 『바이시라기모쯔게(買新羅物解)』」, pp.58~59.
37) 『續日本記』卷12, 天平 7年 2月.
38) 『續日本記』卷12, 天平 9年 2月.
39) 『三國史記』卷9, 景德王 元年 10月.

였고, 이에 일본은 이들 신라 사신을 곧바로 돌려보냈다.[40]

이는 나당전쟁 이후 신라가 일본에 대하여 저자세를 취하면서 국제정세의 풍향이 바뀔 때까지 기다렸다는 것을 단적으로 말해준다. 현실에 부응하지 않은 외교는 외교가 아니다. 비현실적 외교는 적국들을 단합케 하고 국가의 존재를 사라지게 한다. 살아남기 위해서는 상황이 호전될 때까지 배후를 안정시키면서 기다려야 한다. 존재 없는 자주성은 없다.

Ⅴ. 맺음말―感恩寺 創建記에 보이는 欲鎭倭兵의 의미

『삼국사기』나 『삼국유사』를 유심히 살펴보면 문무왕이 지켜왔던 王座는 누리는 권좌이기 보다 무거운 짐이었음을 알 수 있다. 선덕여왕의 폐위를 결의한 和白의 권위를 무력으로 뒤엎고 정권을 장악한 후 신라사회를 통일전쟁이란 국제전에 끌어들인 父 태종무열왕, 그 처절한 삶의 멍에를 그는 자신의 의지와는 상관없이 이어 받았다. 백제 부흥군을 진압하고 강국 고구려를 당과 연합하여 멸망시킨 후 670년에서 676까지 동맹국이었던 당과 決戰을 했고, 그 전쟁 후에도 대치는 계속되었다.

그의 父가 남긴 미완의 과제를 완수해 가는 과정에서 노쇠하고 지친 문무왕은 자신의 죽음에 대한 두려움보다 자신의 죽음 후에 펼쳐질 여러 가지 불길한 예감에 시달렸던 것은 아닐까. 문무왕은 그의 시신을 담은 관 앞에서 태자는 왕위에 즉위하라고 유언했다.[41] 문무왕은 상속되는 것은 왕관 그 자체일 뿐 왕관이 지녔던 권력이나 권위는 상속되지 않는다는 것을 너무나 잘 알고 있었다. 그

---

40)『續日本紀』卷15, 天平 15年 4月.
41)『三國史記』卷7, 文武王 21年 7月.

가 근심해 가며 이루어낸 이 나라를 그의 후계자가 지킬 수 있을까 하는 고뇌가 그를 괴롭혔던 것이다.

이 현명한 英主는 당의 힘을 빌려 고구려·백제를 통합하고 이루어낸 이 국가가 얼마나 허술하게 결합된 채 지탱되고 있었는가, 그리고 적대적인 세계제국 당과의 대치 상태에서 일본과의 관계를 개선해야 통일된 신라의 존속을 연장시킬 수 있는가를 잘 알고 있었다. 『삼국유사』권2, 문호왕 조에 보이는 동왕의 유언과 동서 권2, 萬波息笛에서 一然이 인용한 『寺中記』를 보자.

왕은 나라를 다스린 지 21년 만인 永隆 2년(681)에 죽으면서 동해 가운데 큰 바위 위에 장사하라고 유언하였다. 왕은 평상시 지의법사에게 말하기를 내가 죽은 뒤에는 원컨대 나라를 수호하는 큰 龍이 되어 불교를 받들고 국가를 보위하리라.

『사중기』가 전하는 바에 따르면 문무왕이 倭兵을 진압하기 위해 일부러 이 절을 짓다가 다 끝내지 못하고 죽어 龍이 되었으니, 그의 아들 신문왕이 즉위하여 開耀 2年(682)에 내부 장치를 마쳤다. 이 절의 金堂 아래 동쪽으로 향하여 구멍이 나 있는 바, 그것은 용이 들어와 서리게 하기 위한 것이다.

위의 두 기사는 불교적 윤색이 있지만, 어쩌면 일어날 수도 있는 최악의 상황에 대한 문무왕의 근심이 녹아 있다. 그에게 일본이란 존재는 불안감의 원천이었다. 당·일본 동맹이 체결되어, 당군이 왕경이 지척인 동해안에 상륙하여 거점만 마련한다면, 일본에게 보급을 받을 수 있다. 당과 전쟁이 재발될 수 있는 상황에서 일본은 신라의 아킬레스근을 쥐고 있었던 것이다. 다시 말해 위의 기사는 당과 일본이 신라를 치기 위해 동맹군을 형성할 지도 모른다는 불안에 문무왕이 얼마나 괴로워했는가를 보여주고 있다.

당과 동맹을 맺은 신라는 백제를 동서로 협공하여 멸망시켰을 뿐만 아니라 고구려를 남북으로 협공하여 멸망시킨 경험을 가지고 있다. 나당전쟁 이후 당의 재침이 우려되는 그 당시의 時空間 속에서 신라인들은 자신이 과거에 저질렀던 그것을 역으로 당할 수도 있다고 생각했을 수도 있다. 황수영씨에 의하면 동해안에 세워진 感恩寺는 본래 그 명칭이 鎭國寺였다고 한다.[42] 이는 東海로부터 경주에 이르는 최단거리에 있는 東海口에 절을 세움으로써 欲鎭倭兵코자 했던 문무왕의 목적과 부합되는 이름이다.[43] 당군의 재침에 대한 두려움은 676년 이후 신라의 대일외교정책에 결정적인 영향을 주었다.

결과적으로 보았을 때 나당전쟁 후 당의 재침은 결코 없었다. 따라서 나당전쟁 이후를 긴장이 없는 평화기로 상정하는 것은 있을 법한 일이다. 하지만 그것은 결과를 놓고 본 것이다. 나당전쟁 후 전쟁이 다시 재발되지 않았다고 해서 전후에 바로 평화기가 도래했다고 보는 것은 부당하다. 역사적 사건에 대해 후세의 관점만 내세우면 잘못 판단하기 쉽다. 결과에 부합되는 원인만을 찾기 때문이다. 거의 25년에 걸쳐서 신라조정과 당 사이에 벌어진 신경전은 약자인 신라의 입장에서 볼 때 아슬아슬한 것이었다.[44] 세계 최강국 당이 신라조정에 가한 압력으로 상당시간 동안 신라전체가 떨었고, 두려워했다.[45]

당 고종은 나당전쟁 이후에도 한반도에 대한 지배의지를 결코 버리지 않았다. 678년 9월에 당 고종은 신라를 재침하려 했다. 하지만 토번 정벌이 시급했기 때문에 이루어지지 못했다. 당은 여전히 토번에 발목이 잡혀 있었던 것이다.

---

42) 黃壽永,「石窟庵本尊阿彌陀如來坐像小考」,『考古美術』136·137, 1978, p.94.

43) 金相鉉,「萬波息笛說話의 形成과 意義」『韓國史研究』34, 1981, p.5.

44) 徐榮敎,「羅唐戰爭과 吐蕃」, pp.22~27.

45) 가령 681년 당의 외교적 압력은 이러한 분위기를 더욱 고조시켰을 것이다.『三國遺事』卷1, 紀異 太宗春秋公 조를 보면 唐 高宗이 김춘추의 追尊名인 태종 칭호를 改稱하라고 신문왕에게 압력을 가한 사실이 기록되어 있다. 당 고종은 사신을 통해 "신라가 소국으로서 聖考 唐 太宗과 같은 위대한 天子의 칭호를 쓰고 있는 것은 무례한 것이며, 있을 수 없는 것"이라 입장을 밝혔다. 이는 676년 休戰 후 신라에게 엄청난 군사적 압력으로 다가왔을 것이다. 그렇다고 해서 당의 압력에 굴복하여 신문왕이 祖父 추존명을 개칭한다는 것은 자신이 속한 무열왕가의 카리스마적 존재를 부정하는 것이며, 전쟁터에서 국왕의 이름으로 죽어간 자들의 충절 의미를 감퇴시키는 것이다. 외압보다 내부의 충성도 약화가 신문왕에게 더 큰 두려움으로 다가왔을 것이다. 신문왕은 이를 거절했다.

그 이듬해인 679년에 나당전쟁의 정신적 귀의처였던 四天王寺가 신라의 왕경에 세워졌다. 이는 당의 재침에 대한 우려가 신라사회에 팽배해 있었음을 암시하는 것에 다름 아니다.[46]

당은 676년 이후에도 건재해 있었으며, 어디까지나 세계 최강국의 하나였다. 당과의 전쟁이 재발될지도 모르는 상황에서 신라는 어떠한 대가를 치르고서라도 등뒤에 칼로 변신할 수도 있는 일본과의 평화를 담보 받아야 했다. 전후 신라사회는 羅唐戰爭의 餘震에 몸살을 앓고 있었던 것이다.

<hr>

46) 田村圓澄,「文武王と佛敎」,『黃壽永古稀美術史學論叢』, 通文館, 1988, pp.457~462 참조.

한국 문화와 주변 문화 — 그 만남에 대한 역사적 추리

2부

바위그림의 동물상징 해석을 위한 시론

천진기(국립민속박물관 학예연구관)

I. 실마리 풀기

한국 고대의 풍속이나 생활상을 전하는 문헌 자료나 회화 자료 없이 다만 출토 유물만 가지고 그 생활풍습을 민속학적으로 해석한다는 것은 그리 쉬운 일 아니다. 민속학의 입장에서 유물만으로는 그 民俗體系(folk system)를 알 수 없다. 이를테면 식생활 용구로써는 당시 식생활에 어떠한 기구를 사용하였는지는 알 수 있어도, 어떠한 음식물을 어떻게 조리하였는지 알 길이 없다. 의생활에 있어서도 어떠한 복식 유물이 있었는지는 알 수 있어도, 그 복식법과 제작법이 어떠했는지 또한 어떻게 사용하고 장식하였는지는 자세히 알 길이 없다. 더구나 오락, 제사, 신앙 등에 있어서는 그 유형적인 오락 기구, 제사 용구, 신앙물보다는 무형적인 오락 행위, 제사 의식, 신앙 의례 등이 더욱 민속학적인 가치가 있다.

울산의 바위그림은 지금까지의 어떤 유적이나, 출토유물, 문헌기록보다 훨씬 더 많은 고대인들의 생활풍속을 디오라마처럼 보여주는 생생한 記錄畵이다. 사실적인 그림이나 상징적인 도형은 신석기 · 청동기시대의 물질문화, 생활 풍속, 사유체계 및 신앙의례 등을 이해할 수 있는 완벽한 자료이다. 따라서 바위그림은 그 당시의 문화를 연구하는 데 있어서 다른 유물이나 유적으로는 밝혀내기 어려운 그 시대의 생활문화를 복원하는데 큰 역할을 하고 있다. 바위그림은 고대 사람들이 자연과 조화조운 삶을 사는 가운데 보고 느낀 자연현상이나 경험들을 바탕으로 신화 · 전설 · 주술 · 종교 · 역사 · 신앙 · 교육 등의 사유체계를 뭉뚱그려 생생하게 표현한 종합언어의 성격을 갖고 있다.[1] 바위그림은 그 당시 사람들이 그들의 소망을 내걸고 기원하거나 의지를 표현한 것이라는 점에서 당시의 시대상을 가장 잘 나타낸 문화유적이다.

이들 바위그림는 고래 · 사슴 · 멧돼지 · 호랑이 등의 동물그림, 綜合祝典에 참여하는 사람들과 제사장의 여러 모습과 얼굴, 동그라미 · 방형 · 삼각형 · 마름모꼴 등의 기하학적 문양이 다양하게 그려져 있다. 실제 자연환경 속에서 각 짐승의 생태와 습성, 쓰임새 등을 당시 사람들은 어떻게 관찰, 인식하여 그렸는지를 접근하면, 당시의 자연환경과 생활모습, 사유의 한 단면을 구성해낼 수 있다. 기하학적 문양은 고고 출토유물인 토기와 청동기의 문양, 자연현상과의 실제 비교, 비교 문화론적 방법으로 추론 접근한다면 고대인들의 사유와 신앙의 례의 체계를 밝힐 수 있는 바탕이 될 것이다.[2]

그 동안 바위그림의 제작기법 및 분류, 형식의 분류와 편년, 신앙 · 제의 및 예술, 타지역과의 비교를 통해 어느 정도 연구 성과와 진전이 이루어졌다.[3] 이 글에서 필자의 관심은 암각화에 표현된 동물상징을 살펴보고, 그 상징으로 표현된 고대인의 세계관을 밝혀보고, 바위그림에 대한 주술 종교적 성격을 지나치게 강조한 지금까지의 연구와는 달리 일상생활에서 생업기술과 생산을 위한 중요한 지식과 경험을 표현한 生活記錄畵라는 사실을 밝히고자 한다. 울산의 바위그림은 당시의 중요한 식량원이고 생업기술이었던 물짐승과 뭍짐승에 대한

---

1) 정동찬, 『살아있는 신화 바위그림』, 혜안, 1996, pp.17~18.
2) 정동찬, 앞의 책, 1996, p.21.

생태와 사냥방법 등의 기록을 우선하고, 여기에 덧붙여 대상동물 번식과 사냥의 풍요를 기원한 것이며, 동물 영혼천도의 신앙형태는 보이지 않는다는 가설에서 이 글은 출발한다.

II. 동물상징의 접근모색

1. 한국문화 속에 자리잡은 동물들

인류는 선사시대부터 삶을 지키기 위한 원초적 본능으로 신앙미술을 창조했다. 바위그림 등이 그 초보적인 신앙미술이다. 신앙미술을 곧 여러 가지 의미가 부여된 동물상징으로 발전함으로써 생활문화와 사상, 관념, 종교 등을 표현하기에 이른다. 그리고 동물들은 원시시대이래 인간에게 때로는 공포의 대상이 되는가 하면 먹거리이기도 했다. 그 힘은 노동력으로도 이용되어 인간과 불가

---

3) 바위그림 연구에 대한 단행본을 몇 가지를 소개하면 다음과 같다.

　황수영·문명대, 『반구대-울주암벽조각』, 동국대출판부, 1984.

　황용훈, 『동북아시아의 암각화』, 민음사, 1987.

　국민대박물관, 『한국의 선사시대 암각화』, 개관20주년기념특별기획전시도록, 1993.

　이하우·한형철, 『칠포마을 바위그림』, 포철고문화연구회, 1994.

　장석호, 『몽골의 바위그림』, 혜안, 1995.

　정동찬, 『살아있는 신화 바위그림』, 혜안, 1996.

　한국역사민속학회(전호태, 한형철, 이상길, 장명수, 임세권, 송화섭, 이형구), 『한국의 암각화』, 한길사, 1996.

　김정배, 임세권, 최광식, 송화섭, 이하우, 장석호, 이상길, 체벤도르지, 『몽골의 岩刻畵』, 悅話堂, 1998.

　임세권, 『한국의 암각화』, 대원사, 1999.

　앞에서 언급되지 않은 바위그림에 대한 논문과 보고서를 쓴 학자는 이은창(1971), 김원룡(1980, 1983), 김열규(1983), 이기길(1986), 임장혁(1991), 이상헌(1994), 조인호(1995), 신대곤(1998) 등이 있다.

분의 관계를 맺었다.

한반도에서도 바위그림이나 동물벽화를 비롯해 토우, 토기, 고분벽화 등에 수많은 종류의 동물들이 등장한다. 이 동물들에도 제각기 나타내고자 하는 의미와 상징이 숨겨져 있는 것은 물론이다.

청동기시대의 반구대 바위그림에는 고기잡이를 하는 어부들의 모습과 사냥 장면 · 사슴 · 호랑이 · 멧돼지 · 소 · 토끼 · 족제비 · 도마뱀 · 고래 · 물개 · 바다거북 · 새 등이 묘사되어 있다. 이 바위그림은 당시 사람들의 가장 중요한 생산활동인 고기잡이와 사냥, 그리고 그 대상이 된 동물들을 표현했다.

고구려 고분벽화에도 동물과 새그림이 선사시대 바위그림 못지 않게 자주 나타난다. 左 靑龍, 右 白虎, 南 朱雀, 北 玄武의 四神이 제모습을 갖추게 된다. 또한 상상의 동물인 봉황 · 기린 · 거북의 四靈獸 모습도 나타나기 시작한다. 고구려는 북방에 위치한 까닭에 물짐승보다 날짐승과 뭍짐승이 많이 보인다. 새는 학 · 꿩 · 공작 · 갈매기 · 부엉이 · 봉황 · 닭 등으로 현실의 새도 있고 상상 속의 새도 등장한다. 동물로는 호랑이와 사슴 멧돼지 토끼 여우 곰 등 산짐승과 소 말 개 등 집짐승들이 그려져 있다.

신라의 동물상징은 주로 土偶라 불리는 흙인형에서 나타난다. 얼핏 살펴보아도 개 말 소 물소 돼지 양 사슴 원숭이 토끼 호랑이 거북 용 닭 물고기 게 뱀 개구리 등이 눈에 뜬다. 十二支像은 통일신라 이래 근대까지 연면히 이어 온 우리 민족의 끈질긴 신앙과 사상의 산물이다. 중국의 영향을 받으며, 한편 불교조각과 교섭을 가지면서, 강력한 護國의 方位神으로 채택되어 우리 나라의 왕과 귀족의 陵墓에 조각 장식된 십이지상은 세계에서 독보적 존재로, 다른 어느 나라에서도 불수 없는 독자적인 양식과 형식을 전개하여 왔다.

백제금동대향로에는 용과 봉황을 비롯하여 상상의 날짐승과 길짐승, 현실 세계에 실재하는 호랑이, 사슴, 코끼리, 원숭이 등 39마리의 동물상이 표현되어 있다. 또 연꽃 사이에는 두 신선과 수중 생물인 듯한 26마리의 동물이 보인다. 이 대향로에 등장하는 다양한 동물 가운데 특히 백제와 관련이 많은 곰, 남방계 동물인 원숭이와 코끼리, 백제 미술품에서 처음 나타나는 騎馬像, 靈媒로서 영생과 재생의 상징인 사슴 등에 주목할 만하다.

고려시대에는 북방의 四神과 중국의 십이지가 무덤의 호석, 玄室壁畵, 석관 石棺 등에 각각 배치되어 신라 때보다 매우 다양하게 사용되고 있다.

조선시대에는 민화에서 많은 동물을 만날 수 있다. 민화는 일상적인 생활과 밀착되어 세시풍속과 같은 행사용으로 제작하거나[歲畵], 집안 곳곳의 문, 벽장, 병풍, 벽 등을 장식하거나[치레그림], 또는 여러 가지 나쁜 귀신을 막는 주술적인 성격의 액막이 그림(門排)으로도 그려졌다. 民畵의 소재로는 새, 동물, 물고기 등이 있다. 특히 늙지 않고 오래도록 장수하고자 하는 염원을 담은 十長生圖에도 거북, 사슴, 학 등의 동물이 들어있다.

이처럼 우리가 가시적으로 만날 수 있는 동물은 바위그림, 고구려 벽화고분, 백제 금동대향로, 신라토우, 통일신라의 십이지상, 조선의 민화 십장생 등이다.

2. 동물상징의 분석모형

우리는 같은 동물이라도 보는 시간과 장소에 따라 그 동물을 바라보는 길흉의 관점이 완전히 다르다. 예컨대 거미는 보는 시간에 따라 복과 근심으로 이해된다. "아침 거미는 복 거미이고, 저녁 거미는 근심 거미이다." 아침에 거미를 보면 복이라고 해서 살려 보내지만, 저녁에는 거미를 보는 족족 죽인다. "모가지가 길어서 슬픈 짐승이여"라고 칭송되는 사슴(노루)도 장사하는 사람들에게는 재수 없는 동물이라고 해서 꿈에서도 꺼린다. 이처럼 동물은 같은 문화권 내에서도 보는 장소와 시간, 보는 이의 관점에 따라 다양하다.

사실 한국인, 한국사회와 문화를 연구하는 이른바 '韓國學으로서의 민속학' 연구자들은 고고학·미술사·고전문학·사학·민속학·인류학에 대한 기본적이고 체계적인 이해가 있어야 한다고 평소에 생각해 왔다. 특히, 동물민속에 대한 접근은 어느 한쪽 시각으로는 체계적인 정리와 총체적인 연구가 이루어질 수 없다. 그래서 민속학적 연구성과 뿐만 아니라, 고고학적 발굴과 성과물, 동물이 묘사된 미술사적 유적과 유물, 동물 자체에 대한 동물학 등을 아우르는 접근과 그 방법론을 찾아야 한다.

동물민속 접근 방식은 통시적·공시적 접근(通時的 Diachronic·共時的 Synchronic Approach)과 민속모형·과학모형(民俗模型 Folk Model·科學模型 Scientic Model), 동물을 통한 空間的 世界構造를 이해하려는 접근방식 등 세 가지가 있다. 이 기본 방법론 등을 근간으로 한국 문화에 나타난 동물의 상징성을 구명해 보고자 한다.

첫째, 오늘날의 민속은 한민족의 일상 생활문화가 역사적으로 누적되고, 사회적으로 중층 되면서 형성되었다. 그래서 동물의 民俗素를 분석하는데는 고고 유물과 유적, 벽화, 문헌기록 등을 통한 통시적 접근으로 그것과 관련된 민속의 유래와 변천이 밝혀질 것이고, 공시적 접근으로는 현재의 생활 속에서 동물이 가지는 기능과 의미가 온전하게 연구될 수 있을 것이다.

어떤 동물들은 부정적인 의식 때문에 꿈에서라도 나타나면 재수 없다고 여겨진다. 반면에 일상생활에서 귀엽지도 않고 이롭지도 않은 동물이 숭배의 대상으로 격상된다. 이러한 의식은 그 동물의 외모나 실제 일상생활에 있어서 해롭거나 이로운 점을 떠나서 각 민족의 문화적 맥락 속에서 형성된다. 일상에서 가장 친근하고 충성스러운 개가 꿈에 나타나면, '개꿈'으로 치부한다. 그런가 하면 외형으로 보아 전혀 흉물스럽지 않은 노루를 특히 장사하는 집에서는 불길한 동물로 인식한다. 바로 이러한 인식의 배경을 규명하기 위해서는 과거에서부터 현재에 이르는 통시적이면서 공시적인 접근이 필요하다.

돼지는 민속체계에서 福을 부르는 동물상징을 갖는다. 역사적으로 볼 때 고구려에 봄·가을로 중요한 제사를 지낼 때 특별한 희생으로 郊豕를 바쳤고, 그 교시 덕택에 비옥한 수도를 얻었다. 고려 작제건은 돼지의 도움으로 송악 남쪽에 터를 마련하게 되고 후삼국을 통일할 손자 왕건이 태어났다. 10월 상달의 고사나 굿에는 반드시 돼지머리를 올렸고 복을 빌었다. 얼마 전까지만 해도 개업식 때 선물 가운데 하나가 큰 어미돼지가 누워있고, 작은 새끼돼지 십수 마리가 젖을 빨고 있는 돼지 가족들의 그림액자였다. 이 액자는 행운과 돈을 가져다 주는 부적이다. 이러한 관념은 최근까지도 전승된다. 1999년 조선일보 경제면에 "복권 당첨에 역시 돼지꿈"이라는 기사가 있었다. 1억원 이상 복권에 당첨된 사람들 61명에게 설문조사를 했더니 돼지꿈을 꾸고 복권을 샀다는 사람이 가장 많았다고 한다.[4] 그래서 예나 지금이나 돼지는 행운의 상징이다.

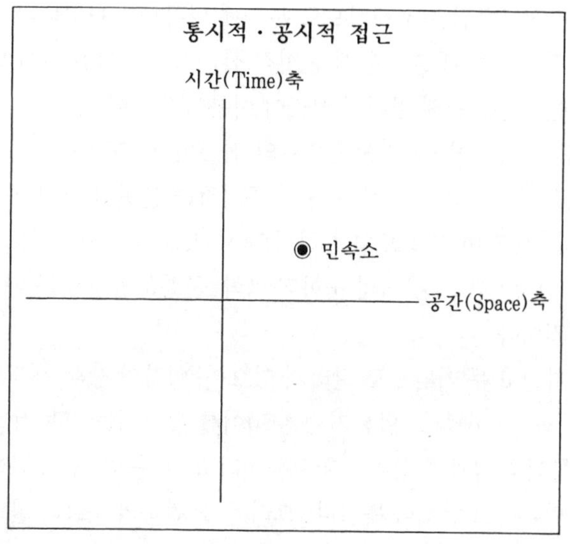

　현재 일상적으로 말을 실제로 보기에는 힘이 든다. 그렇지만 역사적으로, 문화적으로 형성된 말에 대한 관념 현재 우리 생활에 큰 영향을 미치고 있다. 말과 관련된 상품이 그것이다. 말의 健脚의 이미지를 살린 고무신, 양말, 구두약의 상표에서 말을 만난다. 말의 야생적 이미지를 살린 남성화장품 선전에도 그 이미지가 동원된 적도 있다. 가장 짧은 시간에 가장 강력한 이미지를 전달해야 하는 광고방송에서 바로 각 동물의 문화상징이 적극적으로 이용되고 있다는 사실이다.

---

4) 「복권당첨엔 역시 돼지꿈」, 『조선일보』, 1999년 1월 27일자.

통시적·공시적 접근이란 바로 이런 것이다. 고고·미술자료, 문헌자료 등을 통한 각 동물상징의 형성배경과 역사적 변화과정을 추적하고, 현재적 입장에서 어떻게 수용되고 변화되는가를 살펴보는 것이다.

물론 이러한 접근방법은 구체적으로 본문에 명확하게 나타나지 않지만 서술과정 상에서 역사 순의 배열을 통해 통시적 접근이 이루어질 것이며, 현재의 민속과 사회적 현상들을 통해 공시적 접근이 이루어질 것이다.

두 번째로는 민속모형·과학모형으로의 접근이다. 과학모형은 동물의 생물학적 특징으로 어느 민족이나 문화 속에 존재하는 불변의 자연 과학적 분석체계(analytical system)라면, 민속모형은 하나의 사실(fact, 과학모형) 즉, 동물의 특성을 각 사회나 민족마다 그 사회의 문화적 맥락, 문화문법에 따라 다르게 이해하고 해석하는 것이다.

뱀의 혀는 가늘고 두 가닥으로 갈라져 있으며, 미각의 감각 기관은 없고 후각 세포만 있다. 즉, 뱀이 혀를 날름거림은 먹이를 찾으려는 본능적인 활동이다. 이러한 생물학적 특징과 습성이 과학모형이라고 할 수 있다. 이 과학 모형은 지역과 시대를 막론하고 언제나 똑같다. 그러나 각 민족의 문화나 관념 체계에 따라서 불변의 과학모형은 각기 다른 민속모형으로 나타난다. 즉 뱀은 유혹, 사탄, 여자, 이간질 등의 민속모형으로 인식되었다. 과학모형이 어느 민족이나 문화 속에서 변함 없는 자연 과학적 분석 체계(analytical system)라면, 민속모형은 하나의 사실(fact, 과학모형)을 각 사회마다 민족마다 그 사회 문화적 맥락에 따라 다양하게 이해되고 해석되는 것이다.

셋째, 동물을 통한 空間的 世界構造를 이해하려는 접근방식이다. 고대인들은 동물의 형태론적 측면에서 뿐만 아니라, 의미론적 측면에서도 조화를 이루면서 문화적 表象들을 만들어 냈다. 이들 동물은 世界에 대한 표상을 표현하기 위한 記號이면서 동물 형상의 형태론적 속성을 통해 內容도 반영하고 있다.

"문화의 창"

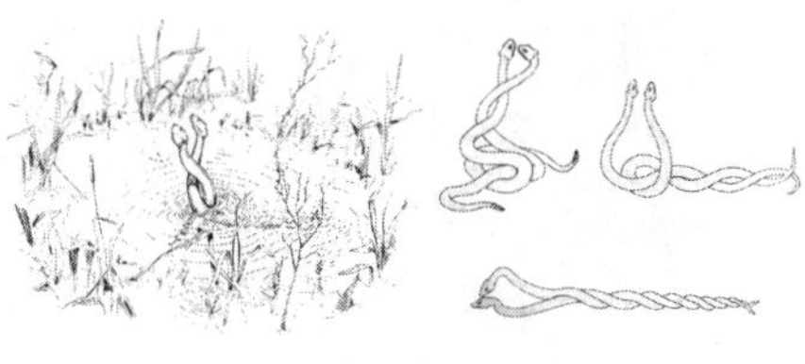

과학모형		민속모형
(생물학적 특성 : 시대·지역에 관계없는 불변의 사실들) 자연현상, Facts		(상징성 : 문화에 따른 다양한 의미를 가짐) 문화적 상징성, Symbol

과학모형과 민속모형

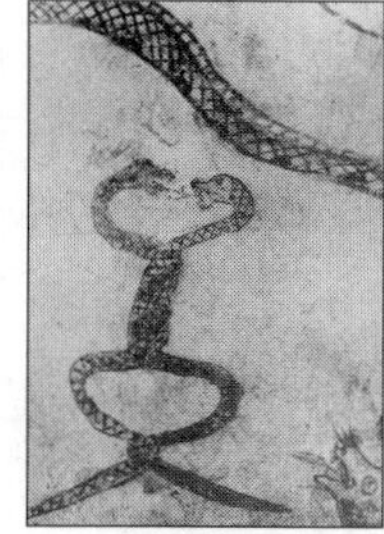

「뱀의 사랑모습은 삼실총의 '교사도'와
중국의 '복희여와도'와 많이 닮아 있다」

유라시아 스텝의 유목민을 포함하는 고대의 민족들은 우주를 수직으로 위치하는 3개의 세계—上界(하늘), 中界(사람들이 사는 땅), 下界(지하)—로 구성된 것으로 이해하였다. 이 고대인들의 공간적 세계구조는 동물코드를 근간으로 하고 있다. 상계는 새, 중계는 굽동물, 하계는 물고기 및 파충류와 각각 연관시킨다. 스키타이 동물양식에는 새·굽동물·맹수의 세 그룹 표현물이 주를 이루고 있다. 각 그룹의 동물상들은 다른 세계를 의미한다. 스키타이 동물양식 중에서도 여러 영역을 연결하는 중개자로 멧돼지가 등장한다. 이는 멧돼지가 굽동물이자, 다른 한편으로는 맹수와 친족인 육식성 동물이기 때문에 하계와 중계의 중개자 역할을 부여한 것이다.[5]

신라토우[6]에 등장하는 각 동물들은 바로 신라인의 세계관을 표현하고 있는 것이다. 다양한 각 동물토우는 각 동물의 활동영역을 나타내는 문화기호이다. 또한 동물은 각 세계관을 연결하는 靈媒이며, 하나의 세계관은 다른 세계관과 연결할 수 있는, 신과 인간이 통할 수 있는 仲介者 역할에 적합하다.

용의 활동 영역은 바다↔땅↔하늘 등 세계관 전체를 자유롭게 드나든다. 용[7]은 바다와 하천 등 물이 있는 곳을 발생지로 하여 승천하여 하늘에서 활약하는 동물로 상징된다. 일차적으로는 물의 세계를 대표하는 상상의 동물이다. 처음에는 물에 살지만 飛翔하는 동물로 변한다. 물에 사는 동물이 육지에 나오는 일은 자라, 거북이, 게 등 몇 종류가 있지만 하늘로 비상하는 용은 신적인 존재로 전환하는 것이다.

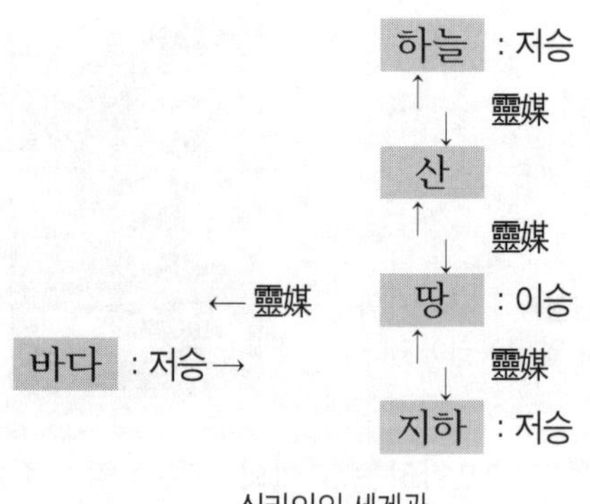

신라인의 세계관

5) E.V. 뻬레보드치꼬바 著 / 정석배 譯, 『스키다이동물양식』, 학연문화사, 1999, pp.27~29.
6) 졸고, 「신라토우에 나타난 신라속(新羅俗)연구」, 『민속학연구』제5호, 국립민속박물관, 1997, pp.43~70.
  졸고, 「신라토우의 민속학적 연구」, 『신라토우』, 국립경주박물관, 1997, pp.146~158.
7) 졸고, 「한국문화에 나타난 용의 상징성 연구」, 『한국인의 용에 대한 문화적 표현들』, 국립민속박물관 제36회 학술발표회, 1999년 12월 20일.

그러나 때로는 물고기로 변하고, 때로는 인간으로 변하여 인간과 결혼도 한다. 용은 모습을 마음대로 바꿀 수 있는 능력을 가지고 있고, 자유 자재로 모습을 보이기도 하고 숨기기도 한다. 용은 뭇 동물이 가진 최상의 무기를 갖추고 있으며, 구름과 비를 만들고, 땅과 하늘에서 자유로이 활동할 수 있는 능력을 지닌 존재로 믿어 왔다.

새·닭·말은 땅↔산→하늘의 공간이동이 가능하여 영혼을 천계로 운반하고, 안내할 수 있는 능력이 있다. 고대에는 하늘과 땅 사이를 자유롭게 날아 오르는 새를 靈物로 여겨, 천상의 안내자·하늘의 사자로 여겨졌다.『三國志』위서 동이전 변진조에 보면, '변진에서는 사람이 죽으면 장례를 큰 새의 깃털로 꾸미는데, 이는 죽은 이가 하늘로 날아 오르기를 바라는 뜻이다' 라고 하였다. 고대인들의 고향은 하늘이므로 땅에 내려와 살다가 죽으면 다시 하늘나라로 돌아간다고 생각했다. 이때 새는 육신과 영혼을 하늘로 인도하는 안내자를 상징한다.

오리는 하늘을 날고 땅을 걸으며 물을 가른다 하여 天·地·水 三界를 내왕하는 영물로 우러름을 받아왔다. 천상의 신명과 통신하는 안테나—솟대 위에 얹는 새가 오리인 것도 그 때문이다. 재앙을 진정시키는 굿판에도 이 오리 솟대가 세워지게 마련인데, 오리가 심한 물결을 가로지르듯 재앙을 무사히 타고 넘길 기원해서이다.

닭이 본격적으로 한국 문화의 상징적 존재로서 나타나게 된 것은『삼국유사』에서 혁거세와 김알지의 신라 건국 신화에서이다.『삼국유사』에 의하면 알영이나 김알지 같은 나라 임금이나 왕후가 나타날 때 瑞兆를 미리 보여주는 吉鳥로 표현이 되었다. 닭은 울음으로써 새벽을 알리는, 빛의 도래를 예고하는 존재이다. 닭은 여명·빛의 도래를 예고하기에 태양의 새이다. 닭의 울음은 때를 알려주는 시보의 역할을 하면서, 앞으로 다가올 일을 미리 알려주는 예지의 능력이 있기도 하다. 장닭이 홰를 길게 세 번 이상 치고 꼬리를 흔들면 산에서 내려왔던 맹수들이 되돌아가고, 잡귀들이 모습을 감춘다고 믿어 왔다. 문헌 기록뿐만 아니라 천마총의 달걀 껍질이나 지산동고분의 닭뼈, 백제 고배 속의 달걀 껍질에서 알 수 있듯이 닭은 일찍부터 중요한 제물이 되었다. 천마총을 발굴했을 때, 단지 안에 수십 개의 계란이 들어 있었고 또 신라의 여러 고분에서 닭뼈가 발견된다. 고분 속에 계란과 닭뼈가 들어 있었던 것은 저 세상에 가서 먹으라는 부장 식량일 수도 있고, 알속에서 새로운 생명이 탄생하듯이 재생, 부활의 종교적인 의미로 해석해 볼 수 있다.

땅과 하늘을 연결하는 것으로 말[8]이 나타난다. 신라, 가야에는 말 그림·말 모양의 고분 출토 유물이 발견되고 고구려 고분 벽화에도 각종 말 그림이 등장한다. 여기서 말은 이승과 저승을 잇는 영매자로서 피장자의 영혼이 타고 저 세상으로 가는 동물로 이해된다. 말이 그려진 토기, 토우, 벽화는 그 표현 방법에 있어서는 다를지 몰라도 그것이 지니고 있는 意匠과 사상은 다 같은 것이다. 즉 피장자의 영혼이 말을 타고 저 세상으로 가도록 드리는 供獻的 副葬의 뜻을 가지고 있다. 구비 설화나 문헌 설화에서 말은 신성한 동물·하늘의 사신·중요 인물의 탄생을 알리고 알아 볼 줄 아는 영물 또는 神母이며, 미래에 대한 예언자적 구실을 한다. 특히『삼국사기』,『삼국유사』의 기록에 의하면 말은 모두 신령스러운 동물로 되어 있다. 금와왕, 혁거세, 주몽 등 國祖가 태어날 때 瑞祥을 나타내 주는 것이라든지, 백제가 망할 때 말이 나타나 흉조를 예시해 준다든지 모두 신이한 존재로 등장하고 있다.

고대인들은 동물의 형태론적 측면에서 뿐만 아니라, 의미론적 측면에서도 조화를 이루면서 문화적 表象들을 만들어 냈다. 이들 동물은 世界에 대한 표상을 표현하기 위한 記號이면서 동물 형상의 형태론적 속성을 통해 內容도 반영하고 있다. 고대로 올라갈수록 동물은 일정한 이데올로기적 표상을 반영하고 있다. 즉 동물은 일정한 의미를 지닌 문화코드이다. 시대별로 나타나는 동물의 문화

---

8) 졸고, 「말에 대한 한국인의 관념과 태도」,『말의 생태와 관련민속』, 국립민속박물관 제16회 학술발표회, 1990년 1월 22일.

적 표상들은 나름대로의 언어이며, 그 언어로 구성된 텍스트이다. 이데올로기적 표상을 반영하는 동물의 형상이 이데아의 표현수단인 기호 역할을 한다. 또한 동물의 형상은 세계에 대한 表象을 표현하기 위한 動物記號인 것이다. 각 동물들은 하늘 지상, 지하 등 한 개 이상의 영역으로 이동할 수 있는 능력을 갖추고 있다. 이런 능력에서 신의 使者 역할을 수행하는 문화적 임무가 부과되고, 타 영역으로 이동할 때 길잡이 역할의 문화코드가 만들어지는 것이다. 이러한 접근방식은 동물을 통한 空間的 世界構造를 이해하는 지름길이 될 것이다.

	바다(수중)	땅	산	하늘	의미분석
용	←			→	바다·산·하늘을 하나의 세계로 묶어 주는 역할. 변신력, 우주 전체에서 활동
거북이	←		→		바다와 육지를 왕래하는 동물[영매] 산 정상에 있을 때 신비감을 얻음
새(닭)		←		→	땅과 하늘을 연결하는 동물 이승과 저승의 매개체, 신의 사자(使者)
말		←		→	하늘과 땅을 연결하는 동물. 영혼의 승용 동물
토끼			←	→	산에서 활동, 달나라의 동물
호랑이			←→		산신의 상징
사슴	←		→		무당의 영혼이 지하세계로 여행할 때의 승용동물, 재생력
개, 소, 양, 돼지		←→			일상적 동물, 12지신의 하나
뱀, 개구리	←	→			수중과 육지를 왕래하는 동물 재생력, 다산성
게	←	→			해상과 육지를 왕래하는 동물
물고기	←→				해상의 동물, 용으로 변할 수 있음

신라의 세계관과 토우 동물들의 의미영역

이처럼 동물에게 靈力을 인정하고, 이를 통하여 자연과 인간의 관계를 비롯, 인간생활의 여러 가지 측면에 대한 이해와 해석을 표현하고 있다. 이들 동물상징의 유물은 고대인 의식세계의 반영이며 생활상의 일부분이다.

Ⅲ. 바위그림 동물상징 이해

고대인들은 왜 바위에 그림을 새긴 것일까? 그리고 그들이 이 그림을 통해 이야기하고자 한 것은 무엇일까? 바위그림에 새긴 것이 구체적으로 무엇을 표현한 것이며 어떤 의미를 지니고 있는가를 밝힐 수 있다면 이 유적의 성격이나 기능[9]을 이해할 수 있고, 나아가 고대인들의 생활풍속과 사유방식을 규명[10]할 수 있을 것이다.

대곡리 암각화에는 알아볼 수 있는 그림이 191개가 새겨져 있다. 바닷짐승은 고래, 물개, 거북 등 75개(39%)인데, 그중 고래가 48개로 절대다수를 차지하고 있다. 뭍짐승은 사슴·호랑이·멧돼지·소·토끼·족제비 등 87개(46%)인데, 그 중 사슴이 41개로 절대 다수이고, 호랑이 24개, 멧돼지 10개의 순이다. 무슨

9) 지금까지 논의된 바위그림 유적의 성격과 기능과 관련한 논의를 정리하면 다음과 같다.
　① 반구대 암벽은 성역이자 제단이다.(김원룡)
　② 제의와 교육의 장(場)(정동찬)
　③ 동물수호신을 위한 굿의 장소(김열규)
　④ 재생과 풍요를 위한 봄의 정기적 의례장소(임장혁)
　⑤ 신성한 존재가 강림하는 성역이자 이를 모시는 제사터(임세권)
10) 바위그림에 대한 새긴 것이 구체적으로 무엇을 표현한 것이며, 어떤 의미를 지니고 있는가.
　① 바닷짐승 및 뭍짐승 사냥집단, 특히 고래사냥 집단의 사냥 대상물의 생태에 대한 과학적인 지식의 표현이자 주술적 의례의 결과물(정동찬)
　② 사냥 대상물의 계절적 회귀에 대한 경험적 지식의 표현이자 이의 반복을 위한 의례의 결과(임장혁)

짐승인지 알 수 없는 것이 16개가 있고, 그 외 짐승은 몇 예에 지나지 않는다. 그밖에 날짐승이 1개, 사람 9개, 배, 그물, 목책 등 수렵과 어로에 쓰이는 도구가 11개, 기타 불분명한 그림이 8개가 있다.[11]

대곡리 바위그림 전경

천전리 암각화 중 지금 식별할 수 있는 그림은 바위의 왼쪽 윗면과 가운데에 사슴 18개, 물고기 3개, 밝혀지지 않은 동물 2개, 사람 3개, 탈 2개 등이다.[12]

반구대의 바위그림은 물짐승, 뭍짐승, 날짐승 모두가 그려져 있다. 각 동물들은 각 영역을 대표하는 동물, 혹은 각 영역을 넘나드는 능력이 있는 존재들이다. 하늘, 산, 땅, 바다 등 각 영역을 대표하는 동물들은 그 영역의 일부를 가지고 자연적 맥락에서 기호화하여 그 공간을 상징화한 것일 수 도 있다.

이들 동물상을 앞장에서 언급한 분석모형을 염두에 두고 고래, 거북이, 물개의 물짐승과 사슴, 호랑이, 멧돼지의 길짐승, 새의 날짐승의 상징성을 일별해 보고자 한다.

1. 물짐승—고래

대곡리 바위그림에서 유난히 많이 새겨진 동물은 고래이다. 바위그림에는 고

---

11) 장명수, 「한국 암각화의 편년」, 『한국의 암각화』, 한길사, 1997, p.195.
12) 장명수, 앞의 글(1997), p.199.

래의 종류[13] 뿐만 아니라 생태도 정확히 표현되어 있다.

바위그림에 모양과 새기는 방법을 달리하여 고래의 종류를 표현하고 있다.

고래는 물을 뿜어내는 모습이 종류마다 다르다. 분수처럼 뿜어올리는 것, 곧바로 위로 뿜어 올리는 것 등이 있는데, V자형으로 물을 뿜어내는 것은 긴수염고래다. 독특한 배주름을 가지고 있는 흰긴수염고래는 몸체에 여러 개의 긴 선을 그어놓았다. 범고래는 반 만 쪼아서 팠다. 입모양을 유난히 강조해서 그려져 있는 귀신고래는 실제 고래 중에 비슷한 입모양을 가지고 있다. 입모양이 뭉툭하게 그려진 향유고래도 있다.

이처럼 마치 사진을 보고 그렸다고 해도 믿을 정도로 그 모양새가 똑같다. 고래는 회유(回遊)하는 습성이 있는데 우리나라 동해안으로 회유하는 고래는 10여 종으로 조사되었다. 그런데 그런 고래가 반구대 바위그림에서 거의 다 확인할 수 있다. 고래의 외형과 종류 뿐 아니라 생태적 특성도 고대인들은 확실히 파악하고 있었다.

귀신고래[14]가 새끼고래를 등에 업고 다닌다. 이는 애기고래가 30초 이상 물 속에 있

---

13) 고래는 일반적으로 크게 수염고래와 이빨고래로 나뉜다. 수염고래는 바다 물을 입 속으로 들이켜서 빗살같이 생긴 수염으로 걸러서 크릴새우나 작은 물고기를 먹고 사는 종으로 밍크고래, 대형고래를 포함한 10여 종류가 있다. 이빨고래는 이빨을 이용해서 물고기나 오징어 심지어는 물개와 다른 고래까지 잡아먹는 종으로 향유고래, 돌고래, 그리고 킬러고래 등 70여 종이 있다.

14) 우리 나라 동해에서 많이 발견되었던 귀신고래는 11월 경에 오츠크해로부터 남하를 시작하여 동해남부 해안과 일본 열도를 따라 동중국해나 남지나해까지 남하하여 겨울을 보낸 뒤 3~4월 경 북극으로 되돌아간다. 귀신고래의 크기는 지역에 따라 다소 차이가 있지만 보동 14~15m정도이 중형급 수염고래다. 이동할 때 육지 가까이 접근하여 갯 바위와 파도사이를 교묘히 이용하여 눈에 잘 띄지 않게 이동한다. 이는 범고래들로부터 어린 새끼를 보호하기 위한 것으로 추정된다. 때문에 귀신고래들의 피부에는 상처를 입은 흔적이 많이 남아있다.

지 못하기 때문에 수면 위에 떠올라 호흡을 할 수 있도록 하기 위함이다. 고래는 얕은 돌 틈 사이나 해조류를 비집고 다니기를 좋아하고, 먹이를 먹을 때 물을 뿜어낸다. 바닷물을 삼킨 뒤 물을 뿜으며 먹이를 걸러내고 또다시 바닷물을 삼키는 과정을 되풀이한다. 돌고래는 많은 지역에선 물위로 뛰어오르며 노는 고래의 모습을 쉽게 볼 수 있다.

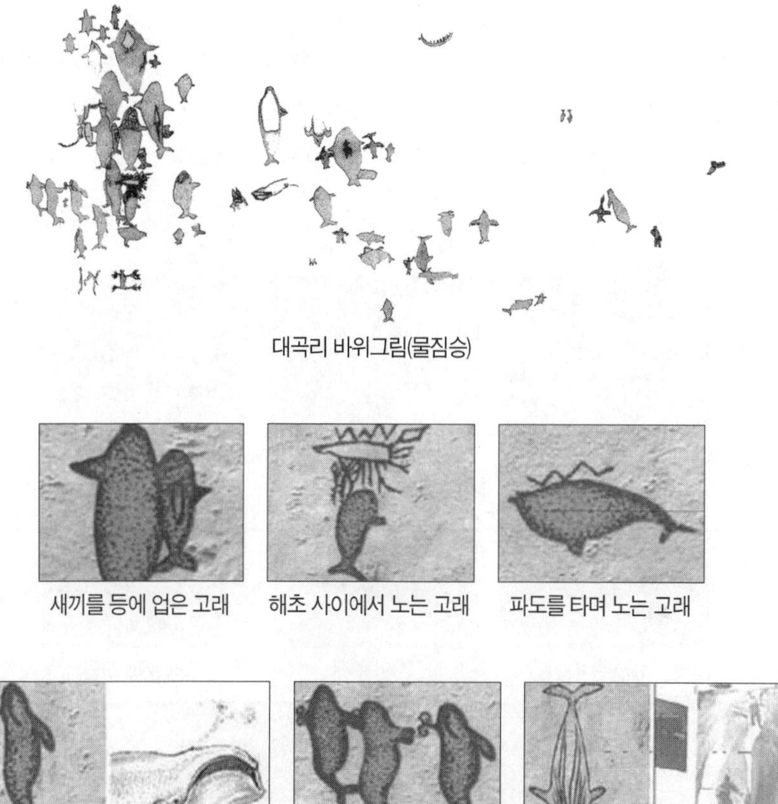

대곡리 바위그림(물짐승)

새끼를 등에 업은 고래   해초 사이에서 노는 고래   파도를 타며 노는 고래

물을 뿜는 고래   물을 뿜는 고래   긴수염고래

고래의 생태를 표현한 그림도 바위그림에서는 빠지지 않았다. 이처럼 고래의

종류 뿐 아니라 생태까지도 정확히 알고 있었다면 이 그림을 그린 사람들은 고
래를 늘 접했던 사람들, 고래잡이를 했던 사람들일 것이다.

20명 탄 배와 연결된 큰 고래가 있다. 그리고 배와 고래 사이에 이상한 물건이 하나
더 있다. 이것은 고래잡이를 할 때 쓰는 부구이다.

바위그림에 고래와 배 그리고 부구까지 고래잡이의 모습을 아주 섬세하게 표
현하고 있다.바위그림에는 고래 잡는 모습이 과정별로 아주 자세히 그려져 있
다. 반구대 바위그림은 3000여 년 전 고래잡이의 모습을 아주 생생하게 재현해
놓은 기록화이다.

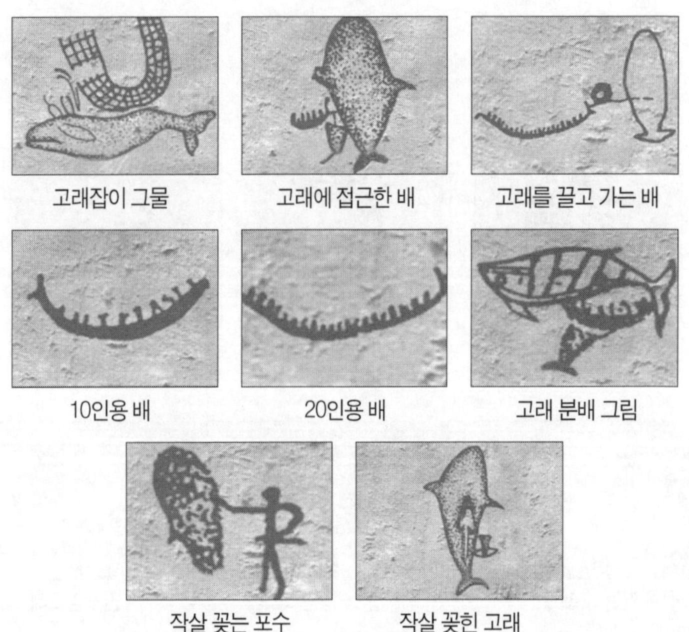

이 기록화는 고래의 번식이나 또는 고래가 많이 몰려 올라와 주기를 바라는

기원[15)]과 함께 고래를 잘 잡혀주기를 바라는 어떤 의식인 고대인의 종합제전을 그리고 있다. 또한 고래잡이에 필요한 고래의 생태와 사냥기술에 대한 교육, 고래잡이 동안에 닥칠지도 모를 위험에 대한 신체적·심리적인 교육 및 의식집행, 죽은 고래에 대한 재생을 기원하는 의식용이자 교육용 그림이다.[16)]

　일반적으로 청동기시대는 본격적인 정착생활과 농경이 시작하는 시기이다. 물론 부분적으로는 수렵이나 어로 생활도 하지만 그보다는 농사가 중요한 생업수단으로 자리잡는 시기이다. 그런데 반구대 바위그림을 보면 3000여 년 전 이 근처에 살던 사람들은 농사보다는 고래잡이를 중요하게 여겼던 것 같다. 반구대가 있는 울산만은 한반도의 동해안 중 근해에서 고래와 물개를 만날 수 있는 지역 가운데 하나이다.[17)]

대곡리 바위그림 인물상

고래 그림과 함께 등장하는 성기를 내밀고 춤추고 있는 남자상과 3마리의 거북

15) 고래의 행동은 종류를 불문하고 떼를 지어 밀물을 따라 해안에 왔다가 썰물을 따라 돌아가지 못하고 죽은 경우가 있다. 밀려오는 고래는 성별, 연령, 주로 사는 깊이나 습성 등과 전혀 관계가 없다. 왜 고래가 이런 행동을 하는지는 아직 밝혀내지 못하고 있다. 어떤 학자는 고래의 초음파 기관에 이상이 생겼거나 머리 속에 있는 나침반이 고장나 자신의 위치나 행동을 제대로 알지 못하기 때문이라고 추측한다. 사실 자살을 시도하는 일부 고래들에게서 방향감각 기관이 있는 귀 부근에 염증이 있는 것으로 조사되었다. 그러나 아직까지 연례적으로 고래들이 끊이지 않고 자살하는 정확한 이유를 밝히지 못하고 있다.
16) 정동찬, 앞의 책(1996), p.108.

은 이 바위그림이 교육용뿐만 아니라 의식용으로 그려졌다는 사실을 말하고 있다.

성은 시대가 거슬러 올라갈수록 생식, 생명체의 탄생, 다산, 풍요의 의미와 연관되어 그 신비감으로 숭배를 받았던 인류 공유의 문화유산이다. 성 숭배는 성 행위나 성기에 의해 상징되는 생식 원리를 숭배하는 문화 현상이다. 여성기가 상징하는 생식력, 곧 생명체의 탄생에 대한 신비감과 남성기가 상징하는 끊임 없이 재생되는 생동력에 대한 신비감으로 인해 성은 숭배의 대상이 되고, 이러한 성 관념과 풍속은 시대 변화와 더불어 새로운 문화 요소로 결합되면서 변화해 왔다.[18]

바위그림의 성기를 노출한 남자상의 모습은 신라토우에서도 남근이 신체의 균형에 비해 과장되게 표현되어 있다. 인물상에서 남근을 드러낸 것은 남성 성기의 무한한 재생력, 생산력, 번식력의 상징적 표현이다. 『삼국유사』 '智哲老

17) 최근 신문보도(조선일보, 2000년 6월 9일)에 의하면 동해는 '고래천국'이라고 한다. 그 전문을 소개하면 다음과 같다.

우리나라 동해 연안 전역이 고래 천국인 것으로 확인됐다. 특히 고래는 동해 남부 연안에 많이 몰려 있고, 남해에도 일부 서식하고 있는 것으로 조사됐다.

국립수산진흥원 연근해자원과 김장근 박사는 "지난 달 9일부터 지난 2일까지 동해와 남해에서 고래 자원 조사를 벌인 결과, 밍크고래, 흑범고래, 큰머리돌고래를 비롯해 긴부리 참돌고래와 낫돌고래, 상괭이 등 모두 7종 1600여마리의 고래를 확인했다"고 8일 밝혔다.

이번 조사에서는 특히 문헌상으로만 한국 연안에 서식하는 것으로 알려진 흑범고래 1개군 17마리가 경북 죽변 동쪽 30마일 해상에서 처음 발견됐다. 흑범고래는 몸길이 5~6m로 이마가 둥글고 몸체가 완전히 검은색으로 이번 발견을 통해 동해 연안이 고래서식지로 점차 안정화돼 가고 있는 것으로 추정되고 있다.

밍크고래는 지난해 조사에서 포항~죽변간의 제한된 수역에 밀집돼 발견됐으나 이번에는 포항 이남 동해 남부 30마일 연안에서도 14마리가 관찰돼 동해 연안에 고루 분포하고 있는 것으로 확인됐다. 조사팀은 또 남해인 욕지도와 여수항 인근에서도 상괭이 4마리를 목격, 동해안만큼은 아니지만 고래가 꽤 서식하고 있는 것으로 추정됐다.

수진원 김 박사는 "이번 조사에서 고래가 동해안 포항 이남 해역에서도 많이 발견되는 등 동해 연안이 고래의 좋은 서식처임을 다시 확인했다."고 말했다.

18) 이종철, 김종대, 황보명, 『性, 숭배와 금기의 문화』, 대원사, 1997, pp. 251~252.

王'에서 왕의 음경
이 커서 배필을 구
하지 못해 고민하였
다는 내용이 있다.
특히 음경의 크기를
강조한 것은 그것이
王權이나 神權과 관
계되는 그 어떤 것
을 시사하고 있는

성기를 강조한 신라토우 인물상

것 같다. 남근만 강조한 인물상은 큰 힘을 지닌 절대자, 조상신, 제사장 등의 모습 추론할 수 있다.

거북은 그 수명이 매우 길고 땅과 물 양쪽에서 모두 살 수 있다는 생물학적 특성으로 인하여 예로부터 신성한 동물로 인식되었다. 앞장에서 살펴보았듯이 거북은 바다, 땅, 산 위를 자유롭게 다닌다. 오직 한 공간, 땅에서만 살 수 있는데 거북은 몇 개의 공간을 자유롭게 드나들 수 있다. 이러한 능력으로 인해 바다에서 살아있는 고래를 뭍으로 안내하고, 다시 그 영혼이 他界로 가는 영혼을 실어 나르고 안내하는 동물로 거북이는 안성맞춤이다. 이처럼 거북은 신성 존재의 使者로서 인간과 신을 연결하는 매개자로서 기능을 담당하였다.

성기를 드러낸 남자상과 거북이 바위그림은 고래가 많이 몰려 올라와 주기를 바라는 기원과 함께 고래가 잘 잡혀주기를 바라는 어떤 의식의 제사장과 영매의 모습일 것이다.

같은 시기의 청동기 농경문의 따비질을 하는 인물상도 裸身에 성기가 강조되어 있다.[19] 관동, 관북 지방의 풍속에는 예로부터 '裸耕'의 습속이 있었다. 나

19) 국립중앙박물관, 『韓國의 靑銅器文化』, 1992, 汎友社, p.91.

경이라 함은 정월 대보름날 숫총각으로 성기 큰 남자가 실오라기 하나 걸치지 않는 벌거숭이가 되어 木牛나 土牛를 몰고 밭을 갈며 풍년을 비는 민속이었다. 땅은 풍요의 여신이요, 쟁기는 남자의 성기를 상징하는 것으로 다산력을 지닌 대지 위에 남자의 성기를 노출시킴은 풍성한 수확을 비는 것이다.[20]

이런 유물과 遺風을 통해서 추론할 때 성기를 드러낸 남자상은 풍요기원의 제사장 모습이다.

2. 뭍짐승―사슴, 호랑이, 멧돼지

대곡리 바위그림 뭍짐승

대곡리와 천전리 바위그림의 뭍짐승 가운데 사슴이 압도적으로 많이 나타난다.

사슴은 순하고 쓰임새 많은 짐승으로 선사시대 사람들과 아주 친숙하고 중요한 사냥감이어서 선사유적에서 가장 많이 출토되는 짐승이다. 종교나 생활면

---

20) 이규태, 「한국가축문화사(3)」, 『축산진흥』(배도식, 「소에 얽힌 민속」, 『민속학연구 제2호』, 국립민속박물관, 1995, p.231 재인용)

에서 청동기시대 이전부터 인간과 사슴이 깊은 관계를 맺고 있었음을 보여 준다.

스칸디나비아 반도를 비롯하여 동북아시아 뿐만 아니라 북반구 전역에 걸쳐 사슴은 하늘과 지상, 지하를 연결하는 신의 심부름 꾼 역할을 하는 우주동물로 상징되어 있다. 사슴뿔은 나뭇가지 모양을 하고 있고 봄에 돋아나 자라면서 딱딱한 각질이 되었다가 이듬해 봄이면 떨어진다. 그리고 뿔이 다시

사슴 구멍단지, 신라

돋아난다. 이러한 순환기를 가진 동물은 사슴 뿐으로 영생과 재생동물이라는 관념을 낳게 되었다.

유라시아 스텝의 유목민을 포함하는 고대 민족들의 세계관은 上界(하늘), 中界(땅), 下界(지하)로 이해했다. 이러한 고대인들의 공간적 세계구조는 상징적으로 의미하는 다양한 방법이 존재하였다. 그 중 한 방법은 상계는 새, 중계는 굽동물, 하계를 물고기 및 파충류와 각각 연관시킨 동물상징의 코드를 근간으로 했다.[21] 스키타이 동물양식의 굽동물 중에서는 사슴 표현물이 가장 흔하다. 사슴은 구석기시대 후기 이래로 시베리아 초원지대 주민들의 주된 식량원인데서 생겨나는 사슴에 대한 경의와 숭앙의 표현일 것이다.[22] 이 전통은 바위그림에도 나타나고 삼국시대에는 사슴뿔이 왕권의 의미를 지닌 신라왕관에서도 그 예를 찾을 수 있다.

국립중앙박물관은 지난 1969년부터 1971년까지 발굴조사한 부산 동삼동패총의 출토유물을 정리하던 중 신석기 시대 동물상을 밝혀 줄 호랑이의 발가락

---

21) E. V. 뻬레보드치꼬바 著 / 정석배 譯, 『스키다이동물양식』, 학연문화사, 1999, pp. 27~28.
22) 국립중앙박물관, 『소련 국립에르미타주박물관 소장 스키타이황금』, 1991.
    김정배 외, 『몽골의 岩刻畵』, 열화당, 1998.

뼈와 앞다리뼈를 확인하였다. 호랑이 뼈는 우리나라 남부지방에서는 최초로 출토된 것으로 학계의 관심을 끌고 있다.

지금까지 알려진 호랑이에 대한 우리 나라 최초의 표현은 대곡리, 천전리, 경주 석장동 호랑이와 그 발자국까지도 보이고 있다.[23]

울산 대곡리는 호랑이가 14마리 나오는데, 줄무늬 호랑이와 점박이 표범 등이 있다. 이를 통해 당시에 호랑이가 많았음 알 수 있고, 그 중 먹이를 노리는 순간을 적절히 묘사한 호랑의 사실적인 그림은 수렵 대상으로서의 호랑이를 그린 것이 아니라 옛날 사람들이 사냥 중에 만나는 많은 호랑이에 대한 두려움과 먹이 사냥에서 뛰어난 능력을 가진 호랑이가 사냥에서의 행운을 주는 신성한 영물로서 표현한 것으로 추측된다.

경주 석장동 금장대 바위그림에는 호랑이 발자국, 산과 호랑이 그림이 있다. 단순한 선으로 산을 그리고 그 산 속에 어떤 짐승을 표현한 듯한 그림이 보인다. 이는 여러 가지 정황으로 보아 산 속의 호랑이를 그린 것이다. 그 밑 호랑이 발자국과 엎드린 듯한 사람의 모습이 있다. 이는 산과 호랑이, 사람의 관계를 상징적으로 표현한 그림이라 여겨진다. 이 그림은 산과 산신에 대한 어떤 의식과 의례를 표현한 그림으로 볼 수 있다.[24]

스키타이 신화에서는 특히 멧돼지가 중재자의 역할을 한다. 멧돼지는 굽동물이자, 다른 한편으로는 맹수와 친족인 육식성의 동물이기 때문에 고대인들은 멧돼지에게 하계와 중계의 중재자 역할을 부여했다.[25]

---

23) 청동기 시대 호랑이 모양의 대구(帶鉤)가 우리나라에서는 낙랑 유적과 경북 영천 어은동에서 출토되고 있다. 혁대의 잠금 고리로 한쪽이 갈고리 모양의 걸쇠로 되어 있고, 뒷면에는 동그란 배꼽이 돌출 되어 띠에 박아 고정하도록 되어 있다. 현재 청동 대구의 형태는 말·용·호랑이·비파형 등이 있는데, 호랑이 청동 대구는 호암미술관과 국립경주박물관에 각각 소장되어 있다.
24) 정동찬, 앞의 책(1996), pp.282~284.
25) E.V. 뻬레보드치꼬바, 앞의 책(1999), p.28, pp.66~67.

석기시대 동물상, 조개더미, 토우, 토기 등 고고 출토유물에서 돼지의 조상 격인 멧돼지가 많이 출토되고 있고, 표현된 것으로 보아 가축으로 길들여지기 이전에 야생의 멧돼지가 한반도 전역에 자생하고 있었던 것으로 추정된다. 돼지의 사육은 이러한 고고자료와 삼국지위지 동이전 등의 기록으로 보아 약 2천년 전에 돼지를 사육하기 시작한 것으로 짐작된다.

삼국사기와 삼국유사에서 돼지는 神通力을 지닌 동물로 신성시하였다. 돼지는 신에게 바쳐지는 제물임과 동시에 國都를 정해주는 신통력을 지닌 동물로 전해진다. 즉, 예언자, 길잡이 구실을 하여 聖地를 점지해주거나, 왕의 후사를 이어줄 왕비를 알려주었고, 왕을 위기에서 모면하게 해주었다.

돼지는 일찍부터 祭典의 犧牲으로 바쳐졌다. 고구려의 郊豕, 삼월삼일 하늘과 산천의 제사, 12월 납일의 제사, 동제와 각종 굿거리, 고사의 제물로 의례껏 돼지머리가 가장 중요한 '제물'로 모셔진다. 하늘과 땅에 제사지낼 때 쓰는 희생물로 돼지는 매우 신성한 존재였을 뿐만 아니라 신이한 예언적 행위를 한 것으로 나타난다. 또한 돼지는 지신과 풍요의 기원, 돼지꿈, 돼지그림, 업돼지 등에서 길상으로 財産이나 福의 근원, 집안의 財神을 상징한다.

그물과 그 안에 갇힌 동물, 울타리 그림은 고대인의 사냥수단과 방법과 관계가 있다. 울타리를 쳐놓은 것은 뭍짐승을 사냥하거나 가축화하는 과정일 것이다. 함정 · 덫 · 올가미 등 사냥수단들임에 틀림없다.

3. 날짐승—새

새는 고대부터 하늘과 땅을 자유롭게 날아오르는 영물로 여겨져 신화에 등장하는 예가 많다. 새모양의 등장은 구석기시대의 청원 두루봉유적, 신석기시대 농포동유적 등에서 보이기 시작하여 삼한, 삼국시대에 이르면 구체적인 오리의 모습으로 나타난다.[26] 오리는 천상과 지상, 수계와 지하계를 넘나드는 새이다. 오리는 일상 생활용구로서의 용도보다는 종교적인 또는 제사적인 용도로 사용한 것으로 생각된다. 이승에서의 소멸과 저승에서의 재생을 바라는 당시 사람들의 영혼관과도 합치되는 것으로 영혼의 운반자의 역할, 신의 사자 역할을 하였던 것으로 보인다.

　그런데 반구대 바위그림에는 날짐승이 하나 밖에 그려져 있지 않다. 한국문화에서 영혼의 운반자, 신의 사자 역할에서 가장 기본적인 동물상징이 새 종류인데, 날짐승이 거의 나타나지 않는다는 사실은 어쩌면 바위그림에는 죽은 동물영혼을 위령하거나 천도하려는 바램이 없다고 볼 수 있다. 다음 유물들은 한국문화 속에 2천년 이상 지속되고 있는 '새의 전통' 이다.

농경문청동기(뒷면), 청동기시대

오리형토기, 영남지역, 가야

장승·솟대, 현대

26) 부산광역시립박물관 복천분관『삼국시대의 동물원』, 1997, p.27.

IV. 매듭짓기 — 교육과 종합제전(綜合祭典)의 기록화

바위그림과 같은 시대의 각종 靑銅器도 동물과 기하학적 문양이 거의 같다. 고래, 거북 등의 짐승은 보이지 않지만 사슴·호랑이·말·새·개구리 등이 청동기에 새겨져 있다. 특히 동그라미·방형·삼각형·마름모꼴 등의 기하학적 문양도 많이 나타난다. 다만 선사시대의 야외의 교육과 종합제전 장소인 바위그림과 다른 것은 청동기의 출토지가 대부분 땅 속의 무덤이라는 점이다. 지상의 제의공간과 지하의 저승공간에 똑같은 동물과 기하학적 문양은 그 당시의 문화 기호 또는 상징으로 공통의 문화적 의미를 지닌 것이다.

대곡리 바위그림에 등장하는 동물은 물짐승과 뭍짐승으로 나누어진다.

고래를 중심으로 한 물짐승 그림은 배를 타고 고래사냥을 하던 사람들이 암벽에 고래의 종류와 생태, 그에 따른 잡는 방법 등을 표현하여 고래와 고래잡이에 관한 모든 문화생태적 지식을 후손들에게 가르치면서. 성기를 드러낸 제사장이 고래의 풍요로운 회귀, 고래잡이의 안전과 풍요를 기원하는 祭典을 행하는 종합적인 모습이다.

사슴을 중심으로 한 뭍짐승 그림도 종류와 생태, 그에 따른 사냥방법 등을 표현하여 뭍짐승의 사냥에 지식을 전하면서, 대상동물의 많은 번식과 사냥에서의 풍요와 안전에 관한 기원을 그린 것이다.[27]

동물에 대한 표현은 선사시대의 바위그림에서, 삼국시대의 벽화나 토기, 토우, 토용으로 표현되어 무덤에 함께 묻혔다. 삼국시대의 동물상징들은 조형면에서 그다지 뛰어난 기법을 구사한 것은 아니지만 무덤에 함께 묻히는 부장품이라는 의미에서 장송의례, 死者의 영혼운반, 인도라고 하는 주술적인 성격이 부여되고 있고, 인간과 더불어 죽음의 재생, 식량의 풍요, 재생산을 바라는 모

---

27) 정동찬, 앞의 책(1996) 149.

방주술적 의례를 표현하고 있다 이들 동물벽화·토기·토우·토용 등에 담긴
의미의 해석은 바위그림에 대한 이해에 도움을 줄 수 있는 듯하다.

청동기의 동물문양

청동기의 기하문양

'先흉노-스키타이 세계'의 墓制

정석배(한국전통문화학교 문화유적학과)

Ⅰ. 머리말

先흉노-스키타이 世界는 동쪽의 오르도스 지역에서 서쪽의 흑해북안까지 북방유라시아대륙에 분포하였던 이른바 스키타이 시대의 '스키타이 삼요소'(스키타이 문화에 특징적인 무구, 마구, 동물양식)를 지니는 考古學 文化들을 통칭하는 용어이다. 이 세계에는 흑해북안의 스키타이 문화, 볼가-우랄 강 유역의 사브라마트 문화, 카자흐스탄 북부의 타스몰라 문화, 중앙아시아의 사카 문화, 알타이의 파지릭 문화, 미누신스크 분지의 타가르 문화, 투바의 우육 문화, 서몽고의 울람곰 문화, 중국북방 오르도스 지역의 모경구 문화 등이 있다. 광의의 의미에서 '스키타이 문화'라고 잘못 일괄 지칭되기도 한 이 문화들은 북방유라시아대륙의 스텝지대를 중심으로 인접하는 북쪽의 삼림초원지대 및 남쪽의 산악지대에 분포한다.[1]

---

1) 정석배, 2000a, 「'先흉노-스키타이 세계' 小考」『韓國上古史學報』32, 韓國上古史學會.

이 세계의 대부분 지역 고분은 이른바 쿠르간(kurgan)으로 대표되고 있으며, 신라의 적석목곽분과 관련하여 많은 관심의 대상이 되어왔다. 예로서, 최병현은 "적석목곽분 시베리아 기원설"을 주장하였고,[2] 이종선도 이와 같은 의견을 가지고 있다.[3] 김병모 역시 신라의 "大形 積石墓"를 "스키타이-알타이형의 쿠르간"이라고 지칭하고 있으며,[4] 그 관련성은 최몽룡에 의해서도 지적되었다.[5] 물론 이에 대하여 다른 의견이 없는 것은 아니다. 예를 들어, 梅原末治는 낙랑목곽묘의 木槨構造와 경상도지역 토착지석묘의 하부구조에 보이는 積石과의 結合說, 박진욱은 在地土壙墓의 木槨과 지석묘의 積石構造 結合說을 각각 제시하였다.[6] 한편, 강인구는 구조의 차이, 연대문제, 거리문제 등을 들어 신라 적석목곽분들과 중앙아시아 및 알타이 지역의 적석목곽분들과의 관련성을 부정하고, 그 대안으로 "신라 적석목곽분 고구려 적석총 기원설"이라는 전혀 다른 내용의 설을 제시하기도 하였다.[7]

그러나 대체로 신라의 적석목곽분은 중앙아시아 및 알타이 지역의 것들과 일정한 관련이 있는 것으로 막연하게 인식되고 있는 실정이며, 또한 중앙아시아와 알타이의 적석목곽분은 쿠르간이라는 용어로 지칭되기 때문에 적석목곽분이 아닌 다른 스키타이 시대의 쿠르간들도 같은 맥락으로 잘못 이해되는 경우

---

2) 崔秉鉉, 『新羅古墳研究』, 一志社, 1992, pp.397~412.
3) 李鍾宣, 「오르도스 後期金屬文化와 韓國의 鐵器文化」『韓國上古史學報』2, 韓國上古史學會, 1989, p.60. 李鍾宣, 『古新羅王陵研究』, 學研文化社, 2000, p.72.
4) 김병모, 『금관의 비밀』, 푸른역사, 1998, p.157.
5) 최몽룡, 「시베리아 및 극동지역」『한국사 3 청동기문화와 철기문화』, 국사편찬위원회, 1997, p.290.
6) 李鍾宣, 앞의 글, 2000, p.72 참조.
   박진욱, 「신라 무덤의 편년에 대하여」『고고민속』제4호, 1964.
   梅原末治, 『慶州金鈴塚飾履塚發掘調査報告』, 〈大正三十年度古蹟調査報告〉 第一册, 1932.
7) 姜仁求, 「신라 積石封土墳의 構造와 系統」『韓國史論』7 서울대학교국사학과, 1981.
   姜仁求, 『한반도의 고분』, 대우학술총서논저 465, 아르케, 2000, p.299.

가 종종 있다. 더욱이 封墳을 가진 쿠르간이라는 묘제는 스키타이 시대에만 있었던 것이 아니라, 이미 기원전 3/4천년기 청동기 시대 전기에 등장하여 사르마트 시대(기원전 4~서기 4세기)까지 일부 존속한 것으로 이해되고 있다.[8]

이와 관련하여 필자는 이 글을 통해 스키타이 시대(기원전 8/7~3세기) 先흉노-스키타이 세계에 보이는 쿠르간 및 기타 묘제들에 대해 검토하고자 하는데, 첫째로, 쿠르간 묘제에 대한 올바른 인식을 도모하기 위함이고, 둘째로, 先흉노-스키타이 세계의 각 문화들에 구체적으로 어떤 묘제가 사용되었는지를 살펴보기 위함이며, 셋째로, 이로서 신라의 적석목곽분을 비롯한 우리나라의 다른 고총고분들과 쿠르간으로 지칭되는 유라시아 스텝지역의 고총고분들과의 관련성 여부를 구명할 수 있는 기초 정지작업을 하기 위함이다.

先흉노-스키타이 세계는 지역적으로 북방유라시아 대륙을 대부분 포괄하는 광대한 지역에 걸쳐 분포하고 있고, 시기적으로도 기원전 8/7~3세기라는 폭넓은 시간대를 포괄하고 있기 때문에 그 전체 묘제의 구조와 시간적 흐름에 따른 변화양상을 파악하기는 결코 용이하지 않다. 각 지역 각 문화 각 시간대의 묘제 하나 하나가 모두 전문적인 연구의 대상이 될 수 있음은 자명할 뿐만 아니라 필요한 일이기도 하다. 그러나 先흉노-스키타이 세계 전체의 묘제에 대해 지금까지의 연구성과를 간략하게 검토해보고, 이를 통해 이 세계의 각 문화 혹은 각 지역에 어떤 묘제가 사용되었는가를 알아보는 것도 대단히 의미있는 일이라 생각된다. 이 세계의 묘제의 구조를 살펴보아 '쿠르간'에 대한 이해를 올바르게 하는 것도 나름대로 가치있는 일일 것이다.

---

8) W.Bray, D.Trump, *A Dictionary of Archaeology*, Allen Lane The Penguin Press. 1970.(노어 번역본)
T. Darvill, *The Concise Oxford Dictionary of Archaeology*, Oxford University Press. 2002.

II. 黑海北岸 스키타이 문화의 墓制

先흉노-스키타이 세계 중에서 흑해북안의 스키타이 문화는 연구가 가장 잘 되어 있는 편이다. 이 문화는 크게 스텝지대, 삼림초원지대, 그리고 北카프카스라는 세 개의 지역 그룹으로 구분되며, 그 중에서 스텝지대의 경우는 묘제에 대한 연구도 상당한 진전을 보이고 있다.

1. 黑海北岸 스텝지역

흑해북안 스텝지역의 스키타이 시대 古墳은 대부분 쿠르간 封墳을 가진 封土墳이다. 쿠르간 봉분이 없는 것으로는 단지 4개의 고분군과 불과 몇 기의 개별적인 무덤이 확인되었을 뿐이다. 조성시기는 대부분(2500기 이상의 무덤)이 기원전 4세기이며, 일부(약 120여기)가 기원전 7세기 말~5세기에 해당된다. 기원전 7~6세기에는 쿠르간들이 아직 群을 이루고 있지 않으며, 청동기시대의 쿠르간에 덧매장을 한 경우도 많다. 기원전 5세기 초가 되면 스키타이 시대에 축조한 쿠르간의 수가 크게 증가하고, 또한 스키타이 시대에 축조한 쿠르간에 덧매장을 한 일반인들의 무덤도 늘어난다. 그러나 왕 혹은 귀족의 것이라 여겨지는 대형 쿠르간들은, 기원전 7~5세기에도 없었던 것은 아니나, 대부분 기원전 4세기경에 축조되었고, 주로 드네프르 강 유역에 분포한다.[9]

흑해북안 스텝지역의 스키타이 문화 쿠르간은 규모와 부장유물을 통해 귀족의 것을 포함하는 소위 '수장급묘'와 '일반인묘'로 나뉘어 진다. 기원전 6~4세기의 수장급묘는 규모가 높이 3~21m, 직경 30~350m이었으며, 현재 드네프르 강 하류 유역에 약 30기가 알려져 있다. 대표적인 것을 보면 알렉산드로폴 쿠르

---

9) Мелюкова А. И., Скифские памятники степи Северного Причерноморья // Степи европейской части СССР в скифо-сарматское время. Археогия СССР. М., 1989, pp.53~55.

간(높이 21m), 체르따믈르익 쿠르간(높이 19m), 오구스 쿠르간(높이 20m), 발샤야 쬠발까 쿠르간(높이 15m), 똘스따야 마길라 쿠르간(높이 8.6m)(도면 1, 1) 등이 있다. 스키타이 문화의 수장급묘는 모두 봉토분이고, 5~4세기의 대형 쿠르간에는 매장주체부 둘레에 환상석렬이나 원형돌담 형태의 護石을 돌려놓았다. 일반인 묘는 대부분 기원전 4세기로 편년되며, 봉분의 규모는 높이 1.5~2m, 직경 15~20m이다. 봉분은 주변의 흙으로 쌓았는데, 거의 모든 봉분 둘레에는 周溝 모양의 溝나 壕를 파서 그 흙을 봉분을 쌓는데 이용하였다. 한편 주변에 돌이 있는 곳에서는 봉분의 둘레에 환상석렬을 돌리기도 하였고, 봉토에 돌을 넣은 경우도 있다. 이 지역의 쿠르간은 수장급묘와 일반인묘 모두 일반적으로 봉분 둘레에 溝나 壕를 둘렀다. 구나 호의 규모는 봉분의 크기에 따라 차이가 나며, 구 사이사이에는 한 두개의 단절부가 있다. 봉분에는 석상을 세웠던 것이 확인 되고, 봉분의 내부와 구에는 장례식이나 추도식 때에 사용하였던 것으로 보이 는 동물뼈나 토기편 등이 출토된다.[10) 쿠르간 둘레에 溝나 壕를 돌린 것은 우리 한국에 보이는 周溝墓와 같은 구조라고 하겠다.

쿠르간의 매장주체부에 대해서는 V. S. 올홉스끼가 세밀하게 연구한 내용이 있다. 그는 흑해북안 스텝지대와 크림반도에 분포하는 기원전 7~3세기 스키타 이 시대에 속하는 1857기의 무덤을 매장주체부를 중심으로 연구하였다. 그가 연구 대상으로 삼은 무덤은 일부를 제외하고는 모두 쿠르간 봉분이 있는 것들 이다. 올홉스끼는 그 무덤들을 하부구조, 즉 매장주체부의 형태를 통해 土壙, 카타콤브(catacomb), 木槨, 石箱, 石室, 土室, 흙벽돌槨, 複合式 등 모두 8개의 종 류로 구분하였다.[11) 그 내용을 간략하게 소개하면 다음과 같다.

土壙은 전체 무덤 중에서 40.2%를 차지하며 평면상의 모양에 따라 장방형과

---

10) Мелюкова А. И., 앞의 글, 1989, pp.53~55.
11) Ольховский В. С., Погребально-поминальная обрядность населения степной Скифии(VII-III. вв. до н. э.). М., 1991.

타원형, 방형과 말각방형 혹은 원형, 그리고 도랑형의 3개 형식으로 나뉜다. 첫 번째의 장방형과 타원형 토광은 평균 크기가 길이 1.2~3m, 폭 0.6~2m, 깊이 0.7~2m이나, 드물게는 규모가 6×2.5m, 6×4m, 깊이가 4m에 달하는 것도 있다. 이 장방형과 타원형 토광은 다시 벽면과 바닥의 모양에 따라, 즉 단의 유무, 단의 개수, 단의 위치, 벽에 덧댄 판석의 유무, 바닥 가장자리에 도랑의 유무 등에 따라 6개의 변형으로 나뉜다. 두 번째의 방형과 말각방형 혹은 원형 토광은 평균 크기는 앞의 장방형과 타원형 토광보다 약간 큰 편이며, 단의 유무에 따라 2개의 변형으로 나뉜다. 이 두 형식의 토광에는 바닥의 네 모퉁이에 기둥구멍이 남아있는 경우가 간혹 있다. 세 번째의 도랑형 토광은 평균 크기가 길이 3.2~5m, 폭 0.8~1m로서 길다란 도랑 모양을 하고 있다.

전체 무덤 중에서 48.8%를 차지하는 카타콤브는 지표면에서 수직으로 구덩이를 파고 바닥 깊이에서 다시 측면으로 굴을 파서 墓室을 마련한 묘제이다(도면 1, 2). 굴을 깊게 파서 연도와 묘실을 따로 마련한 일종의 橫穴式과 연도는 없이 묘실만 있는 일종의 橫口式이 있다. 올홉스끼는 카타콤브의 주 구성 요소로 토광, 연도, 그리고 묘실을 들고 있으며, 그 외에도 계단이나 벽감이 있음을 지적하였다. 토광은 대부분 수직으로 굴토하였으나, 아주 드물게 경사지게 굴토한 것도 있다. 규모는 작은 것이 1.3×0.5m, 큰 것은 6.5×4m이고, 깊이는 1.5m에서 12m까지 다양하다. 토광과 연도 사이의 입구는 석재, 목재, 갈대, 석재＋목재, 흙벽돌, 암포라 등으로 막았고, 토광은 흙이나 돌로 메웠다. 대단히 드물게는 토광 상면에 積石을 한 경우도 있다. 연도는 토광과 묘실을 연결해 주는 통로로서 카타콤브에 따라 있는 것과 없는 것이 있다. 연도는 단면상 타원형, 반타원형, 화살형, 장방형 등으로 구분할 수 있으며 폭은 0.5~1.5m, 높이는 0.6~1.5m 정도이고, 길이는 0.2m에서 5~8m에 이르기까지 다양하다. 간혹 연도에 순장을 한 경우도 보인다. 묘실은 평면상 장방형이나 타원형이 많고, 강낭콩 모양이나 사다리꼴 모양도 있다. 묘실의 규모는 작은 것은 1.5~3×0.7~2m, 큰 것은 6.3×4.2m 정도이다. 올홉스끼는 토광과 묘실의 장축이 어떤 식으로 배열되었는가에 따라 카타콤브를 10개의 형식으로, 다시 연도의 유무, 연도의 수,

묘실의 수 등에 따라 5개의 변형으로 나누었다.

木槨은 모두 18기가 알려져 있다(도면 1, 4). 기본 구조는 목조골격이며, 벽을 어떻게 만들었는가에 따라 3개의 형식으로 나누었다. 첫 번째 형식은 골조에 수평으로 1겹씩 나무를 쌓거나 수직으로 나무를 빽빽하게 세워 槨을 만든 것이고, 두 번째 형식은 4~9개의 기둥만 있거나 기둥에 잇대어 판자나 나뭇가지로 벽을 만들고 그 표면에 흙을 바른 것이다. 몇몇 목곽에서는 기둥이 받치고 있던 횡대가 발견되기도 하였다. 세 번째 형식은 모퉁이의 기둥들이 나무 벽을 지탱하게 고안된 것으로서 1기만이 알려져 있다. 목곽은 12기는 토광에, 4기는 舊지표면에 축조하였고, 2기는 분명하지 않다. 그 중에서 4~5기는 목곽의 상면 둘레로 나무를 방사상으로 깔았고, 7기는 불에 태웠으며, 3기에는 벽이나 바닥 혹은 횡대에 불에 그을린 흔적이 있다.

石箱은 전체 무덤 중에서 5.5%를 차지하며, 벽석을 만들 때에 가공하지 않은 판석을 사용하였는가 아니면 가공을 한 사각형의 판석을 사용하였는가에 따라 2개의 형식으로 나누었고, 다시 개석이 어떤 모양을 이루고 있는가에 따라 3개의 변형으로 구분하였다. 석상은 구 지표면이나 깊이 0.2~1.5m의 토광에 축조하였고, 규모는 길이가 4.9~1.3m, 폭이 4~0.7m, 높이가 1.4~0.3m 정도이다.

石室은 전체 무덤 중에서 2.5%를 차지한다(도면 1, 2). 石箱과는 달리 門 혹은 경우에 따라서는 연도가 있는 형태, 즉 횡구식과 횡혈식이 있다. 연도가 있는 경우, 연도의 규모는 폭이 0.8~1.5m, 길이가 0.6~3.3m가 일반적이나, 연도가 구 지표상에 축조된 경우 그 길이가 15m에 달하는 것도 있다. 묘실은 대체로 장방형이지만 방형도 있다. 장방형 묘실은 크기가 2.2~5×0.85~3.5m에 높이 0.8~4m이며, 방형 묘실은 크기가 6.5×6.4m에 높이 1.8~5m이다. 올흡스끼는 石室을 石箱과 같은 원칙으로 분류하였다. 석실 역시 석상과 마찬가지로 구 지표면이나 토광에 축조하였다. 석실에는 1회가 아니라 수회에 걸쳐 매장을 하였다.

흙벽돌槨은 굽지 않은 흙벽돌로 만든 것이다. 출입구의 유무에 따라 흙벽돌箱이나 흙벽돌室로 부를 수도 있을 것이다. 스키타이 고분 중에서는 기원전 5세기의 님페이 고분군 쿠르간 31에서 1기가 확인되었을 뿐이다.

土室은 횡대와 출입구 시설이 있는 토광을 이른다. 크림반도 동부지역에 단 1
기가 알려져 있다.

複合式은 상기한 묘제들이 서로 결합되어 있는 것으로서 현재 5기가 알려져
있다. 결합된 양상을 보면 토광+카타콤브, 목곽+카타콤브, 카타콤브+석실,
토광+카타콤브+석실의 네 종류가 있다.

이 외에도 올홉스끼는 노예의 묘로 추정되는 봉분이 없는 무덤, 봉분은 있으
나 박장인 무덤, 순장묘, 케노타프(cenotaph)[12] 등도 있음을 지적하였다.

지금까지 쿠르간 봉분과 V. S. 올홉스끼의 흑해북안 스키타이 무덤에 대한 분
류안을 간략하게 검토하여 보았다. 이를 통해 볼 때에 흑해북안의 스키타이 문
화에는 쿠르간이라는 봉분이 있는 봉토분이 사용되었고, 그 봉토분의 둘레에는
대부분 溝나 壕로 지칭되는 周溝가 돌려져 있다. 대형 쿠르간과 일부 소형 쿠르
간의 경우에는 溝나 壕 이외에도 봉분 아래의 매장주체부 둘레에 환상석렬이나
원형돌담과 같은 護石을 돌렸다. 쿠르간 봉분 아래에는 토광(40.2%)과 카타콤브
(48.8%)가 절대 다수를 점하고 있고, 그 다음으로 石箱(5.5%)과 石室(2.5%)이 있
고, 나머지 木槨, 흙벽돌槨, 土室, 複合式은 그 숫자가 불과 손에 꼽을 정도이다.

2. 黑海北岸 森林草原地帶

흑해북안 삼림초원지대의 스키타이 쿠르간들은 주로 쎼임 강 유역, 쑬라 강
유역, 프숄 강 유역, 보르스끌라 강 유역, 北다네쯔 강 유역, 그리고 드네프르 강
하류 유역에 분포한다. 이 글에서는 쑬라 강 유역의 쿠르간들에 대해서만 검토
해보기로 하겠다. 쑬라 강 유역의 스키타이 시대 쿠르간은 400기 이상으로 추
정되지만 쿠르간과 출토유물의 상호관계가 확인되는 것은 120기 정도에 불과

12) 시신을 안치하지 않고 유품만을 묻은 무덤을 지칭한다. 일반적으로 전투에서 전사한자 혹
은 여러 가지 이유로 他地에서 사망하여 유해를 구하지 못하여 그 유품만을 묻은 무덤을
이른다.

하다.[13) 이것은 이 쿠르간들이 대부분 19세기 말과 20세기 초에 조사되어 관련 기록이나 도면이 부족한 것에 기인한다.

기원전 6~4세기로 편년되는 이 지역의 스키타이 시대 쿠르간들은 전 시기에 걸쳐 거의 변함이 없이 일정한 방식으로 축조가 되었다. 대다수의 경우에 넓은 토광 내부에는 木槨이나 각목을 수직으로 세워 벽을 만든 木造玄室을 설치하였으며, 伸展葬을 행하였고, 토광은 통나무(횡 방향)와 판재(종 방향)로 덮었고, 그 위로는 흙으로 쿠르간 봉분을 쌓았다. 토광 바닥에 가장자리를 따라 도랑이 파여져 있는 것이 많은데, 이것은 木造玄室과 같은 목조구조물의 흔적으로 해석된다. 높이가 2m 이하인 작은 규모의 쿠르간에서는 토광 내부에 목조현실이 있었다는 언급이 없으며 대신 나무 횡대의 흔적만이 보고되고 있다.[14) 그 외에도 다수의 쿠르간 봉분 둘레로 인접하여 周溝를 둘린 것도 지적되어야 할 것이다.

쑬라 강 유역의 대표적인 쿠르간으로 알려져 있는 스타이킨 베르흐 쿠르간군의 쿠르간 2와 슈메이꼬 쿠르간에 대해 살펴보면 다음과 같다.[15) 스따이낀 베르흐 쿠르간 1(도면 1, 4)은 봉분의 높이가 10.5m이며, 봉분 둘레에는 壕와 土壘가 나란히 나있다. 매장주체부는 外·內槨과 시신을 안치한 4개의 토광으로 이루어져 있다. 지하에 8.5×5.7×2.8m의 토광을 남북방향으로 파고, 그 안에 네 귀퉁이와 북, 동, 서쪽의 측면 가운데에 하나씩 모두 7개의 기둥을 박고 그 사이에 떡갈나무 통나무를 수평으로 쌓아 外槨을 만들었다. 남쪽에는 생토면을 잘라 3개의 계단을 만들고 각 계단의 양쪽 끝에는 하나씩의 작은 말뚝을 박았다. 외곽의 안에는 다시 내곽을 설치하였는데, 네 모퉁이와 각 측면의 가운데에 하나씩 모두 8개의 각목 기둥 사이에 각목을 수평으로 쌓아 만들었다. 길이 4.2m,

13) Ильинская В. А., Скифы днепровского лесостепного Левобережья (курганы Посулья). Киев. 1968, p.23.
14) Ильинская В. А., 앞의 글, 1968, pp.81~86.
15) Ильинская В. А., 앞의 글, 1968, pp.27~28, pp.43~44.

폭 2.8m인 내곽의 중앙에서는 탁자가 놓여 있었고, 그 둘레로 길이 1.75m, 폭 0.7m의 토광이 4개 형성되어 있었다. 곽은, 다른 대부분의 쑬라 강 유역 무덤들이 그러하듯이, 떡갈나무 통나무를 가로와 세로 방향으로 겹치게 쌓아 덮었다.

슈메이꼬 쿠르간은 외형이 반구형인 봉토분으로서 높이는 19m이고, 봉분의 둘레로 壕와 土壘가 조성되어 있었다. 크기 6.4×5×3.5m의 토광 내부에 목조 현실을 설치하였는데, 그 벽은 토광의 바닥 가장자리를 따라 낸 도랑에 통나무를 수직으로 세워서 만들었고, 위에는 두꺼운 통나무로 횡대를 설치하였다.

3. 北카프카스

북카프카스 지역에는 쿠반 강 유역과 스타브로폴 스텝지역을 중심으로 하여 이른 시기 스키타이 시대의 쿠르간이 분포하고 있다. 유명한 켈레르메스, 카스트롬스카야(도면 2, 3),[16] 울스끼의 쿠르간군들로, 이들 쿠르간들은 모두 19세기 말~20세기 초에 조사되어 전체 도면이 남아있지 않다. 최근에 새로이 조사된 끄라스노예 즈나먀 쿠르간군과, 필자가 발굴조사에 참여한 바 있는, 꾸마 강 유역의 노보자베젠노예 II 쿠르간군도 이 시기에 속한다. 대표적인 쿠르간들에 대해 살펴보기로 한다.

켈레르메스의 쿠르간들(기원전 7~6세기)은 封土墳이고, 모두 지하에 토광을 파고 그 안에 木造玄室을 설치한 것이다. 쿠르간 1의 분구는 높이 2.25m, 직경 약 70m, 토광은 규모가 10.7×10.65m, 깊이 2.2m이며, 토광은 판자로 덮었고, 토광 둘레에는 토광에서 파낸 흙이 쌓여져 있었고, 그 위로는 갈대층이 형성되어 있었는데, 이와 같은 양상은 스타브로폴 지역의 노보자베젠노예 쿠르간군에서도 관찰된다.[17] 켈레르메스 쿠르간 1의 토광 바닥에는 20개의 기둥구멍이 확

16) 카스트롬스카야 쿠르간(기원전 7~6세기)에 대해서는 한국에 비교적 자세하게 소개가 되어 있다. (崔秉鉉, 앞의 글, 1992, p.400 참조).

인되었고, 토광의 바닥 서쪽에 12개체, 토광의 상면 남쪽편에 12개체 등 모두 24개체의 말이 매장되어 있었다(도면 2, 1). 인골은 토광의 중간 부위에 위치하였던 것으로 추정되었다.[18]

울스끼의 쿠르간들(기원전 6세기 말~5세기 전반기)에서는 木造玄室로 된 매장 주체부를 舊지표면에 설치하였다. 왕묘로 간주되는 쿠르간 1을 보면, 쿠르간 봉분 아래의 舊지표면 중앙부에 길이 7.45m(동서방향), 폭 5.7m가 되게 네 개의 기둥을 박아 木造玄室을 만들고, 그 위는 갈대로 덮었다. 또한 이 중앙의 목조 현실 바깥쪽으로 52.5×19m의 범위 내에 나무 기둥을 일정한 모양으로 세우고 그 둘레로 모두 360개체의 말을 묻었다(도면 2, 2). 그 위로는 높이 5m의 봉분을 쌓고, 그 위에서 성대한 추모식을 행한 후에 다시 50개체 이상의 말을 묻은 다음에, 다시 그 위로 전체 높이 15m의 봉분을 쌓았다.[19]

기원전 5~4세기에는 이 지역에 舊지표면 혹은 토광에 연도가 달린 목조현실이 등장하는데, 후자의 경우 엘리자베찐스까야 쿠르간이 그 대표적인 예이다(도면 2, 4).[20]

스타브로폴 스텝지역의 쿠르간 중에서 노보자베젠노예 II 쿠르간 고분군의 쿠르간들은 그 구조가 상기한 켈레르메스 쿠르간과 흡사하고 이미 한국에 그 내용이 소개되어 있기 때문에 여기에서는 더 이상 언급하지 않겠다. 지적하고 싶은 것은 이 쿠르간 군에서는 쿠르간 봉분 둘레로 약 50m 거리를 두고 둥글게

17) 정석배, 「러시아에서 조우한 스키타이 무덤」, 2000b. 임효택·이인숙 외 고고학자 23인, 『유물은 스스로 말하지 않는다』, 푸른역사, 2000.
18) Петренко В. Г., Скифы на Северном Кавказе // Степи европейскй частн СССР в скифо-сарматское время. Археогия СССР. М., 1989, p.221. Галанина Л. К., Келермесские курганы, М. (L. K. Galanina, 1997, Die Kurgane von Kelermes, Moskau), 1997, pp.52~54.
19) Петренко В. Г., 앞의 글, 1989, p.221.
20) Петренко В. Г., 앞의 글, 1989, pp.221~222.

원을 이루며 壕가 파여져 있다는 점이다.

끄라스노예 즈나먀 쿠르간 고분군(기원전 7~6세기)에는 봉분 둘레로 나있는 壕에서 파낸 흙으로 쌓은 封土墳이 기본적이며, 대부분의 경우 봉분 상면에 돌을 깔아 '돌 갑옷'을 입히었는데, 이는 곧 봉분 상면에 葺石을 하였음을 의미한다. 또한 壕의 안쪽 면에서 돌을 입히어 쿠르간 봉분 전체가 웅장하게 보이게 하였다. 매장주체부는 舊지표면이나 토광에 설치하였는데, 石造玄室 혹은 木造玄室이다. 이 고분군의 쿠르간 1은 높이 14~15m, 직경 70m이고, 둘레에 폭 25m, 깊이 3.5m의 壕가 둘려져 있었다. 매장주체부는 舊지표면에 설치하였고, 그 둘레로 돌로 만든 환상의 담장을 둘리었다. 한편 이 쿠르간에는 환상석렬의 한쪽 편에 이중 방형의 제단을 만들어 놓았다.[21]

따라서 北카프카스의 스키타이 쿠르간들에는 封土墳, 葺石, 봉분 둘레의 壕, 봉분 아래의 環狀石列, 토광 혹은 舊지표(혹은 드물게는 봉분 내)의 木造玄室이나 石造玄室 등과 같은 요소가 관찰된다. 또한 토광에 매장주체부가 있는 경우에는 토광의 상면 둘레로 토광에서 파낸 흙이 원형으로 분포하고 그 위로 갈대를 덮었다.

Ⅲ. 사브라마트 문화의 墓制

사브라마트 문화의 유적은 西의 돈 강에서 東의 우랄 강까지의 스텝지대에 분포하며, 볼가·돈지역군과 사마라·우랄지역군의 두 지역군으로 대별된다. 흔히 사브라마트 문화와 사르마트 문화를 합쳐 사브라마트·사르마트 문화라

---

21) Петренко В. Г., 앞의 글, 1989, pp.217~218.
  끄라스노예 즈나먀 쿠르간군을 전기 사르마트시대의 것으로 이야기한 것은 잘못된 것이다(정석배, 2000a, 앞의 글, p.36).

부르고, 이를 다시 사브라마트 문화기, 전기 사르마트 문화기, 중기 사르마트 문화기, 후기 사르마트 문화기로 나누지만,[22] 여기에서는 스키타이 시대에 해당하는 사브라마트 문화기(기원전 7~4세기)의 묘제에 대해서만 K. F. 스미르노프의 연구내용을 중심으로 검토해보기로 한다.[23]

사브라마트의 무덤은 청동기시대의 쿠르간에 덧매장을 한 것이 많은 수를 차지한다. 예를 들어, K. F. 스미르노프는 매장방식을 알 수 있는 기원전 8~4세기 이행기와 사브라마트 시기의 무덤 456기를 검토한 바 있다. 그런데 그 중에서 271기의 무덤이 청동기시대의 쿠르간에 덧매장을 한 것이었다. 덧매장은 일반인이나 쿠르간 매장자의 예속인(혹은 친척)에게 주로 행해졌다.

그러나 사브라마트 시기에 축조한 쿠르간도 적지 않다. 특히 볼가 강 유역과 우랄 강 유역의 스텝지역에는 스키타이-사르마트 시기의 쿠르간이 대부분을 차지하며, 청동기시대의 것은 일부에 불과하다. 이 지역에는 스키타이-사르마트 시기에 축조한 수 백기의 쿠르간이 군을 이루고 있는 경우도 많이 있다. 발쇼이 까라만 강변의 수슬라 마을, 말르이 까라만 강변의 보아로 마을, 일레크 강변의 '자랴' 농장 부근들의 쿠르간군들이 그러하다. 부자나 귀족들의 무덤에는 일반적으로 쿠르간 봉분을 쌓았던 것이다.

쿠르간 봉분은 대부분 흙을 쌓아 만들었으나, 드물게는 돌도 이용하였다. 봉분의 크기는 볼가 강 유역의 경우는 큰 것이 높이 4m 이상, 직경 60m이나, 작은 것은 높이 0.15~0.30m, 직경 7~9m 혹은 20~23m이다. 볼가 강 유역의 대부분 쿠르간은 높이가 1m 이하인 것으로 알려져 있다. 이 지역 봉분은 반구상을 이

---

22) 정석배, 2000a, 앞의 글, p.35.
23) Смирнов К. Ф., Савроматы, М., 1964.
Смирнов К. Ф., Савроматская и раннесармаская культуры // Степи европейской части СССР в скифо-сарматское время. Археогия СССР. М., 1989.

루고 있고 높은 봉분 둘레에는 周溝가 돌려져 있기도 하다. 사브라마트 문화에서는 大形 封土墳이 우랄 강 유역의 일레크 강 좌안에 주로 분포한다. 예들 들어, 삐찌마르이 I 고분군에서는 규모가 가장 큰 쿠르간이 높이가 5.5m, 직경이 60m이다. 이 지역에는 각각의 고분군에 높이 3~6m의 쿠르간이 몇 기씩 위치한다.

볼가 강 우안의 고르나야 쁘로레이까 마을 부근의 쿠르간들은 특이한 모습을 하고 있다. '짜르스끼예 마길니쯔이' 라고 명명된 한 쿠르간군에는 단 1기만이 봉분을 흙으로 쌓았고, 나머지 7기는 돌로 쌓았다(도면 3, 5). 이 쿠르간군에는 2기는 대형이고 나머지는 소형으로 이루어져 있는데 지역 주민들이 건축용으로 많이 훼손을 하였다 한다. 북쪽에 위치하는 대형 쿠르간은 발굴조사 당시 직경이 40m, 높이가 2.5m로, 1921년도의 지표조사 자료에 의하면, 그 높이가 3.5싸젠(1싸젠=2.134m), 즉 7.469m이었다고 한다. 쿠르간 봉분 둘레에는 15~16m 거리에 쿠르간 봉분에서와 같은 돌을 2~3겹 쌓아 만든 환상석렬이 돌아가고 있다. 두 번째의 대형 쿠르간은 높이 8m, 직경 36m,이었고, 봉분 둘레에는 14m 거리를 두고 2~3겹의 돌을 쌓아 만든 폭 3m의 환상석렬이 돌아가고 있다. 그런데 이 적석봉분 아래에서는 토광이 전혀 발견되지 않았다. 나머지 소형 쿠르간들은 직경이 8~10m, 높이가 0.40~0.50m이며, 토광이 있는 경우도 있고 없는 경우도 있었다.

사브라마트 문화의 동쪽지역에는, 서쪽의 볼가 강 유역보다, 훨씬 더 많이 積石封墳 혹은 土石封墳이 발견된다. 예를 들어, 악쭈빈스크 부근의 쟉스이-까르갈라 강 좌안에서 발견된 두 쿠르간은 封土 표면에 하나는 環狀으로 돌을 덮고(도면 3, 4), 다른 하나는 전체를 돌로 덮었다(도면 3, 3). 후자의 쿠르간은 높이 0.60m, 직경 3m로서 규모가 작다. 악쭈빈스크 주변에는 봉토분 사이사이에 이와 같이 적석봉토분들이 가끔씩 발견되었다. 일레크 강변에 있는 '자랴' 농장의 쿠르간들에도 완전한 적석봉분은 보이지 않지만 봉토에 환상으로 혹은 전체를 돌로 덮은 것이 더러 보인다고 한다. 이와 같이 봉분에 돌을 사용한 것은 사브라마트 문화에서 우랄 강 유역의 한 특징이다. 이와 같은 형태의 쿠르간은 카자흐스탄의 타볼 강 상류 지역에서도 발견된 바 있다.

사브라마트 문화 무덤들의 매장주체부는 細장방형이나 細말각장방형 토광이 가장 많은 수를 차지한다. 길이는 1.40~2.40m, 폭은 0.60~0.90m, 깊이는 0.65~2m가 일반적이며, 아주 드물게는 깊이가 2.30m인 경우도 있다. 이와 같은 토광은 대부분 덧매장에 보이며, 특히 청동기시대 쿠르간에 덧매장을 한 것은 모두 이 유형에 속한다. 토광 위에는 나무 횡대의 흔적이 남아있는 경우도 있다. 이행기와 사브라마트 문화 이른 시기의 볼가 강 유역과 우랄 강 유역 모든 지역에 특징적이었다.

廣장방형 토광 역시 사브라마트 문화의 대부분 지역에서 발견된다. 廣장방형 토광은 위에 낮은 봉분을 쌓은 것도 있고, 다른 봉분에 덧매장용으로 만든 것도 있다. 규모는 길이 1.5~3m, 폭 1~2m, 평균 깊이 1~2m이며, 드물게는 깊이가 3m에 달할 때도 있다. 그런데 이 廣장방형 토광 중에는 '뜨리 브라따' 쿠르간 군 쿠르간 16과 비치낀-불룩 고분군 쿠르간 16에서와 같이 토광의 바닥이 위보다 더 넓은 것도 있다. 이 유형 토광에는 벽에 단을 만들어 놓은 것도 있다. 細장방형과 廣장방형 토광은 모두 일반인들의 무덤으로 알려져 있다.

廣방형 혹은 방형에 가까운 토광도 대부분의 지역에서 발견되나, 그 수가 많지는 않다. 廣방형 토광은 규모가 길이 3.20~8m, 폭 2~6m, 깊이 2~4m로서, 목조구조물이 설치된 경우가 많으며, 부장품이 풍부하다. 따라서 귀족층의 무덤으로 추정되고 있으며, 이 유형 토광은 이미 이행기부터 보이기 시작하였으나 사브라마트 문화가 최고로 번성하였던 기원전 5세기에 가장 많이 축조되었다.

타원형 혹은 원형 토광은 廣방형 토광보다 그 수가 적다. 타원형 토광은 규모가 길이 1.85~3.35m, 폭 1.1~2.7m, 깊이 0.85~3.7m로, 이 유형 토광에는 거의 모두 쿠르간 봉분을 쌓았고, 부장품은 풍부하나 대부분 도굴되었다. 원형 토광은 규모가 직경 1.10~2m, 깊이 1.20~2.50m이며, 모두 위에 쿠르간 봉분을 쌓았다. 원형 토광은 이행기의 것으로 보이며 사브라마트 시대에는 우랄 강 유역을 제외하고는 거의 보이지 않는다.

우랄지역에서는 표토 바로 아래의 生土面 위에 매장을 한 경우가 보고되기도 하였다. 이 경우는 표토를 얕게 파거나 혹은 생토 상면에 시신을 놓고서 화장을 하거나 일부 불에 태운 다음에 그 위에 쿠르간 봉분을 축조한 것이다. 사브라마트 문화에는 시신을 묻는 것이 일반적이었기 때문에 이와 같은 매장방식은 사용이 극히 제한적이었다. 舊지표면에 시신을 안치하고 그 위로 쿠르간 봉분을 쌓은 것은 일레크 강변의 따라-부딱 쿠르간군과 삐지마르이 쿠르간군에서 확인되었는데, 이 때는 시신을 곽이나 천막과 같이 지상가옥을 모방하는 목조구조물을 만들어 안치하였다. 이와 같은 매장방식은 사브라마트 문화의 거의 대부분 지역에서 확인이 되었으나, 매우 드문 편이며, 그나마 우랄 강 유역에서 가장 많이 발견되었다. 이 유형의 무덤은 대부분 기원전 5~4세기로 편년된다.

이 외에도 사브라마트 문화의 묘제에는 카타콤브 혹은 빠드보이가 있다. 카타콤브란 위에서 설명한 바와 같고, 빠드보이는 먼저 지하로 토광을 판 다음에 그 바닥 높이에서 다시 아래로 거의 대부분 토광의 장축에 맞추어 토광의 측면을 파 들어가 효室을 만들고 그곳에 시신을 안치한 것이다. 사브라마트 문화에는 세 가지 유형의 카타콤브가 확인되었다. 첫 번째는 토광의 장축 한쪽 측면에 현실을 만든 것이고, 두 번째는 토광의 단축 한쪽 측면에 토광의 장방향과 일치하게 현실을 만든 것이며, 세 번째는 토광의 장축과 장축 측면 대부분을 파고서 현실을 만든 것이다. 카타콤브는 첫 번째 유형의 것이 가장 많고, 나머지 두 유형은 그 수가 극히 미미하다. 사브라마트 문화에서는 카타콤브가 기원전 5세기경에 보이기 시작하여 기원전 4세기에 가장 많이 축조되었다.

사브라마트 문화의 무덤은 많은 경우에 있어 바닥에는 갈대, 나무 껍질, 펠트천, 직물 등을 깔았고, 벽에는 갈대, 판재, 나무껍질, 나뭇가지 등을 대었고, 무덤의 상면은 먼저 나뭇가지, 풀, 돌 등을 덮고, 그 다음에 횡대를 걸쳤던 것으로 보인다. 이러한 재료들은 판석, 판재, 말뚝 등과 함께 카타콤브 혹은 빠드보이의 현실 입구를 막는 데도 사용되었다. 사브라마트 문화의 무덤에서는 대부분 납작한 나무 횡대를 걸치었던 것으로 보이는데, 큰 무덤에서는 횡대가 토광의 범위를 훨씬 벗어나게 설치된 경우도 자주 보인다(도면 3, 1).

이 외에도 사브라마트 문화의 무덤에서는 불숭배 의식이 널리 행해졌다. 무덤 위의 구조물을 불에 태우거나, 무덤 위에서 모닥불을 지피고, 무덤 속으로 불이 타고 있는 나무나 숯 혹은 재를 밀어 넣어 피장자가 불에 타거나 그을리기도 하였다. 그러나 시신을 완전히 화장한 경우는 매우 드물다. 불 대신에 무덤에 숯이나 재를 넣거나, 혹은 흔히 백묵이나 흰색의 패각과 같은 백색의 물질을 넣었고, 간혹 계관석, 황토, 유황 등을 넣기도 하였다. 두향은 서향이 일반적이며, 동향과 남향도 있었다. 집단묘보다는 단독묘가 더 많았다.

지금까지 사브라마트 문화의 묘제에 대한 K. F. 스미르노프의 연구내용을 살펴보았다. 그러나 그의 연구논저에는 주구에 대한 예가 거의 없는데, 그 한 예를 따로 들기로 한다. 볼가 강 하류 유역의 니꼴스끼 고분군에서는 모두 23기의 쿠르간이 조사되었는데, 그 중 사브라마트 문화의 것으로 판명된 8기의 쿠르간에 모두 주구가 있다. 주구는 또한 사르마트 문화의 것에도 보였다. 그 중 사브라마트 문화기의 쿠르간 1을 소개하면 다음과 같다(도면 3, 2).[24] 봉분은 흙으로 쌓은 원형이며, 직경은 35m, 높이는 1.5m이다. 봉분 둘레로 폭 6~4m, 깊이 0.2m의 周溝가 나있다. 봉분에는 도굴갱이 있으며, 토광은 장방형이고 장축은 남북방향이다. 토광의 규모는 8.2×6.8m에 깊이 3.8m이다. 무덤에서 나무 횡대의 잔존물과 재와 목탄과 같은 모닥물의 흔적이 발견되었다. 토광의 중간 쯤에는 단이 하나 나있어, 전체적으로 토광이 좁아진다.

전체적으로 사브라마트 문화의 무덤에는 청동기시대 쿠르간에 덧매장을 한 것이 많이 있지만, 사브라마트 시대에 축조된 쿠르간도 적지 않음을 알 수 있다. 이 시기 쿠르간 봉분에는 封土墳이 일반적이며, 봉토분 표면에 環狀으로 혹은 봉토분 표면 전체를 돌로 덮은 積石封土墳도 있고, 드물게는 봉분 자체를 모두 돌로 만든 積石封墳도 있다. 봉분 둘레에서는 周溝를 둘린 경우도 자주 있는 것으로 지적되었다. 매장은 細장방형이나 細말각장방형, 廣장방형, 廣방형, 타

---

24) Засецкая И. П., Савроматские и сарматские погребения Никольского могильника в Нижнем Поволжье // Труды Государственного Эрмитажа. XX. Ленинград, 1979.

원형이나 원형의 土壙, 카타콤브나 빠드보이의 玄室, 혹은 드물게는 舊지표면 부근에 시신을 안치하고 그 둘레로 목곽이나 천막 형태의 구조물을 설치하여 하였다. 토광을 비롯하는 무덤에는 바닥과 벽 그리고 무덤 위로 유기물질을 깔 거나 덧대거나 덮었으며, 그 위로 다시 횡대를 설치하였는데, 큰 무덤의 경우 그 횡대의 범위가 토광의 범위를 훨씬 벗어난 경우가 많았다.

Ⅳ. 中央아시아와 카자흐스탄의 '사카 世界' 의 墓制

아랄해에서 東카자흐스탄까지 중앙아시아와 카자흐스탄에는 사카와 관련된 유적들이 널리 분포하며, 이 유적들은 몇 개의 지역적인 그룹으로 나뉜다. 스이 르다리야 강 하류(아랄해 유역)의 사카, 아무다리야 강 하류(쿠유사이 문화)의 사 카, 투르크메니아 북서부의 사카, 파미르의 사카, 中央카자흐스탄의 타스몰라 문화, 세미레치예와 天山의 사카, 케트멘-튜베, 페르간, 알라이의 사카(잘아르익 문화), 그리고 東部카자흐스탄의 사카가 바로 그러하다.

1. 스이르다리야 강 하류

아랄해 유역의 스이르다리야 강 하류, 인카르다리야 강 유역에는 유즈느이 (南) 타기스켄 고분군과 우이가락 고분군으로 대표되는 이른 시기(기원전 7~5세 기)의 사카 유적이 분포한다. 이른 시기의 사카 쿠르간으로 南타기스켄 고분군 에는 약 50기 중 38기, 우이가락 고분군에는 약 80기 중 70기가 각각 발굴조사 되었다. 그 내용을 살펴보면 다음과 같다.[25]

이 두 고분군의 쿠르간 봉분들은 砂質土壤으로 쌓은 封土墳으로서 심한 풍화 작용으로 인해 그 원래 높이를 알아볼 수 있는 것이 거의 없다. 봉분의 규모는 잔존 높이 0.3~2m, 직경 10~40m이다. 봉분은 대부분 평면상 원형이나, 매장주 체부에 연도가 있는 경우에는 타원형을 띠는 것도 있다.

南타기스켄 고분군과 우이가락 고분군에서는 피장자를 토광과 舊지표에 매장을 하였다. 토광은 대형의 장방형이 많은데, 네 가지 유형으로 나뉜다. 첫 번째 유형은 장축이 대부분 東西 방향인 규모 2.7×2.3~4.5×3.7m, 깊이 1~2m인 장방형 토광이다. 이 토광의 위에는 나무로 횡대를 하였으며 그 횡대 위로는 갈대나 작은 나뭇가지를 깔았다. 토광의 상면뿐만 아니라 그 주변에 있는 무덤에서 파낸 흙도 모두 갈대로 덮었다. 바로 이 갈대층 위로 봉분을 쌓았다. 간혹 토광 둘레로 약간의 거리를 두고 溝를 돌린 경우도 있는데, 역시 갈대로 덮었다. 무덤의 바닥에는 네 모퉁이에 기둥구멍이 있기도 하고(도면 4, 1), 때로는 무덤의 바닥 주변을 따라 溝를 파 놓아 피장자를 마치 '탁자'에 안치한 듯한 인상을 주기도 하였다. 그러나 기둥구멍에서 실제로 기둥의 흔적은 단 한 군데에서도 확인되지 않았다. 간혹 무덤 위의 나무를 불에 태우기도 하였고, 무덤 둘레로 봉분 아래에서 모닥불을 지핀 흔적이나 숯을 흩뿌린 흔적이 관찰되기도 한다.

　두 번째 유형의 장방형 토광은 토광 둘레를 따라 4~5.5m의 거리를 두고 舊지표면에 環形土壘(폭 2~4m, 높이 0.5~0.7m)가 형성되어 있는 것이다. 봉분은 이 토루의 안쪽으로 쌓았고, 이 토루 바깥쪽으로는 다시 周溝를 파 놓기도 하였다. 이 유형 토광은 단 3기만이 알려져 있으며 모두(南타기스켄 고분군이 아니라) 北타기스켄 고분군에 위치하고 장축은 역시 동서 방향이다. 무덤의 바닥에는 모퉁이에 기둥구멍이 있고, 무덤 위는 나무 횡대를 걸치었다. 北타기스켄의 쿠르간 8에는 화장이 행해졌는데, 환형토루 바깥의 주구에도 나뭇가지가 채워져 있었음이 확인되어 의례시 불을 지펴 불고리(火環)를 만들었을 것으로 추정된다.

25) Итина М. А., Яблонский Л. Т., Саки Нижней Сырдарьи (по материалам могильника Южный Тагискен), М., 1997.
　Вишневская О. А., Культура сакских племен низовьев Сырдарьи в VII-V вв. до н. э. (по материалам Уйгарака). М., 1973.
　Итина М. А., Ранние саки Приаралья // Степная полоса Азиатской части СССР в скифосарматское время. Археогия СССР. М., 1992, pp.31~47.

세 번째 유형은 타원형에 가까운 細장방형 토광으로서 규모는 일반적으로 1.75×1.4~3×1.63m에 깊이 0.62~1.35m이나, 아주 작은 것도 있다. 토광을 나뭇가지와 갈대로 덮었고, 屍身葬을 행하였다.

네 번째 유형은 연도가 있는 장방형 토광으로서 南타기스켄 고분군에서만 확인되었다. 토광의 규모는 2.5×3~3×3m, 깊이 2.2×2.5m이고, 연도는 길이 5~12m이다. 무덤의 구조는 첫 번째 유형의 것과 비슷하며, 토광과 연도 사이는 나무로 막고, 가끔 불에 태운 후에 흙으로 메웠다. 이곳에는 동향이 많다.

舊지표상의 매장은 피장자의 사회적 지위와 관련이 있는 것으로 해석된다. 예를 들어, 우이가락 고분군의 동쪽 그룹 쿠르간들에는 舊지표상 매장이 다수를 점하고 있는데, 그 중에는 石製祭器가 부장된 사제들의, 즉 높은 지위를 누렸던 인물들의 무덤이 많이 있다. 이 무덤에는 피장자 둘레에 기둥구멍이 하나 혹은 두 개의 원을 이루며 나있기도 하다(도면 4, 2).

屍身葬을 행한 경우에는 무덤의 바닥에 대부분 자리를 깔은 것이 확인되었다. 따라서, 스이르다리야 강 하류의 사카인들은 장방형의 토광이나 아니면 舊지표상의 바닥에 자리를 깔은 다음에 시신을 안치하고, 토광의 경우 그 위를 대부분 나무 횡대로 걸친 다음에 갈대나 작은 나뭇가지로 덮고 그 위로 사질토로 봉분을 쌓았음을 알 수 있다. 토광의 바닥에는 네 모퉁이에 기둥구멍을 내어놓거나, 바닥 가장자리를 따라 溝를 파서 무덤 바닥을 마치 "탁자" 모양으로 만들기도 하였다. 토광에는 또한 연도가 딸린 것 즉 횡혈식도 있었다. 토광의 위 둘레에는 일정한 거리를 두고 溝를 돌리기도 하였고, 봉분의 가장자리를 따라 環狀의 土壘와 그 바깥으로 周溝를 돌리기도 하였다. 이곳 사카의 쿠르간에서는 불의례를 행한 흔적도 자주 보임을 알 수 있다.

2. 쿠유사이 문화

쿠유사이 문화는 아무다리야 강 좌안의 사르이까므이쉬 델타 주변, 호레즘의 서쪽 주변에 위치하는 사카의 문화였다. 대체로 기원전 7~4세기로 편년되며, 이른 시기(기원전 7세기 중엽~6세기 중엽)와 늦은 시기(기원전 6세기 중엽~4세기)의 두 단계로 나뉜다. 대표적인 유적에는 쿠유사이 2 주거유적, 투멕-키치직 고분군, 타르임-카야 고분군, 사카르-차가 고분군 등이 있다.[26)]

투멕-키치직 고분군에서는 발굴조사된 43기의 쿠르간 중에 18기가 쿠유사이 문화에 속하며, 이들은 모두 기원전 7~6세기로 편년되었다.[27)] 모두 封土墳이나 봉분의 크기는 매우 작은 것으로 지적되고 있으며, 간혹 봉분 속에 돌이 포함되기도 하였다. 매장주체부는 위도방향 토광(屍身葬) 12기, 舊지표상 화장 1기, 舊지표상 屍身葬 4기, 원형 토광(屍身葬) 1기가 각각 확인되었다. 대부분 서향이다.

타르임-카야 I 고분군에는 두 개의 쿠르간군이 있다. 남쪽의 것에는 30기의 쿠르간 봉분이, '트리고푼크트 부근의 쿠르간군' 이라고도 불리는 북쪽의 것에는 30기 이상의 쿠르간 봉분이 각각 확인되었다. 남쪽의 것은 모두 봉토분이고 간혹 석회암 돌이 섞여 있기도 하다. 봉분의 규모는 직경 5~7m 혹은 12~17m, 높이 0.3~0.5m 혹은 1m이다. 타르임-카야 I 고분군의 매장주체부는 투멕-키치직 고분군의 것과 거의 동일한 양상을 보이나, 투멕-키치직 고분군과는 달리, 서향과 동향이 거의 같은 비율이다. 투멕-키치직 고분군과 타르임-카야 I 고분군 모두 신전장이 우세하고, 무덤의 바닥에는 갈대와 같은 식물을 깔아 자리를 만들었다. 무덤 위에는 갈대와 나무로 횡대를 하였고, 그 위에는 석회암 판석을 쌓아 소위 '피라미드' 를 만든 경우가 많으며, 그 위로 흙을 쌓아 봉분을 만들었다. 매장주체부 둘레에는 기둥구멍 열이 있는 경우도 있고, 봉분 둘레에는 周溝가 있는 경우도 있다. 한편, '트리고푼크트 부근의 쿠르간군' 의 쿠르간 1과 2에

---

26) Вайнберг Б. И., Памятники скотоводческих племен в левобережном Хорезме // Степная полоса Азиатской частн СССР в скифо-сарматское время. Археогия СССР. М., 1992, pp.116~122.
27) 투멕-키치직 고분군에서는 쿠르간 하부구조로 빠드보이와 카타콤브도 있지만 이들은 기원전 1세기~기원후 2세기로 편년된다.

서는 甕棺을 사용한 것이 확인되었다(도면 4, 5). 옹관은 생토면에 구덩이를 파
고 넣었거나 아니면 舊지표면에 그대로 세우다시피 한 것도 있다. 쿠유사이 문
화에서는 기원전 5~4세기 교체기에 쿠르간에 옹관을 매장하기 시작하였다.[28]

이른 시기의 사카 유적으로 간주되는 사카르-차가 고분군은 구릉에 위치하며
1~6까지 모두 6개의 고분군으로 구성되어 있다. 이곳에서는 봉토분 아래에 무
덤 둘레로 환상석렬을 1열 혹은 2열 돌린 것이 확인되며(도면 4, 3), 봉분 둘레에
주구를 돌린 것도 보인다(도면 4, 4). 매장은 토광이나 舊지표면에 하였다. 舊지
표면에 매장을 한 경우에는 인골 주변으로 기둥구멍이 둥글게 원을 이루고 있
는 경우도 있다.[29]

3. 투르크메니아 北西部

카스피아해와 아무다리아 강 하류의 중간에 나있는 우즈보이 강 하상 주변으
로 기원전 5세기 말~서기 4세기로 편년되는 고분군과 의례소 그리고 성터와 같
은 유목민들의 유적이 분포한다. 대표적인 유적에는 도르돌 고분군과 의례소
가 있다. 이곳 투르크메니아 북서부의 쿠르간 봉분은 외견상 돌과 흙이 뒤섞여
있으며, 舊지표상에 설치한 石室과 같은 구조물이 무너져 내려 형성된 것으로
추정된다. 평면상 원형이나 타원에 가까우며 규모는 직경 4~14, 15m, 높이
0.2~1.5, 2m이다. 매장은 舊지표상에 축조한 장방형, 사다리꼴, 방형, 원형, 혹
은 타원형의 석실에 하였다. 석실 벽은 석재를 수평으로 쌓고 다시 수직으로 세
운 돌을 대어 만들었고 두께는 0.5~1.5m이었다. 석실의 위는 판석으로 덮었다

28) Вайнберг Б. И., Памятники куюсайской культуры // Кочевники на
    границах Хорезма. М., 1979, pp.27~45.
    Трофимова Т. А., Черепа из погребений куюсайской культуры в
    могльниках Тумек-кичиджики Тарым-кая // Кочевники на границах
    Хорезма. м., 1979, p.77.
29) Яблонский Л. Т., Саки Южного Приаралья, М., 1996.

(도면 5, 1). 석실에는 보통 10~15명 혹은 20~30명을 매장하였으며, 매장은 단번에 이루어진 것이 아니었다. 이 석실들은 크게 기원전 4~2세기와 기원전 2세기~기원후 4세기라는 두 시기로 구분되며, 이른 시기에 속하는 것은 10여기 이상에 불과하다. 이른 시기에는 시신을 석실에 안치하였다가 나중에 그 뼈를 추슬러 옹관에 담는 풍습이 확인되었다.[30]

4. 파미르

파미르는 '세계의 지붕'이라 불리는 해발 3600~4000m의 고원지대이다. 이곳에는 옥수 강 상류 지역, 이스트익 강 유역, 파미르 강 유역, 코코이벨수 강 유역 등에 사카와 관련된 고분 유적들이 분포한다. 이 지역 이른 시기 유목민들의 유적에 대해서는 지금까지 몇 가지의 시기구분안이 제시되었다. 가장 널리 받아들여지는 것은 기원전 8~6세기, 기원전 5~3세기, 기원전 2~서기 3세기 안이다. 여기에서는 앞의 두 시기의 묘제에 대해 간략하게 검토해 보기로 한다.[31]

기원전 8~6세기의 고분은 수기에 불과하며, 파미르 I 고분군의 쿠르간 10이 대표적이다. 이 쿠르간은 봉분의 높이가 0.45m, 폭이 5m이며, 봉분은 2열의 환상석렬에 둘러싸여 있었다. 봉분 아래의 토광(깊이 0.65m)은 야생양의 뿔로 덮여 있었다. 피장자는 좌측으로 웅크린 굴장이며 동향이다. 이 외에도 이 시기에 해당하는 다른 고분군들의 무덤에서는 위도 방향으로 나있는 장방형의 토광을 판석과 나뭇가지로 덮은 것이 보인다.

---

30) Вайнберг Б. И., Юсупов Х Ю., Кочевники северо-западной Туркмении // Степная полоса Азиатской части СССР в скифо-сарматское время. Археогия СССР. М., 1992, pp. 122~129.
31) Литвинский Б. А., Древние кочевники "крыши мира", М., 1972.
Заднепровский Ю. А., Ранние кочевники Памира // Степная полоса Азиатской части СССР в скифо-сарматское время. Археогия СССР. М., 1992, pp. 95~100.

파미르에서 발견된 대부분의 고분은 기원전 5~3세기에 해당된다(도면 5, 2-3). 대표적인 유적은 아크베이트 고분군이다. 아크베이트 고분군은 약 3㎞에 걸쳐 100여기 이상의 고분으로 이루어져 있다. 무덤은 앞의 시기와 마찬가지로 토광을 파서 만들었으나, 봉분의 구조는 꽤 다양해진다. 환상석렬을 두른 원형과 타원형의 적석봉분, 1열 혹은 2열의 석렬을 두른 장방형의 적석봉분, 그리고 타원형 혹은 원형으로 돌을 깔아 놓은 것(브이끌라드까) 등이 있다. 여기에서 환상석렬은 태양의 표식이라 간주되기도 한다. 토광의 인골 위에 가죽끈으로 나무를 이어 만든 '방패'를 덮은 경우도 있다. 동향과 서향이 다 보이며, 굴장이고, 피장자의 전체 혹은 일부 부분에 붉은 색을 칠한 것도 있다. 이 시기의 고분에는 케노타프가 많은데, 아크베이트 고분군의 경우는 케노타프가 발굴된 고분의 1/3을 차지한다.

5. 타스몰라 문화

타스몰라 문화의 유적들은 카자흐스탄의 중부지역, 이쉼 강 상류와 발하쉬 호의 사이 지역과 그 주변 지역들에 주로 분포한다. 이 문화에는 전기(기원전 7~6세기)와 후기(기원전 5~3세기)의 두 시기로 나뉘며, 두 시기 모두 '콧수염'이 있는 쿠르간이 특징적이었다. 전기에는 타스몰라 I, V, VI 고분군, 카라무룬 고분군, 누르만베트 IV 고분군 등이, 후기에는 타스몰라 II, III 고분군, 카라무룬 I, II 고분군, 누르만베트 I, II 고분군 등이 각각 대표적인 유적이다. 墓制는 전기와 후기를 막론하고 전 기간(기원전 7~3세기)에 걸쳐 거의 일정하였던 것으로 간주된다. 그 내용을 살펴보면 다음과 같다.[32]

---

[32] Маргулан А. Х., Акишев К. А., Кадырбаев М. К., Оразбаев А. М., Древняя культура Центрального Казахстана. Алма-Ата., 1966, pp.307~371.
Вишневская О. А., Центральный Казахстан // Степная полоса Азиатской части СССР в скифо-сарматское время. Археогия СССР М., 1992, pp.130~140.

　고분군은 통상 10~15기의 쿠르간으로 이루어져 있으나, 간혹 개별적으로 따로 떨어져 있는 것도 있다. 쿠르간 봉분은 封土墳, 積石封墳, 土石混築封墳 등이 있으며, 규모는 대체로 직경 10m 내외, 높이 0.2~1m로 소형이다. 그러나 직경 20m 내외, 높이 2m 이상의 비교적 큰 쿠르간도 있다. 봉분 둘레에는 대부분 가장자리에 큰돌로 환상석렬을 설치하였고, 또한 그 바깥쪽으로는 壕, 즉 周溝를 돌린 경우가 많다. 그러나 壕는 일반적으로 봉토분과 토석혼축봉분에서 발견되며, 환상석렬과 호가 모든 쿠르간에 다 있는 것은 아니다.

　각 고분군에는 1기에서 수기까지의 소위 '콧수염' 쿠르간이 있다(도면 6, 1). '콧수염' 쿠르간은 '큰' 쿠르간과 '작은' 쿠르간 그리고 '콧수염' 으로 구성되었다. '큰' 쿠르간에는 사람을, '작은' 쿠르간에는 말과 토기를 묻었다. '작은' 쿠르간이 없는 경우에는 '큰' 쿠르간의 봉분 정상부나 한쪽 측면에 말과 토기를 묻은 것으로 밝혀졌다. '콧수염' 은 '큰' 쿠르간의 동쪽에 한 쌍이 대칭을 이루며 弧線 모양으로 나있는 석렬을 지칭하는 것이다. 이 석렬의 크기는 대체로 폭이 1.5~2m, 길이가 20~200m이며, 석렬은 돌을 빈틈없이 계속 이어서 만든 것이 아니라, 직경 1.5~2m의 원형 혹은 장방형 적석 구조물을 일정한 틈을 두고 사슬 모양으로 서로 연결하여 만든 것이다. 석렬의 양쪽 끝부분은 직경 2.5m 정도의 봉분 모양의 적석 구조물로 마무리되는데 그 아래에서 모닥불의 흔적이 자주 발견된다. 이 '콧수염' 에 대해서는 그 방향이 동쪽으로 나있기 때문에 태양숭배를 반영한다는 의견도 있고, 추도의식을 행할 때에 만들었을 것이라는 의견도 있다.

　일반적인 쿠르간이나 '콧수염' 쿠르간이나 모두 봉분 아래에는 토광을 만들어 매장을 하였다. 토광은 기본적으로 타원형이며 규모는 1.5×0.8m, 2.5×1.3m에 깊이 0.7~2m이다. 토광 둘레에 판석을 두른 것(누르만베트 Ⅳ 고분군), 대형의 장방형 토광, 빠드보이(2기)(도면 6, 3) 등도 보이지만 거의 예외적인 현상이다. 피장자의 아래에 갈대로 만든 자리를 깔은 것이나 피장자의 머리 아래에 판석을 놓은 것도 없는 것은 아니지만 역시 그 수가 매우 적다. 무덤은 대부분 單葬이며, 신전장을 행하였고, 북향이나 북서향이 많았다. 토광은 항상 커다란 판석으로 덮었고, 그 판석 위로 봉분을 만들었다(도면 6, 2).

6. 세미레치예와 천산

　세미레치예는 카자흐스탄의 남동부와 키르기스의 북부지방을 포괄하며, 이 그룹 유적에는 인접하는 천산의 유적이 일부 포함된다. 이곳에는 이식-쿨 호를 중심으로 하여 일리 강, 카라탈 강, 추 강, 탈라스 강 유역에 이른 시기 유목민들이 남긴 수기, 수십기 혹은 수백기의 쿠르간들로 이루어진 수백기의 고분군이 분포하고 있다. 이 중 1천기 이상에 달하는 사카-오손期의 쿠르간이 조사되었다. 이곳 세미레치예에는 중앙아시아의 다른 대부분의 지역들과는 달리 수장급 쿠르간이라고 할 수 있는 대형의 고총고분들이 위치한다. 세미레치예와 천산 지역의 이른 시기 유목민 문화는 크게 3기로 나뉜다: 전기 사카期(기원전 8~6세기), 사카期(기원전 5~3세기), 烏孫期(기원전 3~기원후 5세기). 여기에서는 U. A. 자드네프롭스키와 K. A. 아키쉐프의 조사내용을 중심으로 전기 사카기와 사카기의 묘제에 대해 살펴보기로 하겠다.[33]

　전기 사카期의 유적은 아직 충분하게 조사되지도 연구되지도 못하였다. 무덤은 개별적으로 알려져 있을 뿐이다. 무덤에는 토광, 빠드보이, 그리고 석상이 알려져 있고, 석상은 청동기시대 고분의 잔재로 여겨진다. 石箱墓는 카르갈르이 고분군과 비제 고분군에 보이며, 판석으로 횡대를 하였고, 그 위에는 봉분을 쌓았다. 주반토베 고분군에서는 하나의 봉분 아래에서 나무와 나뭇가지로 위를 덮은 두 개의 토광이 확인되었다. 빠드보이는 카라샤 2 고분군에서 확인되었는 바, 무덤을 수직으로 세운 판석으로 막았다. 무덤 위의 舊지표면에는 환상

33) Заднепровский Ю. А., Ранние кочевники Семьречья и Тянь-Шаня // Степная полоса Азиатской части СССР в скифо-сарматское время. Археогия СССр. М., 1992, pp.73~87.
Акишев К. А., Курган Иссык, М., 1978.

석렬을 돌렸으며, 두향에는 서향, 북서향, 북동향이 보인다.

  기원전 5~3세기의 사카기에는 유적의 수가 크게 증가하였고, 대형의 고총고
분은 모두 이 시기에 속한다. 이 시기의 대표적인 유적에는 이식 고분군과 베스
쉬트이르 고분군이 있는데, 모두 한국에 도면과 함께 약간씩은 소개가 되어 있
다.[34] 더욱이 이식 쿠르간은 1990년에 서울에서 개최한 '황금인간' 전시회를
통해 더욱 잘 알려져 있다.

  이식 고분군은 이식 강의 좌안을 따라 3㎞에 걸쳐 길게 분포하며, 모두 45기
의 쿠르간으로 이루어져 있다. 쿠르간 봉분은 대부분 봉토분이고 규모는 직경
30~90m, 높이 4~15m로서 대부분 대형의 수장급 무덤이다. 그 중 K. A. 아키쉐
프가 1969~1970년에 발굴조사한 16호 쿠르간이 우리에게 이식 쿠르간이라 알
려져 있다. 이식 쿠르간은 그 봉분의 규모가 직경 60m, 높이 6m이었다. 봉분은
구조가 분명하지 않으나, 대체로 냇돌층과 점토-깬돌층을 번갈아 쌓아 축조한
것으로 보인다. 舊지표에서 1.2m 깊이에서 두 개의 무덤, 즉 중앙 무덤과 측면
(남쪽) 무덤이 노출되었고, 중앙 무덤의 상면 주변에서는 무덤에서 파낸 둥글둥
글한 돌들을 모아놓은 것이 확인되었다. 중앙 무덤은 수차에 걸쳐 도굴을 당해
원래의 모습이 완전히 훼손되었다. 남쪽 무덤은 중앙 무덤에서 남쪽으로 15m
거리에 위치한다. 이곳에는 5열의 통나무열로 만든 장방형의 목곽이 설치되어
있었다. 목곽의 위는 통나무를 깔아 막았다. 이 목곽에 사용된 목재는 가공을
한 길이 1.5~3m, 두께 25~30㎝인 天山의 전나무였다. 목곽의 규모는 곽의 외곽
선을 기준으로 할 때에 3.3×1.9m이며, 피장자는 곽의 판자 바닥 위에 직물로
만든 자리를 깔고 안치하였다. 신전장이었고 두향은 서향이었다. 인골 사이에
서는 다량의 나무 부스러기와 철제 꺾쇠가 발견되었다. 이식 쿠르간은 처음에
는 기원전 5세기로 편년되었으나, 나중에 기원전 4~3세기의 교체기로 再편년

---

34) 崔秉鉉, 앞의 글, 1992, pp.397~412.

되었다.

베스쉬트이르 고분군은 일리 강과 차르인 강 유역에 분포하는 모두 100여 개 정도의 고분군에 수천기의 쿠르간으로 이루어진 베스쉬트이르 그룹 고분군들 중의 한 고분군이다. 베스쉬트이르 고분군은 일리 강 우안에 위치하며 31기의 쿠르간으로 구성되었다. 이 쿠르간들은 봉분의 크기에 따라 대형(직경 45~105m, 높이 6~18m), 중형(직경 25~28m), 소형(직경 6~18m)의 세 종류로 구분된다. 한 대형 쿠르간(직경 52m)의 봉분 아래에서 舊지표면에 설치한 현실(3.6×4m), 문앞방, 그리고 연도로 이루어진 목조구조물이 발견되었다. 문은 동쪽에 나있다. 현실의 벽은 통나무를 7~8겹 빽빽하게 쌓아 만들었고, 양쪽 면에서 기둥을 수직으로 박아 벽을 지탱하게 하였다. 현실의 위는 통나무로 횡대를 하였고 그 위를 갈대로 덮었다. 매장을 한 후에는 현실의 입구와 연도를 큰 돌로 메꾸었고, 그리고 나서 그 위로 거대한 봉분을 축조하였다. 중형 쿠르간들에서도 목조구조물이 발견되었다. 소형 쿠르간들에서는 토광이나 토광에 설치한 석상에 매장을 하였고, 토광의 위에는 나무로 횡대를 설치하였다. 베스쉬트이르 고분군의 가장자리 지역에는 돌 울타리 유구, 즉 호석 유구가 있는데, 세미레치예의 사카인들은 이 고분군을 신성한 장소로 여기어, 이곳에 수많은 제물을 바치고, 추도식과 다양한 숭배의식을 행하였다.

7. 잘아르익 문화

케트벤-튜베, 페르간, 그리고 알라이 지역의 사카 유적들 중에서는 西천산의 중부지역, 나르인 강 중류 지역에 위치하는 케트멘-튜베 분지의 것이 가장 잘 연구되었다. 이곳에서는 15개의 고분군에서 300기 이상의 쿠르간이 발굴조사되었다. 그 중 100기 이상의 쿠르간이 잘-아르익에서 조사되었기 때문에 이 지역의 사카기 문화를 잘아르익 문화라 부른다. 잘아르익 문화는 기원전 5~3세기로 편년된다. 그 내용을 살펴보면 다음과 같다.[35]

잘-아르익 II 고분군은 치치칸 강의 좌안에 위치하며 150여기의 쿠르간으로 이루어져 있다. 대부분의 쿠르간이 발굴조사되었는데, 천산에서는 가장 잘 조사된 사카기의 고분군이다. 이 고분군에는 직경 40m 정도의 큰 쿠르간들 둘레로 돌을 깔아 만든 직경 6~8m의 작은 쿠르간들이 모여 군을 이루고 있다(도면 6, 4). 무덤의 구조와 묘제는 쿠르간의 크기에 상관없이 모두 일정하며, 매장을 동서방향으로 나있는 단순한 토광에 행하였다. 토광의 크기는 쿠르간 봉분의 크기와 비례한다. 큰 쿠르간 아래의 큰 토광(길이 2m)은 거의 대부분 위를 杜松 통나무로 덮었고, 피장자는 단 1기만 발견된다. 그러나 다른 고분군에서는 하나의 봉분 아래에서 2~3개의 무덤과 2개체 분 이상의 인골이 발견되기도 한다. 신전장을 행하였고, 두향은 서향이 일반적이다.

알라이 산맥의 계곡 주변들에서도 200기 이상의 사카기 쿠르간이 조사되었으나, 대부분 발표가 되지 않았다. 이곳에서는 토광이나 토광 내의 석상에 피장자를 안치하였다. 그러나 쿠르간 봉분 아래의 토광에 석상이 있는 것은 그 수가 적으며, 單葬과 6기까지의 多葬의 흔적이 확인되었는데, 후자의 경우, 샤르트 고분군의 한 무덤에서 확인된 바와 같이, 피장자를 층을 이루게 안치한 것도 있다.

사카기에 페르간에서는 농경인들이 거주한 것으로 간주되지만, 매장방식은 상기한 케트멘-튜베 및 알라이와 매우 흡사하다.

8. 東部카자흐스탄

東部카자흐스탄은 이르뜨이쉬 강 상류의 스텝지대, 부흐타르마 강 상류의 산악지대, 사우르 산맥과 타르바가타이 산맥의 계곡들을 포괄한다. 사카기의 유적들은 특히 자이산 호의 북쪽 이르뜨이쉬 강 상류 지역에 집중 분포한다. 여기에서 부흐따르마 강 유역의 산악지대는 西알타이로서 알타이와 인접한다. 이 지역의 사카기 유적들에 대해서는, 중앙아시아의 다른 대부분의 지역이 그러하

35) Заднепровский Ю. А., Ранние кочевники Кетмень-Тюбе, Ферганы и Алая // Степная полоса Азиатской части СССР в скифо-сарматское время. Археогия СССР. М., 1992, pp.87~95.

듯이, 조사는 되었으나 발표가 되지 않은 것이 많은데, 예를 들어, S. S. 체르니꼬프는 1935년부터 근 40년에 걸쳐 이르뜨이쉬와 타르바가타이 지역에서 발굴조사를 행하였으나, 대부분의 조사내용이 들어있는 ≪東部카자흐스탄의 이른 시기 유목민들≫이라는 원고가 그대로 필사본의 형태로 러시아과학원 레닌그라드지부 고고학연구소 문서보관실에 보관되어 있는 실정이다. 이러한 상황은 자료에의 접근을 어렵게 하여 관련자료들에 대한 연구를 극히 어렵게 하고 있다. 이 지역의 이른 시기 유목민들의 문화는 크게 전기(제바키노-칠릭타期, 기원전 8~6세기 초), 중기(부꼰期, 기원전 6세기 말~4세기), 후기(쿨라쥬르가期, 기원전 3~서기 1세기)의 3期로 나뉜다. 여기에서는 전기와 중기의 묘제에 대해서 살펴보기로 한다.36)

전기의 유적 중에는 칠릭타 고분군과 차간-오보 고분군이 대표적이다. 칠릭타 고분군은 약 8km에 걸쳐 북서-남동 방향으로 뻗어있는 모두 51기의 쿠르간으로 이루어져 있다. 그 중 13기는 높이 8~10m, 직경 100m 내외의 대형 쿠르간이며, 나머지는 높이 2~5m, 직경 20~60m의 쿠르간들이다. 1960년에 S. S. 체르니꼬프가 발굴조사한 5호 쿠르간(기원전 7~6세기)은 풍부한 금제 유물로 인해 소위 황금 쿠르간으로 불리며 한국에도 소개가 되어 있다(도면 7, 1-5).37) 칠릭타 고분군 쿠르간 봉분들의 대부분은 바깥쪽은 흙과 활석으로 쌓았고, 안쪽은 다진 점토층으로 되어 있으며, 봉분의 표면은 밝은 색이 나는 냇돌로 덮었다. 또한 봉분 둘레에는 큰돌들로 호석을 돌렸다. 토광은 거의 대부분 방형이며 깊이는 0.6~1.3m이고 동쪽으로는 봉분 바깥쪽으로 이어지는 폭 2m 이내의 연도가 나있다. 토광과 연도는 통나무로 덮고 그 위는 다시 돌로 덮었다. 차간-오보 고

---

36) Боковенко Н. А., Заднепровский Ю. А., Ранние кочевники Восточного Казахстана // Степная полоса Азиатской части СССР в скифо-сарматское время. Археогия СССР. М., 1992, pp.140~148.
37) 崔秉鉉, 앞의 글, 1992, pp.397~412.

분군에서도 쿠르간 봉분의 표면을 밝은 색의 냇돌로 덮었다.

중기 부꾼期에는 파지릭 유형과 부꾼 유형의 두 종류 묘제가 보인다. 파지릭 유형에서는, 크이즈일-투 고분군을 예로 들 수 있듯이, 토석혼축봉분이 특징적이었다. 토광은 말각방형이며, 깊이는 2.5m 이내이다. 토광에는 남쪽 벽쪽으로 붙여 통나무로 목곽을 설치하였다. 피장자는 목곽 안에 신전장으로 안치하였으며, 두향은 서향, 북서향, 혹은 북향이다. 목곽과 북벽 사이의 공간에는 말을 순장하였다. 우스찌-부꾼 고분군을 대표로 하는 부꾼 유형에는 직경 8~12m인 소형의 봉토분 쿠르간이 많다. 물론 직경 80m의 대형 쿠르간도 없는 것은 아니다. 매장은 장방형 토광에 하였고, 토광의 위는 활엽수인 통나무를 깔아 막았는데, 간혹 토광에 단을 내어 횡대를 걸치기 용이하게 한 경우도 있다. 신전장이 행해졌으며, 두향은 북서향과 북향이 보인다.

V. 알타이 파지릭 문화의 墓制

알타이의 파지릭 문화와 그 묘제에 대해서는 신라의 積石木槨墳과 관련하여 한국에도 잘 알려져 있다. 또한 얼마 전에는 알타이 '얼음공주'를 한국에 전시하고, 또 그 유적을 발굴조사한 N. V. 빨로시막(폴로시막)이 한국에서 관련자료를 논문으로 발표하고[38] 또 학술심포지움에 참석하는 등[39] 한국에서의 알타이에 대한 관심은 매우 높은 편이다.

---

38) Polosmak N., 「Kurgan Kuturguntas 1 : Interment of a Noble Warrior-Horseman」 『한국상고사학보』16, 한국상고사학회, 1994.
   Polosmak N., 「The Burial Ceremony of the Pazyryk People : The First Burial Mound of Ak-Alakha』 『한국상고사학보』16, 한국상고사학회, 1994.
39) Polosmak N., 「산악 알타이의 엘리트 쿠르간(고총고분)」 『동아시아 大形古墳의 出現과 社會變動』, 文化財研究 國際學術大會 發表論文 第11輯, 國立文化財研究所, 2002.

잘 알려져 있듯이, 산악 알타이 지역의 쿠르간들에는 매장주체부에 형성된 永久氷結帶 혹은 무덤을 가득 채운 얼음으로 인해 유기물질들이 그대로 잘 보존되어 있다. 이 덕분에 '스키타이 시대' 산악 알타이 지역의 문화양상은 다른 지역들과는 비교할 수 없을 정도로 소상하게 잘 밝혀져 있다. 墓制도 예외가 아니어서, 얼음 덕분에 목곽과 그 내부에 안치한 목관은 물론이고, 어느 위치에 무엇을 놓았는지, 시신은 어떻게 처리를 하였고 어떤 수의를 입혔는지 까지도 모두 알려져 있다.

알타이 지역의 이른 시기 유목민들의 문화는 전기(꾸르뚜-마이에미르 단계, 기원전 8~6세기), 중기(파지릭 단계, 기원전 5~3세기), 후기(쉬베 단계, 기원전 2~서기 1세기)로 나뉜다. 여기에서는 스키타이 시대에 해당하는 전기와 중기에 대해 M. P. 그랴즈노프의 의견을 중심으로 간략하게 검토해 보기로 한다.[40]

꾸르뚜-마이에미르 단계의 유적은 조사가 많이 이루어지지는 않았으나, 대표적인 유적에는 꾸르뚜 II 고분군, 쎄미싸르트 I 고분군, 고르노-알타이스크 시 부근의 쿠르간 군, 나르임 강 상류의 쿠르간군 등이 있다. 쿠르간 봉분 아래의 매장주체부는 土壙이나 舊지표상에 설치한 石箱이었다. 석상 둘레에는 판석을 깔은 경우도 있다. 피장자는 左굴장이 많으며, 북서향이 일반적이었다. 이 시기의 특징 중 하나는 시신과 말 혹은 마구를 따로 인접하여 위치하는 서로 다른 구덩이에 매장하였다는 것이다.

파지릭 단계는 우리에게 잘 알려져 있는 파지릭 쿠르간과 같은 대형의 쿠르간이 축조되고 풍부한 부장품이 매납된 시기였다. 그러나 이 시기 알타이의 쿠르간 중 대형 쿠르간은 그 수가 많지 않고 대부분은 직경 5~8m, 높이 0.5m 이하의 소형이었다.[41] 하지만 소형 쿠르간들은 아직 연구가 잘 되어 있지 못한데,

---

40) Грязнов М. П., Алтай и приалтайская степь // Степная полоса Азиатской части СССР в скифо-сарматское время. Археогия СССР. М., 1992, pp.161~178.

아마도 연구자들의 관심이 대형 쿠르간에 온통 쏠려있기 때문일 것이다. 소형 쿠르간의 봉분은 積石封墳 혹은 土石混築封墳이다. 무덤의 양상은 대체로 앞선 시기와 흡사한 것으로 파악된다. 토광의 남쪽편에 목곽이나 석상을 안치한 경우가 많다. 체르노바야 I 고분군에서는 토광의 벽 일부에 판석을 덧댄 경우도 확인되었다.

대형의 봉분을 가진 수장급 쿠르간에는 제 1, 2, 3, 4, 5 파지릭 쿠르간, 제 1, 2 뚜엑타 쿠르간, 제 1, 2 바샤다르 쿠르간 등이 있다. 대형 쿠르간은 적석봉분 아래에 길이 6~7m, 깊이 4~7m인 방형의 토광을 파고, 그 남쪽 절반에는 이중의 벽과 천장이 있는 목곽을, 그 안에는 통나무 관을 설치하여 시신을 안치하고, 북쪽 절반에는 말을 순장하였다. 대형 쿠르간을 만들 때에는 토광 둘레로 직경 25~50m의 원형돌담을 쌓고, 그 안쪽에 큰돌을 높게 모아 적석봉분을 만들었다. 시간이 지나면서 돌이 아래로 무너져 내려 현재 외견상 높이 2~3m, 직경 50m 혹은 그 이상의 봉분으로 남아있게 된 것이다.

알타이의 대형 쿠르간들에 대해서는 비교적 잘 알려져 있기 때문에, 여기에서는 제 2 바샤다르 쿠르간에 대해서만 구체적으로 살펴보기로 한다(도면 8, 1-5).[42] 제 2 바샤다르 쿠르간은 가운데가 함몰한 평면상 원형의 적석봉분을 가지고 있다. 규모는 직경이 58m 내외이고, 높이는 가운데 함몰부가 1.85m, 가장 높은 부분은 2.70m이다. 적석 아래에는 두 개의 환상석렬이 동심원모양으로 배치되어 있었는데, 석렬은 돌을 수직으로 세워 만들었다. 그 중 안쪽의 것은 쿠르간 봉분과 인접하고 있었고, 바깥쪽의 것은 안쪽의 것에서 4m 거리에 위치한다. 이 두 환상석렬 사이는 내부 환상석렬의 높이에 맞추어 두 겹으로 돌을 깔아 채웠다.[43] 적석과 舊지표면 사이에는 토층이 있는데, 도면상에는 보이지 않

---

41) Polosmak N., 앞의 글, 2002, p.115.
42) Руденко С. И., Культура населения Центрального Алтая в скифское время. М., Л., 1960, pp.30~36.

는다. S. I. 루덴고는 토광 위로도 원래 토층이 있었던 것이나 도굴시 파내진 것으로 추정한다. 이 토층의 성격에 대해서는 앞으로의 연구가 필요다. 토광은 장방형이며 규모는 윗면이 5.2×6.3m, 바닥이 4.9×6.0m, 깊이는 6.15m이다. 토광의 바닥에는 두께 6cm 정도의 半木 8개를 깔았고, 그 위로 4겹의 각목(두께 17~18cm)으로 목곽을 만들어 놓았다. 목곽의 천정은 아래쪽을 깎아낸 8개의 통나무를 빽빽하게 놓아 만들었고, 그 위에는 펠트천을 깔고 그 위로 다시 최대 50cm 두께로 자작나무 잎과 두께 1m 정도의 관목을 차례로 올려놓았다. 이 경우 관이 없는 북쪽은 말을 안치하기 전에 자작나무 껍질을 깔았다. 자작나무 껍질과 관목층 위로는 토광을 처음에는 통나무로 그 다음에는 돌로 채웠다. 묘실의 내부 규모는 2.20×4.15m, 높이 1.30m이다. 2개의 통나무 관이 안치되었는데, 그 중 바닥에 남아있는 남성의 뼈가 발견된 관은 규모는 0.6~0.7×2.4m로 추정되었고, 신전장에 동향이었다. 그러나 여성의 뼈가 발견된 관은 도굴시 위치가 변경되고 파손되어 정확한 상태를 알 수 없다. 목곽의 북편에는 10필의 말이 순장되어 있었다.

VI. 투바 우육 문화의 墓制

우육 문화는 투바를 중심으로 하여 몽고의 북서지역과 알타이의 동쪽지역 일부를 포괄하여 위치한다. 이 문화는 서쪽으로는 파지릭 문화와, 북쪽으로는 타가르 문화와 인접한다. 우육 문화는 전기(기원전 7~6세기)와 후기(기원전 5~3세

43) 제 2 바샤다르 쿠르간에는 그 다음에 적석 봉분을 어떻게 쌓았는가 하는 언급이 없다. 그러나 제 1 바샤다르 쿠르간의 예를 본다면, 안쪽의 환상석렬 안쪽으로 돌을 겹을 이루게 차곡차곡 쌓아 봉분을 만들었다. 달리 말하여, 환상석렬이 봉분 아래에서 발견되는 것은 적석이 붕괴되면서 묻혔기 때문일 것이다.

기)로 나뉘며, 전기 앞에 아르잔 단계가 설정되기도 한다. 아르잔 단계의 묘제는 쿠르간 아르잔으로 대표되며 이에 대해서는 이미 언급한 바 있다.[44] A. M. 만델쉬탐에 의하면 우육 문화의 묘제에는 다음과 같은 유형이 있다(도면 9).[45]

Ⅰ. 큰돌로 쌓은 테(원형돌담)가 있는 둥근 혹은 타원형의(혹은 드물게는 사각형의) 적석봉분. 하부에는 흔히 구조가 다른 수 개의 무덤(좁은 목곽, 석상, 통나무관, 토광)이 있다.

Ⅱ. 원형 봉토분(간혹 토석혼축봉분). 하부에는 흔히 구조가 다른 수 개의 무덤(목곽, 통나무관, 토광)이 있다.

Ⅲ. 흔히 원형이나 장방형의 돌 울타리에 둘러싸인 원형 적석봉분. 가끔 한 울타리 안에 수 개의 봉분이 위치하기도 한다. 봉분 아래에는 무덤(목곽, 석상, 토광)이 하나만 있다(도면 9, 1).

Ⅳ. 원형(혹은 원래 사각형) 봉토분. 드물게는 돌 울타리가 돌려져 있기도 한다. 봉분 아래에는 무덤(목곽, 석상, 토광)이 하나만 있다.

Ⅴ. 돌을 덮은 원형 봉토분. 봉분 아래에 하나의 무덤(목곽)이 있다. 북쪽 지역에서만 보인다.

Ⅵ. 무덤의 횡대 역할도 하는 '둥근 지붕' 모양 구조물. 통상 돌 울타리에 둘러싸여 있다. 이 구조물 아래에는 무덤(목곽, 석상, 주머니 모양 석곽, 판석을 덧댄 주머니 모양 토광)이 하나만 있다(도면 9, 5).

Ⅶ. 가장자리가 분명하게 구분되는 사각형으로 돌을 깔은 것(브이끌라드까). 간혹 돌 울타리에 둘러싸여 있기도 하다. 하나씩의 무덤(목곽, 석상, 측면에만 돌을 덧대고 위는 통나무로 덮은 토광, 통나무 관, 단을 낸 토광, 단순한 토

---

44) 정석배, 앞의 글, 2000a, p.46.

45) Мандельштам А. М., Ранние кочевники скифского периода на территории Тувы // Степная полоса Азиатской части СССР в скифо-сарматское время. Археогия СССР. М., 1992, pp.178~196.

광)만이 있다(도면 9, 3).

VIII. 작은 사각형으로 돌을 깔은 것. 이 아래에는 무덤(석상, 통나무 관, 토광)이
하나만 있다. 돌을 깔은 것 자체가 석상의 횡대 역할을 하기도 한다.

이 외에도 원형의 돌 울타리와 적석봉분이 평면상 바퀴 모양으로 서로 연결
되어 있는 경우도 있다.

여기에서 I과 II유형은 분명하게 전기에 해당된다. 후기에는 고분의 수가 크
게 증가하고 그 양상도 매우 풍부해진다. 피장자는 웅크린 자세를 취하고 있는
데, 左굴장이 많고, 드물게는 右굴장도 있다. 두향은 대체로 서향이 우세하다.

A. M. 만델쉬탐은 우육 문화의 고분들을 '쿠르간' 이라고 지칭은 하였으나,
쿠르간이라 부르기보다는 '무덤 구조물' 이라 부르는 것이 더 적합하다고 주장
하는데, 이것은 쿠르간이라고 부르기에는 봉분의 규모가 작고 그 높이가 매우
낮기 때문이다. 그러나 L. R. 크이즐라소프는 우육 문화의 고분에 대해서도 쿠
르간이라는 용어를 사용한다. 규모와 관련하여 샤라쉬 고분군 쿠르간 2를 예로
들어 보기로 한다(도면 9, 1).[46] 이 쿠르간에는 원형의 적석봉분이 있다. 규모는
직경 9.5m, 높이 1.3m이다. 이 봉분 둘레에는 길이 12m(북쪽), 11.8m(동쪽),
11.7m(남쪽), 10.8m(서쪽)인 방형의 돌 울타리가 나있다. 그리고 그 각 모퉁이에
는 높이 0.45~0.6m인 비교적 큰돌이 하나씩 박혀 있다. 봉분 아래의 舊지표면
에는 판석을 7겹 쌓아 만든 높이 0.9m의 주머니 모양 석곽이 있다. 석곽은 판석
으로 덮었고, 그 규모는 2.25×0.6m이다.

---

46) Кызласов Л. Р., Древняя Тува, МГУ. 1979, pp.41~53.

VII. 미누신스크 분지 타가르 문화의 墓制

타가르 문화는 미누신스크 분지 예니세이 강 중·상류에 위치하며 대체로 기원전 7~3세기로 편년된다. 현재 약 1천기의 쿠르간이 발굴조사된 것으로 알려져 있으나, 이에 대한 통계학적인 연구는 거의 전무한 편이다. N. L. 츨레노바는 타가르 문화의 묘제에 대해 기원전 7~6세기와 기원전 5~4세기로 나누어 전반적인 개괄을 한 바 있다.[47] 이를 살펴보면 다음과 같다.

기원전 7~6세기 타가르 문화에서는 고분군이 10~20기 혹은 그 이상의 쿠르간으로 이루어져 있다. 쿠르간들은 눈에 간신히 보일 정도의 나지막한 封土墳이며 그 둘레로는 수직으로 돌을 세워 호석을 돌리어 놓았다(도면 10, 3). 이것은 미누신스크 분지에서는 타가르 문화에서만 보이는 특징이다. 봉분은 평면상 원형 혹은 타원형이고 높이는 0.3~0.4m에서 1.5m까지이며 길이는 8~10m에서 35m까지이다. 이 시기 타가르 문화의 쿠르간 봉분 아래에는 두께 0.1m 혹은 그 이상의 큰 판석을 수직으로 세워 만든 '울타리' 가 돌려져 있다. '울타리' 는 그 속에 무덤이 하나인 경우에는 방형이지만 대부분은 무덤의 수에 따라 길이가 차이가 나는 장방형이다(도면 10, 2). '울타리' 의 각 모퉁이는 물론이고 장축 변을 따라서도 하나 혹은 두 개의 큰돌을 수직으로 박아 놓았다. '울타리' 안에는 1~6개의 무덤을 열을 지어 만들어 놓았다. 또한 '울타리' 의 바깥쪽에도 무덤을 덧대어 만들어 아이를 매장하기도 하였다. 무덤은 장방형의 토광 벽에 판석을 수직으로 세워 만든 石箱이 많으며, 토광 벽에 통나무를 하나에서 수 겹 쌓아 만든 木槨도 있고, 드물게는 판석과 나무를 이중으로 덧댄 것도 있다. 횡대는 통나무를 몇 개 縱으로 깔고 그 위에 큰 판석을 橫으로 놓은 것, 큰 판석을 두 세

---

47) Членова Н. Л., Тагарская культура // Степная полоса Азиатской части СССР в скифо-сарматское время. Археогия СССР. М., 1992, pp. 206~224.

개 깔고 그 위에 작은 판석을 덮은 것, 통나무를 깔은 것(나가트), 판석을 깔은 것 등이 있다. 무덤의 바닥은 흙이며, 단독묘와 성인과 아이를 함께 묻은 합장묘가 있다. 무덤의 크기는 1.5~3.8×2.7m, 깊이는 0.7~1.2m정도이다. 신전장을 행하였고 서향, 서남서향, 남서향 등이 있었다.

　기원전 5세기가 되면 타가르 문화에는 묘제에 큰 변화가 일어난다. 우선 고분군에 쿠르간의 수가 줄어 일반적으로 10개 이하가 된다. 물론 아주 드물게는 한 고분군에 20개 정도의 쿠르간이 있는 경우도 없는 것은 아니다. 또한 쿠르간 봉분의 규모가 커져, 높이는 통상 1.5~2m, 혹은 그 이상이며, 길이는 24~44m가 된다. 봉분에는 여전히 큰 판석을 수직으로 세워 만든 '울타리'가 있다. 그러나 이제 '울타리'의 각 모퉁이와 장축 변뿐만 아니라 모든 변의 중간에 더 큰돌을 하나씩 수직으로 박아 '八石 쿠르간'을 만들거나, 혹은 장축 변에는 두 개씩의 돌을 박아 '十石 쿠르간'을 만들기도 하였다. 쿠르간 봉분 아래에는 하나, 둘, 혹은 세 개의 무덤을 설치하였으나, 큰 규모(4×3.5m, 4.7×5m, 혹은 드물게는 8.2×1.15m)의 무덤 하나만이 있는 경우가 일반적이다. 이 경우 무덤의 깊이는 1.3×1.8m이다. 한 봉분 안에 여러 개의 무덤이 있는 경우에는 깊이는 큰 규모의 것과 비슷하나 무덤의 크기는 2×1.6m, 2.5×1m로 크게 줄어든다. 기원전 5~4세기에는 石箱보다는 木槨이 훨씬 많은 비중을 차지하게 된다. 이 시기의 석상은 주요 매장주체부에 덧이어 만든 혹은 주요 매장주체부들 사이에 만든 어린이의 묘였다. 무덤의 위는 통나무를 깔아서 덮고, 그 위에는 다시 자작나무 껍질을 깔았다. 자작나무 껍질 위에는 판석과 흙을 덮었다. 이 시기 일반인들의 무덤에는 10명에서 수 십 명까지의 집단매장이 유행하였고, 심지어는 100명이 함께 매장된 예도 알려져 있다. 이와 같은 무덤들은 보통 가족묘로 알려져 있으며, 장기간에 걸쳐 매장이 이루어졌다. 신전장을 행하였고 서남서향과 남서향이 일반적이었으나, 북동향도 있다. 현실을 불로 태운 경우도 가끔씩 있다.

　이 시기에는 수장급 쿠르간으로 알려진 대형 쿠르간들도 있었다. 아바칸에서 북쪽으로 60㎞ 거리에 위치하는 쌀브익 고분군의 쿠르간들이 그러하다. 이 고분군에는 14개의 수장급 쿠르간이 있으며, 그 중에서 발쇼이(大) 쌀브익 쿠르간이 가장 크다(도면 10, 1). 이 쿠르간은 원래 높이가 25~30m인 피라미드 모양을 하고 있었던 것으로 알려져 있다. 봉분은 표토를 겹겹이 쌓고, 여기에 점토를 추가하고, 그리고 표면은 다시 표토를 입히어 축조하였다. 봉분은 70×70m 규모의 방형 '울타리'에 둘러싸여 있었다. '울타리'의 높이는 2.5~2.8m이며, 큰 판석을 수평으로 깔은 판석 위에 세로로 세워 만들었다. '울타리'의 동편에는 길이 14m의 출입구를 내어놓았는데 이 출입구는 돌을 수평으로 쌓아 만든 벽에 의해 차단되었다. '울타리'의 각 모퉁이와 각 변 그리고 출입구의 앞에 모두 23개의 더 큰돌을 세워 놓았다. 무덤은 서쪽편에 위치하며 규모 5×5m, 깊이 1.8m인 장방형 토광이고, 위는 통나무를 6겹 잘린 피라미드 모양으로 쌓아 막았고, 그 위에는 다시 15겹의 자작나무 껍질을 덮었다. 토광의 벽에는 목재로 버팀목을 만들었으며, 그 안에는 각재로 만든 목곽이 있다. 버팀목과 목곽 사이에는 붉은 색의 점토를 채워 넣었다. 무덤의 바닥에는 판자와 자작나무 껍질을 깔았다. 무덤의 서벽에는 판자와 자작나무껍질로 연도를 내어놓았는데, 이 연도는 '울타리'의 서벽 중간까지 이른다. 이 연도의 남벽 부근에서도 2개의 무덤이 확인되었다. 매장주체부에서는 모두 7개체 분의 인골이 발견되었다.

VIII. 西몽골 울란곰(찬드만-우울) 문화의 墓制

울란곰 문화는 투바와 인접하는 西몽골 지역에 위치하며 울란곰 고분군으로 대표된다. 울란곰 고분군은 1972년부터 1974년까지 3차에 걸쳐 소·몽 역사문화 학술조사단에 의해 발굴조사되었다. E. A. 노브고라도바는 이 고분군에 있는 56기의 고분을 발굴조사하여 5기(29호, 30호, 44호, 50호, 51호)의 흉노시대 고분을 제외하고 나머지를 모두 기원전 5~3세기로 편년하였다. 한편, D. 쩨벤도르쥐는 이 유적을 기원전 7~3세기로 편년한 바 있으나, E. A. 노브고라도바는 이를 근거없는 것이라 일축하였다. 이 유적에 대해서는 한국어로 자세하게 소개가 되어 있다.[48] 이 자료를 중심으로 기원전 5~3세기 울란곰 고분군의 墓制

에 대해서 살펴보면 다음과 같다.

울란곰 고분군은 건축작업으로 인해 단 1기를 제외하고는 적석봉분이 모두 유실되었다. 때문에 봉분의 형태는 정확하게 파악할 수 없으나, 남아있는 것이 방형의 기반석 위에 축조된 위가 잘린 피라미드 형태였기 때문에, 나머지 고분들도 모두 그와 같은 적석봉분 쿠르간이었던 것으로 추정된다. 매장주체부에는 통나무로 만든 木槨(모두 22기)(도면 11, 1-2)과 石箱(모두 24기)(도면 11, 3-4) 두 종류가 있으나, 예외적으로 幼兒를 묻은 통나무 棺도 있다. 모두 토광을 파고 그 안에 설치하였다. 횡대는 현 지표하 50~60㎝ 깊이에서 노출된다. 토광이 목곽이나 석상보다 클 경우에는 토광의 벽과 목곽 혹은 석상과의 사이를 돌로 메웠다. 목곽과 석상은 약간씩 차이는 있으나 대체로 동일한 구조를 지닌 것으로 간주된다. 우선 목곽은 다듬은 활엽수 통나무를 3~4단 쌓아 만들었고, 높이는 80㎝ 이하이다. 간혹 목곽을 가운데로 기울게 잘린 피라미드 모양으로 쌓은 경우도 있다. 목곽의 바닥에는 나뭇가지나 판석을 깔기도 하고 혹은 이 둘을 함께 깔기도 하였다. 목곽에 창문(50×50㎝)을 내고 이를 바깥쪽에서 판석으로 가린 경우도 있고, 북동쪽 모퉁이 부근에 폭 80㎝의 입구를 만들어 놓은 경우도 있다. 횡대는 1열의 통나무를 곽의 제일 위 통나무에 대어 만들었다. 목곽은 정사각형에 가까우며 규모는 1.3×1.5m, 3×3m 등 차이가 있다. 목곽의 크기에 따라 피장자의 수도 2~10명으로 다양하다. 굴장으로서 左굴장과 右굴장이 모두 있으며, 두향은 북서향이 많다. 피장자의 머리 아래에 돌 '베개'를 놓았다.

石箱은 그 구조가 아주 간단하며 판석으로 만들었다. 석상의 규모가 1m 이하로 작은 것도 있다. 이렇게 작은 석상에는 굴장을 행하였는데, 심지어는 2~3명을 겹치게 매장한 경우도 있다. 木槨에서와 같이 左굴장과 右굴장을 하였으며,

---

48) E. A. 노브고라도바 저 / 정석배 역, 1995, 『蒙古의 先史時代』, 學研文化社 (Новгородова З. А., 1989, Древняя Монголия. М.)

두향은 서향 혹은 북서향이다. 머리 아래에는 돌 '베개' 를 놓았다.

　E. A. 노브고라도바는 이 시기 울란곰 고분군의 묘제 및 그 부장품이 기원전 5~3세기 알타이와 투바의 것과 매우 흡사하다고 생각한다.

IX. 오르도스(鄂爾多斯) 毛慶溝 文化의 墓制

　모경구 문화는 오르도스 지역 內蒙古自治區 凉城縣에 위치하는 '毛慶溝墓地' 를 발굴조사한 全廣金과 郭素新이 제안한 용어이다. 이들은 ≪鄂爾多斯式靑銅器≫라는 책을 통해 모경구 유적뿐만 아니라, 이와 관련된 桃紅巴拉, 范家窯子, 呼魯斯太, 阿魯柴登, 西沟畔, 玉隆太 등의 유적도 소개하였고, 나아가 관련 유물들을 모두 정리 · 검토하였다.[49] 이들 유적과 모경구 문화에 대해서는 한국에도 이미 소개된 바 있다.[50] 이종선은 모경구 문화(오르도스 後期金屬文化)를 기원전 7세기 전반~기원전 3세기로 편년하였다.[51]

　모경구묘지에서는 모두 81기의 무덤이 발굴조사되었고, 그 중에 79기가 이른바 스키타이 시대에 속한다. 전광금과 곽소신은 이 시기의 무덤을 출토유물의 분석을 통해 모두 4組로 나누고 第1組를 春秋晚期或稍早, 第2組를 戰國早期, 第3組를 戰國中期, 第4組를 戰國晚期를 각각 편년하였다. 묘제를 본다면, 발굴조사자들이 이 고분들에 대해 '墓' 라 지칭을 하고[52] 또 봉분에 대해 아무런 언급을 하지 않은 것으로 보아 발굴 당시 지표상에는 아무런 구조도 없었던 것으로

<hr>

49) 全廣金 · 郭素新,『鄂爾多斯式靑銅器』, 文物出版社, 1986.
50) 李鍾宣, 앞의 글, 1989.
　　정석배, 앞의 글, 2000a, pp.51~53.
51) 李鍾宣, 앞의 글, 1989.
52) 중국에서는 지표에 봉분이 없는 무덤을 墓라 칭한다.

보인다. 그러나 원래는 봉분이 있었는지 아니면 처음부터 봉분이 없었는지는 분명하지 않다.

매장부체부는 모두 토광을 파고 만들었다. 대부분 장방형 토광이며, 일부 토광 내부에 목곽+목관, 목관 등을 안치하기도 하였다(도면 11, 5). 무덤의 크기는 대체로 길이 2.2m, 폭 1m 내외이다. 토광의 구조를 보면 단순 토광이 많고, 토광에 단을 낸 것, 피장자 머리쪽의 벽에 監室을 만들어 놓은 것(도면 11, 6) 등이 있다. 신전장을 행하였으며, 무덤은 대체로 동서(67기)나 남북(12기) 방향으로 배치되었다. 두향은 동서방향의 묘에는 단 1기 서향을 제외하고는 모두 동향이며, 남북방향의 묘에서는 모두 북향이다.

X. 맺음말

지금까지 흑해북안에서 오르도스 지역까지 기원전 8/7~3세기 '先흉노-스키타이 世界'의 墓制에 대해 간략하게 검토해 보았다. 이 시기의 묘제에 대한 자료는 그 양과 연구의 정도가 지역에 따라 많은 차이가 있다. 예를 들어, 흑해북안 스키타이 문화의 스텝지대는 묘제에 대해 대단히 심도있게 연구가 진행되었으나, 중국북방 오르도스 지역 모경구 문화에는 묘제에 대한 연구는 물론이고 그 자료 자체도 대단히 빈약하며, 중앙아시아의 경우에는 발굴조사는 많이 하였으나, 그 자료가 대부분 발표되지 않았다. 때문에 이 글에서는 이미 연구가 진행된 지역들에 대해서는 그 간의 연구성과를 중심으로, 그리고 그렇지 못한 지역들에 대해서는 대표적인 유적을 중심으로 고찰해 보았다. 이를 통해 다음과 같은 몇 가지 중요한 사실을 알 수 있다.

우선 쿠르간의 개념 문제이다. 일반적으로 쿠르간은 대형과 소형의 두 종류로 나뉘고 있다. 흑해북안 스텝지역의 경우, 수장급 쿠르간으로 지칭되는 대형은 높이가 3~21m, 직경이 30~350m이고, '일반인묘'로 지칭되는 소형은 높이가 1.5~2m, 직경이 15~20m이다. 볼가 강 유역에서는 쿠르간이 큰 것은 높이

4m 이상에 직경 60m이나, 작은 것은 높이 0.15~0.30m에 직경 7~9m 혹은 20~23m이고, 알타이에는 소형 쿠르간이 직경 5~8m, 높이 0.5m이다. 물론 쿠르간을 대형, 중형, 소형의 세 종류로 나눈 예도 있다. 예를 들어, 세미레치예 지역의 베스쉬트이르 고분군에서는 대형 쿠르간이 직경 45~105m에 높이 6~18m, 중형은 직경 25~28m, 소형은 직경 6~18m이다. 한편 파미르에서는 높이 0.45m에 폭이 5m인 봉분도 쿠르간이라고 부르고 있다. 즉, 쿠르간에는 우리가 高塚古墳이라고 부르는 대형이외에도 높이 0.15m인 소형도 포함됨을 알 수 있다.

일찍이 D. A. 아브두신은 무덤을 封墳이 없는 '마길라' 와 흙봉분이 있는 '쿠르간' 으로 구분한 바 있다.[53] 즉 흙으로 쌓은 봉분이 있는 무덤을 쿠르간이라고 정의한 것이다. 그러나 알타이, 투바, 카자흐스탄, 파미르, 우랄 등의 예를 통해 알 수 있듯이 적석봉분이나 토석혼축봉분이 있는 것들도 쿠르간이라 지칭되고 있다. 따라서 '先흉노-스키타이 세계' 에서는 봉분이 있는 무덤은 그것이 흙으로 쌓은 것이던 아니면 돌로 쌓은 것이던 그 크기에 상관없이 모두 쿠르간이라고 지칭하고 있음을 알 수 있다.

다음은 쿠르간의 매장주체부에 대한 문제이다. 지금까지의 연구결과를 통해 볼 때에 흑해북안 스텝지역에서 가장 많은 종류의 쿠르간 매장주체부가 확인되었는바, 현재 土壙, 카타콤브, 木槨, 石箱, 石室, 土室, 흙벽돌槨, 複合式이라는 모두 8개 종류가 알려져 있다. 흑해북안의 경우 토광과 카타콤브가 가장 많은 수를 차지하고 있고, 그 다음으로 석상과 석실이 있으나 많은 수는 아니며, 나머지는 불과 손에 꼽을 정도이다. 다른 지역들에 대해서는 쿠르간 매장주체부에 대한 통계자료가 없기 때문에 그 비율에 대해서는 정확하게 알 수는 없으나, 단편적인 사실들을 통해 볼 때에, 흑해북안 삼림초원지대에는 토광에 木槨이나

---

53) 데. 아. 아브두신 저 / 정석배 역, 『蘇聯 考古學 槪說』, 學硏文化社, 1994, pp.27~28. (A
 Авдусин Д. А., Основы археологии, М., 1989, p.7.)

木造構造物을 설치한 것이 많았으며, 北카프카스에는 舊지표면 혹은 토광에 石室이나 목조구조물로 된 竪室이 있었다. 돈 강에서 우랄 강까지의 사브라마트 문화에서는 土壙이 우위를 점하는 가운데 카타콤브와 빠드보이도 있으며, 토광에는 목조구조물을 설치한 것도 많다. 또한 舊지표면 높이에서 시신을 안치하고 목곽이나 천막 형태의 구조물을 설치하기도 하였다. 中央아시아와 카자흐스탄의 '사카 世界'에서는 스이르다리야 강 하류의 경우는 토광과 구지표상의 매장이 행해졌고, 아무다리야 강 좌안의 쿠유사이 문화에서는 역시 토광이나 구지표면에서 매장을 하였는데 토광에 옹관을 안치한 예도 보인다. 투르크메니아 북서부에서는 구지표상에 설치한 石室이 널리 사용되었고, 파미르와 中部카자흐스탄의 타스몰라 문화에서는 토광을 이용하였다. 한편 타스몰라 문화에서는 빠드보이도 확인되었다. 세미레치예에서는 토광, 빠드보이, 석상, 그리고 목곽이 확인된다. 케트멘-튜베, 페르간, 알라이 지역의 잘아르익 문화에는 토광이 다수를 점하며 토광에 석상을 설치한 것도 있다. 東部카자흐스탄과 알타이 지역에서는 목곽이 널리 사용되었다. 투바의 우육 문화에는 목곽, 석상, 통나무관, 토광 등이 있었다. 미누신스크 분지의 타가르 문화에는 석상이 다수를 점하는 가운데 목곽도 적지 않게 사용되었다. 西몽골 울란곰 문화에서는 울란곰 고분군의 예를 통해 본다면 토광에 설치한 목곽과 석상이 거의 비슷한 비율로 사용되고 있었고 통나무관도 드물지만 있었다. 오르도스의 모경구 문화에서는 토광이 많고 토광에 목곽이나 목관을 설치한 것도 사용되었다. 따라서 '先흉노-스키타이 세계'에는 쿠르간의 매장부체부가 대단히 다양하였고, 지역에 따라 약간씩의 차이를 지니고 있으며, 대체로 서쪽에는 토광과 카타콤브가 많았으나(흑해북안 삼림초원지대에는 목곽이 우세), 동쪽에는 토광, 목곽, 그리고 석상이 많았음을 알 수 있다.

　다음은 쿠르간 봉분의 아래 혹은 둘레에 보이는 周溝와 護石 문제이다. 흑해북안 스텝지역의 쿠르간에는 대형과 소형 모두에 봉분 둘레로 溝 혹은 壕로 지칭되는 周溝를, 그리고 봉분의 아래에는 환상석렬이나 원형돌담 형태의 護石을 돌리어 놓은 경우가 많다. 이와 같은 구조는 동쪽으로 사브라마트 문화, '사카

세계', 파지릭 문화, 타가르 문화, 우육 문화 등에서도 관찰이 된다. 물론 모든 쿠르간에 주구와 호석이 있는 것은 아니며, 또한 어떤 쿠르간에는 주구만 또 어떤 쿠르간에는 호석만 있는 것들도 있다. 어쨌든 쿠르간 묘제에는 주구와 호석이 하나의 특징인 것만큼은 분명하다. 참고로, 호석에는 원형뿐만 아니라 방형도 있으며, 주구와 호석 이외에도 흑해북안 삼림초원지대나 스이르다리야 강 하류의 경우에는 쿠르간 봉분 둘레로 둥글게 나있는 土壘가 확인되기도 하였다.

다음은 쿠르간 봉분의 성분에 대한 문제이다. 흑해북안 스텝지역과 삼림초원지대 그리고 北카프카스의 스키타이 문화에는 封土墳이 일반적이며, 예외적으로 北카프카스의 끄라스노예 즈나먀 쿠르간 고분군에서 봉분 상면에 '돌 갑옷'을 입힌 것, 즉 葺石封土墳이 관찰되었다. 그리고 北카프카스와 스이르다리야 강 하류 지역에는 횡대 위로 갈대를 덮고 다시 그 위로 흙으로 봉분을 쌓은 것이 관찰되는데, 이 역시 크게 보면 봉토분이라 할 수 있다. 단지 구조적인 측면에서는 매장주체부 위에 갈대층을 형성시켜 놓고 그 위에 흙을 쌓았다는 것은 매장주체부 위에 돌을 쌓은 다음에 그 위로 흙을 쌓은 것과 통하는 점이 있다고 볼 수 있다. 돈 강에서 우랄 강까지의 사브라마트 문화에는 역시 封土墳이 다수를 점하고 있으나 積石封土墳과 積石封墳도 약간 확인되었다. '사카 세계'에는 아무다리아 강 하류와 스이르다리야 강 하류 지역에는 封土墳이 대다수를 차지하고 있고, 파미르에는 積石封墳이 절대다수이다. 中部카자흐스탄의 타스몰라 문화에서는 封土墳, 積石封墳, 그리고 土石混築封墳이 보이고 있다. 세미레치예 지역에도 封土墳이 다수를 점하나, 이식 쿠르간이나 베스쉬트이르 쿠르간과 같이 積石封墳도 있다. 東部카자흐스탄의 칠릭타 쿠르간의 경우에는 매장주체부 위를 돌로 덮고 그 위로 흙을 쌓은 다음에 다시 그 위를 돌로 마무리한 꽤 복잡한 구조를 보여주고 있다. 알타이의 파지릭 문화에는 대부분 積石封墳이 사용되었으나 일부 土石混築封墳도 있다. 투바의 우육 문화에는 積石封墳과 封土墳이 보이며, 미누신스크 분지의 타가르 문화에는 封土墳이 절대다수를 점하고 있다. 西몽골의 울란곰 문화에는 積石封墳이 대부분이었던 것으로 추정되며, 오르도스의 모경구 문화에는 봉분이 없었던 것으로 여겨진다. 이와 같이

'先흉노-스키타이 세계'에는 封土墳, 土石混築封墳, 積石封土墳, 積石封墳 등이 있었고, 그 중에서 서쪽에서는 封土墳이, 알타이를 중심으로 하는 동쪽에서는 積石封墳이 각각 우세하였음을 알 수 있다.

마지막으로 積石木槨墳의 분포범위에 대한 문제이다. 엄밀한 의미에서의 積石木槨墳에 대한 개념문제는, 신라와 알타이 등의 것이 약간씩 구조를 달리하기 때문에, 앞으로 검토의 대상으로 남아있겠으나, 여기에서는 매장주체부가 木槨이고 그 위로 積石을 한 쿠르간을 적석목곽분으로 간주하기로 한다. 우선 적석목곽분이 가장 집중적으로 분포하는 지역은, 잘 알려져 있듯이, 산악 알타이 지역이다. 이 알타이를 중심으로 하여 서쪽으로는 東部카자흐스탄의 칠릭타 쿠르간, 세미레치예의 이식 쿠르간과 베스쉬트이르 쿠르간, 동쪽으로는 투바의 우육 문화와 西몽골의 울란곰 문화에서 각각 관찰된다. 또한 시기를 달리하여 흉노시대의 노인울라 고분군에서도 적석목곽분이 관찰됨은 이미 선학들에 의해 지적된 바와 같다.[54]

'先흉노-스키타이 세계'의 묘제에 대해서는 신라의 積石木槨墳뿐만 아니라 고구려의 積石塚, 한반도 서남부 지방의 周溝墓, 신라 및 가야 지역의 고분에 보이는 圓形 護石 등과 관련하여 지속적인 관심과 연구가 필요하다할 것이다. 이 글에서는 이 세계의 묘제에 대해 전반적인 검토를 하였다. 때문에 이 세계에 어떤 墓制가 사용되었는지에 대한 표상을 가질 수 있게 되었다. 이 글에서 다루지 못한 각 지역 각 문화의 묘제에 대한 구체적인 내용은 앞으로의 연구를 통해 더욱 자세하게 밝혀질 것이라 기대한다.

---

54) 崔秉鉉, 앞의 글, 1992, p.408.

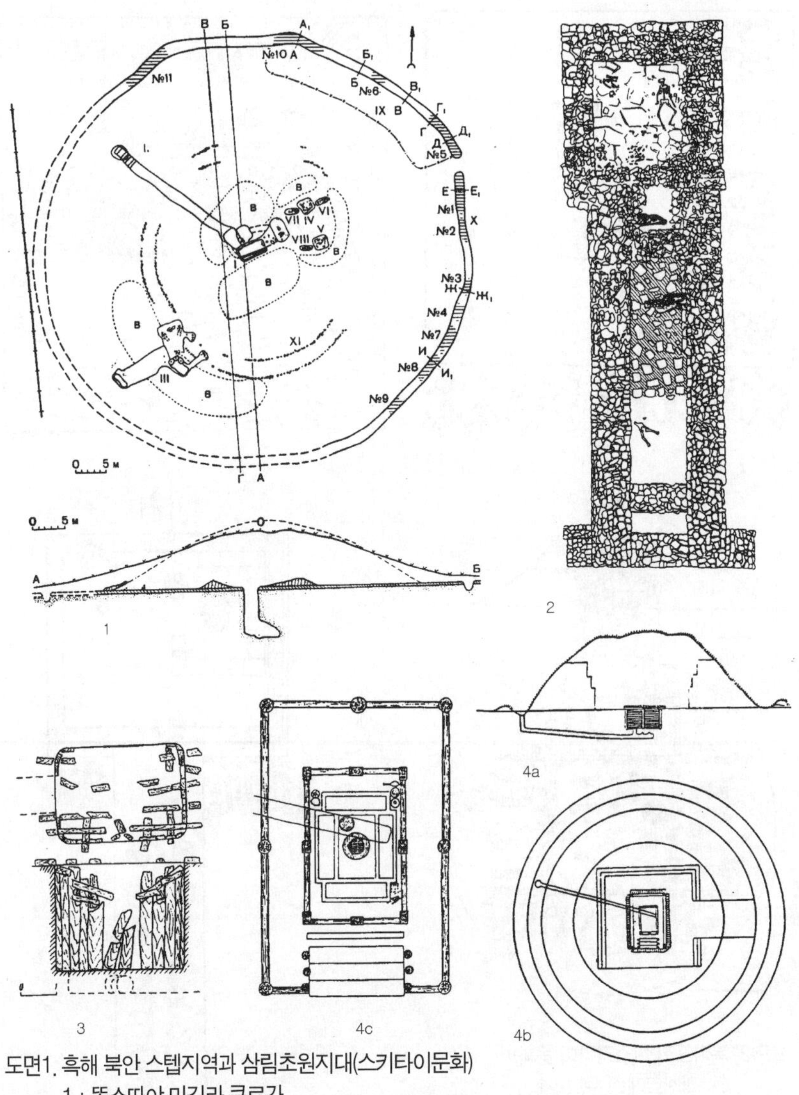

도면1. 흑해 북안 스텝지역과 삼림초원지대(스키타이문화)
　　　1 : 똘스따야 마길라 쿠르간
　　　2 : 엘리자베똡스키 고분군, 빠찌 브라찌예프 쿠르간8 / 1959
　　　3 : 빠드가로드노예X, 쿠르간7
　　　4 : 스타이킨 베르흐, 쿠르간2

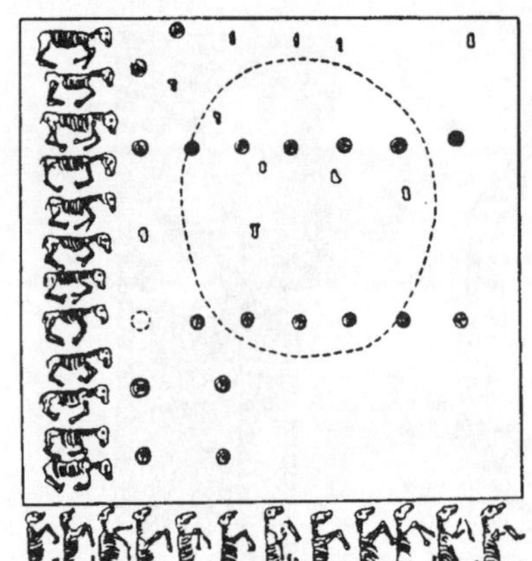

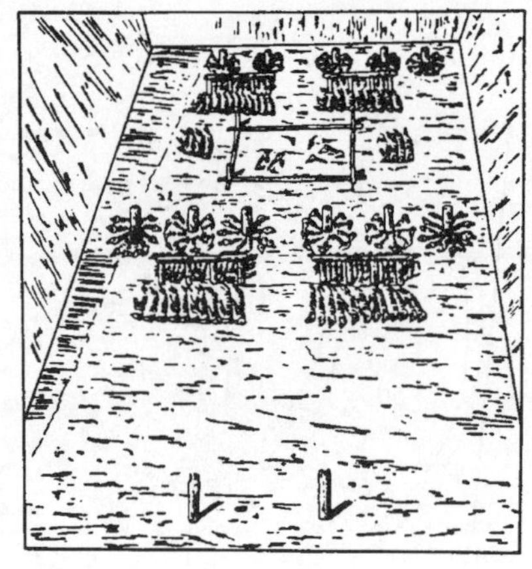

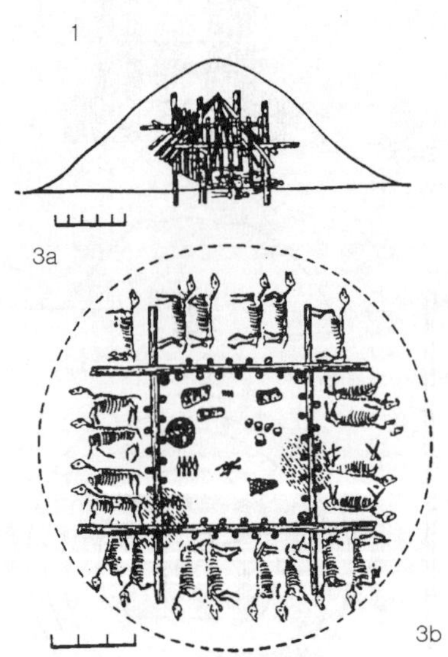

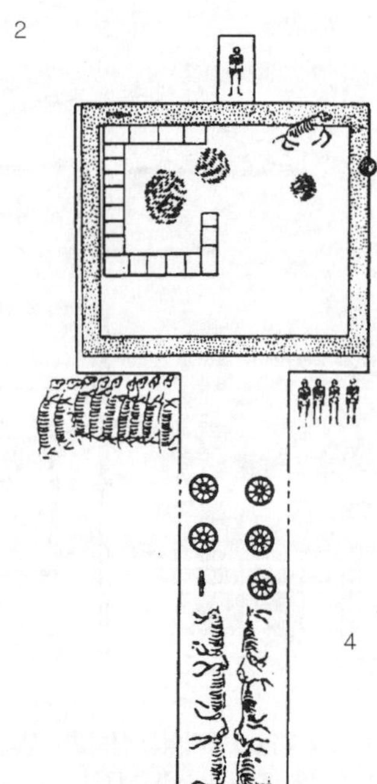

도면2. 북카프카스(스키타이 문화)
    1 : 켈레르메스 쿠르간1
    2 : 울스끼 쿠르간1
    3 : 카스트롬스카야 쿠르간
    4 : 엘리자베찐스까야 쿠르간

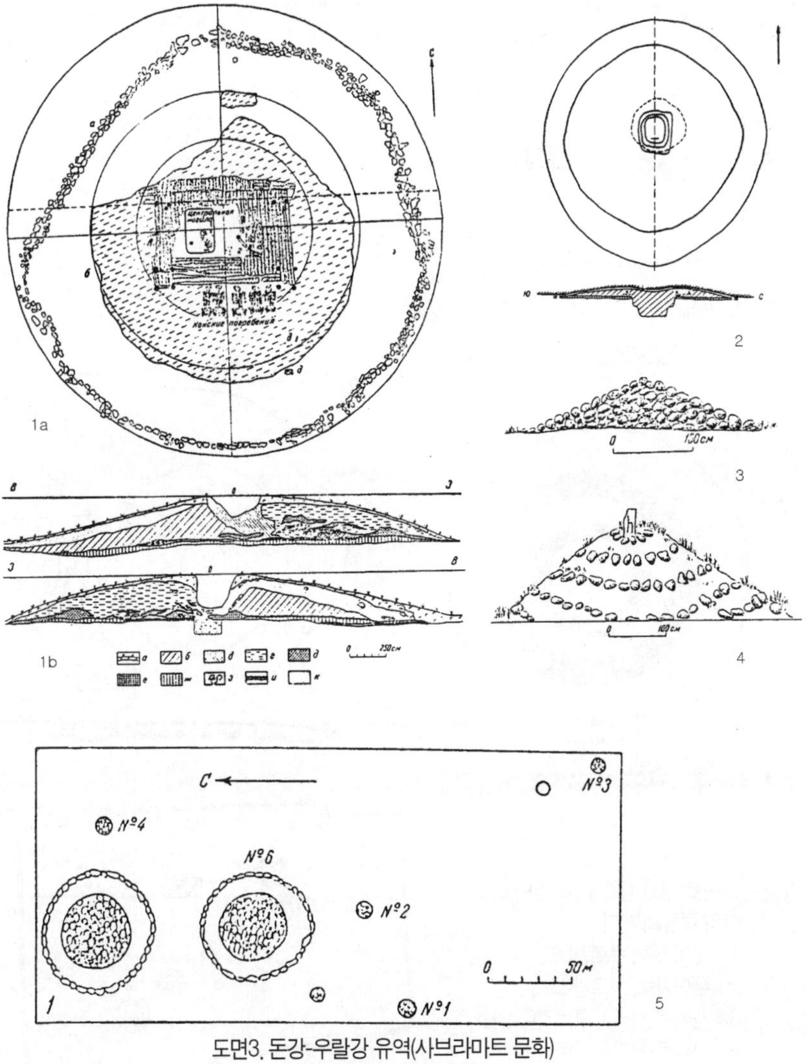

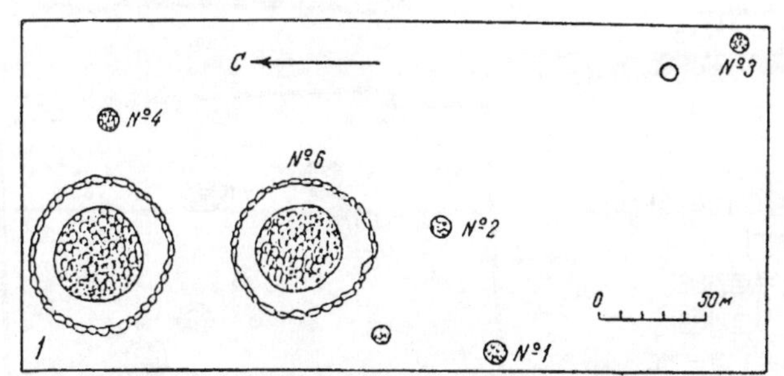

도면3. 돈강-우랄강 유역(사브라마트 문화)
1 : 삐찌마르이Ⅰ, 쿠르간8
2 : 니꼴스끼, 쿠르간1
3 : 악쭈빈스크, 쿠르간2
4 : 악쭈빈스크, 쿠르간3
5 : 짜르스끼예 마길니쯔이 고분군

'先흉노-스키타이 세계'의 墓制

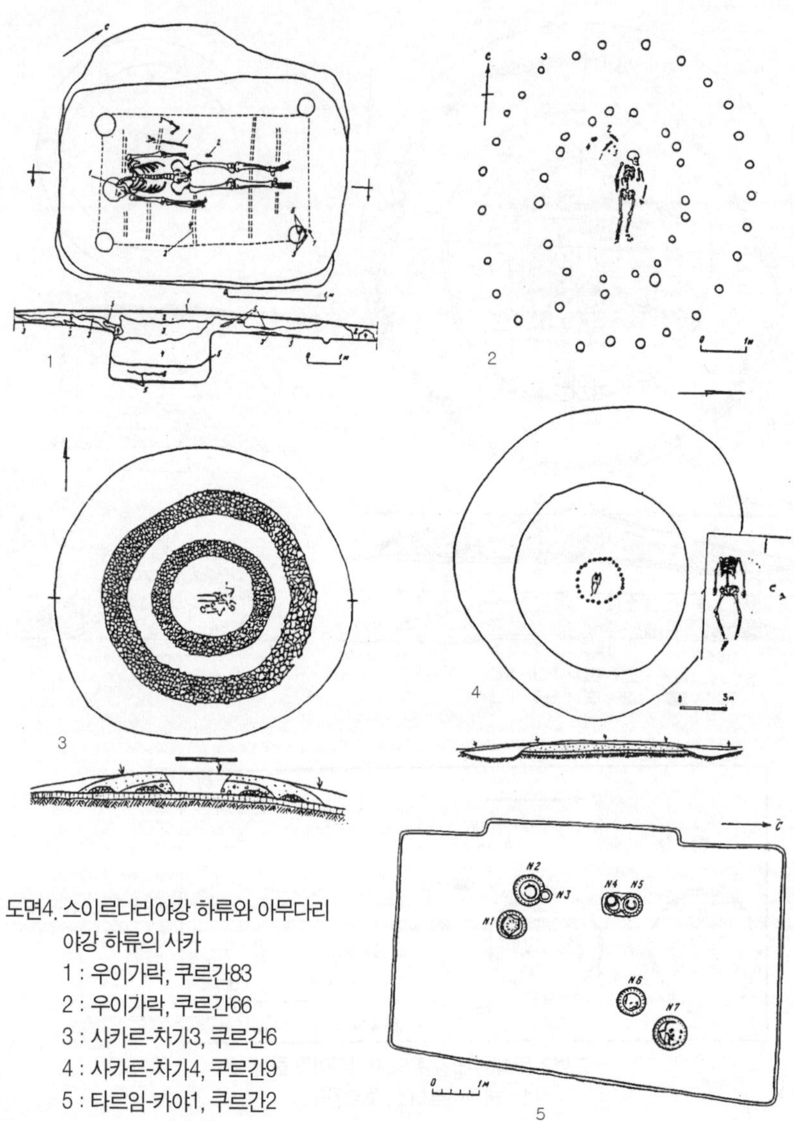

도면4. 스이르다리야강 하류와 아무다리
야강 하류의 사카
1 : 우이가락, 쿠르간83
2 : 우이가락, 쿠르간66
3 : 사카르-차가3, 쿠르간6
4 : 사카르-차가4, 쿠르간9
5 : 타르임-카야1, 쿠르간2

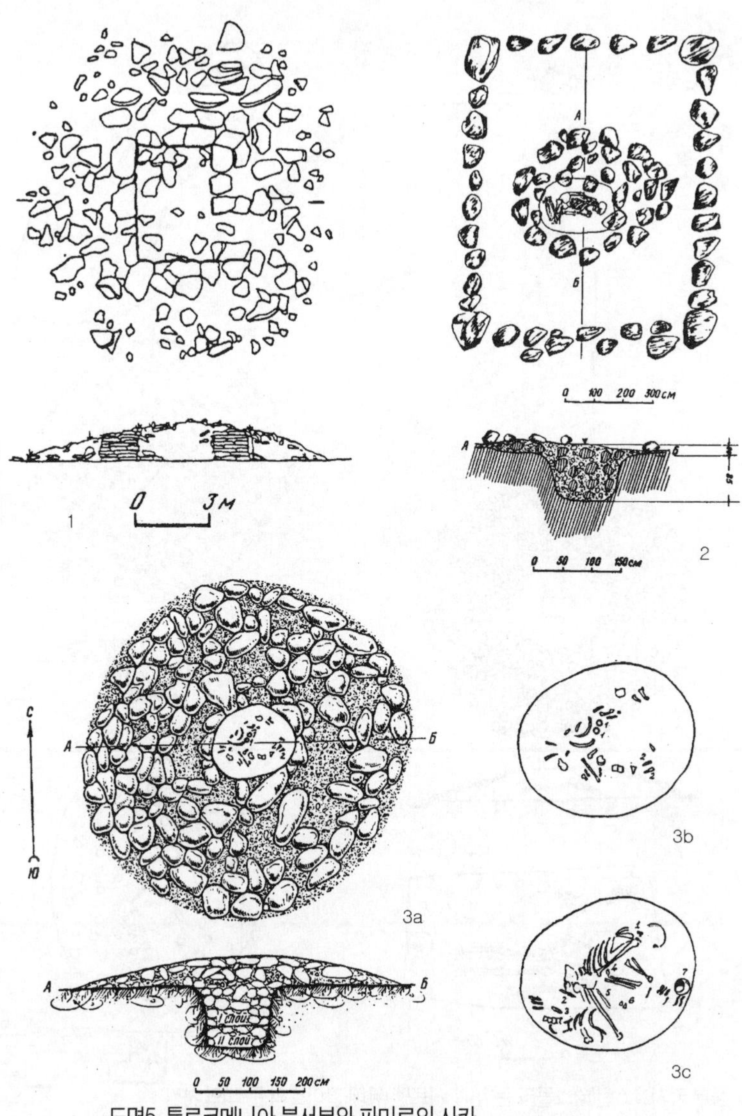

도면5. 투르크메니아 북서부와 파미르의 사카
    1 : 이그다 고분1
    2 : 쟈르트이-굼베스Ⅳ, 쿠르간1
    3 : 테계르만수Ⅱ, 쿠르간9(3b-윗층 무덤, 3c-아래층 무덤)

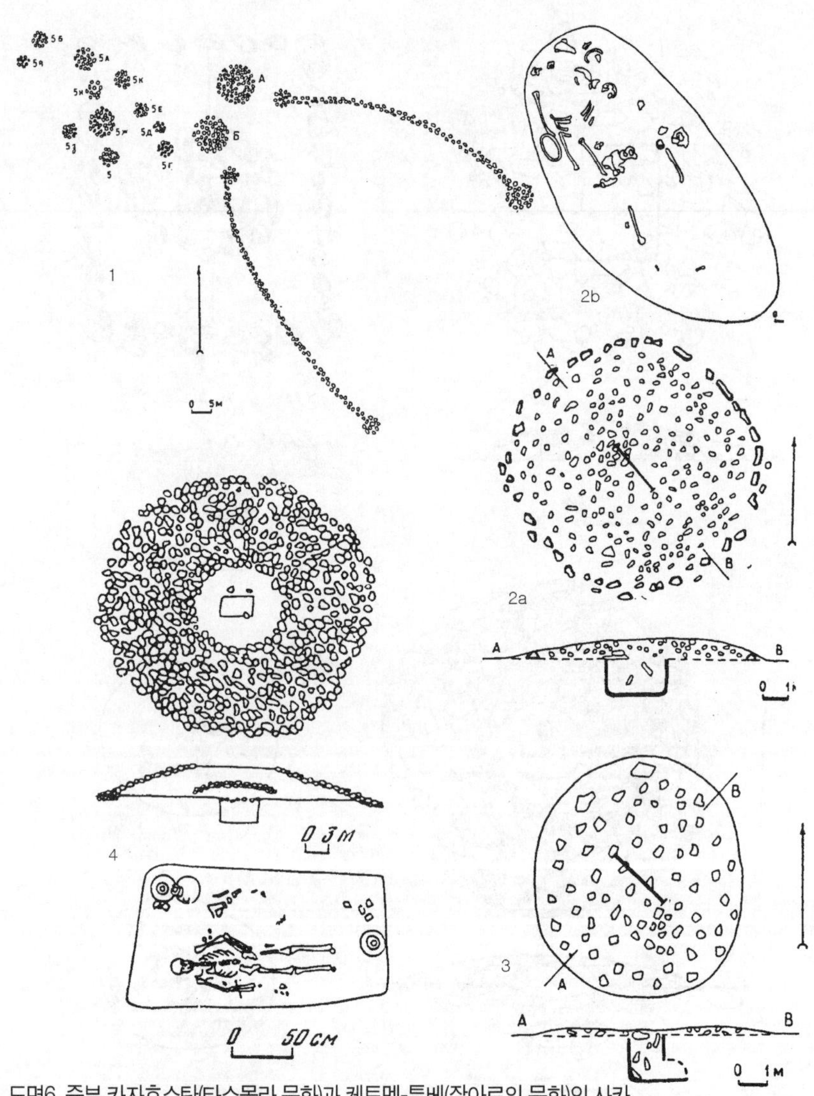

도면6. 중부 카자흐스탄(타스몰라 문화)과 케트멘-튜베(잘아르익 문화)의 사카
    1 : 카라무룬Ⅰ, 그룹5
    2 : 카라무룬Ⅰ, 쿠르간9
    3 : 카라무룬Ⅰ, 쿠르간5(쥐)
    4 : 쟐-아르익Ⅱ

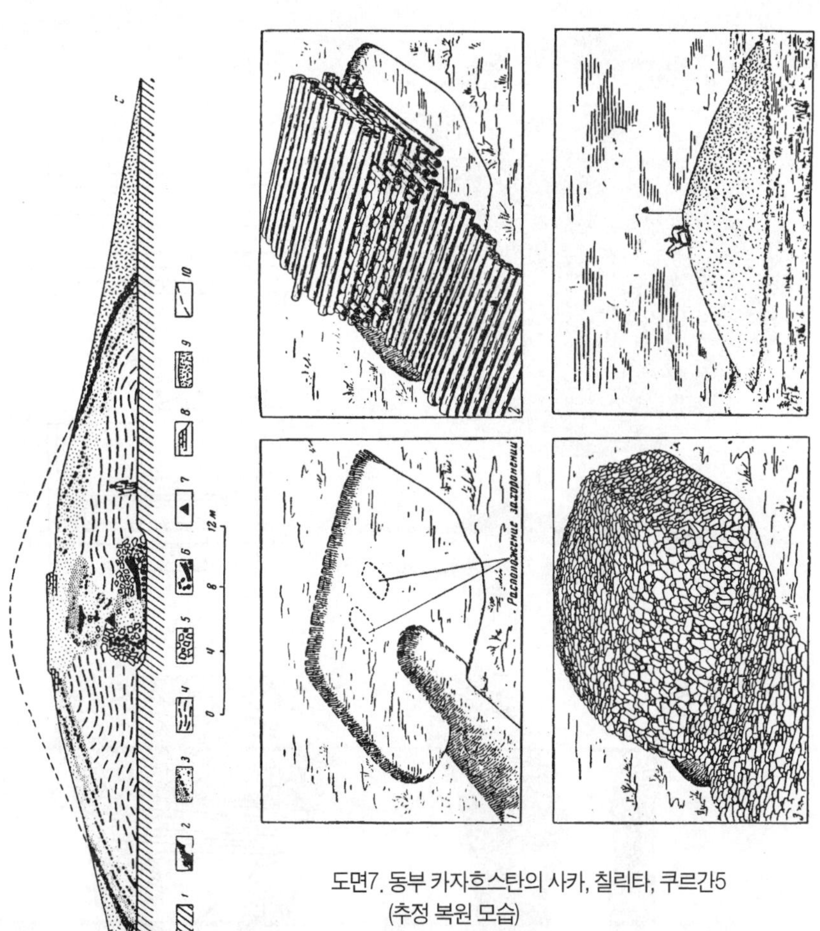

도면7. 동부 카자흐스탄의 사카, 칠릭타, 쿠르간5
(추정 복원 모습)

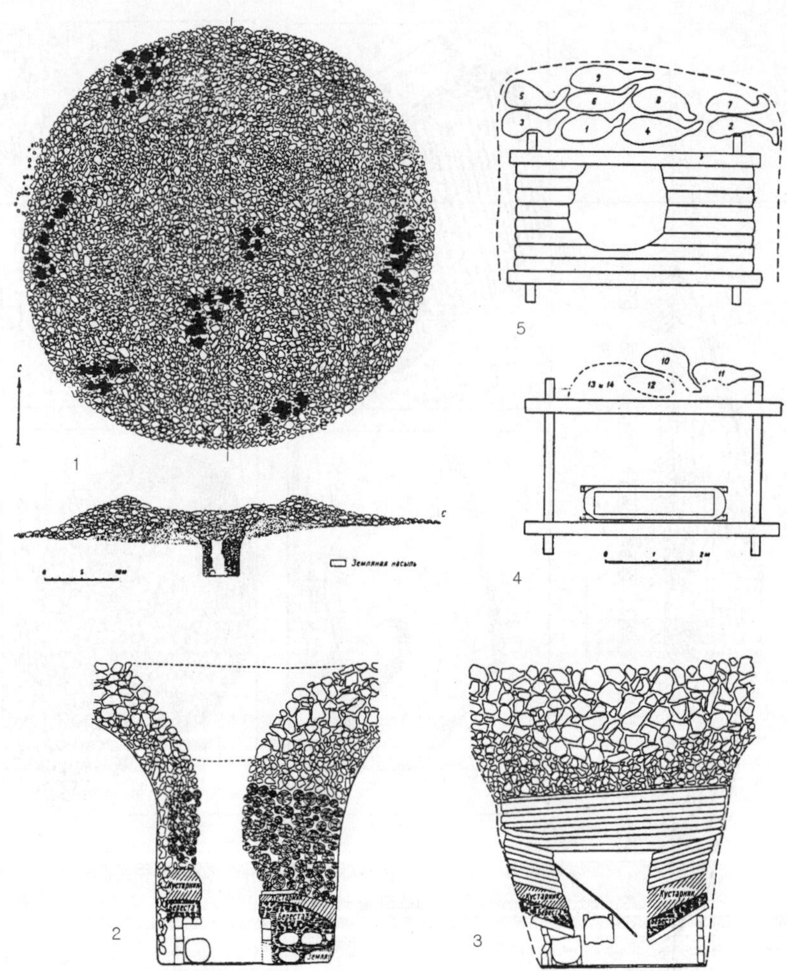

도면8. 알타이(파지릭 문화) 제2 바샤다르 쿠르간
　　1 : 평면 및 단면도
　　2~3 : 적석목곽 세부
　　4~5 : 매장주체부 세부

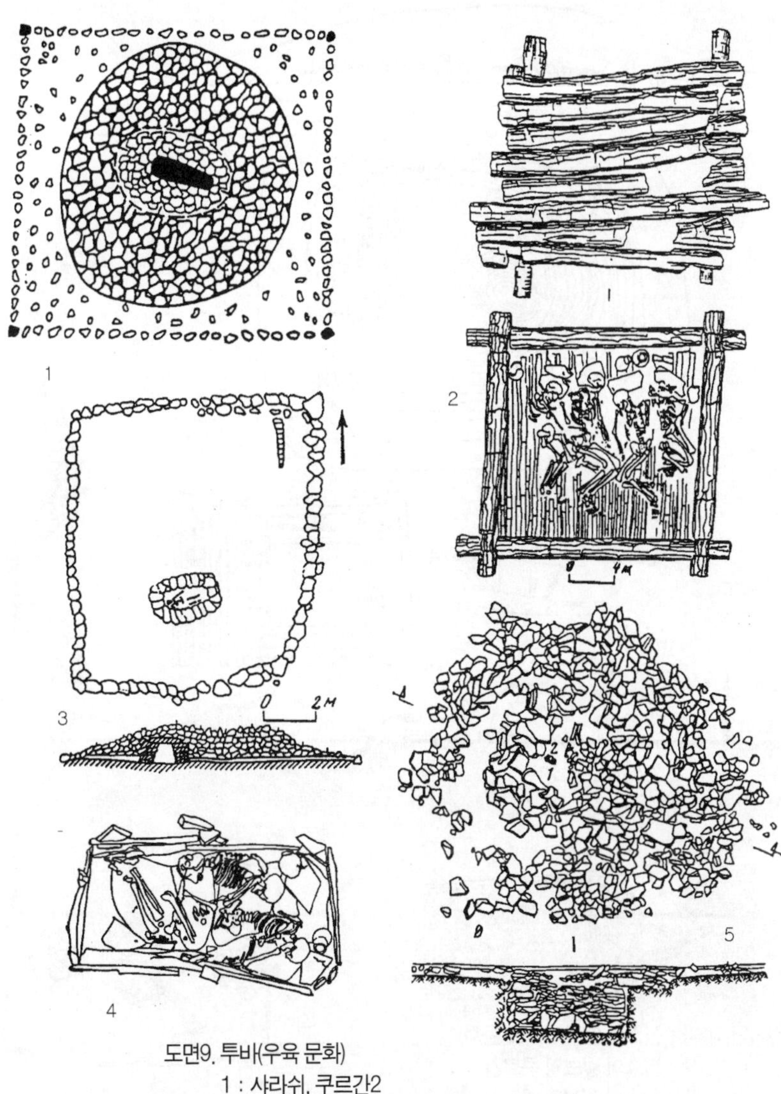

도면9. 투바(우육 문화)
　　1 : 샤라쉬, 쿠르간2
　　2, 4 : 아이므이를르이그
　　3 : 케젝-다그, 쿠르간2
　　5 : 아르갈르익트이

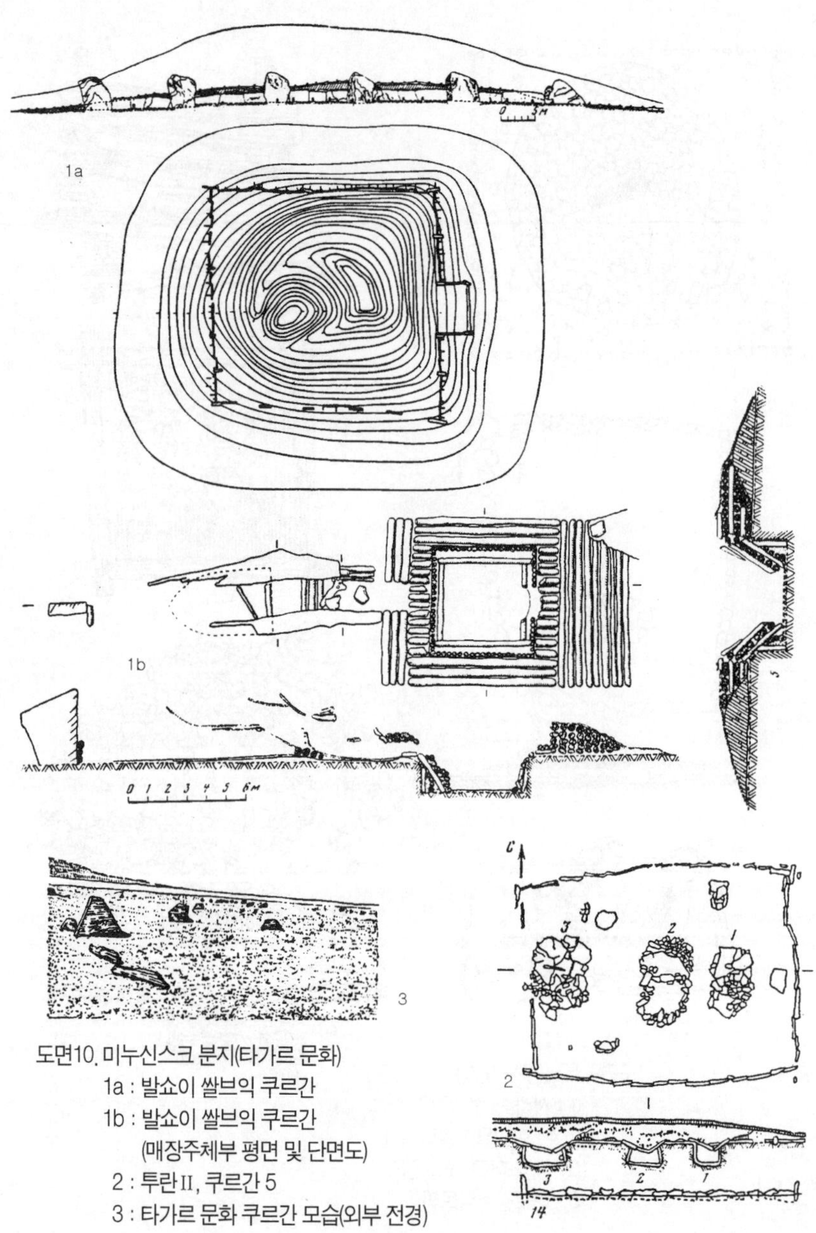

도면10. 미누신스크 분지(타가르 문화)
　　1a : 발쇼이 쌀브익 쿠르간
　　1b : 발쇼이 쌀브익 쿠르간
　　　　(매장주체부 평면 및 단면도)
　　2 : 투란Ⅱ, 쿠르간 5
　　3 : 타가르 문화 쿠르간 모습(외부 전경)

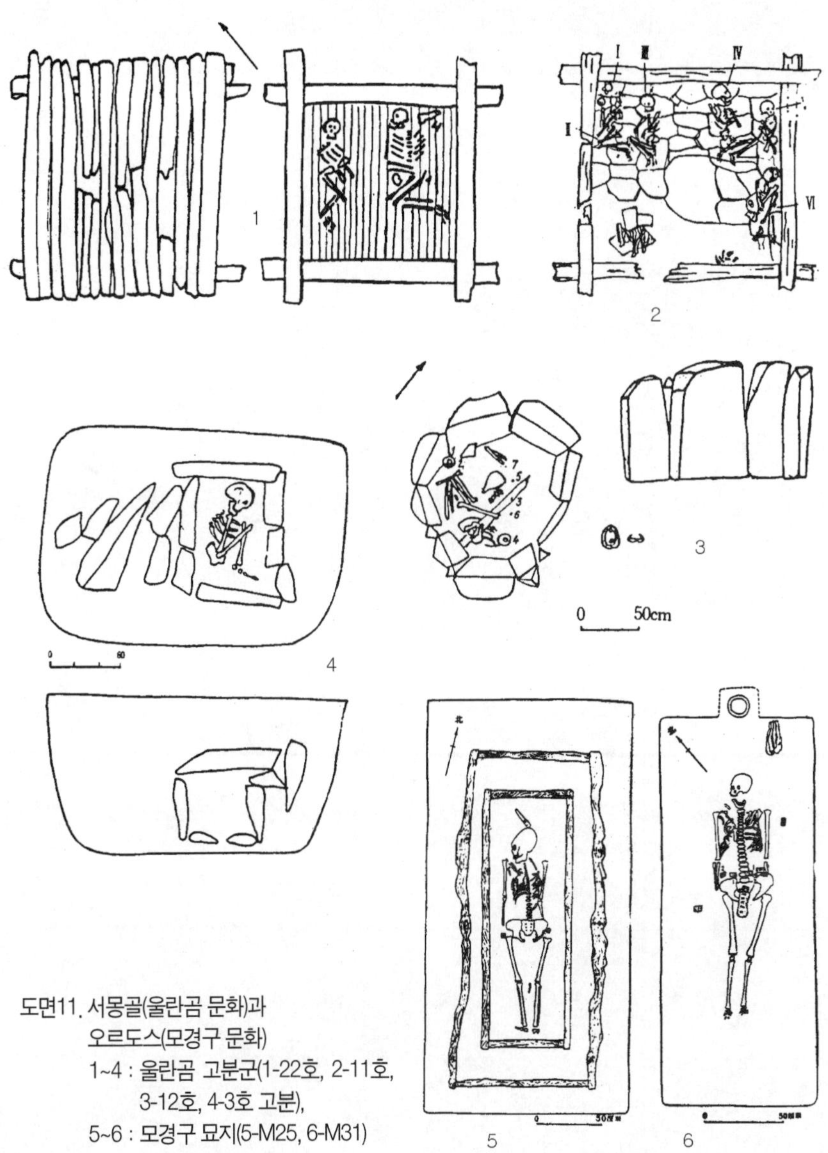

도면11. 서몽골(울란곰 문화)과
　　　　오르도스(모경구 문화)
　　　　1~4 : 울란곰 고분군(1-22호, 2-11호,
　　　　　　　3-12호, 4-3호 고분),
　　　　5~6 : 모경구 묘지(5-M25, 6-M31)

겨레과학인 우리 수레

정동찬 · 윤용현(국립중앙과학관 과학기술사연구실)

I. 바퀴의 원리와 발명

바퀴[1]는 軸에 돌아갈 수 있는 장치를 한 둥근 물체로 인류의 가장 중요한 발명품 가운데 하나이다.

바퀴의 역학 원리는 미끄럼마찰(sliding friction)을 굴림마찰(rolling friction)로 바꿔 어떤 물체가 이동할 때 저항을 적게 하는 데 있다.

바퀴의 기본 원리인 회전운동의 원리는 바퀴에 앞서 발명되어 토기제작에 사용한 물레에서 찾아볼 수 있다. 물레가 처음 나타난 것은 기원전 4천년 말 수메르(남메소포타미아)인데 그 뒤 기원전 3천년의 메소포타미아 전역, 그 뒤에 이집트, 인도, 시리아, 에게해 연안으로 확산되었다. 기원전 2천년 경에는 그리스, 중국, 내륙아시아에 전파되었다.

---

1) 두산동아세계백과편찬위원회, 1998. 두산세계백과 99 CD 두산동아.
   한국브리태니커, 브리태니커 CD 2000 멀티미디어판 한국브리태니커, 1999.

바퀴의 기원에 대해서는 여러 가지 설이 있으나, 일반적으로 '굴림대'와 '썰매'가 결합하여 생겼다고 한다. 어떤 물체를 맨 땅에서 끌어서 옮기려면 마찰력이 생겨 많은 힘을 필요로 하지만 미끄러워서 마찰력이 적은 눈, 얼음, 진흙 등에서는 훨씬 쉽게 옮길 수 있다. 이보다 둥근 통나무 굴림대를 이용하면 주어진 조건에서 끌어 옮기는 것보다 적은 힘으로 물체를 옮길 수 있다. 이와 같은 방법은 고인돌과 같은 옛 건축물을 만들 때 이용되었던 것으로 한 단계 발전된 모습으로 생각된다. 그러나 이 방법도 무거운 물체를 옮길 때 그 밑에 넣고 굴리는 통나무인 굴림대는 물체가 옮겨지자마자 무거운 통나무를 일일이 옮겨 깔아 주어야 하는 불편함이 있어서 굴대(차축)의 양쪽 끝에 원판을 붙이는 발명으로 바퀴가 탄생한 것으로 생각된다.

이 발명이 언제 어디서 이루어졌는지는 알려져 있지 않다. 세계에서 가장 오래 되었다고 하는 바퀴는 메소포타미아의 유적에서 발굴된 BC 3500년경의 전차 바퀴로 이것은 통나무를 둥글게 자른 원판바퀴이다. 이로부터 1000년 뒤의 우르(Ur)의 왕릉 등에서는 장송용으로 사용된 2륜차나 4륜차를 볼 수 있다. 이 무렵의 바퀴는 바퀴살이 없는 판자로 된 바퀴이며, 보통 3장의 널빤지를 잘라 맞추어 가장자리를 둥글게 다듬고, 여기에 2개의 가로장을 박은 것이었다. 바퀴테 둘레에는 가죽으로 만든 타이어를 구리로 만든 못으로 고정시킨 흔적을 볼 수 있으며, BC 2000년경의 전차의 바퀴에서는 구리로 만든 테두리쇠도 볼 수 있다. BC 2000년 이후의 유물이나 기록을 보면 바퀴살이 있는 바퀴를 볼 수 있다. 이것은 판자 바퀴는 무겁고 조종하기가 힘들기 때문에 속력과 기동성을 쫓아 바퀴살이 있는 바퀴가 고안된 것이다. 처음에 판자 바퀴를 가볍게 하기 위해서 바퀴의 3군데 또는 4군데에 구멍을 뚫었는데, 이것이 차차 발달하여 바퀴통을 중심으로 방사상의 햇살처럼 만들어진 것으로 생각된다.

바퀴살이 있는 바퀴는 굴대구멍이 뚫린 바퀴통(hub), 바퀴살, 바퀴테(rim)로 되어 있으며, 모두 장부구멍을 파서 꼭 끼도록 만들어졌다. 이것을 만들기 위해서는 날카로운 금속도구와 정확한 설계를 할 수 있는 기술이 필요했다.

바퀴살이 있는 바퀴가 맨 처음 나타난 것은 BC 2000년경의 북메소포타미아 · 페르시아 · 히타이트 등지이며, BC 1600년경에 힉소스인에 의해서 이집트로 전래되고, BC 1500년경에는 크레타 · 미케네 등지에도 전래되었다. 옛 중국에서 바퀴살이 있는 바퀴는 전설의 시대인 황제 軒轅시대에 처음 수레에 사용되었다고 한다. 갑골문에도 수레를 뜻하는 글자가 있고 BC 1300년경 殷나라의 완벽한 형태의 수레가 발굴되기도 하였다. 바퀴살이 있는 바퀴의 출현으로 육상교통과 경제 교류가 급속히 발달하였다. 춘추전국시대는 수레의 활용이 매우 활발해 수많은 전차들이 전쟁에 활용되었으며 지식층들은 수레를 모는 기술인 御를 六禮의 하나로 배워야 했다. 바퀴살의 수는 시대와 지역에 따라 12, 14, 16으로 증가하고, 그리스나 로마에서는 쇠로 만든 타이어를 단 2륜전차가 사용되었다.

　바퀴 · 굴대의 재료는 처음에는 나무였으나, 금속이 사용되면서 주요 부품에는 금속을 사용하게 되었으며, 근대 산업의 발달로 고무바퀴, 공기를 넣는 고무타이어의 출현으로 동력기관과 함께 비약적으로 발달하였다.

II. 우리나라 수레의 발달과정

　수레의 바퀴 수는 일정하지 않아서 2개 또는 4개 짜리가 보통이나, 軺軒이나 손수레처럼 한 개를 붙인 것도 있고 경우에 따라서는 여덟 개를 쓰며 그 이상 달기도 한다. 바퀴 1개의 손수레는 손잡이가 양쪽에 있어 평형을 유지하며, 초헌은 한사람이 앞에서 끌고 다른 한사람은 뒤에서 밀어 움직인다.

　바퀴의 종류도 다양하다. 초기에는 좁게 켠 둥근 통나무 중앙에 깎을 뚫고 축에 끼워 썼으나, 뒤로 오면서 통나무로 바퀴통(장구통)을 만들고 그 주위에 살을 박고 이에 빗등을 둘러서 바퀴가 크고 튼튼해졌으며 자체의 무게도 가볍게 되었다. 또한 빗등을 보호하고 더욱 튼튼히 하기 위해 쇠테를 덧대어 쓰기도 하였다. 근래에는 자전거나 자동차처럼 땅에 닿는 면적을 줄이고 차체의 충격도 흡수하는 고무바퀴가 고안되었으며, 반영구적인 철제바퀴도 등장하였다.

우리나라에서 수레를 사용한 시초에 대한 기록은 없으나 신라나 가야시대의 옛무덤에서 수레모양의 토기가 출토되고 그 형태가 매우 정교한 것으로 미루어 매우 일찍부터 이용하였으리라고 생각된다. 출토된 전차 가운데는 바퀴가 둘 달리고 전면을 제외한 삼면에 틀을 박아서 앉은 이의 안전을 도모한 것이 있는데, 틀 바닥 앞쪽에 채를 걸고 그 끝에 가로막대를 대었으며 이를 V자형의 멍에에 걸어 말 두 마리가 끌도록 하였다.

1. 신석기 · 청동기시대

신석기시대에 수레에 대한 직접적인 근거는 찾아지지 않고 있지만 바퀴와 같은 회전 원리를 이용한 실을 잣는 가락바퀴, 토기를 빚는데 이용된 물레를 들 수 있다.

청동기시대가 되면 목제와 금속제로 만든 각종 수레 부속품이 여러 유적에서 출토되고 있어서 수레가 이미 사용되고 있었음을 알 수 있다.

T자형의 수레체 양끝에 붙어 고삐가 늘어지지 않게 하는 청동제 拳銃型銅器, 수레의 난간을 장식하는 筊型銅器, 수레의 일산 끝을 장식하는 蓋弓帽, 수레바퀴의 축 끝에 끼워 바퀴를 고정하는 車軸頭, 수레부속이나 정확한 용도를 모르는 乙字型銅器 등이 있다.[2](사진 1, 2). 이러한 수레바퀴 부속은 평양을 중심으로 한 대동강 유역에서 주로 출토되며, 남부지방에서는 대구 평리동, 비산동과 경주 안계리 등이 있다. 또한 고인돌이나 무거운 돌 등을 옮길 때 마찰을 줄여 효율적으로 운반하기 위하여 겨울철의 눈이나 얼음 등의 미끄러운 성질을 이용하였고 이와 더불어 여러 개의 통나무를 굴림대로 이용하였을 것으로 생각된다.

2) 국립중앙박물관 · 국립광주박물관, 『한국의 청동기문화』 범우사, 1992, p.113.
국립광주박물관, 『선 · 원사인의 도구와 기술』, 국립광주박물관, 1994, p.60.

평안북도 염주군
주의리 니탄층3)에
서 니탄을 캐다가
기원전 7~8세기 나
무로 만든 평후치

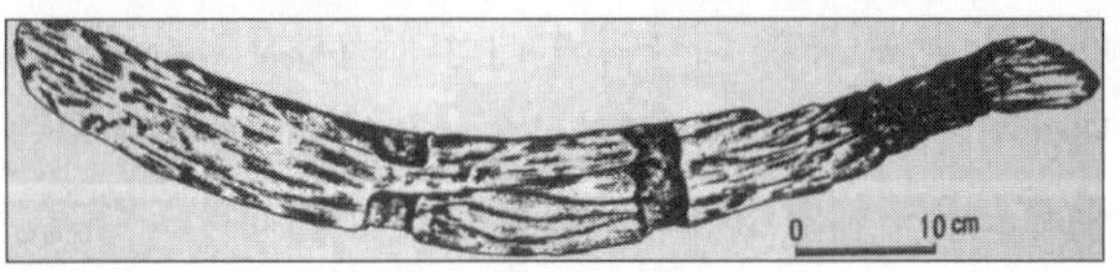
그림 1. 주의리 출토 수레바퀴 조각

와 수레바퀴 조각(그림 1)을 발견하였다. 참나무로 된 수레바퀴 조각은 빗등으
로 바퀴살을 꽂을 수 있도록 4개의 깎이 나있다. 복원해 보면 6개의 빗등과 24
개의 바퀴살을 갖는 지름 약 1.6m의 수레바퀴가 만들어진다. 바퀴가 땅에 닿는
부분은 둥글고 좁으며 좌우로 배가 부르다. 살이 끼워질 안쪽은 반듯하고 두터
우며 각이 없다.

기원전 2~3세기 평양시 낙랑구역의 정백동 유적4)에서는 철제 마구류와 더불
어 나무로 된 길이 77㎝의 수레멍에대(사진 3)와 수레장식(사진 4)도 발견되었다.

기원전 2세기 전반기 함경남도 북청군 하세동리 움무덤5)에서는 백동제 좁은
놋단검 · 황동제 좁은 놋창 · 놋과 등과 더불어 수레굴대끝 마구리방울(사진 5)
이 나왔다. 이 방울은 둥근 것으로 사방으로 길죽한 구멍이 나있으며 그 안에
작은 돌알이 들어있다.

기원전 2세기 후반 남포시 강서구역 태성리 10호 나무곽무덤6)에서는 동쪽과
서쪽 2개의 무덤이 한 봉토 안에서 발견되었는데 남자를 묻은 서쪽에서는 좁은
놋단검 · 좁은놋창 · 일산 부속품 · 청동고리 · 철제창도끼 · 낫 · 화분형단지와

3) 김례환, 「평북지방에서 발견된 원시유적」, 『문화유산』58-4, 1958, pp.88~93.
　조선유적유물도감편찬위원회, 『조선유적유물도감』2, 외국문종합출판사, 1989, p.39.
　조선기술발전사편집위원회, 『조선기술발전사 -원시 · 고대편-』1, 과학백과사전종합출판사,
　1996, pp.161~162.
4) 조선유적유물도감편찬위원회, 앞의 책, 1989.
5) 조선유적유물도감편찬위원회, 앞의 책, 1989.
6) 조선유적유물도감편찬위원회, 앞의 책, 1989.

배부른 단지 등과 더불어 수레굴대끝(사진 7)이 나왔으며, 여자를 묻은 동쪽구
덩에서는 청동접시 · 일산부속 · 은가락지 · 각종구슬 · 화분형단지와 더불어
수레굴대끝(사진 6)이 나왔다.

　기원전 1세기 초~2세기말에 해당하는 평양 낙랑구역 정백동 1호 나무곽무덤[7]
에서는 좁은놋단검, 좁은놋창을 비롯한 무기류, 마구류들이 발견되었으며 수레
와 관련하여서는 굴대끝장식(사진 8)이 발견되었다.

　기원전 1세기 전반기 평양시 낙랑구역 토성동 4호 나무곽무덤[8]에서는 수레
굴대끝 씌우개(사진 9)와 수레굴대끝(사진 10)이, 기원전 1세기 후반기 평양 낙랑
구역 정백동 37호 나무곽무덤[9]에서는 수레굴대끝(사진 11)이, 같은 시기 같은
지역의 53호 나무곽무덤[10]에서는 수레굴대끝(사진 12)이 나왔다.

　1세기초 평양 낙랑구역 석암리 9호 귀틀무덤[11]에서는 청동 화장품통 · 청동
솥 · 청동단지 · 칠반 · 칠귀잔을 비롯한 무기류 · 마구류 · 벽옥 · 치레거리 ·
옥도장 · 질그릇과 더불어 수레 굴대끝(사진 13)이 나왔다.

　최근들어 우리나라 남부지역인 광주 신창동유적(사진 14)에서 기원전 1세기
대의 바퀴살이 확인되었다.[12]

2. 삼국시대

　삼국시대 수레의 모습은 고구려 고분벽화, 수레모양 토우, 그밖에 삼국사기
나 삼국유사 등에 실려 있는 기사 등을 통해 알 수 있다. 수레는 왕이나 귀족의
행차에 쓰였을 뿐만 아니라 옛 선현의 말을 빌어 가당치도 않은 행동이란 뜻으

7) 조선유적유물도감편찬위원회, 앞의 책, 1989.
8) 조선유적유물도감편찬위원회, 앞의 책, 1989.
9) 조선유적유물도감편찬위원회, 앞의 책, 1989.
10) 조선유적유물도감편찬위원회, 앞의 책, 1989.
11) 조선유적유물도감편찬위원회, 앞의 책, 1989.
12) 국립광주박물관, 『광주 신창동 저습지 유적(IV)』, 2002, p.22~24.

로 螳螂之拒轍, 앞선 사례를 교훈으로 삼는 覆車의 의미로 문장 가운데 비유에도 많이 쓰였다.

고분벽화에 나타나는 수레 모습은 고구려 지역의 18개 고분에서 40대의 수레와 4개의 수레바퀴가 찾아지고, 수레모양 토우는 신라와 가야지역에서 찾아지고 있다. 문헌 기록[13]에는 『삼국사기』에 16회, 『삼국유사』에 3회 등 19건의 수레관련 기사가 나온다. 나라별로 보면 고구려 4회 · 백제 3회 · 신라 12회 나타난다. 그밖에 전쟁에 사용된 雲梯 등이 있다.

(1) 고구려

고구려의 경우 벽화고분에서 수레 형태를 정확히 찾아볼 수 있다. 현재 알려진 95기의 고분벽화 가운데 수레 그림은 18개 고분에서 40대의 수레와 4개의 수레바퀴를 찾아볼 수 있다.[14]

벽화고분 가운데 수레가 나타나는 고분은 약수리 고분 · 안악 1호 · 3호분 · 덕흥리 고분 · 무용총 · 쌍영총 · 오회분 4호 · 5호묘 · 장천 1호분 · 수산리 고분 · 평양 역전고분 · 태성리 1호분 · 팔청리 고분 · 고산동 7호분 · 감신총 · 각저총 · 대안리 1호분 · 통구 12호분 등이 있다.

고구려에서 말은 전쟁이나 사냥 등 빠른 이동을 필요로 할 때 사용하였고 수레는 주로 소가 끌었다. 귀족들은 외출할 때 말이나 수레를 탔으며, 여자들도 물론 수레를 이용했다. 벽화고분에서 나타나는 수레는 고구려에 집중되어 있으며, 그 뒤 고려 · 조선시대 무덤에서는 찾아지지 않고 있다.

또한 수레는 衝車 · 雲梯 · 抛車 등 다양한 응용 무기로도 활용되었다.

---

13) 이병도 역주, 『CD-ROM 삼국사기 · 삼국유사』, 두계학술재단, 1999.
   열린데이터베이스연구원, 『CD-ROM 고려사』, 2000.
14) 김용만, 『고구려의 그 많던 수레는 다 어디로 갔을까』, 바다출판사, 1999, pp.61~76.

고구려는 5세기 이후 대외 교역이 활발하였는데 이는 수레의 덕이었다. 고구려는 대흥안령 동쪽 눈강 유역에 위치한 室韋에게 철과 금을 수출하였다. 철은 매우 무거운 만큼 운송수단이 발달하지 않고서는 결코 교역이 불가능한 물건이다.

ㄱ. 문헌에 나타난 수레

삼국유사에 고구려 건국과 관련된 이야기로 北扶餘조에 '古記에 이르되 前漢書에 宣帝 神爵 3년 壬戌 4월 8일에 天帝가 訖升骨城에 내려와서 五龍車를 타고 도읍을 정하여 왕을 일컫고 국호를 북부여라 하고 자칭 解慕漱라 이름하였으며 아들을 낳아 扶婁라 하고 解로 氏를 삼았다. 왕이 뒤에 상제의 명으로 도읍을 동부여에 옮겨가고 東明帝가 북부여를 이어 일어나 도읍을 卒本州에 정하여 卒本扶餘가 되었으니 곧 고구려의 시조이다.' 라고 하여 오룡거라는 수레가 찾아진다.

수레는 다양한 응용 무기로도 활용되었는데 보장왕 4(645)년 성문을 파괴하는 衝車, 영양왕 24(613)년, 보장왕 4(645)년 성벽 위에 갖다대고 성안으로 쳐들어가는 무기인 雲梯, 태종 8년, 보장왕 20(661)년 바퀴를 달아 끌고 다니면서 돌을 날려 성을 파괴하는 무기인 抛車 등이 있으며, 관직 중 武官으로 雲梯幢主 6명, 衝幢主 12명 등이 있다.

운제에 대한 기록은 영양왕 24년 4월 隋 煬帝와 요동성에서 싸울 때 수나라군이 飛樓橦과 雲梯와 地道(鑿地具)를 가지고 사면에서 공격하였다고 하며, 삼국사기 고구려본기 상에는 行軍摠管 姜行本, 少監 丘行淹을 보내어서 먼저 군사들로 하여금 安羅山에서 雲梯와 衝車를 만들게 하였다는 기사가 나온다.

ㄴ. 유물 · 유적에 나타난 수레

① 안악 3호분[15)

황해도 안악군 용순면 유순리에 있는 벽화고분으로 1949년 발견되었다.

4세기 중반 무렵에 만들어진 안악 3호분에는 무덤내부 회랑에 250여명이 등장하는 대행렬도가 있는데 무덤 주인이 수레를 타고 행차하는 모습이 있다.(사진 15). 무덤 주인은 소가 끄는 수레에 타고 있는데 차양이 높게 달려 있고 앉아 좌우를 볼 수 있는 개방형 수레이다. 1m가 채 되지 않은 바퀴에 편히 앉을 수 있는 굽은 의자가 놓여 있고 의자 뒤쪽에는 등을 기댈 수 있는 나무판이 있다. 의자의 팔걸이와 뒤쪽 나무판은 붉은색으로 다르게 칠했는데 이는 다른 재질의 나무를 사용했거나 특별한 장식을 붙인 것으로 보인다. 왕족이나 귀족이 타는 매우 고급 수레였던 듯하다.

고분내 동쪽 곁방에는 차고가 그려져 있는데 여기에는 대행렬도에서 주인공이 탄 수레와 犢車라고 쓰인 수레가 있다(사진 16). 독차는 송아지가 끄는 수레라는 뜻으로 바퀴 위에 좌우가 가려지고 지붕이 달린 가마방이 붙어있다. 가마방은 바퀴와 폭이 비슷한 아담한 크기이다. 독차는 주인공의 행차에 따라가는 여인이 타던 수레라고 생각된다.

차고에는 2대의 수레가 있는데 하나는 수레에 앉은 사람의 모습이 바깥에서도 보이게 만든 것이고, 다른 하나는 가리개로 막아서 보이지 않게 만들었다. 앞의 것은 남자 주인이 탔던 것이고, 뒤의 것은 여주인이 타고 다녔던 것이다.

② 평양역전 벽화고분[16)

평양시 외성구역 연화동에 있는 고구려 초기 벽화고분으로 1954년 발견되었다. 묘실의 구조는 널길, 앞방, 좌우의 龕, 널방으로 이루어져 있으며 앞방 서쪽 감 앞에는 돌기둥을 세웠다. 오른쪽 감에는 수레가 그려져 있다.

---

15) 김용준, 「안악 3호분(하무덤)의 연대와 그 주인공에 대하여」,『문화유산』57-3, 1957, pp.1~22.
　　朝鮮畵報社出版部,『高句麗古墳壁畵』, 朝鮮畵報社, 1986.
　　최무장 · 임연철,『고구려 벽화고분』, 신서원, 1990.
16) 한국정신문화연구원,『한국민족문화대백과사전』, 1993.

③ 태성리 1호고분[17)

평안남도 강서군 태성리
한우물 마을에 있는 석실묘
이다. 무덤은 연도, 전실, 측
실, 후실 네부분으로 구분
된다.

측실 남, 동, 북 3면에 그
림이 그려져 있는데 대부분
떨어져 나왔으며 단지 남벽
에서 두 개의 긴 수레채를
갖는 수레 한 대가 벽의 중

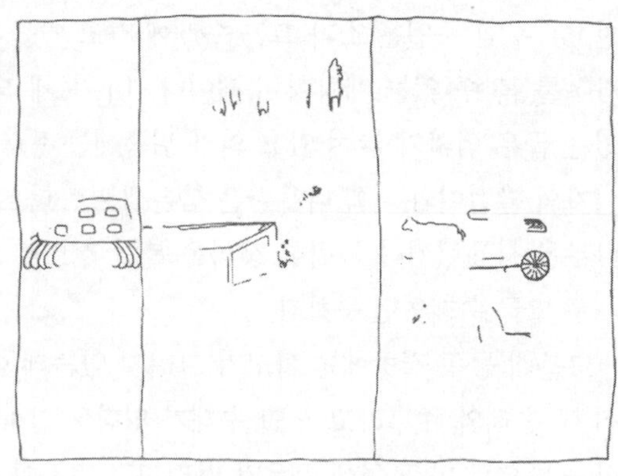

그림 2. 태성리 1호분 측실벽화

심부에 보이는데 소의 등과 14개의 살을 갖는 수레바퀴가 뚜렷하게 남아있다
(그림 2).

④ 약수리 고분[18)

고분은 평안남도 강서군 약수리의 언덕을 깎아내고 반지하에 축조하였다.

벽면에는 피장자의 위엄과 세력을 상징하는 행렬도가 있다. 행렬도의 수레는
두 채가 있는데 앞에 있는 수레는 자색 황소가 끄는 우거차에 소몰이꾼이 2명
있다(사진 17). 수레는 소위 곡개차라고 하는 천장막이 평평한 평개차로 남자 주
인공이 앉아있다. 평개차 뒤에 또 다른 우교차, 즉 평산개를 치고 그 밑에 가마
와 같은 것이 수레 위에 실려있는 곡개차가 따르고 있다.

⑤ 팔청리 고분[19)

17) 채희국, 『태성리 고분군 발굴보고』, 과학원고고학 및 민속학연구소, 1959.
　　최무장, 임연철, 앞의 책, 1990.
18) 朝鮮畵報社出版部, 『앞의 책』, 1986. ; 최무장, 임연철, 앞의 책, 1990.

평안남도 대동군 팔청리의 강서 무학산쪽으로 길게 뻗은 장산의 북쪽에서 남쪽평야로 삐죽 나온 언덕 끝에 있다.

전실의 동벽에는 주인공이 꺾인 산개를 친 수레에 타고 외출하는 출행도가 그려져있다. 수레는 세부가 생략된 개념화이다. 남벽은 문으로 좌우로 나뉘었는데 왼편에는 동벽행렬도의 계속인 2대의 소가 끄는 수레가 그려있다. 수레는 모두 가마틀이 있으며, 주인공의 가족이 탄 것이다. 수레는 가마의 가운데부터 높이 친 산개가 처마 전방까지 이르나 여기서는 평산개인 것이 주인공 수레의 산개와 다르다. 가마의 측면상태는 같지 않은데 앞의 것은 측면 모양에 따라 장방형의 살창문 같은 것을 감 밑틀에 대어 붙였고 뒤에 것은 가운데에 조그만 장방형 구획을 그렸다. 수레의 윗쪽 넓은 공간에는 부정형의 복잡한 구름무늬를 그렸다.

⑥ 덕흥리벽화 고분[20]

평남 강서군 덕흥리(남포직할시)에 있는 고구려의 벽화고분으로 1976년에 발견, 조사되었다. 덕흥리 고분벽화에는 11대의 수레가 그려져 있다. 앞쪽의 수레에는 주인공의 부하였던 계(계지역)의 현령이 타고 있는데 그의 수레 지붕에는 둥그런 꽃 형태의 우산이 달려있고 앞뒤가 터져 있으며 머리위로도 막혀있지 않다(사진 18). 또 계현령이 앉은 의자는 좌우 바깥막이가 직사각형 모양이다. 계현령 뒤에서 행차하는 유주자사의 수레는 기본적으로 앞의 수레와 비슷하지만 앉은 의자의 좌우 바깥막이 형태가 굽은 활 모양으로 생겼고 앞의 수레보다 훨씬 멋을 내어 고급 수레임을 한눈에 알 수 있다(사진 19). 이것은 신분에 따라 수레의 형태가 달랐음을 보여주는 예이다(사진 20~22).

19) 전주농, 「최근에 발견된 고구려 벽화무덤-평안남도 대동군 팔청리 벽화무덤」, 『문화유산』 61-1, 1961, pp.58~64 ; 최무장, 임연철, 앞의 책, 1990.
20) 김용남, 「새로 알려진 덕흥리 고구려 벽화무덤에 대하여」, 『역사과학』 3, 1979. 최무장, 임연철, 앞의 책, 1990. ; 朝鮮畵報社出版部, 앞의 책, 1986.

⑦ 통구 12호분[21]

길림성 집안현 大王村에 있는 고구려 고분이다. 좌우 양벽에는 마차 행렬도를 그렸으나 우벽 가운데의 마차만이 형태가 남았을 뿐이다.

⑧ 龕神塚[22]

평남 온천군 신영면 신영리에 있는 고구려 벽화고분이다. 1913년에 조사 발표되었으며 초기에는 大蓮華塚으로 불렸다. 남벽에는 고취, 악대 수레, 인물상 그림이 그려져 있다.

⑨ 대안리 1호분[23]

평안남도 용강군 대안리(옛 평남 용강군 성암면 성하리)에 있는 고분이다.

남벽 서측 서벽과 연결되는 행렬도 하부에는 두 대의 牛轎車와 차부인듯한 인물의 얼굴이 보인다(사진 23). 우교차는 앞 상부에 평산개를 친 曲蓋車로 쌍영총의 우교차와 비슷하다.

⑩ 장천 1호분[24]

집안의 압록강이 내려다 보이는 비교적 높은 구릉지대의 밭 한가운데 있으며 크기는 높이 6m, 둘레 88.8m이다.

전실의 벽화에는 100여명의 인물들이 등장하여 5세기경 고구려의 사회생활, 의식구조, 취미, 오락 등을 한눈에 볼 수 있다. 수레바퀴를 가지고 재주를 부리는 사람들의 모습도 볼 수 있는데(사진 24). 수레바퀴와 둥근 고리를 던지며 받는 재주를 부리고 있다. 놀이로도 바퀴가 활용될 만큼 고구려 사람들에게 수레는 매우 친근한 것이었다.

21) 한국정신문화연구원, 앞의 책, 1993.
22) 한국정신문화연구원, 앞의 책, 1993.
23) 과학원출판사, 「대동강 및 재령강 유역 고분발굴보고」, 『고고학자료집』2, 1958.
  최무장, 임연철, 앞의 책, 1990. ; 朝鮮畫報社出版部, 앞의 책, 1986.
24) 조선일보사, 『집안 고구려 고분벽화』, 조선일보사, 1993, pp.99~126.

⑪ 수산리 고분[25]

이 고분은 평안남도 강서군 수산리에 있다.

고분벽화는 인물풍속도를 주제로 하고 있다. 동벽에는 주인공의 생활장면을 위아래 부분으로 그렸는데, 위에는 남자들의 행렬, 아래에는 수레를 타고 가는 행렬을 그렸다.

서벽에는 주인공 부부가 시중꾼을 거느리고 교예를 구경하는 윗부분 남쪽에 그린 그림이 있다. 두다리를 벌려 걸어가면서 공중에서 떨어지는 둥근 고리와 막대기, 수레바퀴 등을 잡는 교예장면이 나타나있다(사진 25). 여기에도 바퀴가 놀이로 활용될 만큼 고구려 사람들에게 수레는 매우 친근한 것임을 알 수 있다.

⑫ 雙楹塚[26]

평안남도 용강군 용강면 안성리에 있는 5세기 후반의 무덤인 쌍영총은 고분벽화 가운데 가장 아름다운 치장을 한 수레가 그려져 있다. 동벽에는 수레 2대 갑옷을 입은 무사 남녀입상 등이 그려져있고 서벽에는 수레기마인물과 남녀 등 30여명과 북치는 인물, 창을 위조 춤추는 인물 등이 그려있다. 가마방 위에 높게 친 차양에는 여러개의 치레거리 장식을 달았다.

그림 3. 쌍영총 수레

수레는 뒷문이 열려 있는데 여주인공이 수레 뒤쪽으로 오르고 내린 모양이다

25) 김종혁, 「수산리 고구려 벽화무덤 중간보고」, 『고고학자료집』4, 1974.
　　최무장, 임연철, 앞의 책, 1990. ; 朝鮮畵報社出版部, 앞의 책, 1986.
26) 최무장, 임연철, 앞의 책, 1990. ; 김용만, 앞의 책, 1999.

(그림 3). 이 수레는 앞선 독차보다 가마의 크기가 상대적으로 큰 대형수레이다. 이 수레의 바퀴는 바퀴 테두리가 대단히 두꺼운 대신 둘레의 크기가 작은데 이런 바퀴는 수레가 덜 덜컹거리게 하는 장점이 있다.

⑬ 角抵塚[27]

중국 길림성 집안현 여산에 있는 고구려 벽화고분으로 1935년 발견되어 일본인 이케우치(池內宏) 등에 의해 조사되었다.

벽화는 앞방과 널방의 네 벽과 천장에 그려져 있는데 서벽에는 수레와 나무가 남벽에는 나무가 그려져 있다. 서벽에 그려진 수레는 커다란 나무 두 그루와 작은 나무 한그루 사이에 소가 끄는 호화로운 수레와 말이 그려져있다(사진 26).

⑭ 舞踊塚[28]

중국 길림성 집안현 如山 남쪽 기슭에 있는 고구려의 벽화고분이다. 벽화의 내용은 인물, 풍속도 및 사신도이며 두껍게 회칠한 앞방, 널방의 네벽과 널방 천장에 그려져 있다.

5세기 후반 고구려 생활상을 보여주는 무용총에는 매우 커다란 수레바퀴를 단 수레가 그려져 있다(사진 27). 수레바퀴는 수레 앞에 서있는 소몰이꾼과 비교하면 1.5m 정도로 크다. 덕흥리 고분의 수레

그림 4. 안악 1호분 동벽 행렬도

27) 조선일보사, 앞의 책, 1993.
28) 조선일보사, 앞의 책, 1993. ; 朝鮮畵報社出版部, 앞의 책, 1986.

바퀴가 0.7m정도 크기였던 것과 비교할 때 확연히 크다. 또한 바퀴를 쇠로 만들었다.

⑮ 안악 1호분[29]

황해도 안악군 대원면 상산리에 있는 고구려의 벽화 고분이다.

동벽 아래부분에는 3대의 牛轎車가 그려져 있는데 모두 남쪽을 향하고 있다. 우교차는 교 위에 평형 일산막을 쳤다(그림 4).

⑯ 오회 4호분(통구 4호분)[30]

중국 길림성 집안현 대왕촌에 위치한 고분으로,

벽화는 벽을 다듬어 직접 그렸으며 색채가 화려하고 내용이 풍부하다. 천장부 1층에는 일월신, 飛天, 製輪神, 수목이 배치되었다. 무덤 벽화에 등장하는 제륜신으로 보아 당시 사회에서 바퀴의 위치를 짐작할 수 있다(사진 28).

⑰ 오회 5호분(통구 5호분)[31]

중국 길림성 집안현 대왕촌에 있는 석실봉토분으로, 통구 4호묘와 거의 비슷하여 청룡, 백호, 주작, 현무 등 사신과 각종 문양들이 짜임새있게 그려져 있다. 해의 신, 달의 신, 제륜신, 야철신, 농사의 신 등 인류문명 발달에 기여한 신들이 그려져 있다(사진 29).

제륜신은 바퀴살을 쥐고 쇠망치로 바퀴테를 내려치려는 모습이 그려져 있다. 왕릉급 무덤에서 이와 같은 그림이 그려진다는 것은 당시 지도층이 수레에 대해 대단히 관심으로 가졌음을 의미한다.

29) 과학원고고학 및 민속학연구소, 『안악 제1호분 발굴보고』, 1967.
    최무장, 임연철, 앞의 책, 1990. ; 朝鮮畵報社出版部, 앞의 책, 1986.
30) 朝鮮畵報社出版部, 앞의 책, 1986. ; 조선일보사, 앞의 책, 1993.
31) 朝鮮畵報社出版部, 앞의 책, 1986. ; 조선일보사, 앞의 책, 1993.

⑱ **평양성**[32]

552~586년경 축성된 평양시 중구역, 평천구역의 안학성 내성의 모란봉 문지 유적에서는 넓이 28㎝의 수레가 다니는 홈이 문터에서 발견되었다. 홈과 홈사이의 길이는 145㎝로 복원해 보면 당시 수레의 바퀴와 바퀴사이의 간격이 170㎝ 내외이었음을 알 수 있다(사진 30). 수레는 도로의 발전과 밀접한 관련을 가지고 있다.

ㄷ. 고구려 수레의 제형

고구려수레의 크기는 실물이 발견되지 않아서 정확하게 측정하기는 어려우나 고분벽화에 보이는 인물들의 크기를 고려하여 대략적인 크기를 추정하여 볼 수 있다. 고구려 벽화속 사람들의 평균 신장은 안악 3호분(인골 2구), 자강도 시중군 로남리 무덤(인골 20구), 대동군 덕화리 무덤(인골 6구)에서 발굴 된 28개체분의 평균 신장 165.4㎝를 기준으로 하였다.

또한 고구려벽화가 한창 번성기를 이루는 시기와 맞물려있는 가야시기의 예안리 사람들의 평균신장을 고려하였다. 예안리유적은 4세기에서 7세기의 가야시대에 형성되었는데, 남자의 평균신장은 164,7㎝(인골 9구의 평균 값), 여자의 평균신장은 150.8㎝(인골 12구의 평균 값)이다. 또한 대구시 경산군 압량면의 임당동고분 임당3호, 6호, 7호, 5b2호에서 출토된 4구의 남자의 평균시장은 163㎝이다.

이러한 자료를 기준으로 할 때 삼국시대 사람들의 평균신장은 163㎝~165.4㎝에 해당되고 그 평균값은 165㎝ 정도가 된다.

이러한 자료를 근거하여 고구려 사람들의 평균신장은 남자의 경우 165㎝를 기준으로 하여 수레의 크기를 추정해 보았는데, 고구려 고분벽화의 그림이 원

---

32) 조선유적유물도감편찬위원회, 앞의 책, 1989.

근법이 거의 없는 것을 고려하여 수레를 끄는 소몰이꾼을 기준으로 추정하였다.

　이러한 방법으로 고구려 고분벽화 속의 보이는 수레 가운데 그림 상태가 양호한 안악3호 무덤, 덕흥리 벽화무덤, 무용총 수레의 크기를 추정하여 보았다. 수레 크기의 추정은 사람이 타는 수레의 경우 개방형수레인 남자의 것과 폐쇄형(가마형)인 여자의 것으로 나누었으며, 짐을 나르는 운송·운반용 수레의 경우는 무용총의 수레를 기준으로 하였다.

		길이 (장틀 뒤~앞의 멍에 부분까지)	높이 (바퀴바닥면에서 지붕까지)	수레바퀴	비고
사람이 타는 수레	남자 용 (개방형)	300	230	105	안악 3호무덤
			264	103	덕흥리벽화무덤(유주자사 진)
			274	73	덕흥리벽화무덤(계현령)
	여자 용 (폐쇄형)	313	232.5	115	덕흥리벽화무덤
		280	187.5	95	덕흥리벽화무덤
짐을 나르는 운송·운반용 수레		340	212	151.5 (가로지름140, 세로지름 163)	무용총

고구려 수레의 크기 값 (단위 : cm)

　사람이 타는 수레의 경우 위의 표에서 보듯이 남자의 수레인 경우 소(안악 3호)가 끌거나 말(덕흥리)이 끄는 개방형의 수레이다. 안악3호 개방형 수레의 경우 차양이 높게 달려 있고 앉아 좌우를 볼 수 있는 형태로, 1m 정도의 바퀴에 편히 앉을 수 있는 굽은 의자가 놓여 있고 의자 뒷쪽에는 등을 기댈 수 있는 나무판이 있는 것이 특징이다. 덕흥리 수레의 경우는 지붕에 둥그런 꽃 형태의 우산이 달려있고 앞뒤가 터져 있으며 머리위로도 막혀있지 않는 형태를 취하고 있다.

　여자 수레의 경우는 바퀴 위에 좌우가 가려지고 지붕이 달린 가마방이 붙어 있다. 가마방은 바퀴와 폭이 비슷한 아담한 크기를 하고 있다.

　짐을 나르는 운송·운반용 수레인 무용총수레의 경우 사람이 타는 수레와 비교하여 수레바퀴의 크기가 상당히 크며, 짐을 싣는 방도 개방형이 아닌 폐쇄형을 취하고 있다. 고구려는 5세기 이후 대외 교역이 활발하였는데 이는 이러한 짐차형 수레의 덕이었을 것이다. 고구려는 대홍안령 동쪽 혼강 유역에 위치한 窒韋에게 철과 금을 수출하였다. 철은 매우 무거운 만큼 운송수단이 발달하지 않고서는 결코 교역이 불가능한 물건이다. 고분벽화의 수레는 옆모습만이어서 아쉬운 점이 있지만 평양성의 수레바퀴 홈의 폭을 기준으로 수레 폭을 추정해 보면 170cm 정도로 나와, 현재 의 수레 폭 90~110cm정도에 비해 훨씬 넓은 것으로써, 당시에 수레 폭을 견딜 수 있는 수레축이나 바퀴제작기술 등 대단한 수레제작기술을 갖고 있었던 것으로 여겨져 주목 된다. 또한 이러한 수레의 존재는 넓고 긴 도로나 다리와 같은 잘 정비된 교통로를 갖추게 하는 요인이 된다. 그러므로 수레는 수레제작 기술뿐만 아니라 발달된 토목기술을 전제로 한다. 그러므로 고구려는 요즈음도 선진국이 앞선 자동차기술, 제철·제강기술, 토목기술을 자랑하듯이 당시 최첨단 과학기술을 소유했던 것으로 여겨진다.

(2) 백제

백제에는 수레와 관련하여 전하는 유물이 찾아지지 않고 있으며 단지 문헌기록에서 찾아진다.

『삼국유사』 백제 武王조에 '왕이 부인과 함께 師子寺에 가다가 龍華山 아래 큰 못 가에 이르러 못 가운데서 彌勒三尊이 나타나므로 수레를 멈추고 경례하였다' 하여 왕의 행차시 이용되었음을 알 수 있다.

비류왕 21년 5월에 '宮城 남쪽 못 속에서 수레바퀴와 같은 불꽃이 일어나 밤새도록 타다가 꺼졌다' 고 하여 불의 모양을 수레바퀴에 비유하고 있다.

(3) 신라

ㄱ. 문헌에 나타난 수레

눌지왕 22년(438) 평민들에게 소가 끄는 수레 사용법을 가르쳤다는 기록으로 보아 수레가 평민들까지 운송수단으로 등장하였다.

관직을 정비하는 과정에서 진평왕대 位和府·調府·乘府·禮部·領客府를 설치하였다. 이중 승부는 수레를 담당하는 관청이었다. 한번에 2000대의 수레를 동원한 적이 있었다.

또한 『삼국사기』 잡지 제 2편 車騎에 수레에 대한 과도한 사치를 규제하기 위하여 신분에 따른 수레 규정이 나온다.[33]

ㄴ. 유물·유적에 나타난 수레

① 三年山城[34]

충청북도 보은군 보은읍 어암리 산 1-1에 있는 이 산성은 보은읍의 동쪽 오정산에 축성된 것으로 기능은 산성이라기 보다 보은의 읍성을 겸했던 성이다.

1980년 호우로 인하여 서문지 부분이 무너져 내리고 유구가 드러나 발굴한 결과 성문에 사용했던 신방석과 주초석을 찾았다. 또 성문은 신라의 상대에 축조된 서문터의 문지의 문지방석에 폭 166cm인 수레바퀴자국이 있다(그림 5).

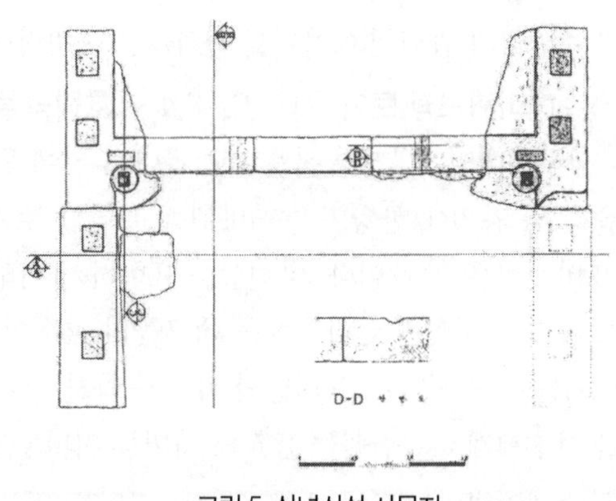

그림 5. 삼년산성 서문지

차축이 나온 것까지 포함하면 마차의 평균 폭은 대략 180cm정도라고 추정할 수 있다.

33) 이병도 역주교감, 『三國史記·三國遺事』, 누리미디어, 1999.
34) 차용걸, 「삼년산성 문지유적의 검토」, 『충남사학』 1, 1986, pp. 19~47.

② 수레형 토기[35] (국립경주박물관 소장)

경주 미추왕릉지구 계림로 25호 독널무덤에서 발굴되었다. 수레 모양을 그대로 본떠 만든 토기로 큼직한 바퀴가 양쪽에 달리고 그 위에 수레를 얹었는데 손잡이는 부러지고 없다. 두 바퀴를 연결한 축을 끼워 넣으면 지금이라도 굴러갈 것 같이 사실적으로 만들었다(사진 31).

③ 수레바퀴[36] (국립경주박물관 소장)

통일신라기 황성동 석실분에서 나온 토용은 채색되어있지 않고 인물 표현이 자유스럽다. 수레바퀴, 소, 말 등이 함께 나와 인물상의 개성이 뚜렷하고 무언가 주인공과 관련된 이야기를 전하려는 듯하다(사진 32).

④ 수레바퀴모양 토기[37] (14.6×8.4㎝, 호림박물관 소장)

삼국시대인 5세기경 작품으로 굽다리 위에 두 개의 컵모양 용기를 연접해서 올린 뒤 양옆에 한쌍의 수레바퀴를 부착한 토기이다. 수레바퀴는 고정되었으며 바퀴살은 열 개이다. 바퀴살을 표현하기 위하여 삼각형으로 뚫어내었다. 밖으로 크게 벌어진 굽다리에는 네모꼴의 透窓이 네 개 뚫려있다. 수레바퀴모양 토기는 종류에 따라 형태상의 차이가 약간 있기는 하지만 모두 피장자의 영혼을 사후세계로 운반하는 靈駕의 의미를 지니고 있는 것으로 생각된다(사진 33).

⑤ 수레바퀴모양 토기[38] (15.0×9.0, 15.0×9.4㎝, 호림박물관)

삼국시대 5세기경 작품으로 밖으로 벌어지고 큼직한 장방형의 투창이 뚫린 굽다리 위에 컵모양의 용기와 반원형으로 굽은 원통형의 잔이 붙어 있고 그 양옆에 수레바퀴가 부착된 토기이다. 컵모양 용기와 원통형의 잔은 서로 관통하고 있다. 수레바퀴는 고정되었으며, 바퀴살은 일곱 개다. 바퀴살을 나타내기 위

---

35) 국립경주박물관, 『경주이야기』, 국립경주박물관, 1991.
36) 국립경주박물관, 앞의 책, 1991.
37) 호림박물관, 『호림박물관 명품선집』 II, 호림박물관, 1999.
38) 호림박물관, 앞의 책, 1999.

하여 사다리꼴로 뚫어내었다(사진 33).

⑥ 수레바퀴장식 배모양 토기[39] (20.1×28.6×7.8cm, 호암미술관 소장)

고대의 木船을 사실적으로 본뜬 다음, 양 옆에 수레바퀴를 붙여 葬送用의 의도를 더욱 강화시킨 明器이다. 배 바닥이 둥글고 이물(船首)은 뾰족하게 돌출되어 물살을 가르기 좋게 되어 있어, 항해용의 목선을 모방한 것으로 보인다. 배의 곳곳에 빗살문과 문살문을 그어 장식하였고, 수레바퀴에는 방사상의 바퀴살이 표현되어 있다. 이러한 배모양 토기는 죽은 이의 영혼을 저승으로 운반·인도하고자 하는 주술신앙이 반영된 것으로, 가야인의 신앙세계는 물론 당시 교통수단의 형태를 구체적으로 알려주고 있다(사진 34).

⑦ 수레바퀴모양 토기[40] (14×20㎝, 국립김해박물관 소장)

함안 말이산 34호 무덤에서 나온 것으로 약 5세기경의 작품이다. 밖으로 벌어진 굽다리에 투창이 뚫려있고 그위에 두개의 컵이 올려진 모습이다. 그리고 그 컵을 양쪽에서 수레바퀴가 감싸고 있다. 바퀴살은 8개이며 바퀴살을 나타내기 위하여 직사각형으로 뚫어내었다(사진 35).

⑧ 수레바퀴모양 토기[41] (18.5×24.0㎝, 국립김해박물관 소장)

5세기경 작품으로 의령 대의면에서 출토되었다. 보물 637호로 지정되어있다. 4개의 투창이 있는 벌어진 굽다리에 두 개의 컵이 서있고 바퀴가 양 옆을 감싸고 있다. 수레바퀴 옆으로는 고사리 모양의 돌기가 나와 있다. 바퀴살은 6개이며 바퀴살을 나타내기 위하여 삼각형 내지 사다리꼴로 뚫었다(사진 36).

⑨ 수레모양 토기[42] (15.7×11.2, 16.2×11.2㎝, 국립중앙박물관 소장)

같은 형태 2점으로 굽다리 위에 두 개의 컵을 올린 뒤 양옆에 수레바퀴를 붙

39) 국립중앙박물관, 『한국 고대의 토기』, 국립중앙박물관, 1997.
40) 국립김해박물관, 『국립김해박물관(도록)』, 국립김해박물관, 1998.
41) 국립김해박물관, 앞의 책, 1998.
42) 국립중앙박물관, 『새천년 새유물』, 국립중앙박물관, 2000.

여놓았다. 컵 상단에는 한줄의 돌대를 돌렸으며 하단부에는 8자모양의 띠가 두 용기를 서로 감고 있다. 수레바퀴는 고정되었으며, 축을 중심으로 4개의 사다 리꼴 투공을 서로 대칭으로 뚫어 4개의 바퀴살을 표현하였다. 굽다리에는 긴투 창이 뚫려 있는데 투창의 개수는 한 점은 2개, 다른 한 점은 4개로 차이를 보인 다(사진 37).

그밖에 창령 출토 오구라(小倉武之助) 소장품 2, 헨더슨 소장품, 이화여대 1점 등의 소장품이 있다.

3. 고려시대

ㄱ. 문헌에 나타나는 수레

고려사에 등장하는 수레관련기사는 태조 원년(936)부터 공양왕 3년(1392)까 지 457년간 총 107건이 나타난다. 삼국시대와 마찬가지로 왕과 귀족들의 외출 시 이용을 하였으며, 고사성어나 어떤 상황을 비유하는데 수레·수레바퀴가 많 이 인용되었다.

나라와 나라 간의 선물로 쓰인 수레의 모습은 高麗史 禮部 興輅 왕의 수레(王 興輅), 왕세자의 수레(王世子興輅), 명부의 수레(命婦車) 항목에 자세히 나오고 있다.

官職에 대한 기사 중에는 문란해져가는 수레를 관리하는 司僕寺에 대한 역할 을 강조하고 있다.[43]

고려 태조 때의 공신인 柳車達은 아들 孝全, 孝金 형제와 함께 태조를 도와 후 백제군을 치러 남으로 정벌할 때 군량보급의 문제가 있었는데 이때 유차달이 수레 1000량을 제작하여 군량을 보급했다고 한다. 유차달의 원래 이름은 海였 는데 태조가 '以車爲達' 했다고 하여 차달이라는 이름을 하사하였으며, 文化 柳

---

43) 고려사 刑法1 公式 職制.

氏의 시조가 되었다.[44)

　또한 문하시중을 지낸 尹瓘(~1111)은 고려의 문신으로 別武班을 창설하여 군대를 양성, 1107년(예종 2) 여진 정벌군의 원수가 되어 부원수 吳延寵과 17만 대군을 이끌고 동북지방과 만주지역까지 출진, 이때 咸州 · 英州 · 雄州 · 福州 · 吉州 · 公鎮 · 崇寧 · 通泰 · 眞陽의 9성을 쌓아 침범하는 여진을 평정하고 백성들을 이주하여 살도록 하였다. 이때에도 수레가 큰 역할을 하였음이 밝혀졌는데, 여진 정벌 당시 왕으로부터 하사 받은 수레를 묻은 轎子塚이 경기도 파주에 남아 전한다[45)(사진 38).

4. 조선시대

ㄱ. 문헌에 나타나는 수레

　조선시대 수레 관련 유물 또한 많지 않다. 왕조실록 등 문헌기록으로 보아 여러 가지 형태의 수레가 궁궐을 중심으로 사용되었으며, 왕 등이 외부 행차시 필수적으로 이용하였음을 알 수 있으며, 고사성어나 어떤 상황에 대한 비유의 의미로도 많이 쓰이고 있다.

　왕조실록에 나타나는 수레관련 기사는 태조 원년(1392)년부터 철종 14년(1863)까지 470여 년 기간 동안 1257건이 나온다.[46) 이중에는 수레, 수레와 관련된 고사성어 등이 포함되지만 그만큼 일상 생활과 수레가 밀접하게 관계되어있다고 볼 수 있는 자료이다.

44) 중앙일보사,『성씨의 고향』, 1989.
45) 尹凡河,『文肅公 尹瓘大元帥 實記』, 한가람전산주식회사, 1993.
　　중앙일보사, 앞의 책, 1989.
46) 조선왕조실록 CD-ROM간행위원회,『국역 조선왕조실록-증보판』, (주)서울시스템, 1997.

연도	재위 왕	기사 수
1392-1441	태조 1년 ~ 세종 23년	132
1442-1491	세종 24년 ~ 성종 22년	147
1492-1541	성종 23년 ~ 중종 36년	170
1542-1591	중종 37년 ~ 선조 24년	77
1592-1641	선조 25년 ~ 인조 19년	249
1642-1691	인조 20년 ~ 숙종 17년	170
1692-1741	숙종 18년 ~ 영조 17년	82
1742-1791	영조 18년 ~ 정조 15년	104
1792-1841	정조 16년 ~ 헌종 7년	125
1842-1863	헌종 8년 ~ 철종 14년	1
합계		1257

표 1. 조선왕조실록에 나타나는 수레관련 기사

① 柳車 제도

세종 2년 柳車의 제도에 대하여 크기와 제도 등 자세히 논하고 있다.

② 記里鼓車

세종 23(1441)년 지도 작성을 위한 실측사업에 記里鼓車가 이용되었다. 이 수레는 중국 진나라(3세기)때 발명된 것으로 주행거리를 재는 장치가 붙은 것인데 10리를 갈 때마다 북치는 인형이 저절로 북을 쳐서 거리를 자동적으로 알리게 되어있다. [47)

③ 文宗火車

문종은 왕세자 시절부터 화약무기 연구에 많은 관심을 가져 문종1(1451)년 화차를 고안하였다(사진 39). 이 화차는 두바퀴가 달린 수레 위에 銃筒機나 神機箭

47) 전상운,『세종시대의 과학』, 세종대왕기념사업회, 1986.

機를 설치하여 사용한 독창적인 무기이다. 문종화차의 수레는 지름 87cm짜리 바퀴 2개 위에 길이 230cm 너비 74cm의 차제가 올려져있으며 2명이 끌도록 설계되었다. 차체 위에는 四箭銃筒 50개를 설치한 총통기나 로켓형 화기인 小神機箭, 中神機箭 100개를 꽂아 동시에 발사할 수 있는 로켓발사틀인 신기전기를 장치한 무기였다. 이 화차의 특징은 차체 아래 작은 기둥을 세우고 그 밑에 바퀴를 붙여 최대 발사각도를 43°까지 되게 하여 발사물의 사정거리를 최대한 길

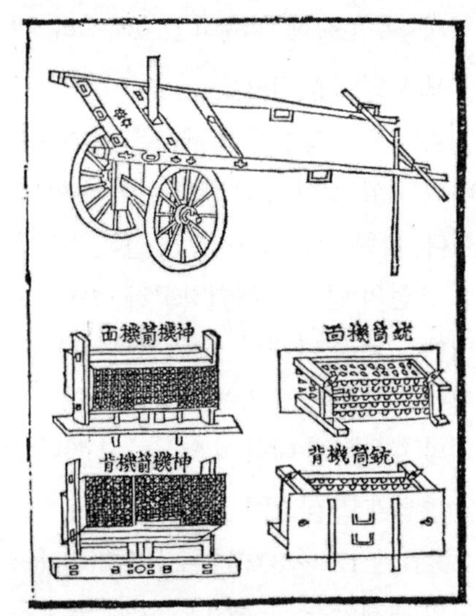

그림 6. 병기도설의 화차그림

게 조절할 수 있으며, 총통기나 신기전기로 교체하여 쓸 수 있으며, 평화시에는 발사틀을 떼어 일반 수레로도 사용할 수 있다. 문종화차는 개발된 해인 1451년 모두 700대 이상이 제작되어 전국의 해안과 성문 앞에 배치된 중요한 화기이었다.

이 화차 모습은 성종5(1474)년 申叔舟, 姜希孟 등이 편찬한 『國朝五禮序禮』에 남아있으며 『兵器圖說』의 화차도와 화포식언회에 남아 전한다(그림 6).[48]

④ 서후의 聖製攻守圖術

조선 중기 문관인 徐厚는 무기에 관심이 많아 무게 100근의 强弩를 만들기도 하고, 驛制의 개혁과 戰船의 수리 등 국방의 필요성을 강조하였다. 그리고 軍門要覽, 將訓元龜 등을 편찬기도 하였다. 중종 19(1524)년 문관인 서후는 중국의

---

48) 채연석, 강사임, 『우리의 로켓과 화약무기』, 서해문집, 1998.

성제공수도술에 대하여 보고하였다.[49]

⑤ 박지원의 熱河日記

조선 후기 홍대용 박제가를 비롯한 여러 실학자들이 청나라에서 벽돌과 함께 배워야 할 것이 수레라고 이야기 할 정도로 조선시대에는 수레가 발전하지 못했다. 朴趾源(1737~1805)의 열하일기에는 중국의 번창한 문물을 받아들여 낙후한 조선의 현실을 개혁하고자 하여 특히 수레에 대하여 '나라가 가난한 것은 국내에 수레가 다지니 못한 까닭이다. 그런데도 사대부들은 수레를 만드는 기술이나 움직이는 방법에 대해서 연구하지 않고 한갓 글만 읽고 있다.' 고 하여 수레의 효용성에 대하여 역설하고 있다.[50]

⑥ 홍양호의 상소문

洪良浩(1724~1802)는 조선후기의 문신으로 한성부우윤을 거쳐 홍문관, 예문관의 대제학을 겸하였다. 2차례 燕京을 다녀오고 고증학을 수용 보급하는데 기여하였다. 정조 7(1783)년 그는 중국의 수레사용을 본받아 수레제작과 우마, 당나귀 등 사육과 관리에 효율성을 기해야 한다고 상소하였다.[51]

⑦ 華城城役儀軌[52]

정조 20(1796)년 완성되어 정조 24(1800)년에 간행한 화성축성 보고서인 화성성역의궤 기록에는 대차, 평차, 발차, 등이 보인다. 이러한 수레는 일상용이라기 보다는 공사장에 필요에 따라 만들어 쓴 것이라고 할 수 있다.

• 대차(大車)[53]

커다란 돌이나 원목 등 아주 무거운 짐을 운반할 때 사용되며 수레 자체가 대

49) 조선왕조실록CD-ROM간행위원회, 앞의 책, 1997.

50) 김용만, 앞의 책, 1999.

51) 조선왕조실록 CD-ROM간행위원회, 앞의 책, 1997.

52) 金鍾秀,『華城城役儀軌』.

53) 이왕기,「조선 후기의 건축도구와 기술」,『한국전통과학기술학회지』1-1, 1994. pp.41~66.

단히 커서 소 40여 마리가 끈다고 한다. 2개의 커다란 바퀴 위에 짐을 올리 수 있는 판을 놓고 한두 마리 소로 균형을 잡은 다음 밧줄을 여러개 묶어 40여 마리의 소로 끌 수 있도록 하였다. 바퀴는 16개의 살을 가지고 있으며 빗등을 뚫고 살이 나와있다. 또한 바퀴를 튼튼하게 하기 위해 빗등과 빗등 사이를 파고 나무를 박아 넣었다(그림 7).

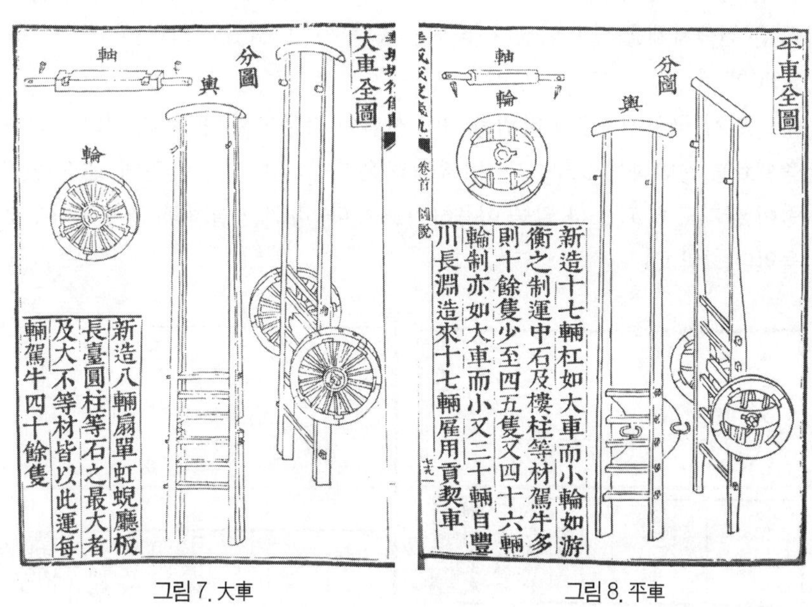

그림 7. 大車　　　　　그림 8. 平車

• **平車**[54]

　대차보다 조금 작게 만들어 중간 크기의 돌이나 기둥 등을 실어 나르는데 사용되었으며 짐이 많고 길이 험할 때는 소 10마리로 운반하지만 짐이 적고 길이

---

54) 이왕기, 앞의 글, 1994.

평평할 때는 4~5마리로도 끌었다. 바위의 모습은 장구통이자 살의 구실을 하는 가운데 부분이 두터운 판자와 그 아래, 위에 가로 질러 나무를 박아 만들었다. 떠한 4개의 빗등으로 이루어 졌으며 바퀴를 튼튼하게 하기 위해 빗등과 빗등 사이를 파고 나무를 박아 넣었다(그림 8).

• 發車[55]

소 한 마리가 끌수있도록 조그맣게 만든 것인데 돌이나 목재, 석회, 벽돌, 흙과 같은 건축자재를 실어 나른다. 바퀴는 통나무로 만들었다(그림 9).

• 童車[56]

네모틀 각 구석에 4개의 바퀴를 달아 사람이 작은 돌이나 목재, 기타 간단한 건축재료를 운반하는 도구이다. 밧줄을 묶은 다음 끌어서 운반하게 된다. 여러 사람이 끌기도 하고 소나 말을 이용하기도 한다. 바퀴는 발차와 간치 통나무로 만들었다(그림 10).

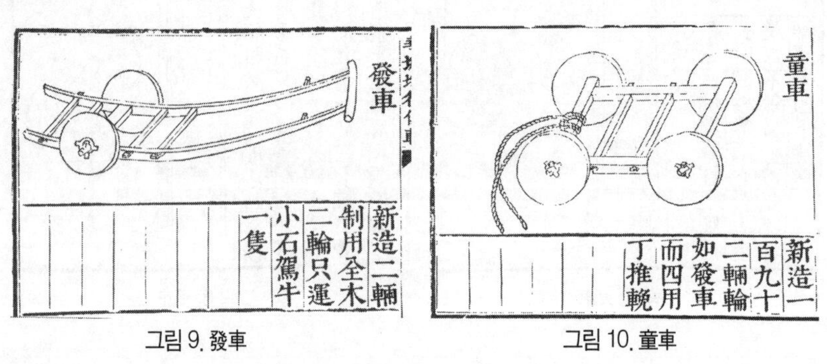

그림 9. 發車   그림 10. 童車

• 駒板[57]

---

55) 이왕기, 앞의 글, 1994.
56) 이왕기, 앞의 글, 1994.
57) 이왕기, 앞의 글, 1994.

넓은 널빤지 한쪽 끝에 끈을 매어 널
빤지 밑에 둥근 통나무를 대며 바퀴삼
아 끌기도 하고 밀기도 하면서 짐을 운
반하는 도구이다. 넓은 널
빤지가 없을 때는 2~3개의 판자를 엮
어 사용하기도 한다. 운반할 때 바퀴 역
할을 하는 밑에 깔리는 둥근 통나무를
'산륜'라고 한다. 구판을 다른 말로 끌개라고 한다(그림 11).

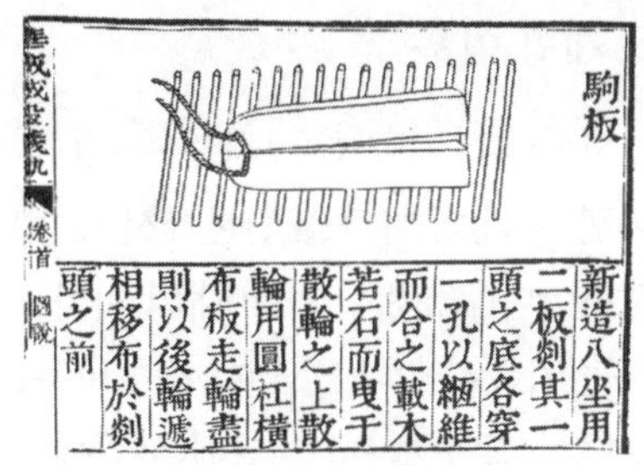

그림 11. 駒板

ㄴ. 유물 · 민속에 나타난 수레

① 철화백자 俑[58]

조선 전기시대로 여겨지는 무덤에 껴묻거리로 만들어진 작은 백자인형으로
모두 손으로 빚어 만들어 다듬고 철화로 자세히 그렸다. 짐승의 머리모습은 소
로 보이지만 목에 갈기를 새기고, 뒷다리의 근육을 강조한 점에서 말의 특징이
잘 나타나고 있다. 또한 수레와 바퀴를 선긋기로 세부 묘사를 하고 있다(사진 40).

② 차전놀이[59]

음력 정월 보름에 강원도 춘천, 경기도 가평지방과 경상북도 안동지방에서
놀이되던 민속경기의 하나이다. 동국세시기에 의하면 춘천의 풍속에 외바퀴수
레를 마을별로 만들어 떼를 지어 앞으로 몰고 와서 서로 싸워 그해의 액운을 점
치는데 쫓겨 패하는 편이 흉하다고 한다. 안동지방에는 동채싸움이라고도 불
리는 차전이 전승되어 1969년 중요무형문화재 제 24호로 지정되어 보존, 육성
되고 있다.

<hr>

58) 한국고미술협회, 『97한국고미술대전』, 한국고미술협회, 1997.
59) 한국정신문화연구원, 앞의 책, 1993.

5. 개항 이후

　사람이 타기 위한 마차가 우리나라에 처음 들어온 것은 1884년 3월 朴泳孝가
바퀴 두 개의 마차를 일본에서 들여왔고, 이보다 조금 뒤인 1894년에는 일본인
하나야마(花山帳場)가 10대의 마차로 시내로 와서 서울~인천 사이를 운행하였
다는 기록이 있다. 이러한 승합마차는 광복 후 서울 거리에 나타나서 중요 교통
수단이 되었으나 6.25뒤에 자취를 감추었다. 당시 마차는 네필의 말이 끌었으
며 30여명이 탈 수 있는 크기였다.

　조선시대에는 왜 수레가 널리 활용되지 못하였을까? 왜 박지원이 『열하일기』
에서 수레의 사용을 강조하였을까? 삼국시대부터 폭넓게 사용되던 문명의 이
기를 조선시대에 멀리하게 되었을까? 그 까닭은 문종 1년 보고된 내용처럼 중
국과 달리 험한 길과 도로의 정비가 되지 못한데서 찾을 수 있다. 또한 고려시
대 원의 침략을 받은 이후부터 고려는 원과 명에게 조공으로 말과 소를 보낸 데
서도 찾을 수 있다. 고려는 원나라에 약 20회에 걸쳐 수만 마리의 말과 소, 수십
만석의 사료를 보냈고, 명나라에는 35회에 걸쳐 3만 여필의 말을 보냈다. 조선
역시 명의 과도한 요구로 인해 많은 말을 빼앗겼고(태조 원년부터 문종 즉위년까
지 59년간 7만필의 말을 명나라에 보냈다) 이에 따라 점차 말 기르는 것을 소홀히
하여 후기로 갈수록 말의 숫자는 줄어만 갔다. 조선시대 전국 목장에서 관리하
던 말은 성종때 약 4만필을 최고로 계속 감소하여 고종 7(1879)년에는 겨우 5646
필에 불과 했다. 이처럼 소와 말이 부족해졌기 때문에 수레 대신 사람이 드는
가마가 지배층의 운송수단으로 자리잡게 되었고 수레는 전차, 화차 등 기동력
이 요구되는 전쟁에서 주로 이용되었다.[60]

---

60) 김용만, 앞의 책, 1999.

Ⅲ. 쓰이는 나무

우리의 재래 농기구 가운데 나르기 연장에서 큰 역할을 하였던 것이 지게와
수레이다. 수레는 사람이 끄는 손수레와 소가 끄는 수레인 달구지로 나뉘는데,
달구지는 예부터 써오던 것으로 개항이후에는 바퀴가 2바퀴 수레와 (우차) 4바
퀴 수레(마차) 쓰이게 되었다.[61]

수레에서 가장 중요한 역할을 하는 것이 바로 수레바퀴인데, 튼튼하고 견고
하게 만들어야 바퀴살이 빠지거나 쇠테가 벗겨지는 등의 고장이 없고 오래도록
사용할 수 있다.

단단하고 견고한 수레바퀴를 만들기 위해서는 먼저 바퀴를 만드는데 사용될
나무를 고르는 일이 선택이 가장 중요하였다. 예부터 수레바퀴에 많이 사용된
나무는 느티나무(괴목), 밤나무, 참나무 등을 들 수 있는데, 이 가운데 조직이 단
단하고 잘 썩지 않는 느티나무를 가장 많이 사용하였다. 그러나 요즈음에는 느
티나무 대신에 우리 나라에 새로 드려온 수종인 아까시나무를 많이 사용하고
있다. 아까시나무를 쓰는 까닭은 느티나무 보다 오히려 단단하고 오래도록 썩
지 않는 나무의 특성 때문인데, 실제 수레바퀴를 만들었을 때 아까시나무가 조
직이 치밀하고 훨씬 단단하고 견고하였다.

61) 바퀴가 4개인 마차의 경우 일제침략기에 일본의 영향을 받아 만들기 시작한 것으로 말해
　　지고있으나, 개항이후 우리나라에 와있던 외국인(선교사 등)이 찍은 사진에 이미 1910년
　　이전에 수레바퀴가 4개인 마차가 등장함에 따라 개항이후 선교사들의 영향으로 만들기 시
　　작하였던 것으로 생각된다(최석로, 『사진으로 보는 朝鮮時代 -생활과 풍속-』(서문당,
　　1987): 『사진으로 보는 근대 한국-산하와 풍물(상 · 하)』(서문당)에 보면 1908년도에 찍은
　　동대문 사진속에 마차가 담겨있다.).

IV. 수레 제작도구

1. 목선반

장구통 깎기에 사용하는 도구로 일제시대부터 광복 후 2년까지 사용하던 것을 복원한 것이다(사진 41). 전체 크기는 242㎝이며 큰물레와 작은물레 간의 간격은 185㎝이다. 큰물레의 지름은 145㎝, 작은물레의 지름은 9㎝이다. 물레와 물레간에는 피대가 감겨 있는데, 사용 방법은 한사람이 큰 물레의 손잡이를 돌려 피대가 돌아가면서 작은 물레를 빠르게 돌려주어 작은물레에 물려있는 장구통을 다른 사람이 끌을 대어 깎아낸다.

2. 장구통탱갱이

이 도구 또한 일제시대부터 광복 후 2년까지 사용하던 것을 복원한 것으로 바퀴살 구멍을 끌로 파내는데 사용하던 도구이다(사진 93). 장구통의 중심에 구멍을 뚫어 관통을 시킨 뒤 장구통을 장구통 탱갱이에 끼운 다음 탱갱이의 넓은 판자에 앉아 장구통을 단단히 고정시키고 끌을 이용하여 구멍을 판다(사진 42).

이 도구는 일제시대 이전부터 사용하던 장구통탱갱이일 가능성이 매우 높은 것으로 우리나라 도구의 변천을 이해하는데 매우 중요한 자료로 여겨진다.[62]

3. 수레바퀴살 본

수레바퀴의 바퀴살을 만들 때 편리하게 사용하는 도구인데, 나무로 바퀴살의 크기에 맞게 만들어 놓은 것이다. 사용하는 방법은 준비된 판목에 바퀴살 본(사

[62] 복원한 이대길옹의 기억에 따르면 당시에 함께 일하던 나이 많은 선배들도 이전부터 이러한 도구를 사용했다고 한다.

진 43)을 대고 윤곽선을 그어 재단한 뒤 톱으로 잘라내면 된다. 이 때 바퀴살은 2바퀴수레와 4바퀴수레 간에 크기가 다른데 2바퀴의 경우는 49×5.2㎝, 4바퀴의 경우는 44.5×4.5㎝, 35×2.8㎝이다. 바퀴살의 형태를 만든 다음 이어 장구통과 빗등에 끼우는 살촉(슴베)을 만드는데 이때 슴베 본을 이용하여 살촉을 재단한다. 크기는 2바퀴수레는 18.5×1.6㎝, 4바퀴수레는 뒷바퀴 18.2×3.1㎝, 앞바퀴 15.6×0.9㎝이다.

4. 빗등 본

수레바퀴의 빗등을 만드는데 편리하게 쓰는 도구이다. 빗등의 휜 모양대로 본을 만들어 놓고 크기에 맞게 사용하는데, 준비된 재목에 빗등 본(사진 44)을 대고 빗등 모양대로 재단을 한 뒤 잘라내면 된다. 빗등이 완성되면 바퀴살 촉을 끼우기 위한 구멍을 뚫어야 하는데, 빗등본에 구멍의 간격이 표시되어 있어 본을 대고 재단하면 된다.

빗등 본의 크기, 구멍간격, 개수가 각기 다른데 2바퀴수레의 경우 43×6㎝, 구멍간격 15.5㎝에 8개를 사용하며, 4바퀴수레의 경우는 뒤바퀴 45.5×5.2㎝, 구멍간격 15.5㎝에 7개를, 앞바퀴의 경우는 23×4.5㎝, 구멍간격 19㎝에 6개를 사용한다.

빗등 본의 모습도 달라서 2바퀴와 4바퀴수레의 뒷바퀴의 빗등에는 빗등의 안쪽으로 일정한 간격을 두고 2개의 구멍을 표기하여 뚫는 반면, 4바퀴수레의 앞바퀴는 빗등의 가운데 1개와 양쪽 가장자리면에 구멍을 뚫는다.

5. 곱장대패(뒤접대패)

굽은 나무나 겉이 오목하게 들어가 있는 구유, 이남박, 함지, 소반·상다리 등을 깎아낼 때 쓰는 대패로, 배대패, 뒤젭대패, 뒤젭이대패 등으로 불리운다.

대팻바닥의 길이 모습이 배의 밑부분처럼 유선형으로 생겼고 대팻집이 다른 대패에 비해 짧은 것이 특징이다(사진 45).

바퀴살을 만들 때 자귀로 바퀴살의 바같면을 오목하게 깎아낸 뒤(사진 99) 오목한 면을 매끄럽게 마무리하는데 쓰인다.

6. 둥근대패

나무 겉면의 오목한 홈을 둥글게 깎는데 쓰는 대패로 대팻날과 대팻집 밑바닥의 가로지름면은 반달꼴이다(사진 46).

수레바퀴 빗등을 모양대로 잘라낸 다음 겉과 안을 매끄럽게 다듬는데 사용한다(사진 112).

7. 평대패

대팻집과 대팻날이 곧게 나있는 대패로 평평한 나무를 미는데 쓰는데, 대패질의 단계에 따라 센대패, 중대패, 딱음대패로 분류된다.

수레 만드는데 쓰이는 대패(사진 47)는 주로 센대패와 중대패이다.

센대패는 톱이나 자귀로 켜낸 나무에 대패질을 처음할 때 쓰는 대패로 쇠대패, 初鍊대패, 막대패, 거친대패 등으로 불리운다. 초벌로 깎기 때문에 힘이 많이 들어가며 그에 따라 아가리는 대팻밥이 잘 빠져나가도록 크게 만든다. 때에 따라서는 대팻등 앞쪽에 당길손을 박아 2사람이 함께 대패질을 하기도 한다.

중대패는 센대패로 깎아낸 나무면을 곱게 밀어 마름질하는데 사용한다.

8. 톱

(1) 켤톱(引鋸, 사진 47)

나무를 섬유방향으로 켜는 톱으로 톱니 모양은 70°정도의 삼각형으로 날어김을 적게 하여 마모가 크지 않다. 켤 때는 톱니 끝이 끌과 같은 역할을 해서 켜지게 된다.

이 곳에서는 원목을 제재할 때 쓰는 대형톱이 있으며, 톱양은 톱자루와 직각방향이다.

(2) 자름톱(斷鋸, 사진 49)

나무의 섬유방향에 대해 직각으로 자르는 톱으로 톱니의 날어김을 크게 좌우 두줄로 만든다. 큰 원목을 자르는 톱은 톱양과 동발사이를 넓게 만들며, 톱양을 끼울 때는 톱자루와 평행한 방향으로 끼운다. 다른 이름으로는 단거톱, 동톱, 썰음톱, 가로톱이라 한다.

수레바퀴와 사장틀 등을 만들 때 사용한다.

(3) 양날톱 등

톱양의 양쪽에 톱니를 세워 한쪽은 고운 썰음톱, 한쪽은 자름톱으로 사용하는데, 톱양의 한쪽 끝을 뾰족하게 슴베로 말들어 자루에 끼워 사용하는 것으로 일제 때부터 이용하였다.

(4) 원목톱(사진 50)

나무를 자를 때 쓰던 톱이다. 톱의 몸이 휘어져있고 톱니가 무척 크게 만들어져 있다.

9. 끌

두 개의 나무를 결합시키기 위하여 깎을 파거나 다듬는데 쓰거나 글씨나 조각 등을 할 때 쓰는 연장이다. 가늘고 긴 쇠끝에 날을 세우고 반대쪽을 망치로 치도록 머리가 만들어져 있다. 이 머리를 망치로 쳐서 그 힘이 날 끝에 전해져 구멍을 파게 된다.

날의 모양에 따라 평끌, 각끌, 둥근끌, 창끌, 쌍끌, 인두끌, 그리고 날 너비에 따라 여러 종류로 나뉜다(사진 51).

수레에서는 장구통을 목선반에 고정시킨 다음 장구통을 돌리면서 장구통깎기용 둥근끌을 나무에 대어 수레바퀴 장구통의 모양대로 깎는데 사용한다. 이때 깎는 면에 따라 각기 달리 사용한다. 둥근끌은 가장자리의 겉목을 다듬는데, 평끌은 장구통의 앞테부분과 바퀴살이 박히는 평면을 마무리 할 때(사진 85), 연귀끌은 앞테와 중테 부분의 경사면에, 날 폭이 넓은 평끌은 바퀴살이 들어갈 홈의 중심과 가장자리 선을 긋는데 사용한다.

10. 망치

나무를 다루는 목공일과 대장간에서 쓰는 연장으로 쇠와 나무로 만들어쓴다 (사진 52). 이 곳에서는 주로 대장간에서 쇠를 다루는데 사용하며, 그 밖에 바퀴 살을 박을 때 사용한다.

11. 정

돌을 쪼거나 깎을 파고 글씨를 새기거나 대장간에서 쇠를 다룰 때 쓰는 연장 이다. 쇠를 다듬어 한쪽 끝에 뾰족하게 날을 만들고 반대쪽은 메로 치는 머리부 분을 만든다(사진 53).

이곳에서는 대장간에서 쇠를 다루거나 장구통의 중심에 홈을 낼 때 사용한 다. 중심정, 메뚜기깎정 등이 있다.

12. 쇠접이정과 받침

정의 잡이 부분에 긴쇠자루가 붙어 있으며, 받침은 Y자의 모양을 하고 있다 (사진 54). 대장간에서 달군쇠를 접는데 사용한다.

13. 구멍정과 받침

정의 날면은 납작하고 가장자리는 둥글다. 잡이 부분에 긴쇠자루가 붙어 있 으며, 받침의 가운데에는 구멍이 뚫려 있다(사진 55). 대장간에서 수레의 장틀 옆면에 부착하는 줄걸이의 구멍을 뚫거나 장식효과를 낼 때 사용한다.

14. 집게

대장간에서 달군쇠를 잡을 때 사용하는 도구로 집게의 모양에 따라 그 쓰임 새가 다르다(사진 56). 먼저 사진 왼편의 첫 번째 것은 네모지고 굵은 쇠를 잡을 때, 두 번째 것은 달군쇠를 꺼낼 때, 세 번째는 편철을 다룰 때, 나머지 3개는 둥근쇠를 잡을 때 사용한다.

15. 불고무래

대장간에서 쇠를 달구기 위해 화덕의 연료를 뒤척이거나 재를 그러내는데 쓰는 도구로 긴네모끝의 쇠조각 한쪽면에 긴자루를 붙여 사용한다(사진 57).

16. 컴파스

일정한 길이로 나누거나 둥근 원을 만들 때 쓰는 도구이다(사진 58)
장구통의 모양을 잡거나 바퀴살 홈을 등분할 때 사용한다.

17. 장틀사장목 본

수레의 장틀사장목을 재단 할 때 쓰는 본이다(사진 59). 크기에 따라 여러 개를 만들어 크기에 맞게 사용하는 편리한 도구이다.

18. 껄겅쇠

빗등에 바퀴살을 끼워 조립하는데 쓰이는 'S' 자 형태의 도구로 걸그렁쇠라고도 한다(사진 60).

19. 먹통

나무를 재단할 때 줄을 퉁기어 긴 길이라도 일직선으로 금을 긋는 아주 중요한 연장이다. 먹통은 네모진 나무에 두 개의 굼을 뚫어 한쪽은 먹물 묻은 솜을 넣어놓고 다른 쪽에는 먹실을 감은 타래를 달아놓는다.
이 곳에서는 장틀과 사장목 등을 다룰 때 많이 쓰인다.

20. 그드리관자

4바퀴수레의 그드리와 쳇대를 연결시켜주는데 사용된다. 전체적인 모양은 U자형의 말굽처럼 생겼으나 말굽보다 너비가 작고 두께가 큰 것이 다르다(사진 61).

21. 통테

장구통의 균열을 방지하고, 견고함과 수명을 길게 하기 위해 장구통의 앞(앞테)과 중간(중테), 뒤(뒷테)에 테(사진 62)를 씌우는 도구이다.

통테는 각 부위별로 쇠테의 너비가 다른데, 앞테는 두께 3㎜, 너비 2.5㎝의 기다란 쇠판을, 중테와 뒷테는 두께 3㎜, 너비 1.8㎝의 기다란 쇠판을 사용한다. 둥글게 마는 방법은 모루 위에 올려 놓고 망치로 두드려 가면서 둥근형태로 만든 뒤에 용접을 하는데 보통 통의 둘레보다 1㎜정도 줄여서 만든다.

22. 목바이스

장틀과 사장 목등에 사용하는 긴 송판을 켤 때 사용하는 도구로, 대패질틀에 긴 송판을 올려놓은 다음 목바이스로 양쪽의 가장자리를 조여주는데 쓰인다(사진 63).

23. 쇠테들개 · 쇠테걸그렁쇠 · 쇠테집게 · 지렛대 · 큰망치

수레바퀴에 쇠테를 씌우는데 사용하는 도구들이다.

쇠테들개는 달군쇠를 들어다(사진 64)수레바퀴 위에 올려놓는데 사용하는 도구이며, 쇠테걸그렁쇠 · 쇠테집게 · 지렛대는 쇠테를 수레바퀴 가장자리에 들어가게 고정시키는데, 큰 망치는 쇠테를 두드려서 박아 넣는데 사용한다. 옥낫은 농기구로 쓰는 옥낫(접낫)과 형태가 아주 유사하나 날이 없는 것이 다르다. 수레바퀴 만드는 곳에서는 주로 웅덩이 속의 수레바퀴를 꺼내는데 사용한다.

24. 멍석

장구통 겉면 모양 만들기 작업이 끝난 뒤 겉면을 매끄럽게 하기 위해 사포로 문지른 다음, 겉면을 문질러 볏짚의 기름기를 묻히는데 사용한다(사진 65).

또한 쇠테를 씌울 때 쇠테를 달구기 위해 쇠테와 땔감 전체를 덮을 때 사용하는데, 멍석을 씌우는 까닭은 볏짚, 갈대 등의 재료를 사용할 때 보다 열 효율이 매우 높고, 멍석이 불에 다 타고 난 뒤에도 형체를 그대로 유지하여 불길이 밖으로 새어 나가는 것을 방지하기 때문에 불길을 오래도록 머물게 하여 쇠를 빨리 달굴 수 있기 때문이다.

25. 쇠테마름틀

쇠테마름틀(사진 66)은 긴쇠판을 둥글게 접을 때 사용하는데, 통나무 윗부분에 빗등을 그드리관자로 매어놓은 형태이다.

26. 솥

원목을 물에 삭히지 않고 빨리 사용하고자 할 경우에 나무를 적당한 크기로 자른 뒤 큰솥에 넣고 하루정도 찌거나 삶는데(사진 67) 사용한다.

V. 수레 제작과정[63]

수레를 만드는 제작과정은 현재까지도 수레제작에 전력을 기울이고 있는 수레제작 민족고유기능전승자인 이대길옹의 방법에 따랐다.

1. 물삭힘

산이나 들에서 베어온 원목을 그대로 또는 길이방향으로 길고 넓게 켜서 물구덩이 속에 넣어 2~3년 정도 담가두어 나무를 삭히는데(사진 68), 이렇게 함으로써 이러한 과정을 거치지 않은 나무보다 터짐이나 뒤틀림이 없고 더 질겨진

[63] 이번 연구과제인 '수레바퀴'는 수레제작 민족고유기능전승자(노동부 한국산업인력공단)인 이대길옹과 그의 제자 이민우님의 도움으로 이루어졌다. 많은 감사를 드린다.

다. 물구덩이 속에서 2~3년 정도 지난 다음 나무를 꺼내어 말리는데 1달 정도 지난 뒤 다시 쓰임새에 맞게 적당한 크기로 켜거나 잘라서 다시 완전히 말린 다음 사용하여야 좋다.

2. 나무삶기

원목을 물삭힘을 하지 않고 빨리 사용하고자 할 경우에는 적당한 크기로 자른 뒤 큰솥에 넣고 하루정도 찌거나 삶는데(사진 67), 찔 경우는 속까지 쪄지지 않아서 나중에 터질 확률이 높기 때문에 가능한 한 물을 가득 넣어 푹 삶는 것이 좋다. 이렇게 하면 나무의 진액이 모두 빠져서 터짐이나 뒤틀림이 적어 사용하기에 적당한 상태로 된다.

찌거나 삶은 나무도 건조과정을 거쳐야 하는데 솥에서 꺼낸 뒤 4~5달 정도 지나서 바짝 마른 다음에 사용하면 된다.

3. 장구통 만들기

위의 과정을 거쳐 잘 마른나무(곧은 나무)를 골라 수레바퀴의 장구통 크기에 맞게 톱으로 자른 뒤 원통형의 재목에 중심을 잡고 장구통 두께(가장 큰 것은 6치 5푼)에 맞게 원을 긋는다(사진 69). 그런 다음 끌로 장구통 가장자리를 원의 크기에 맞게 쳐내어 장구통의 모양을 잡는다(사진 70). 이어서 끝이 뾰족한 정을 재목의 중심에 대고 망치로 쳐서 홈을 내는데 이는 목선반에 올려놓고 고정을 시킬 때 정확하게 중심을 잡기 위함이다. 목선반에 고정을 시킨 다음 서서히 돌리면서 장구통깎기용 둥근끌을 나무에 대어 수레바퀴 장구통의 모양대로 깎는다. 이때 사용하는 끌은 먼저 둥근끌로 가장자리의 겉목을 다듬고(사진 71) 그 뒤 평끌로 장구통의 앞테부분을 이어 앞테와 중테 부분의 경사면에는 끝이 연귀인 연귀끌로(사진 72), 그리고 바퀴살이 박히는 평면은 마무리용 평끌로, 뒤테 부분은 다시 앞테부분에서 하였던 과정을 반복하여 다듬은 뒤 마지막으로 금 긋기용 끌을 이용하여 바퀴살이 들어갈 홈의 중심과 가장자리 선을 긋는다(사진 73).

조사가 진행되는 여러 달 동안 이대길옹은 옛 기억을 가다듬어 60년전에 사용하였던 목선반을 복원하여 장구통깎기를 재현하였는데, 이는 우리나라 산업기술의 발전에 따른 도구의 변천과정을 알 아 볼 수 있는 획기적인 일이라 할 것이다.

장구통 겉면 모양 만들기 작업이 끝나면 장구통의 겉면을 매끄럽게 하기 위해 사포로 문지른 다음 멍석으로 문질러 볏짚의 기름기를 묻힌다.

이러한 작업과정에 이어 자와 콤파스를 사용하여 바퀴살의 개수에 맞게 살구멍(끌구멍)을 등분한다. 살구멍 나누기가 끝나면 끌을 이용하여 홈을 파는데 깊이와 너비가 각각 1치5푼, 두께 6푼으로 한다.

예전에는 바퀴살 구멍을 끌로 파내는데 효율성을 기하기 위하여 장구통탱갱이를 이용하였다. 이 도구 또한 조사가 진행되는 동안 이대길옹이 옛 기억을 되살려 복원하는데 성공하였다. 먼저 장구통의 중심에 구멍을 뚫어 관통을 시킨 다음 장구통을 장구통 탱갱이에 끼운 다음 탱갱이의 넓은 판자에 앉아 장구통을 단단히 고정시킨 다음 끌을 이용하여 구멍을 뚫었다(사진 75).

요즈음에는 끌 대신에 각끌기계가 있어서 장구통탱갱이를 사용했을 때 보다 5배정도 빠르게 작업을 할 수 있다.

4. 바퀴살 만들기와 장구통에 끼우기

(1) 바퀴살 만들기

장구통 만들기가 끝나면 장구통의 살구멍에 맞게 바퀴살을 만들어야 한다. 바퀴살 재목으로는 결이 똑바른 것을 써야 살이 휘거나 뒤틀리지 않는다. 준비된 판목에 바퀴살 본을 대고 윤곽선을 그은 뒤 톱으로 잘라 낸다. 이 때 바퀴살의 크기는 길이 1자 4치 5푼, 너비 1치 5푼, 두께 1치 2푼이다. 이러한 바퀴살에다 장구통구멍에 들어갈 촉(습베)을 만들야 하는데, 자로 살촉을 재단하여 촉의 깊이와 너비를 각각 1치5푼, 두께 6푼으로 한다(사진 76).

촉의 재단이 끝나면 자귀로 바퀴살의 바깥면을 오목하게 깎아낸 뒤 뒤접대패로 오목한 면을 매끄럽게 마무리한다(사진 77). 이렇게 하는 까닭은 쇠테를 씌울 때 살이 바깥으로 휘어지는 효과와 함께 바퀴가 보다 더 힘을 받을 수 있기 때문이다.

이어서 톱으로 재단된 촉부분의 가장자리를 잘라내어 촉을 완성한다.

⑵ 장구통에 끼우기

촉이 만들어진 바퀴살은 망치로 장구통의 홈에 끼워 넣는데(사진 78) 이때 장구통의 홈과 바퀴살의 각도를 잘 맞추어야 한다. 제대로 장구통에 박힌 바퀴살은 옆면에서 보았을 때 빗등 부분에 박히는 바퀴살 부분이 바깥쪽으로 오므라드는 모습을 띠어야 한다. 이렇게 하기 위해서 장구통에 박히는 바퀴살 촉의 길이를 조금 달리하는데 축쪽 보다 앞테 쪽이 1mm 짧게 재단한다. 즉 완전한 직각이 되지 않도록 박아야 한다. 그렇게 하지 않으면 빗등을 박을 때와 쇠테를 씌울 때 살이 부러지거나 옆으로 튕겨 나갈 수 있기 때문이다.

바퀴살을 장구통에 끼워 넣은 다음 빗등에 끼울 촉을 재단하여야 하는데 'ㄱ'자 모양의 곱자를 촉의 부분에 대고 연필로 선을 긋는다. 그런 뒤 톱으로 촉부분의 가장자리를 잘라내어 촉을 완성한다.

바퀴살의 개수는 바퀴가 2개인 달구지는 16개이며, 바퀴가 4개인 경우는 뒤 바퀴는 14개, 앞 바퀴는 12개, 손수레는 14개이다.

5. 빗등 만들기와 조립하기

(1) 빗등 만들기

빗등을 만드는데 쓰이는 재목은 휜 나무를 사용하는데 이는 휜 모양대로 빗등을 만들 때 재단하기 좋을 뿐 아니라 수레바퀴를 만들게 된 뒤에도 뒤틀리거나 일어나는 것을 방지할 수 있기 때문이다. 먼저 준비된 평목에 빗등 본을 대고 재단을 한 뒤 빗등 모양대로 잘라낸 다음 둥근대패로 겉과 안을 매끄럽게 다듬어 빗등 모양을 완성한다(사진 79). 이러한 빗등이 완성되면 바퀴살 촉을 끼울

구멍을 뚫어야 하는데, 먼저 빗등본에 표시되어 있는 구멍 간격에 맞게 선을 그어 빗등 살구멍을 재단 한 다음 끌로 구멍을 뚫는다.

빗등에 구멍을 뚫는 방법은 우차와 마차의 앞뒤바퀴가 각기 다른데, 우차와 마차의 뒷바퀴의 빗등에는 빗등의 안쪽으로 일정한 간격을 두고 2개의 구멍을 뚫어 바퀴살의 축을 끼우는 반면, 4바퀴 수레의 앞바퀴는 빗등의 가운데 1개와 양쪽 가장자리면에 구멍을 뚫어 축을 끼운다(사진 80).

⑵ 조립하기

빗등에 바퀴살을 끼워 조립하는 방법은 먼저 바퀴살 두개 가운데 한 개를 빗등의 한 쪽면에 먼저 끼운다. 이어 'S' 자 형태의 껄겅쇠(걸그렁쇠)를 빗등에 끼우지 않은 나머지 한쪽 바퀴살에 걸은 다음 긴막대로 껄겅쇠의 반대편 휘인면에 끼워 걸고 빗등에 끼워진 바퀴살에 대고 껄겅쇠를 막대쪽으로 잡아당겨 빗등의 홈에 맞춘 다음 망치로 박아 넣으면 된다(사진 81).

빗등의 조립이 끝나면 빗등에 끼워진 바퀴살이 빗등에서 빠지지 않도록 단단히 부착하기 위해, 빗등 위로 삐져나온 바퀴살축에 끌로 가로질러 홈을 내고 그 위에 쐐기를 박아 넣는다(사진 82). 이러한 과정 뒤에 빗등 위로 솟아오른 바퀴살의 축을 잘라내어 빗등면과 맞추고 빗등끼리 잘 들어 맞도록 마무리를 하는데, 이때 빗등과 빗등사이에 철심을 박는다. 또한 빗등과 빗등을 짜 맞출 때에도 한곳은 틈새(3~4㎜)를 두어 나무쐐기를 박아놓는데(사진 83), 그 까닭은 나중에 달군 쇠테를 씌우고 물에 급냉시키면 쇠가 원래의 크기대로 오므라들면서 빗등을 조이게 되는데 이때 틈이 없으면 빗등이 옆으로 빠져 나오거나 쪼개지는 경우가 있기 때문이다. 이러한 과정을 거치면 쇠테를 씌우기 전의 수레바퀴의 모습이 완성된다(사진 84).

빗등의 개수는 바퀴가 2개인 경우 8개이며, 바퀴가 4개인 경우는 뒷바퀴는 7개, 앞바퀴는 6개, 손수레는 7개이다.

6. 쇠테 만들기와 씌우기

(1) 쇠테 만들기

나무로 만든 수레바퀴의 외곽을 감싸듯이 하여 수레의 견고함과 바퀴의 보호 그리고 수레바퀴 수명을 연장시키기 위하여 둥근 쇠테를 씌우는데, 예전에는 대장간에서 쇠를 두드려 긴 쇠판을 만들어 썼으나, 오늘날에는 주문제작으로 생산 된 긴쇠판을 재료로 쓰고 있다.

긴 쇠판의 길이는 바퀴의 둘레보다 3~4㎜적게 재단하여 사용하는데, 이렇게 하는 까닭은 둥근쇠테를 만들어 불에 달군 뒤 수레바퀴의 외곽에 씌우고 물속에서 급냉을 시키면 달구어져 늘어난 쇠테가 갑자기 오므라들면서 수레바퀴에 착 달라붙어 떨어지지 않기 때문이다.

재단(길이는 바퀴의 둘레보다 3~4㎜적게, 너비120㎜, 두께 9㎜)된 긴 쇠판을 둥글게 감기 위한 작업이 선행되어야 하는데, 쇠테마름틀에 긴쇠판의 한쪽부분을 끼워 넣고 반대편의 쇠판을 잡고 2명이 힘을 주어 아래로 잡아당기면서 구부리면 된다. 끝부분에 이르면 남아있는 부분이 적은 관계로 손으로 잡아당겨 둥글게 휘는 것에 한계가 있어 'ㅁ' 자의 쇠를 끝부분에 끼우고 그곳에 지렛대를 넣어 잡아당기면 전체적으로 둥근 원 모양의 쇠테를 만들 수 있다(사진 85). 쇠테마름틀에 넣어 구부린 둥근쇠테는 이어 붙이기 전에 수평잡기를 해야 한다. 먼저 쇠테를 모루위에 올려놓고 큰 망치로 가운데 면을 중심으로 망치질을 하면 간격을 보이던 끝부분이 맞닿게 되며(사진 86), 끝이 좌우로 어긋난 경우는 쇠테를 옆으로 뉘여 모루에 부딪치면서 끝부분을 바로 잡으면 된다. 끝부분이 딱 맞은 쇠테는 곧이어 용접을 하여 이어 붙인다.

(2) 쇠테 씌우기

나무로 만든 수레바퀴의 크기에 맞게(3~4㎜적게 재단) 만들어진 쇠테가 5~6개 정도 만들어지면 쇠테 씌우기 작업을 해야 한다. 먼저 마당 위에 같은 크기의 쇠테를 아래부터 위로 차곡차곡 쌓아 올린 다음 쇠테의 바깥 가장자리 면에 잘 마른 소나무, 참나무 등의 땔감을 에워싸듯이 기대어 놓는다(사진 87). 이와는 달리 안쪽면에는 중심부인 흙위에 적당량의 나무를 쌓아놓고, 쇠테쪽에는 듬성 듬성 나무를 기대어 놓고, 이와 함께 마차의 앞바퀴용처럼 작은 쇠테는 안쪽에 기대어 놓는다. 이어서 톱밥을 나무의 위아래에 뿌려 놓은. 다음 잘 마른 멍석 을 쇠테를 덮을 수 있을 정도의 크기로 잘라 쇠테와 땔감 전체를 덮듯이 감싸 놓는다(사진 88).

불을 지피기 위해서는 나무가 잘 타기 위해 마련한 기름을 멍석 위에 뿌려 주 기도 한다. 불 때는 시간은 대략 1시간 정도이며, 쇠를 빨갛게 달구는 온도는 약 700~800℃ 정도이다.

불을 땔때 쇠테와 나무가장자리에 멍석을 씌우는 까닭은 볏짚, 갈대 등의 재 료를 사용할 때 보다 열 효율이 매우 높고, 멍석이 불에 다 타고 난 뒤에도 형체 를 그대로 유지하여 불길이 밖으로 새어 나가는 것을 방지하여 불길을 오래도 록 머무를 수 있게 하여 쇠를 빨리 달굴 수 있기 때문이다. 또한 멍석을 덮듯이 감싸는 까닭도 이와 같아서 불길이 새지 않고 쌓아 논 쇠테 안에서 빙글빙글 휘 돌며 쇠테를 잘 달구워 주는 역할을 하기 때문이다. 이러한 장점 때문에 수레바 퀴를 씌우기 위한 불 때기 작업에는 항상 멍석을 사용해야 하는데, 야외에서 불 의 온도를 올리기 위한 가장 좋은 재료이며, 최선의 방법이기도 하다(사진 89).

수레바퀴에 쇠테를 씌우기 위해서는 대개 3~4명이 필요한데 4명이 하는 것이 일하기에 좋다. 쇠테가 잘 달구어지면 먼저 쇠테를 씌울 수레바퀴의 빗등에 있 는 홈의 나무쐐기를 빼낸 뒤, 수레바퀴를 구덩이에 살짝 담그어 한 바퀴 돌려주 면서 물을 묻혀준다. 이는 달구어진 쇠에 나무가 타 불이 나는 것을 억제하기 위함이다. 물 묻힌 수레바퀴를 가운데에 홈이 파여서 수레바퀴 장구통의 바깥 면이 홈에 파묻히게끔 만들어 놓은 네모꼴의 시멘트 바닥면에 올려놓는다. 이 어 수레대장과 함께 2명이 쇠테들개로 달군쇠를 들어다 수레바퀴 위에 대략 올 려놓은 뒤 곧바로 1명은 쇠테걸그렁쇠를, 1명은 쇠테집게와 지렛대를, 나머지 2 명은 큰 망치로 들고 쇠테를 수레바퀴 가장자리에 들어가게 고정시킨 다음 큰 망치로 두드려서 박아 넣는다(사진 90). 쇠테 씌우기 작업은 시간을 끌면 작업하기가 어려운데 달군 쇠가 식기 전에 수레대장의 지시에 따라 빠른 동작으로 협동심을 보여 일을 마쳐야 한다. 일이 지체되어 쇠가 식으면 쇠테의 본래 길이가 수레바퀴 둘레보다 작게 만들었기 때문에 씌우기가 매우 어려워지게 된다. 수레바퀴에 달군 쇠테를 씌운 다음에는 신속하게 물웅덩이에 굴려 넣어 쇠테를 급히 식혀야 되는데(사진 91) 이렇게 하면 쇠테가 오므라들면서 빗등과 수레바퀴살을 꽉 조여주어 바퀴살을 장구통에 밀착시키는 동시에 쇠테가 빗등을 강압적으로 조여 주기 때문에 쇠테가 견고하게 부착된다. 이렇게 하면 달구지나 마차에 달아 사용하여도 쇠테가 수레바퀴와 떨어지거나 빠지는 경우가 거의 없게 된다.

물웅덩이에 담근 수레바퀴는 10분 정도 지나면 꺼내는데 이때까지도 쇠의 열기가 남아 있기 때문에 옥낫(접낫)[64]을 이용하게 되는데, 옥낫으로 수레바퀴를 끄집어내어 2~3일 정도 말리면 된다(사진 92).

수레바퀴는 5년 이상 쓸 수 있으며 때떼로 수리를 잘하면 10년정도는 문제없이 쓸 수 있다고 한다.

7. 통테 만들기와 씌우기

(1) 통테 만들기

쇠테 씌운 수레바퀴의 장구통에 바퀴축을 끼우기 위해 베어링역할을 하는 통쇠를 끼워야 하는데, 통쇠를 박아 넣을 경우 장구통의 균열을 방지하고, 견고함과 수명을 길게 하기 위해 장구통의 앞(앞테)과 중간(중테), 뒤(뒷테)에 통테를 씌우는 작업을 한다.

---

(64) 농기구로 쓰는 옥낫(접낫)과 형태가 아주 유사하나 날이 없는 것이 다르다. 수레바퀴 만드는 곳에서는 주로 웅덩이속의 수레바퀴를 꺼내는데 사용한다.

통테를 만들기 위해서는 각 부위별로 쇠테의 너비가 다른데, 앞테는 두께 3 mm, 너비 2.5cm의 기다란 쇠판을, 중테와 뒷테는 두께 3mm, 너비 1.8cm의 기다란 쇠판을 사용한다. 둥글게 마는 방법은 모루 위에 올려 놓고 망치로 두드려 가면서 둥근형태로 만든 뒤에 용접을 하면 되는데 보통 통테의 둘레보다 1mm정도 줄여서 만든다. 완성된 통테는 씌우기 전에 부식을 막고 수명을 길게 하기 위하여 불에 적당히 달군 뒤 콜타르를 겉면에 발라 입힌 뒤 사용한다.

(2) 통테 씌우기

통테를 씌우는 방법은 수레바퀴의 가장자리에 씌우는 쇠테처럼 불에 달구어 씌우는 것이 아니라 장구통테의 둘레보다 1mm정도 줄여서 둥글게 쇠테를 만들어 그대로 씌우는 점이 다르다. 1mm정도 줄여서 만드는 까닭은 씌우고 나서 빠지지 않게 하기 위함이다.

통테를 씌우는 순서는 중테→ 앞테→ 뒷테의 순으로 하는데, 먼저 장구통의 통테를 씌울 부분에 망치로 두드려 나무에 힘을 가한다. 이어 망치와 끌을 갖고 두드려 박은 뒤(사진 93), 빠지는 것을 막기 위해 테에서 축방향으로 못을 박는다. 1mm줄여서 통테를 만들어 장구통에 씌우고 중간중간 못을 박아 넣으면, 그 수명이 길어지고, 잘 빠지지 않으며, 장구통쇠를 박아 넣을 때 장구통의 균열이나 쪼개지는 것을 방지하는 효과를 얻을 수 있다.

8. 장구통쇠 만들기와 통쇠 박기

(1) 장구통쇠 만들기

장구통쇠는 공방에 딸린 대장간에서 긴 쇠판을 적당히 자른 뒤 원통형 모양으로 둥글게 구부려 용접을 하여 만들거나(바깥지름 5.4cm, 안지름 3.6cm, 길이 3.7cm) 주물(달구지의 경우 20cm)로 만든다.

구부려 만들 경우는 같은 크기와 모양으로 두 개를 만들어 장구통의 양쪽에서 박아 넣어야 한다. 이때 통쇠 2개의 합친 길이는 장구통의 축 구멍의 $\frac{1}{3}$에도 못 미치는데 이렇게 하는 까닭은 이 빈자리에 윤활제인 그리스(grease)를 넣어 달구지나 마차 축에 수레바퀴가 끼워졌을 때 원활하게 돌아가도록 하기 위해서이다. 이러한 까닭으로 구부려 만드는 통쇠는 하나로 하지 못하고 2개로 만들어야 한다.

주물로 할 경우에는 통쇠의 양쪽면에 단을 두고 가운데 면에는 윤활제인 그리스를 넣을 공간을 두면서 부어내면 되는데, 편리하게 만들 수 있고 단단하게 만들 수 있는 장점과는 달리 망치로 두드려 박을 경우 깨지는 단점이 있다.

구부려 만든 통쇠의 경우는 원통형의 가장자리의 양쪽면에 긴세모꼴모양의 쇠를 부착시킨다. 이것을 통쇠귀(사진 94)라고 하는데 통쇠귀를 만드는 까닭은 통쇠를 장구통에 박은 뒤 중심축을 이 곳에 끼워 사용할 경우 통쇠 자체가 돌아가거나 빠지는 것을 방지하기 위함이다.

⑵ 통쇠 박기

통쇠를 박기 위해서는 먼저 장구통의 앞테면을 위로 향하게 뉘인 뒤, 통쇠를 올려 놓은 다음 자를 이용하여 정확하게 재단을 한다. 재단 작업이 끝나면 평끌의 날을 거꾸로 잡고 장구통에 통쇠가 박히는 끝부분에 빙 돌아가며 끌질을 하여 홈집을 내는데, 이는 장구통 위에서 아래로 끌 작업을 하여 둥근원을 파낼 때 더 이상 아래로 내려가는 것을 방지하기 위함이다.

둥근원을 파낼 때는 통쇠의 지름보다 조금 적게 해야 통쇠를 박았을 경우 단단히 박혀 겉돌지 않는다. 둥글게 구멍을 파낸 다음 끌로 통쇠귀면을 파준다.

통쇠구멍작업이 완료되면 통쇠를 구멍 모양대로 올려놓고 중심을 맞춘 다음에 네모꼴의 쇠판을 통쇠 위에 올려놓은 다음 큰망치로 때려 박는다. 큰망치질 작업이 끝나면 이어서 손망치로 두들겨가며 마무리를 한다.

장구통의 뒷테면 또한 이와 같은 방법으로 작업을 하면 된다(사진 95).

위의 모든 과정을 거친 수레바퀴는 곧바로 수레에 부착되어 사용할 수 있는 완제품이 된다. 수레바퀴를 완성시키기 위한 작업공정은 대략 20여가지 정도 되며 시간 또한 많이 걸리는 매우 힘든 작업이다. 비가 많은 여름철과 추운 겨울철을 피하면 1년에 수레바퀴를 만들 수 있는 시간 또한 많지 않은 편이다.

VI. 수레의 종류와 명칭

수레는 사람이 끄는 손수레(사진 96, 97)와 소가 끄는 수레인 달구지로 나뉘는데, 달구지는 예부터 써오던 것으로[65] 개항이후에는 2바퀴 수레(우차, 사진 98, 99, 102)와 4바퀴 수레(마차, 사진 100, 101)가 쓰이게 되었다.[66]

수레의 모습은 바퀴의 개수에 따라 모양이 많이 다른데, 먼저 2바퀴 수레의 경우는 장틀인 끌채[轅]가 소의 목에 매는 멍에까지 하나로 되어있어 주로 산악지대나 길의 사정이 좋이 않아 울퉁불퉁한 곳에서 사용하기 쉬운 잇점이 있으나 방향을 바꾸기에 불편한 단점이 있다. 2바퀴수레의 이러한 구조는 길이 험해서 언덕 아래로 달구지가 굴러 내리는 경우, 소에게는 피해가 없도록 하기 위한 배려의 결과이고, 또 큰 바퀴를 달아 달구지의 바닥을 높인 것도 돌에 걸리는 것을 막기 위해서이다.

반면, 4바퀴 수레의 경우는 장틀 앞쪽에 쳇대를 따로 붙여 상하로 움직이게 되어있고, 앞바퀴와 사장틀을 연결시켜주는 그드리틀에 맷돌과 같은 형태의 쇠맷돌이 부착되어 좌우로 자유롭게 움직일 수 있어 방향을 바꾸기에 편리한 장점이 있는 반면 앞바퀴가 작아 길이 울퉁불퉁한 지역이나 좁은 길에서는 운행

---

65) 고구려 고분벽화에 등장하는 수레를 보면 수레를 끄는 짐승은 모두 소이며, 개항기에 찍은 사진에 보이는 4바퀴 수레를 끄는 것도 소여서, 조선시대까지는 나르기 용도의 수레를 끄는데는 주로 소가 담당하였던 것으로 생각된다. 그러나 일제침략시대 이후에 2바퀴 수레는 소가, 4바퀴수레는 말이 담당하여 이때부터 2바퀴수레를 牛車로, 4바퀴수레는 馬車로 부르게 된 것으로 생각된다.

66) 바퀴가 4개인 마차의 경우 일제침략시대에 일본의 영향을 받아 만들기 시작한 것으로 말해지고있으나, 개항이후 우리나라에 와있던 외국인(선교사 등)이 찍은 사진에 이미 1910년 이전에 수레바퀴가 4개인 마차가 등장함에 따라 개항이후 선교사들의 영향으로 만들기 시작하였던 것으로 생각된다(최석로, 『사진으로 보는 朝鮮時代 -생활과 풍속-』(서문당, 1987): 『사진으로 보는 근대 한국-산하와 풍물(상·하)』(서문당)에 보면 1908년도에 찍은 동대문 사진속에 마차가 담겨있다.).

하기에 불편한 단점이 있다.

수레바퀴의 크기와 구조에서도 2바퀴수레와 4바퀴수레간에 다른 점이 있는데, 먼저 2바퀴수레는 바퀴의 크기가 4바퀴보다 크고 이에 따라 바퀴살의 개수도 더 많은데 보통 16개가 많이 쓰인다. 그러나 고구려 고분벽화나 개항기 전후의 사진에 등장하는 수레모습 등을 보면 현재에 쓰고 있는 수레바퀴보다 훨씬 크고 바퀴살의 개수도 20여 개에 이르고 있는 것이 있어서, 2바퀴수레의 바퀴살 개수가 꼭 16개라고 단정하기에는 어려움이 있으나 보편적으로는 16개를 많이 썼던 것 같다.

이에 비하여 4바퀴 수레의 경우는 앞바퀴와 뒤바퀴 간의 바퀴 크기와 바퀴살 개수도 다른데, 먼저 뒤바퀴는 앞바퀴보다 크고 바퀴살 개수도 14개로 더 많으며, 앞바퀴는 작고 바퀴살 개수도 12개로 적다. 특히 4바퀴 수레의 경우 2바퀴수레와는 달리 뒤바퀴살 14개, 앞바퀴살 12개로 정형화 되어 있어 2바퀴수레와 다르다.

수레바퀴에 쓰이는 빗등의 크기와 개수도 각기 다른데, 2바퀴수레의 경우 빗등의 크기가 4바퀴수레의 경우보다 크고 개수도 8개로 많다. 이에 비하여 4바퀴 수레의 경우는 빗등의 개수가 뒷바퀴는 7개, 앞바퀴는 6개로 적다.

수레를 끌 때도 먼저 2바퀴 수레의 경우 장틀과 끌체가 하나로 되어있어 소의 목에 얹은 멍에에 연결하여 수레를 소의 목뼈의 힘으로 끌게 되어있다. 이러한 까닭으로 장틀의 길이가 5~6m에 이르며 바퀴도 커서 지름이 1m가 넘는 것이 보통이다.

그런데 4바퀴수레의 경우는 장틀 앞쪽에 두 가닥의 쳇대를 따로 붙이고, 이를 소등에 얹은 길마에 연결해서 소가 몸으로 끄는 점이 다르다.

1. 손수레(Handcart)

(1) 손수레 바퀴

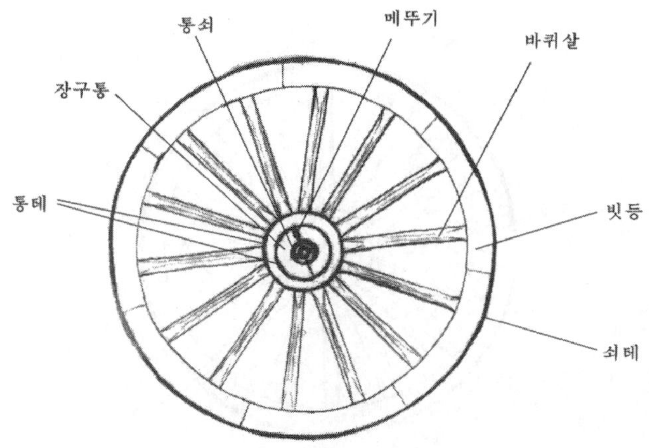

그림 12. 손수레 바퀴 부분명칭

(2) 손수레(사진 95)

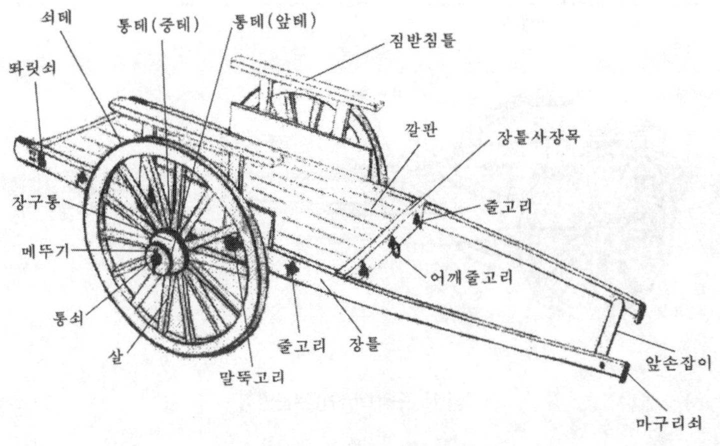

그림 13. 손수레 부분명칭

2. 달구지(Oxcart)

(1) 달구지 바퀴

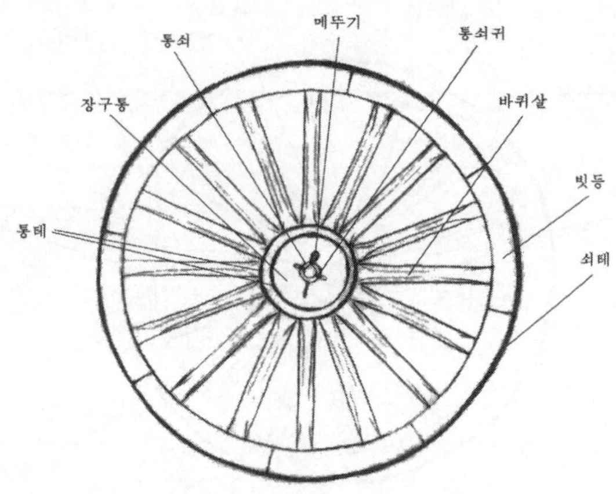

그림 14. 수레 바퀴 부분명칭

(2) 달구지(2바퀴 수레, 사진 97)

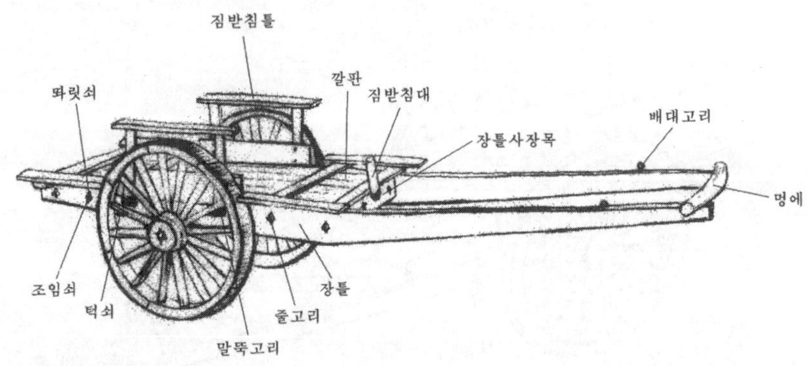

그림 15. 수레(2바퀴) 부분명칭

3. 마차(Oxcart, 사진 99)[67]

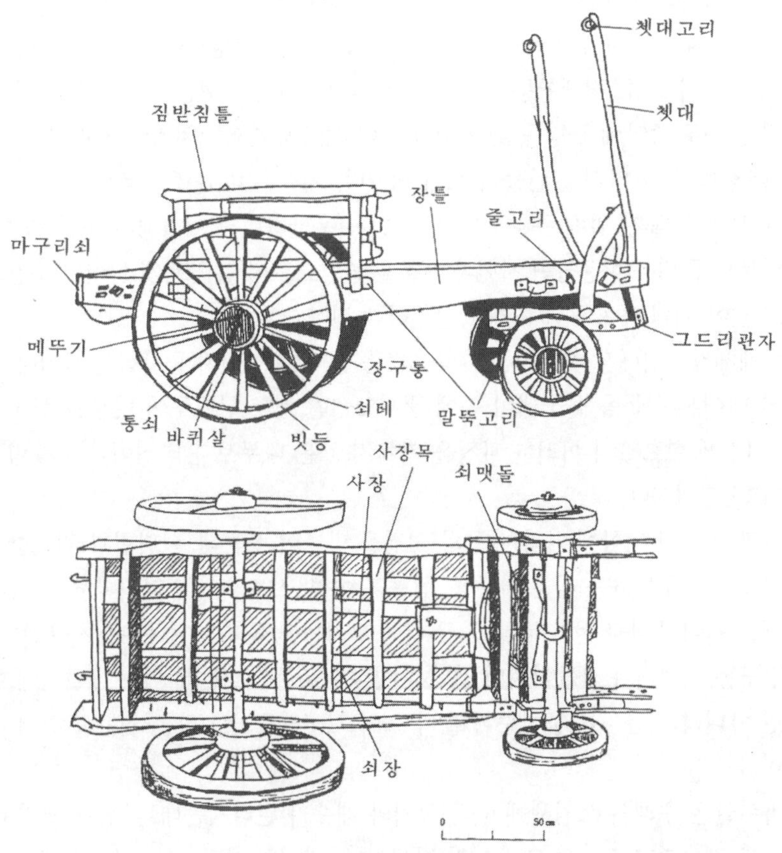

그림 16. 수레(4비퀴) 부분명칭

겨레과학인 우리 수레

237

VII. 맺음말

무거운 물건을 사람의 힘으로 들어 옮기다 바퀴를 발명하여 손쉽게 운반함으로써 물자의 교류, 경제활동이 활발해 질 수 있었다. 바퀴는 처음에는 좁게 켠 둥근 통나무 중앙에 구멍을 뚫고 축을 박아 사용하였고 점차 발전하여 축 주위에 살을 박아 큰 바퀴를 만들어 쓰게 되었다. 이같은 바퀴를 이용한 수레의 시원은 무거운 물건 밑에 통나무를 깔고 밀어 운반하던 것에서 찾아볼 수 있다. 통나무의 굴림을 이용하면 지면과 마찰을 줄임으로써 힘을 적게 들이고 운반효율도 높아 뒤에 바퀴를 단 수레로 발전하게 된다.

수레제작과정에서 찾아지는 과학슬기를 살펴보면, 먼저 물삭힘은 산이나 들에서 베어온 원목을 물구덩이 속에 넣어 2~3년 정도 담가두어 나무를 삭히는데, 이렇게 함으로써 이러한 과정을 거치지 않은 나무보다 터짐이나 뒤틀림이 없고 더 질겨진다.

바퀴 부속의 역할에 따라 나무의 성질을 맞추어 쓰는데, 단단함과 견고함이 요구되는 장구통에는 곧은 나무를, 힘을 많이 받으며 휘임이 없어야 하는 바퀴살에는 결이 똑바로 선 나무를, 둥근 원을 그리는 빗등에는 휜나무를 사용한다.

장구통의 형태가 만들어지면 겉면을 볏짚으로 문지르는데 이는 매끄럽게 할 뿐만 아니라 기름기를 묻혀주어 물이 스며드는 것을 방지하는 역할을 하기 때문이다.

바퀴살은 수레의 쓰임새에 따라 크기와 개수가 달라지는데, 바퀴가 크면 바퀴살도 많아지고 작으면 그에 따라 적어진다. 이러한 까닭으로 2바퀴수레인 경우 16개를, 4바퀴수레는 뒤 바퀴는 14개, 앞바퀴는 12개, 손수레는 14개를 쓰며 특수목적에 따라 20개까지도 쓰인다.

빗등과 바퀴살의 조립이 끝나면 빗등이 잘 빠지지 않고 단단히 부착하기 위해, 빗등 위로 뚫고 나온 바퀴살촉 끝을 끌로 가로질러 홈을 내고 그 위에 쐐기를 박아 넣는다.

또한 쇠테를 씌우기 위해서는 빗등끼리 잘 맞추어야 되는데 빗등 사이에 철심을 박아 빗등이 옆으로 휘거나 삐져나오는 것을 방지하는 슬기가 찾아진다. 또한 빗등을 짜 맞출 때에도 한 곳에 틈새(3~4㎜)를 두어 나무쐐기를 박고, 그에 따라 쇠테 길이를 바퀴의 둘레보다 3~4㎜ 적게 재단하는데, 그 까닭은 달군 쇠 테를 씌우고 물에 급냉시키면 늘어난 쇠가 줄어들면서 빗등을 조이게 되는데 이때 틈이 있어야 빗등이 옆으로 삐져 나오거나 쪼개지는 것을 방지하여 주기 때문이다.

또한 쇠테가 오므라들면서 빗등과 수레바퀴살을 꽉 조여주어 바퀴살을 장구 통에 밀착시키는 동시에 쇠테가 빗등을 강압적으로 조여 주기 때문에 쇠테가 견고하게 부착되어 수레를 사용할 때 쇠테가 수레바퀴와 떨어지거나 빠지는 경 우가 거의 없게 된다. 여기서도 쇠의 신축성에 대한 물리적 특성에 밝았음을 알 수 있다.

쇠테를 빨갛게 달구기 위해서는 약 700~800℃ 정도까지 온도를 높여야 하는 데, 노천에서 이정도로 온도를 높이기란 쉽지가 않다. 이러한 어려움을 극복한 것이 바로 멍석의 사용이다.

멍석은 볏짚, 갈대 등의 재료를 사용할 때 보다 열 효율이 매우 높을 뿐만 아 니라 다 타고 난 뒤에도 형체를 그대로 유지하여 불길이 밖으로 새어 나가는 것을 막아준다. 그 때문에 불길을 오래도록 머무를 수 있게 하여 쇠를 빨리 달 굴 수 있다. 또한 멍석을 덮듯이 감싸는 까닭도 이와 같아서 불길이 새지 않고 쌓아 논 쇠테 안에서 빙글빙글 휘돌며 쇠테를 잘 달궈 주는 역할을 하기 때문이 다. 이러한 장점 때문에 수레바퀴를 씌우기 위한 불 때기 작업에는 항상 멍석을 사용하는데, 야외에서 불의 온도를 올리기 위한 가장 좋은 재료이며, 최선의 방 법이기도 하다.

수레바퀴의 장구통에 바퀴축을 끼우기 위해 베어링역할을 하는 통쇠가 필요 하며, 통쇠를 끼우기 위해서는 통테가 필요하다. 통테는 특히 장구통의 균열을 방지하고 견고함과 수명을 길게 해주는 역할과 장구통쇠를 박아 넣을 때 장구 통의 균열이나 쪼개지는 것을 방지하는 효과를 얻을 수 있다.

통쇠를 끼우기 위해 원통형으로 나무를 파낼 때에 통쇠의 지름보다 약간 적게 하고, 통쇠의 가장자리 양쪽면에 긴세모꼴모양의 귀를 부착시키는데, 이렇게 하는 까닭은 통쇠를 박았을 경우 단단히 박혀 겉돌지 않는 잇점과 통쇠에 중심축을 끼워 사용할 때 통쇠 자체가 돌아가거나 빠지는 것을 방지하는 효과가 있기 때문이다.

이렇듯 수레 제작공정에는 오늘날에 못지 않은 우리 겨레의 과학슬기가 배어 있음을 알 수 있다.

수레를 만드는 데 가장 중요한 기술은 수레바퀴를 만드는 일이다. 수레바퀴를 처음에는 통나무인 채로 쓰다가 수레축과 바퀴살을 발명하여 통나무 지름에 의해 좌우되는 바퀴크기의 한계를 극복하고 큰 바퀴를 만들 수 있는 기술상의 발전을 이룩하였다. 또한 바퀴살의 등장은 바퀴를 조립하는 기술 발달의 기초가 되었을 뿐만 아니라 바퀴에 쇠테를 씌워서 수레바퀴를 튼튼히 하고 마찰력을 줄여 효율적으로 먼거리를 신속하게 움직일 수 있는 바탕을 마련하였다. 아울러 차축의 이용으로 수레틀의 바닥 폭이 넓어져 많은 양의 물건들을 실어 나를 수 있게 되었다. 이러한 수레의 발달은 궁극적으로 도로망의 확충을 가져와 교통, 통신, 수송의 핵심을 담당하게 되었다. 첨단사회라고 하는 지금에 있어서도 이 요소들의 역할은 가장 중요한 국가 기간산업의 바탕으로 변함이 없다.

지금까지 각종 문헌과 유적·유물을 조사한 결과 조선후기의 짧은 기간을 빼놓고는 우리 겨레가 수레를 전시대에 걸쳐 활발하게 사용한 것으로 밝혀지고 있다. 조선후기 지식인들의 수레 사용에 대한 강조는 수레제도에 대한 개선을 강조한 것으로 수레를 사용할 줄 몰라서가 아닌 것이다. 아마도 수레를 사용할 줄 모른다는 지적은 전란과 공물징발의 영향으로 조선 후기 소와 말의 사육을 기피했던 결과로 생각된다. 그러므로 수레의 사용이 적어진 것은 단지 당시 사회경제적 영향에서 비롯된 것으로 보인다.

수레 사용 여부에 대한 그간의 잘못된 인식도 이번 조사연구를 통해 바로잡아 졌으면 하는 바람이다. 아울러 수레는 삼국시대부터 최근까지도 계속 사용되었는데 현재는 타이어와 자동차의 등장으로 거의 사라지고 찾아보기 힘들게 되었다. 하지만 수레바퀴에 담긴 원리와 우리 겨레의 과학슬기는 고스란히 첨단 과학에 응용되어 우리 곁에 늘 있으면서 우리의 생활을 발전시켜주는 토대가 되고있음을 깊이 깨우쳐야 할 것이다.

사진 1. 수레 부속품

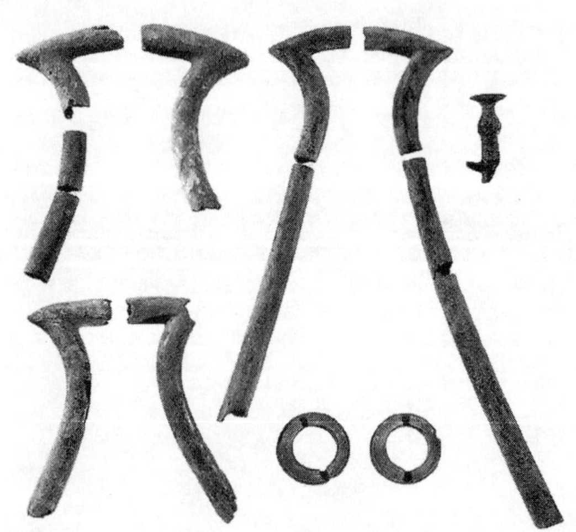

사진 2. 수레 부속품

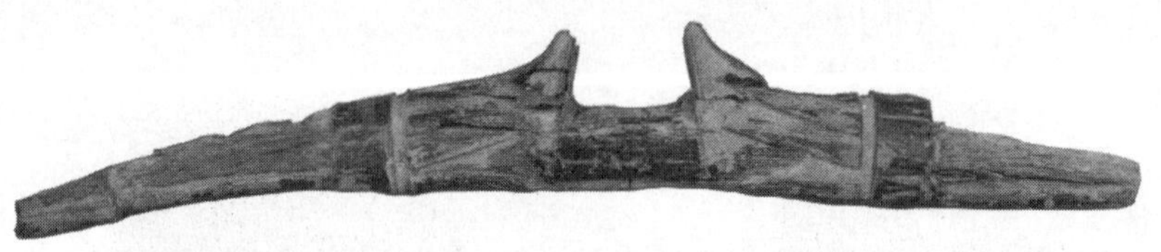

사진 3. 정백동유적 출토 수레멍에대

사진 4. 정백동유적 출토 수레장식

사진 5. 하세동리 움무덤 출토 수레굴대끝 마구리방울

사진 6. 태성리 10호 나무곽무덤 출토 수레굴대끝

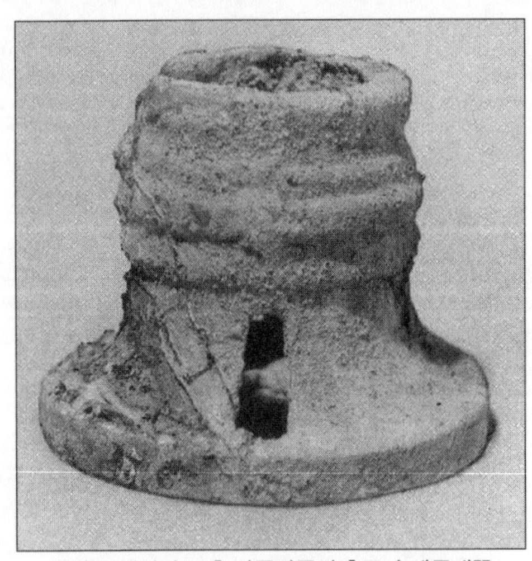

사진 7. 태성리 10호 나무곽무덤 출토 수레굴대끝

사진 8. 정백동 1호 나무곽무덤 출토 굴대끝장식

사진 9. 토성동 4호 나무곽무덤 출토 수레굴대끝 씌우개

사진 10. 토성동 4호 나무곽무덤 출토 수레굴대끝

겨레과학인 우리 수레
245

사진 11. 정백동 37호 나무곽무덤 출토 수레굴대끝

사진 12. 정백동 53호 나무곽 무덤 출토 수레굴대끝

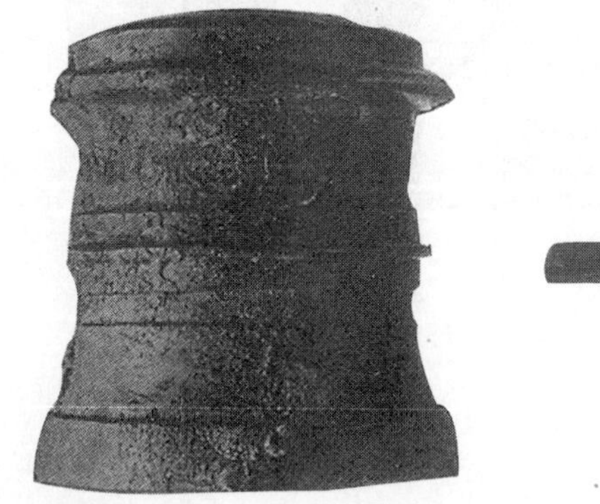

사진 13. 석암리 9호 귀틀무덤 출토 수레굴대끝   사진 14. 광주 신창동 수레바퀴(장구통과 수레바퀴살)

사진 15. 안악 3호분 행렬도

사진 16. 안악 3호분 차고

사진 17. 약수리 고분 행렬도

사진 18. 덕흥리 고분 행렬도

사진 19. 덕흥리 고분 행렬도

사진 20. 덕흥리고분 외양간

사진 21. 덕흥리 고분 수레

사진 22. 덕흥리 고분 여주인공 나들이

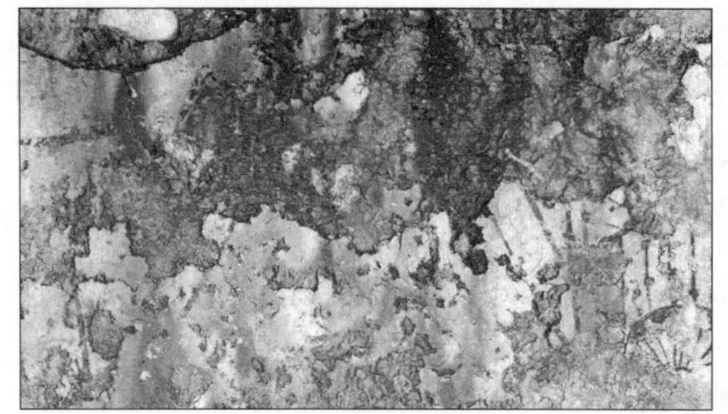

사진 23. 대안리 1호 수레

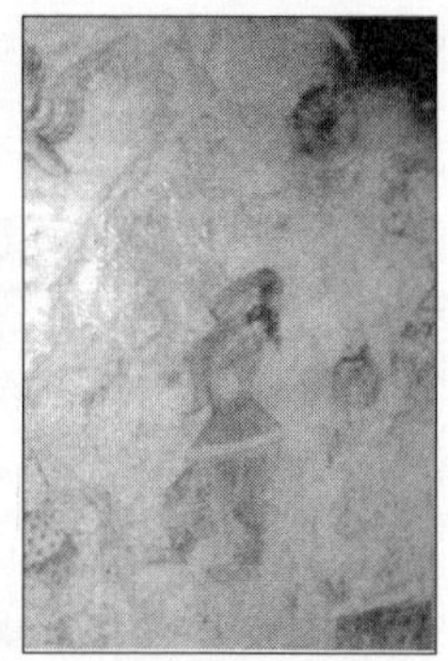

사진 24. 장천 1호분 교예장면

사진 25. 수산리 고분 교예장면

사진 26. 각저총 수레

사진 27. 무용총 수레

사진 28. 오회분 4호묘 수레바퀴의 신

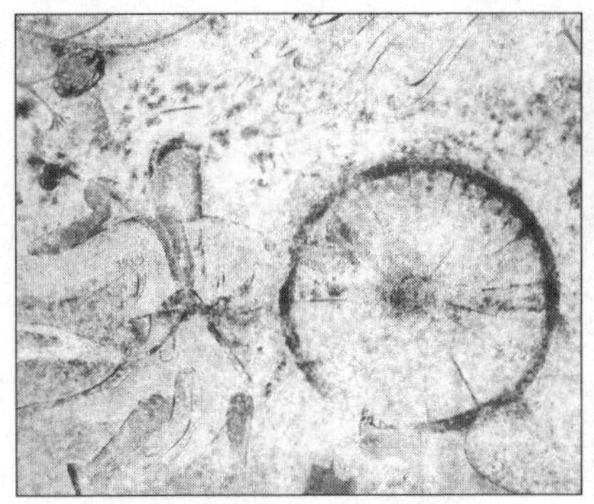

사진 29. 오회분 5호묘 수레바퀴의 신

사진 30. 모란봉 문터 바퀴길 홈

사진 31. 수레형토기(국립경주박물관)

사진 32. 수레바퀴(국립경주박물관)

사진 33. 수레바퀴모양 토기(호림박물관)

사진 34. 수레바퀴장식 배모양 토기(호암미술관)

사진 35. 수레바퀴모양 토기(국립김해박물관)

사진 36. 수레바퀴모양 토기(국립김해박물관)

사진 37. 수레바퀴모양 토기

사진 38. 윤관장군의 수레를 묻은 교자총(轎子塚)

사진 39. 문종 화차

사진 40. 철화백자 용(俑)

사진 41. 목선반

사진 42. 장구통탱갱이

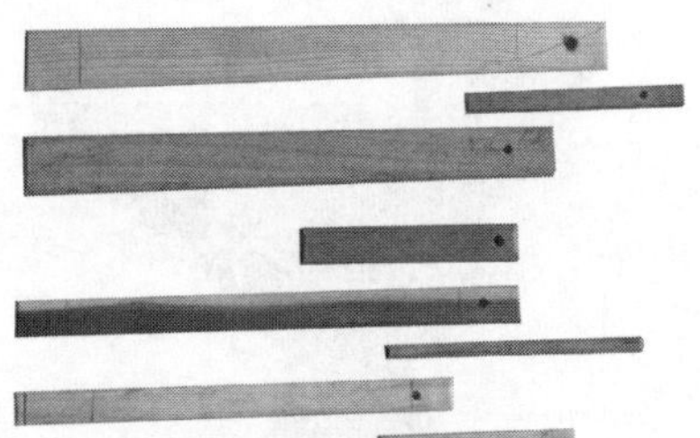

사진 43. 수레바퀴살 본

사진 44. 빗등 본

사진 45. 곱장대패(뒤접대패)

사진 46. 둥근대패

사진 47. 평대패

사진 48. 켤톱

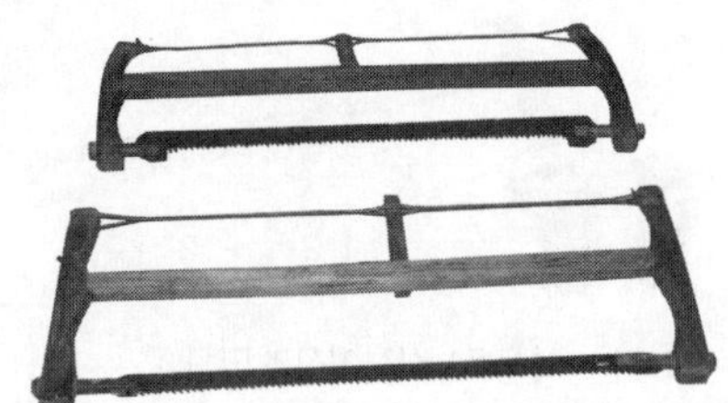

사진 49. 자름톱

사진 50. 원목톱

사진 51. 끌

사진 52. 망치

사진 53. 정

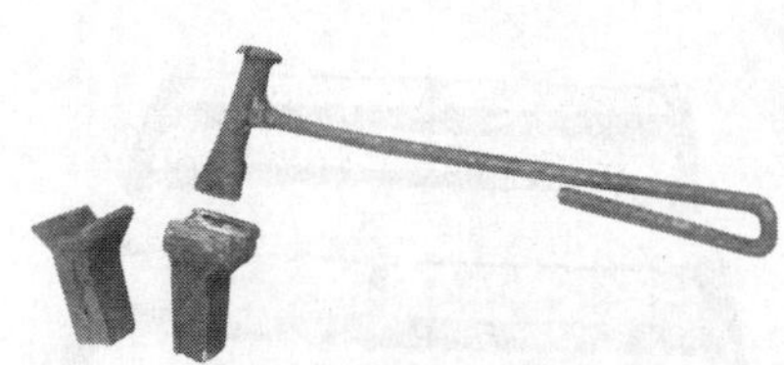

사진 54. 쇠접이정과 망치

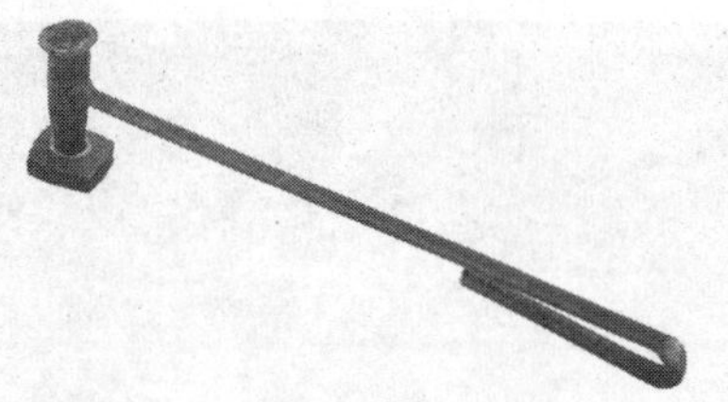

사진 55. 구멍정과 받침

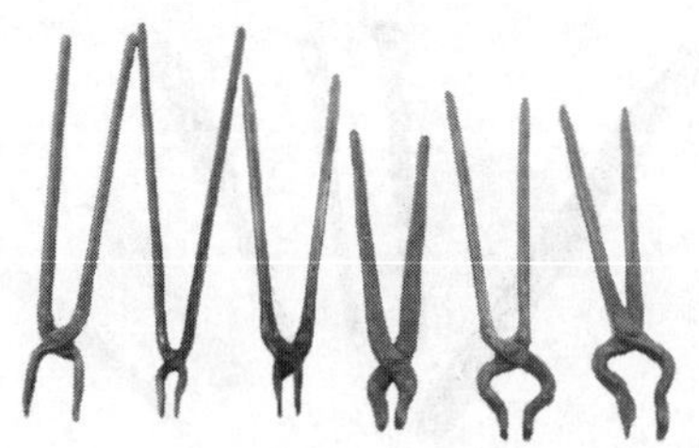

사진 56. 집게

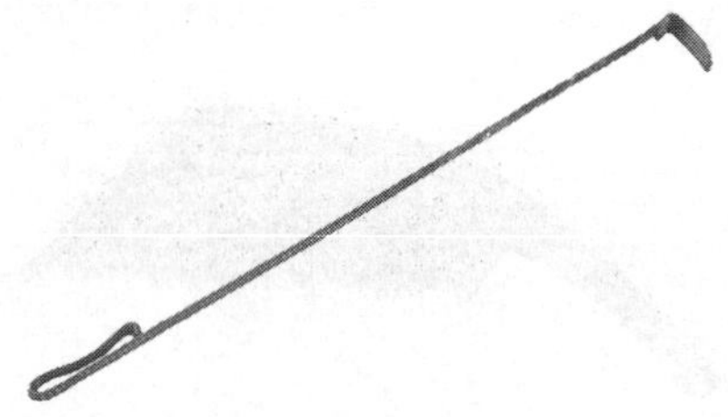

사진 57. 불고무래

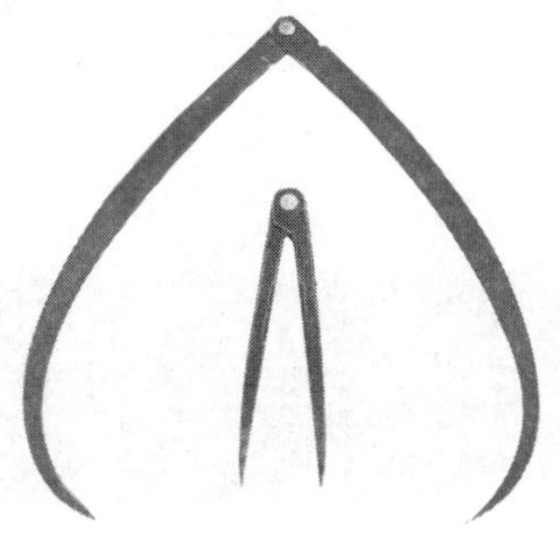

사진 58. 컴파스

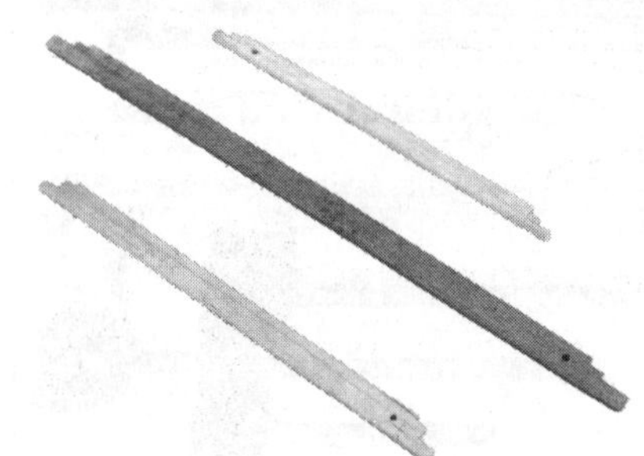

사진 59. 장틀사장목 본

사진 60. 껄껑쇠

사진 61. 그드리관자

사진 62. 통테

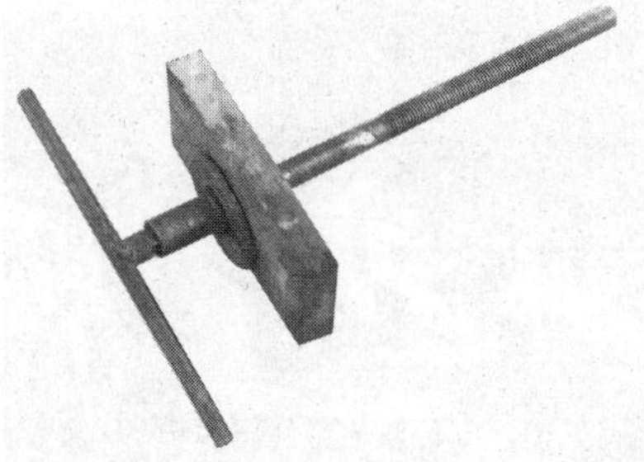

사진 63. 목바이스

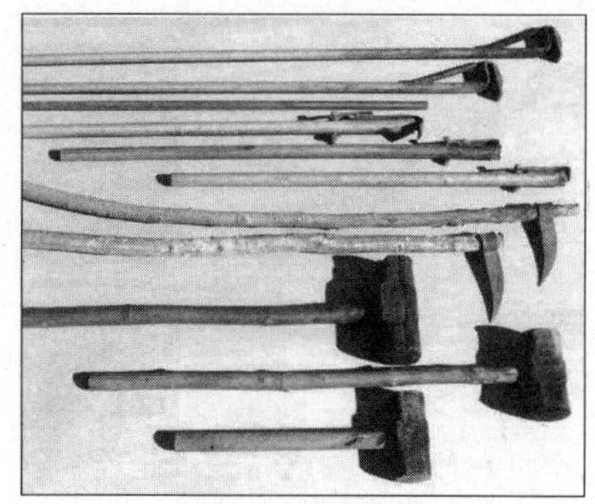

사진 64. 쇠테씌우는 도구

사진 65. 멍석

사진 66. 쇠테마름틀

사진 67. 나무 삶기 솥

사진 68. 나무삵힘 웅덩이와 재목

사진 69. 원그리기

사진 70. 끌로 모양잡기

사진 71. 둥근끌로 겉목 다듬기

사진 72. 연귀글 작업하기

사진 73. 등분하여 금긋기

사진 74. 볏집기름 묻히기

사진 75. 재현

사진 76. 살촉 재단하기

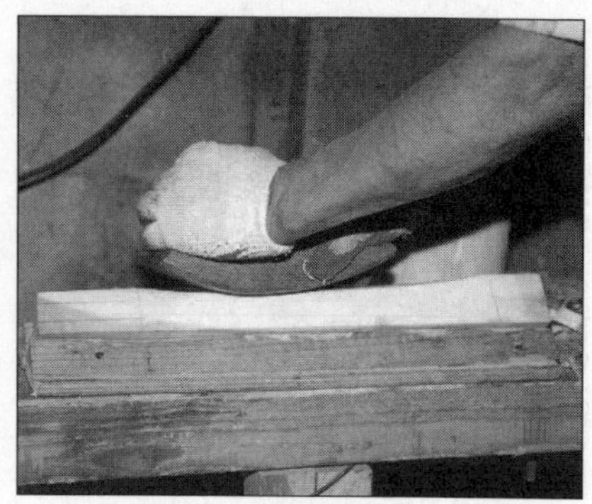

사진 77. 뒤젭대패로 다듬기

사진 78. 장구통에 끼우기

사진 79. 둥근대패로 다듬기

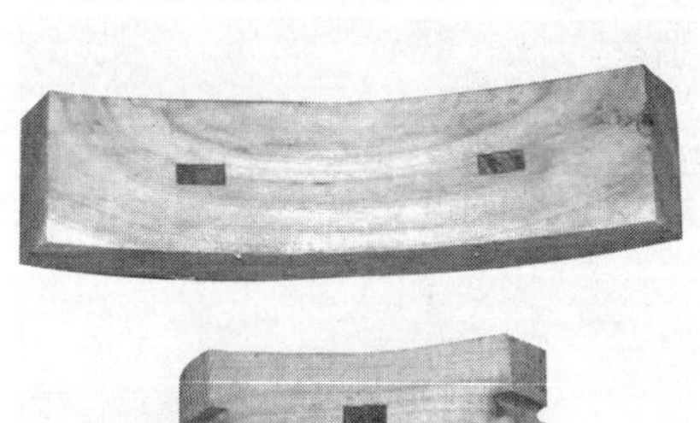

사진 80. 빗등(위 - 뒤바퀴, 아래 - 앞바퀴용)

사진 81. 조립하기

사진 82. 쐐기박기

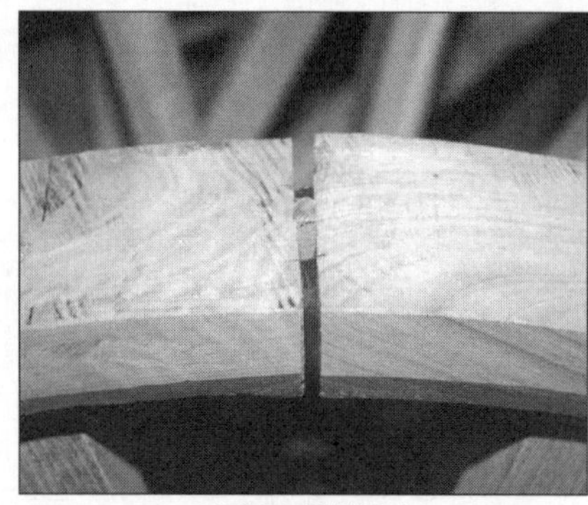

사진 83. 철심박기

사진 84. 수레바퀴

사진 85. 쇠테휘기

사진 86. 둥근쇠테 바로잡기

사진 87. 땔감쌓기

사진 88. 멍석씌우기

사진 89. 불때기

사진 90. 쇠테씌우기

사진 91. 쇠테 물웅덩이에 넣기

사진 92. 말리기

사진 93. 통테씌우기

사진 94. 통쇠귀

사진 95. 통쇠박기 완성 뒤

사진 96. 손수레

사진 97. 1920년대 손수레 모습

사진 98. 달구지(2바퀴 수레)

사진 99. 1900년대의 달구지(2바퀴 수레)

사진 100. 달구지(4바퀴 수레)

사진 101. 1908년대의 달구지(4바퀴 수레)

사진 102. 오늘날의 달구지(고무타이어 부착)

日本 法隆寺 建築의
高句麗的 性格에 關한 初探

김도경(고려대학교 건축공학과 강사)

I. 머리말

일본 고대문화의 형성에는 우리나라 삼국의 역할이 지대하였다. 특히 백제는 일본의 아스카(飛鳥)문화 형성에 지대한 영향을 미쳤고, 건축문화에 있어서도 백제의 영향은 매우 컸다.

한 예로 백제는 일본에 불교를 전해주었으며, 일본 최초의 사찰인 아스카데라(飛鳥寺)의 건설에 백제의 장인이 지도적 입장에서 직접 참여하고 있다. 『興福寺緣起』에는 아스카데라가 건설중이던 588년 백제에서 각종 장인이 도래하였으며, 金堂의 本樣, 즉 설계도를 가지고 왔던 사실이 기록되어 있다. 또한 『扶桑略記』에는 아스카데라의 목탑 心柱를 세우던 날 大臣 이하가 모두 백제의 복식을 입고 참례하였음이 기록되어 있다.[1]

이것은 백제가 일본 아스카 문화에 끼친 영향이 매우 지대하였음을 보여준

---

1) 太田博太郎, 『日本建築史序說』 증보신판, 東京;彰國社, 1969, p.84.

다. 뿐만 아니라 건축을 포함한 문화 전반에 있어서 당시 일본은 백제를 모방하는 것을 넘어서서 그것을 이상으로 삼았음을 의미하기도 한다. 따라서 일본의 고대건축은 삼국, 특히 백제의 영향을 많이 받았음이 자명한 일인데, 일본에는 그 영향관계를 보여주는 목조건축이 현재까지 남아있어서 우리나라의 고대건축에 대한 많은 자료를 제공하고 있다.

이러한 영향관계를 보여주는 대표적인 목조건축으로는 法隆寺 西院을 구성하고 있는 中門과 回廊, 金堂 및 五重塔, 그리고 法起寺의 三重塔을 들 수 있다. 이 건물들은 일본에 현존하는 가장 오래된 목조건축으로서 나라시대의 건축과는 다른 아스카 시대의 건축양식을 지닌 것으로 추정되고 있으며, 소위 '法隆寺式'이라 불리우고 있다.

法隆寺式 건축은 삼국 중에서도 일본 고대문화의 형성에 끼친 영향이 가장 지대했던 백제의 건축양식을 지녔던 것으로 추정되고 있는 것이

사진1. 法起寺 三重塔

현재 우리 학계의 일반적인 해석이다. 그러나 백제의 건축, 특히 목조건축의 구조와 형태에 대해서는 현재 알려진 바가 전혀 없다. 따라서 일본 건축을 포함한 일본 고대문화의 형성에 백제의 영향이 지대하였다는 사실만으로 法隆寺式의 건축이 백제건축의 영향을 받은 것이며, 그것을 통해 역으로 백제건축의 모습을 규명할 수 있다고 하는 것은 자칫 지나친 해석이 될 수 있다.

일본의 고대사회는 백제는 물론 고구려와 신라인들이 각축을 벌이던 곳이었음을 주목할 필요가 있다. 물론 일본 안에서 백제의 세력이 가장 강력했던 것은 사실이지만 고구려와 신라인도 일정한 역할을 하고 있었다. 따라서 고대 일본의 건축에도 백제의 영향이 가장 강하게 반영되었을 것이라는 점은 개연적으로 인정되지만 현존하는 法隆寺式 건축이 전적으로 백제의 건축양식을 지녔다고 보기 위해서는 좀 더 명확한 논증을 거쳐야 할 것으로 생각한다.

이러한 점에서 주목되는 점은 고구려의 건축이다. 고구려의 건축에 대해서는 문헌과 발굴 건물터 외에 고분벽화가 있어서 그 건축적 내용을 비교적 구체적으로 살펴볼 수 있다.[2] 따라서 분석된 고구려 건축의 내용을 法隆寺式 건축과 비교함으로서 法隆寺式 건축이 삼국, 특히 고구려와 백제의 건축과 어떠한 관계를 지니고 있는지를 규명할 필요가 있다. 이러한 점에서 본 연구는 기존에 이루어진 고구려 건축에 대한 연구 성과를 토대로 한 비교를 통해 法隆寺의 건축이 지닌 성격을 고찰해 보고자 한다.

II. 法隆寺의 건축 개요와 연혁

法隆寺는 현재 奈良縣 生駒(いこま)郡 斑鳩(いかるが)町에 위치하고 있다. 이곳은 聖德太子의 斑鳩宮(いかるがのみや)이 있던 곳으로 法隆寺는 太子와 인연을 가지고 창건된 사찰이었다. 寺域은 크게 夢殿과 傳法堂을 중심으로 하는 東院과 金堂 및 五重塔을 중심으로 하는 西院으로 구성되며, 이밖에 주변의 많은 건축물들로 이루어져 있다.

현재 法隆寺에는 飛鳥時代(4채), 奈良時代(6채), 平安時代(5채), 鎌倉時代(12채), 室町時代(10채), 桃山時代(3채), 江戶時代(7채) 등 일본의 모든 역사시대에 걸친 건축물들이 남아있다. 또한 이들 건물들은 대부분 일본의 國寶 또는 重要文化財로 지정되어 있다. 실로 法隆寺는 일본의 고대에서 근대에 이르는 모든 시대에 걸친 목조건축의 寶庫라 할 수 있다.

2) 김도경, 『한국고대목조건축의 형성과정에 관한 연구』, 고려대학교 박사학위청구논문, 2000.1.
金度慶·朱南哲, 「雙楹塚에 묘사된 木造建築의 構造에 關한 研究」, 『대한건축학회논문집; 계획계』, 19권2호, 통권172호, 서울; 대한건축학회, 2003.2.

그 중 본 연구의 대상이 되는 건축물은 西院의 金堂과 五重塔, 中門 및 回廊 등 飛鳥時代의 건축으로 추정되고 있는 건물들이다. 이 건축물들은 法隆寺에 현존하는 가장 오래된 건축물들로, 배흘림 기둥, 굽받침이 있는 주두, 구름 모양의 조각이 있는 운형 살미와 첨차, 人자형 화반 및 卍자형 난간 등이 사용되고 있다는 점에서 8세기 나라시대의 건축과 분명히 구분되는 특성을 지닌다. 따라서 이들 건물은 나라 시대 이전의 건축으로 추정되고 있으며, 法起寺의 五重塔 등과 함께 '法隆寺式' 건축으로 구분되고 있다.

문헌기록에 의하면 法隆寺는 '이카루가데라(いかるがでら)' 또는 '法隆寺'라는 명칭으로 기록되어 있다. 이카루가데라 계열의 명칭으로는 斑鳩寺(『日本書紀』), 斑鳩之寺(『家傳』), 鵤寺(『續日本記』), 鵤大寺(『甲子年造像銘』), 鵤僧寺(『七代記』), 伊河留我寺(『法隆寺伽藍緣起竝流記資財帳』), 伊河留我本寺(『法隆寺伽藍緣起竝流記資財帳』) 등이 있다. 法隆寺 계열의 명칭으로는 法隆寺(『日本書紀』)와 法隆學問寺(『法隆寺伽藍緣起竝流記資財帳』)가 있다. 이처럼 두 가지 명칭을 지닌 것에 대해 黑川眞賴는 〈法隆寺建築說〉(『黑川眞賴全集3』, 1890년)에서 서로 다른 사찰로 추정한 바 있다. 그러나 이후 福山敏男은 『東洋美術』(19호, 1933년 10월)과 『史學雜誌』(1934년 10월호)를 통하여 이카루가데라와 法隆寺는 동일한 사찰이며, 창건 당시에는 절이 위치한 곳의 지명으로 절의 이름을 삼는 당시의 관습에 따라 '이카루가데라'라 불렀고, 天武天皇 8년(679년) 4월 이후 중국풍으로 절의 이름을 고쳐 부르게 되면서 '法隆寺'라는 이름으로 고쳐 부르게 되었다고 추정하였다.[3]

한편 法隆寺의 창건년대에 대해서는 이미 일본의 明治時代부터 시작해 현재에 이르기까지 계속 논의가 되고 있으나 아직 명확히 규명되지는 않고 있다. 현재 法隆寺의 창건년대에 대한 정확한 기록은 남아있지 않다. 따라서 창건년대

---

3) 村田治朗, 『法隆寺建築樣式論攷』, 東京; 中央公論美術出版, 1986, pp.3~5.

를 추정할 수 있는 일부 간적접인 기록에 의존하여 많은 학설이 제기되고 있다. 그 중 현재 가장 유력한 것으로는 金堂 內陣의 중앙에 있는 釋迦三尊像 光背의 銘文에 "推古天皇 30년 2월 21일 聖德太子가 죽고, 翌年 태자도 죽었는데, 태자가 아직 병상에 있을 때 王后와 王子 등 諸臣이 발원하여 釋迦像을 推古天皇 31년 3월에 만들었다."는 기록에 따라 推古天皇 말기인 30년(622년) 이후로 추정[4]하고 있는 것이다. 현재로서는 분명히 창건년대를 규명할 수는 없지만 法隆寺가 성덕태자와 밀접한 관련이 있으며, 태자 소유의 斑鳩宮 부근에 조영된 점과 함께 釋迦三尊像 光背의 銘文이 비교적 사실에 근접한 기록임은 분명하다.

  창건년대와 함께 중요한 점은 현존하는 西院 일곽의 건물들이 언제 조영되었는가 하는 점이다. 이에 대한 중요한 논의가 1905년 일본에서 있었던 소위 '法隆寺論爭'이었다. 『上宮聖德太子傳補闕記』에는 "庚午年 4월 30일 밤에 斑鳩寺에 화재가 있었다."고 기록되어 있으며, 『日本書紀』에는 "天智天皇 9년 여름 四月 壬申의 밤에 法隆寺가 불타서 건물이 한 채도 남지 않게 되었다."고 기록되어 있다. 이 기록을 근거로 학계에서는 法隆寺 再建說과 非再建說의 논쟁이 시작되었다. 그러나 현존하는 法隆寺 西院에 선행하는 若草(わかくさ)寺蹟의 존재가 확인됨에 따라 재건설 쪽으로 의견이 많이 기운 상태이다. 현재의 普門院 남쪽에서 확인된 若草寺蹟은 아직 완전한 발굴은 이루어지지 않았으나 심초석의 확인과 함께 트렌치를 통해 일직선상에 배치된 목탑과 금당의 존재가 확인되었다. 또한 그 중심축(북에서 서로 20도 정도 치우침)은 法隆寺 東院 傳法堂 등의 지하에서 확인된 斑鳩宮으로 추정되는 건물터의 중심축(북에서 서로 12도 정도 치우침)과 비슷한 것으로 확인되었다.[5] 따라서 현존하는 法隆寺 西院은 670년 화재로 소실된 후에 재건된 것임이 거의 분명하다.

4) 村田治朗, 앞의 책, 1986, pp.6~8.
5) 村田治朗, 앞의 책, 1986, pp.12~18.

그러나 여전히 의문은 존재한다. 현존하는 西院의 건물들이 언제 재건되었는가 하는 점이다. 이에 대해 村田治郎은 최소한 747년까지는 西院 일곽의 재건이 이루어졌던 것으로 추정하고 있다. 그 중 金堂의 再建이 天武(673~686년) 초기에 가장 먼저 이루어졌고, 다음으로 711년경에 五重塔과 中門이 완성되었던 것으로 추정하고 있다.[6] 한편 法隆寺 西院의 건축은 앞서 언급한 바와 같이 이후 나라시대의 건축과는 전혀 다른 古式의 면모를 지니고 있다는 점에서 최근에는 法隆寺 西院의 건축이 九州(큐우슈우) 福岡(후코오카)의 大宰府(다자이후)에 있었던 觀世音寺의 건물을 이건한 것이라는 설까지 제시되고 있다.[7]

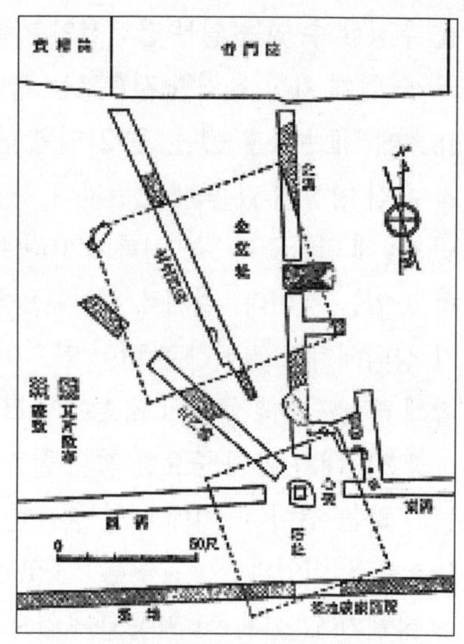

도면1. 약초사터 발굴평면도
(출전;村田治朗, 『法隆寺建築樣式論攷』, 재인용)

이처럼 현존하는 法隆寺 西院의 건축년대에 대해서는 많은 이견이 존재하고 있으며, 재건과 비재건에 대해서도 아직 풀리지 않은 의문이 존재하고 있다. 法隆寺의 再建과 非再建說, 그리고 현존하는 西院 건축의 건축연대를 밝히는 것은 건축사적으로 매우 중요한 일이라고 할 수 있으며, 앞으로의 연구가 필요한 부분이다. 그러나 본 연구의 목적은 그 건축년대를 밝히고자 하는 것이 아니므로 法隆寺의 연혁에 대한 그동안의 연구 성과를 정리하는 것으로 만족하고자 한다. 다만 본 연구와 관련해서 중요한 점은 현존하는 法隆寺 西院의 건축이 최

---

6) 村田治朗, 앞의 책, 1986, pp.27~19.
7) 米田良三, 『法隆寺は移築された』, 東京; 新泉社, 1998.

소한 8세기 초두에는 완공되어 있었으며, 가장 먼저 재건된 것으로 추정되는 금당이 7세기 말에 재건되었고, 이후 재건된 건물들이 금당과 비슷한 건축양식을 지녔다는 점에서 적어도 7세기 飛鳥時代의 건축 수법을 지니고 있다는 점이다.

III. 法隆寺 西院 건축의 현황과 특성

法隆寺 西院은 동쪽의 금당과 서쪽의 오중탑을 중심으로 앞쪽에 중문, 뒤쪽에 대강당이 중심축선상에 위치해 있고, 중문과 대강당을 연결하는 회랑이 둘러싼 소위 東殿西塔式의 배치를 이루고 있다. 그 중에서 금당과 오중탑, 중문, 그리고 회랑의 대부분(경루와 종루 부분의 회랑 제외)이 '法隆寺式'이라 부르는 아스카 시대의 건축양식을 지니고 있다.

이 건물들은 창건 후 여러 차례의 重修를 거쳐 오늘에 이르고 있다. 重修공사로 중요한 것

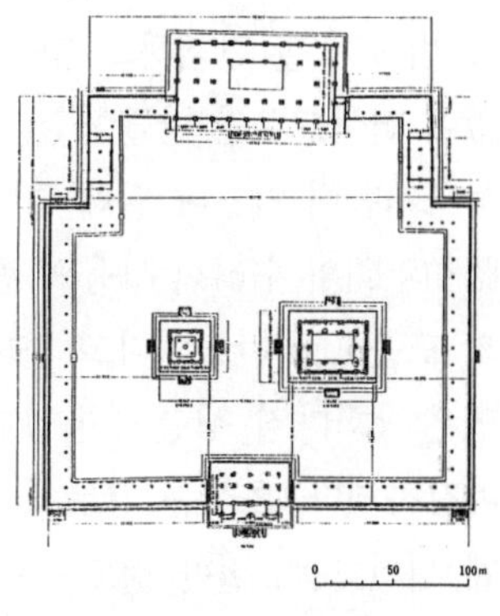

도면2. 法隆寺 西院 배치도

은 모모야마(桃山) 시대인 慶長年間(1596~1614년)과 에도(江戸)시대 元祿年間(1688~1703년)의 수리이며, 최근에는 昭和年間에 고증을 거친 수리공사가 있었다. 이러한 수리에 의해 일부 원형에 변화가 일어난 부분도 있으나 전반적으로 이 건물들은 아스카시대의 건축양식을 비교적 잘 간직하고 있다.[8]

8) 사료 고찰의 측면에서 法隆寺의 현황에 대한 파악은 2차례에 걸쳐 직접 답사한 것을 토대로 하였고, 연혁과 변천과정에 대해서는 그 내용을 비교적 잘 정리하고 있는 村田治朗, 앞의 책을 참조하였다.

1. 金堂

  중층의 팔작지붕으로 이루어진 금당은 가
구식으로 만들어진 2중 기단 위에 세워져 있
다. 화강암을 사용해 조성된 하층기단은 탱주
와 우주를 모두 사용하고 있으나 江戶時代 元
祿年間의 수리로 원형을 상실하였다. 반면에
응회암으로 조성된 상층기단은 원래의 모습
을 비교적 잘 간직하고 있는데, 탱주나 우주
없이 면석으로만 만들어졌다. 기단 사방에는
석조계단이 있으나 원래 경사가 급했던 것을
昭和年間의 수리시 사용의 편리를 위해 지금
의 모습으로 만들었다고 한다. 하층 기단 상
면은 강회다짐, 상층기단 상면은 方塼을 깔아
마감하였다. 초석은 상부에 주좌를 나지막하
게 새긴 것이 절반 정도이고, 다른 건축물의
초석을 사용한 것도 있다.

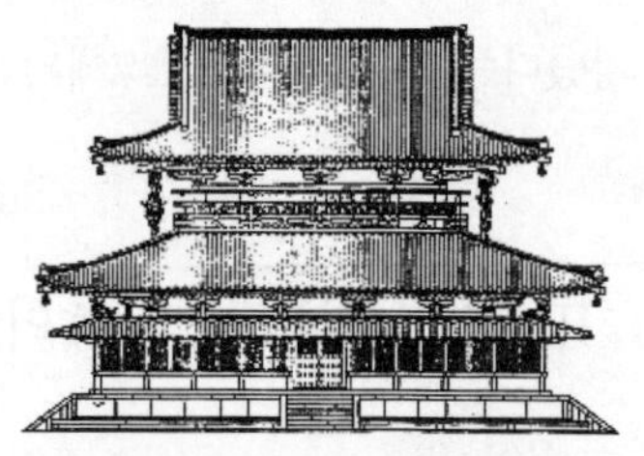

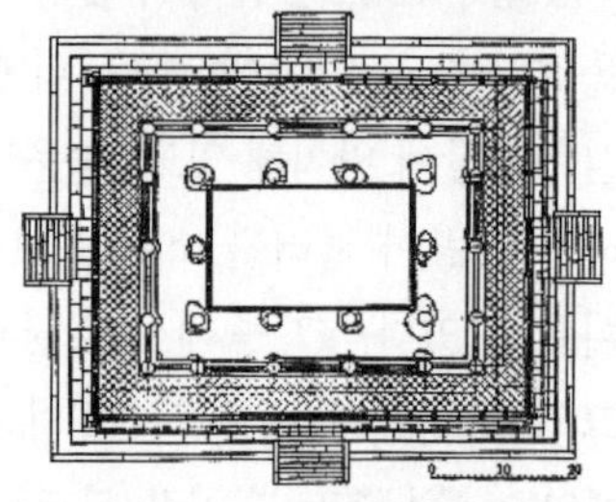

도면3. 금당의 평면과 입면

  평면은 정면5간, 측면4간으로 중앙의 기둥 2개를 생략하여 3×2간의 내진을
1간 폭의 외진이 감싼 내외진형이다. 외진 주변으로는 1간 폭의 채양간을 두었
다. 상층은 4×3간으로 하층에 비해 평면을 1간 줄였음이 특징이다. 상하층의
구조에서 상층의 기둥은 하층의 기둥과 그 중심선을 달리하고 있다. 즉 상층의
외진평주는 하층의 내진을 감싼 기둥열에 비해 기둥의 직경을 벗어나지 않는
범위에서 약간 바깥쪽에 위치하고 있다. 또한 상층의 외진평주는 하층 내진주
열의 상부에 형성된 장방형 평면을 이루는 구조틀의 가장 위쪽 귀틀 위에 올려
놓고 있다. 이러한 상하층의 평면과 구조는 금당은 물론 오중탑과 중문이 지니
는 공통된 특성이다.

  하층의 주변을 감싸고 있는 채양간(裳階; もこし)은 和銅年間에 부가된 것이

라고 하는데, 이는 재건론에 따른 法隆寺 西院의 재건 시기와 거의 비슷하므로 원래의 건축계획 개념에 포함시켜도 무방할 것으로 생각된다. 昭和年間의 수리시 원래 모습의 증거가 확인되어 소위 大和風으로 복원한 것이라 한다. 방주를 사용하였고, 기둥 위쪽에 끼운 살미를 이용해 출목을 형성함으로서 외목도리를 받도록 하고, 그것으로 처마를 받도록 한 구조이다. 지붕은 나무 널을 위 아래로 번갈아 겹쳐 놓는 방법으로 마감하였다.

사진2. 금당의 채양간

본채에 사용된 기둥은 모두 원주로 높이에 비해 직경이 큰 특성을 지니며, 강한 배흘림이 있다. 기둥의 높이는 그 위치에 관계없이 모두 동일하다. 또한 기둥 상부에는 창방을 결구해 각각 외진주열과 내진주열 상부를 잡아주는 틀을 구성하였다.

사진3. 金堂 외진주열 외측
(출전;『日本の美術10』)

사진4. 金堂 내부 내진주열
(출전;『日本の美術10』)

기둥 위에는 큰 굽받침(皿板;さらいた)이 있는 주두를 사용하였다. 공포는 위치에 관계없이 주두, 한 단의 살미와 첨차, 그리고 그 상부의 소로로 구성된 1출목의 一斗三升式 單栱造라는 점에서 공통점을 지닌다. 그러나 구성 부재의 형태는 위치를 구분해 사용하고 있다. 외진주상 공포의 살미는 외부를 살미와 소

로가 연속해 雲形을 이루도록 하였고, 내부는 일반적인 교두형의 첨차와 소로
로 구성하였다. 첨차는 교두형으로 하였으며, 그 양단의 소로는 雲形으로 조각
하였다. 반면에 내진주 상부의 공포는 살미와 첨차를 모두 일반적인 교두형으
로 만들었고, 그 위에 소로를 얹었다. 내부에 비해 노출되는 외부를 아름답게
꾸미고자 하는 의도에서 비롯된 변형으로 생각되며, 雲形의 살미는 금당을 비
롯한 法隆寺 西院 건축의 공통된 특성이다. 소로는 주두와 달리 굽받침이 없는
형식이다.

외진주와 내진주열 상부의 공포 위에는
내 · 외진주열 사이를 연결하는 보를 걸었
다. 보는 창방이나 뜬장여 등의 부재와 거
의 동일한 장방형 단면의 부재를 사용하였
고, 외부로 돌출하여 그 끝이 下昂을 받치
고 있다. 외진주열에는 공포의 첨차 위에
여러 단의 뜬장여를 두어 하앙과 그 상부
의 서까래를 받도록 하였다. 내진주열 상
부에서는 첨차 위에 보와 반쯤 결구한 장
여를 올렸다. 장여 위에는 기둥형의 부재
(間柱束)를 두어 일정한 높이를 확보한 위
에 다시 뜬장여를 두었다. 이 구조로 인해

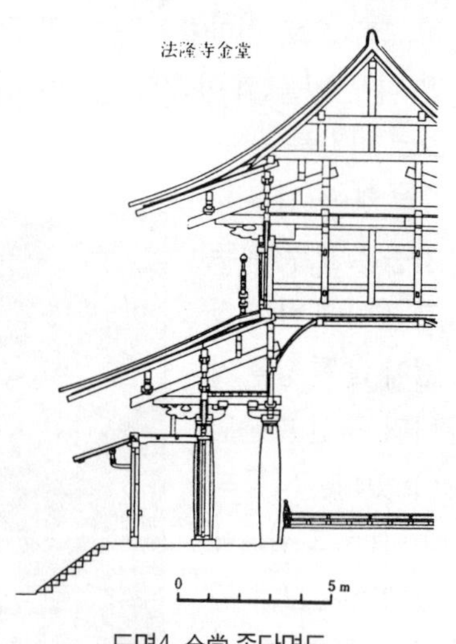

도면4. 金堂 종단면도

자연스럽게 외진주열과 내진주열 상부에 높이 차가 생겼고, 그 높이 차를 이용
해 지붕을 구성하는 경사진 부재, 즉 하앙과 서까래를 결구하였다. 하앙은 직선
형의 각재를 사용하였으며, 그 단부에 雲形의 초각을 한 단여를 사용하여 외목
도리를 받도록 하였다.

상층 지붕 속의 구조는 각재를 이용한 간단한 구조로 지붕 가구를 형성하고
있는데, 원래의 모습이었는지는 확인할 수 없다. 다만 보를 이용해 상부의 하중
을 모두 감당하지 않는 구조라는 점이 주목된다.

상층 하부에는 하층 지붕에 의지하여 난간(高欄;こうらん)을 설치하였다. 이

난간은 상층의 공간이 실질적으
로 이용되지 않는다는 점에서
실용적인 측면보다 의장성을 강
조한 구성이다. 하부에는 곡선형
의 인자형 부재와 일두삼승식 첨
차가 반복되어 있으며, 궁창부는
卍자살을 반복하여 꾸몄다.

사진5. 금당 상층의 난간

상층에는 네 모서리에 추녀부
의 하앙을 받는 活柱를 하나 씩 세웠으며, 용 조각으로 장식하였다. 활주가 원
래부터 사용되었는지는 알 수 없으며, 용 조각은 江戸時代에 첨가된 것이라 한
다. 팔작 지붕의 현재 모습은 昭和年間에 수리하면서 기본적으로 慶長年間 수
리시의 모습을 따라 약간 변형해 만들어진 것이라 한다. 따라서 현재의 모습은
원래의 모습과 상당한 차이가 있는 것으로 생각된다.

2. 五重塔

금당의 서쪽에 위치한 五重塔은 1층에
서 4층까지 각 면이 모두 3간이며, 최상층
인 5층은 2간으로 間數를 줄였다. 전체적
으로 체감은 많은 편이며 하층 위에 상층
을 올려놓는 구조는 금당과 동일하다. 1
층 본채는 한 변이 21.175척이며, 주변에
1간 폭으로 돌린 채양간의 한 변은 35.78
척이다. 현재 전체 높이는 107.44척이나
江戸時代 元禄年間의 수리 때 5층의 지붕
을 4치5푼 물매에서 6치2푼5리로 개조함
으로서 원래의 오중탑에 비해 최소 2.6척
높아졌다고 한다. 상륜은 노반과 복발 및

사진6. 五重塔 전경

수련으로 구성되어 있는데, 元祿9년(1696년)에 새로 만들어진 후 여러 차례의 수리를 거쳐 오늘에 이르고 있는 것으로 원래의 모습은 아니다.

오중탑은 탑이라는 측면에서의 건축 구성에 차이가 있을 뿐 세부적인 건축수법과 양식은 금당과 거의 동일하다. 즉 기단과 기둥, 공포의 짜임, 가구와 세부적인 부재의 형태 등에 이르기까지 금당과 거의 동일한 구조와 형식을 지닌다. 다만 목탑이라는 특성상 心柱를 사용하고 있는데, 지하 1.5m 깊이에 거대한 화강석의 심초석이 있고, 그 상부에는 사리공이 있다. 심주는 팔각형 기둥으로 최상층까지 연속되어 있는데, 현재는 세 개의 기둥을 이어서 사용하고 있으나 원래 2개의 기둥으로 이루어져 있던 것이 元祿년간의 수리를 거치면서 변화된 것으로 추정하고 있다.

3. 中門과 回廊

西院 영역의 정문에 해당하는 中門은 仁王門이라고도 한다. 중층 팔작지붕의 문으로 평면은 정면4간, 측면3간이며, 전면 양측에는 金剛力士를 모셨다. 금강역사에는 和銅4년(711년)에 조성되었다는 銘文이 새겨져 있어 中門의 건축연대는 물론 法

사진7. 法隆寺 西院의 회랑 외측

隆寺 西院 일곽의 조영연대를 규명하는 중요한 단서를 제공하고 있다. 정면4간의 구성은 전각은 물론 문의 구성에서도 흔하지 않은 예이다. 건축의 구조와 형태는 앞서 살펴본 금당과 거의 다르지 않다.

회랑은 중문과 대강당을 연결하고 있으며, 뒤쪽 부분에서 그 너비가 줄어들어 평면에 변화를 이루며, 그곳에 경루와 종루를 두었다. 이 경루와 종루 뒤편의 회랑을 제외한 현존 회랑의 대부분은 창건 당시의 모습을 간직하고 있다. 다만 慶長年間에 수리가 있었고, 大正9年(1920년) 수리시 慶長 年間에 개조된 부

분에 대해 원래의 모습으로 복원하면서 부
재의 교체가 있었고, 이때 약간의 변화가
이루어졌을 뿐이다.

　회랑은 모두 1간 폭의 單廊으로 외부에
는 벽과 살창을 두었고, 내부로는 개방시
킨 구조이다. 기단과 초석 및 기둥의 구성
과 형식은 그 규모에 차이가 있을 뿐 금당
과 거의 동일하다. 다만 금당이나 오중탑
및 중문에 비해서는 건축적 격식이 떨어지
고 회랑이라는 특성으로 인해 건축구조와
형식이 간단하므로 공포와 가구수법에 차
이를 지니고 있다.

사진8. 中門의 외진주와 공포

　공포는 살미를 사용하지 않고 첨차만 사
용한 無出目 單栱造이다. 주두와 첨차 및 소로의 형식은 금당과 오중탑 및 중문
內柱 상부의 것과 동일하다. 전후면의 기둥 상부에는 약간 만곡된 형태의 장방
형 단면을 지닌 보(虹樑의 일종)를 걸었다. 보는 첨차와 십자짜임을 이루어 건물
바깥쪽으로 돌출하였는데, 돌출되는 부분의 단면을 첨차와 동일하게 줄였다.
주심첨차 위에는 장방형 단면의 도리를 두었다.

　보 위에는 人字形 臺工을 두었으며, 대공 위에는 소로를 얹은 위에 一斗三升

사진9. 회랑의 기둥

사진10. 회랑의 공포

사진11. 회랑의 가구

式의 첨차를 두어 종도리를 받도록 하였다. 人字形 대공은 모두 직선형이다. 일부에는 臺工 중앙 하부를 기둥형의 부재가 받치고 있는 경우도 있으나 이는 후대의 改造에 의한 것으로 보인다. 종도리 역시 주심도리와 마찬가지로 장방형 단면이다.

IV. 法隆寺의 건축과 고구려 건축의 비교

法隆寺 西院의 건축은 이후 일본 奈良 시대의 건축과는 다른 특성을 지니고 있고, 그것은 아스카시대의 건축양식을 지닌 것으로 추정되고 있음은 주지의 사실이다. 일본의 고대 문화는 한국 삼국시대 건축문화의 영향을 받은 바가 크며, 이러한 이유로 法隆寺 西院의 건축은 한국 삼국시대의 건축과 자주 비교되고 있다. 그러나 그동안의 연구는 건축을 구성하는 각 부분의 부재들의 구성과 형태를 중심으로 이루어지고 있으며, 구조적 측면의 연구는 상대적으로 미약한 편이다. 한국에 法隆寺 西院의 건축에 비견할 수 있는 동시대의 건축이 존재하지 않으며, 동시대의 비교 대상이 고구려 고분벽화의 건축도 등으로 한정되기 때문이다. 그러나 형태는 그 지역의 선호도 또는 기술수준에 의해 변형될 가능성이 상대적으로 많은 요소이므로 형태와 함께 구조적 측면을 비교할 때 정확한 건축의 비교가 가능할 것으로 생각한다. 또한 고구려 건축에 대해서도 고분벽화의 건축도를 통해 목조건축의 구조에 대한 많은 연구가 이루어져 있는 상황이므로 기존의 연구에 비해 구조적 측면의 비교도 상당히 가능한 상황이다. 따라서 여기에서는 法隆寺 西院 건축의 특성을 형태는 물론 구조적 측면에서 비교함으로서 法隆寺 西院의 건축과 고구려 건축과의 관계를 파악해 보도록 한다.

1. 형태적 측면의 고찰

(1) 배흘림 원주

法隆寺 西院 건축의 기둥은 흘림의 정도에는 차이가 있으나 높이에 비해 직경이 크고, 비교적 흘림이 강한 원주를 사용하고 있다. 모두 배흘림(胴張り) 기둥으로서 체감률은 금당이 가장 크고, 다음이 중문과 오중탑이며, 가장 작은 것은 회랑이다. 중요한 건물일수록 강한 배흘림 기둥을 사용하였을 가능성이 높다는 것을 보여준다. 그러나 소위 法隆寺式 건축 이후, 나라시대의 건축에서는 배흘림의 성향이 약해질 뿐 아니라 점차 원통형의 기둥을 사용하는 경향으로 바뀌게 된다. 따라서 배흘림 원주는 아스카시대 건축의 특성으로 언급되고 있다.

배흘림은 서양건축에서도 엔타시스(entasis)라 불리는 수법으로 고대부터 일반적으로 사용된 방법이다. 동양에서도 배흘림 기둥은 고대부터 일반화되었으며, 중국건축에서는 그것을 梭柱라 부른다. 이렇듯 지역에 관계없이 배흘림 수법은 고대부터 일반적으로 사용되었으나 그 수법과 형태는 지역에 따라 차이를 보이므로 건축문화의 상관관계를 파악해 볼 수 있는 중요한 단서가 된다.

이러한 점에서 法隆寺式 건축의 배흘림 원주는 높이에 비해 직경이 커서 전체적으로 강직한 비례를 지니고 있다는 특성과 함께 흘림의 경향에 있어서도 체감률이 클 뿐 아니라 최대 직경을 이루는 부분을 중심으로 상부로는 비교적 많은 체감을 이루는 반면 하부로는 비교적 체감이 적어 직선적 경향을 지닌다. 이러한 배흘림 원주의 특성은 고구려 고분벽화 건축도의 柱形圖나 석조로 된 기둥들에 공통적으로 나타난다. 더욱이 현존하는 고려시대의 건축에 나타나는 배흘림

쌍영총
돌기둥

태성리 2호분
돌기둥

환문총
주형도

도면5. 고구려 건축의 배흘림 기둥

원주에서도 그러한 성향이 지속되고 있음을 볼 수 있다. 따라서 法隆寺式 건축의 배흘림 원주는 고구려 건축의 배흘림 원주와 동일한 형태를 지닌 것으로 동일한 건축적 성향을 지닌 것이라 할 수 있다.

(2) 굽받침 있는 주두

주두 아래 커다란 굽받침이 있다고 하는 점은 法隆寺式 건축의 중요한 특성 중 하나이다. 나라시대 이후의 건축에서는 소위 大佛樣이라 부르는 일부 건축을 제외하면 굽받침을 사용하지 않고 있다.

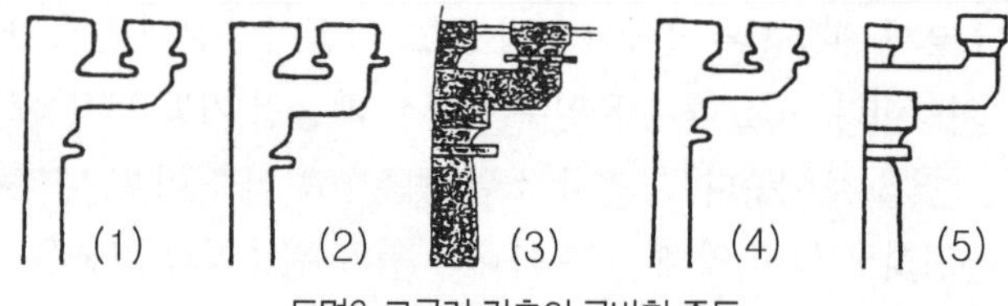

도면6. 고구려 건축의 굽받침 주두

고구려 건축에서는 굽받침 있는 주두의 사용이 일반화되어 있었다. 고구려 고분벽화의 각종 건축도에 표현된 주두와 소로는 크게 굽받침이 있는 것과 굽받침이 없는 것의 두 유형으로 구분할 수 있으나 굽받침이 있는 주두가 더 일반적으로 나타난다. 반면에 중국 건축에서는 북위왕조에 의해 조영된 雲岡石窟[9]을 비롯한 일부 석굴에 표현된 것을 제외하면 그 사용을 거의 확인할 수 없다. 여기에서 주목할 점은 고대건축에서 굽받침 있는 주두의 사용이 고구려를 중심으로 한 동아시아 북방지역을 위주로 분포하고 있다는 점이며, 그만큼 북방적

9) 운강석굴은 중국 북방지역을 중심으로 활약하던 鮮卑族이 세운 北魏 왕조에 의해 건설되었다. 그 조영은 文成帝 和平1년(460년)에 시작하였으나, 문성제 死後(465년) 孝文帝 太和년간에 이르러 그 조영은 극에 달하며, 494년 효문제가 洛陽으로 천도한 후에는 점차 쇠퇴한다. 물론 낙양으로 천도한 후에도 효문제 때는 平城이 북위 불교의 중심이었으나 孝明帝가 즉위(520년)한 후에는 그의 祖母인 靈太后가 정권을 잡게 되었고 그 이후 운강석굴의 조영은 급속히 쇠퇴하였다. 대략 524년경에 이르러 운강석굴의 조영은 더 이상 이루어지지 않게 된 것으로 추정된다.(國家文物局教育處, 「佛敎石窟考古槪要」, 北京; 文物出版社, 1993, pp.111~112.)

인 성향의 특성일 가능성이 높다고 하는 점이다.

한편 고구려 건축의 굽받침 있는 주두와 중국에서 처음으로 확인되는 굽받침 있는 주두를 비교하면 고구려 건축의 것이 굽받침이 더욱 클 뿐 아니라 실제적인 조영시기의 비교에 있어서도 앞서는 것이 많다는 점에서 古式에 해당한다고 할 수 있다. 굽받침은 수덕사 대웅전과 부석사 무량수전 등 현존하는 고려시대의 건축에서도 보이는데, 굽받침이 작아지고 약화되는 현상을 보이고 있다.

이러한 굽받침의 변화과정을 고려하면 法隆寺 西院의 건축에 사용된 굽받침은 비교적 古式에 속하는 것으로 볼 수 있으며, 고구려 건축의 굽받침과 동일한 성향을 지닌 것으로 볼 수 있다. 다만 法隆寺에서는 주두에만 굽받침이 있고 소로에는 굽받침이 사용되지 않았다는 점에서 주두와 소로 모두에 굽받침을 사용하고 있는 고구려 건축과는 차이를 지닌다. 또한 고구려 건축에서는 첨차 위에 놓인 세 개의 소로 중 양단의 것은 굽받침이 있는 반면 중앙의 것은 굽받침이 없다. 이러한 점에서 法隆寺와 고구려 건축의 성향을 다른 것으로 보고 있는 견해도 있다.[10] 그러나 그것은 벽화라는 표현의 한계와 함께 시대의 차이에 따른 변화과정으로 이해할 수 있으며, 고구려와 法隆寺 건축의 굽받침은 동일한 성향을 지닌 것으로 보는 것이 타당하다.

(3) 雲形 살미와 단여 및 소로

雲形의 살미와 단여 및 소로, 특히 살미와 소로를 한 몸으로 하여 雲形으로 초각한 부재의 사용은 法隆寺 西院 건축의 중요한 특성 중 하나이다. 그에 반하여 고구려 건축에서는 法隆寺의 운형 부재와 직

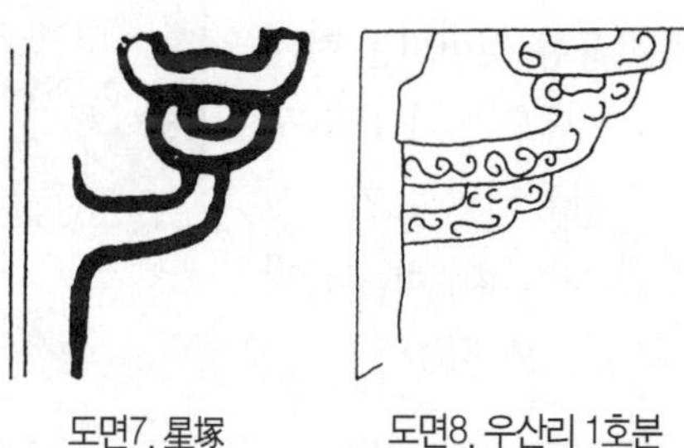

도면7. 星塚　　　　도면8. 우산리 1호분

---

10) 村田治朗, 앞의 책, 1986, pp.128~129.

접적으로 관련이 있다고 볼 수 있는 부재를 찾아볼 수 없다. 그러나 고구려 건축에서 雲形 또는 그와 유사한 부재의 사용이 전혀 없었던 것은 아니다. 星塚에서는 소로와 첨차가 한 몸으로 구성된 경우를 볼 수 있으며, 각저총과 안악1호분의 공포에 사용된 소로는 그 형상이 S자형으로 조각된 예를 볼 수 있다.[11] 특히 우산리 1호분의 공포도에서는 살미와 소로, 첨차와 소로가 한 몸으로 초각된 모습이 좀 더 구체적으로 표현되어 있으며, 그 형태도 法隆寺 건축의 것과 유사성을 지닌다. 한편 건축조각은 취향에 따라 다양한 형식으로 전환될 수 있음을 고려할 때 法隆寺의 운형 부재가 그 형태에서는 다소 차이가 있으나 장소와 시기에 있어서 차이를 지니는 고구려 건축과 전혀 관계가 없다고 볼 수는 없다.

⑷ 기둥형 화반과 난간의 형식

法隆寺 西院 中門에는 柱間에 소로가 있는 기둥형의 화반(間柱束)을 사용하고 있다. 화반은 주심포계의 건축에서 柱間의 횡부재 사이를 결속하면서 그 부분을 장식하기 위한 부재이다. 고구려 고분벽화에서도 용강대총의 경우 柱間에 人字形과 기둥형 화반을 반복해서 사용하고 있음을 볼 수 있다.

한편 法隆寺 금당과 오중탑 및 중문의 난간에서는 인자형 부재와 일두삼승식 첨차형 부재가 반복해서 사용되고 있다. 비록 난간에 사용된 것이기는 하지만 화반에도 이와 같은 구조가 사용되었을 가능성이 있으며, 고구려 고분벽

사진12. 용강대총의 벽화

11) 김동현, 「한국 목조건축의 조각에 대한 고찰」『무애 이광노교수 정년퇴임기념 건축학논총』, 무애이광노교수정년퇴임기념논총간행위원회, 1993. 8. pp.59~60 ; 關口欣也,『朝鮮三國時代建築と法隆寺金堂の樣式的系統』, 1974.

화에서는 동일한 구성은 아니지만
인자형, 기둥형, 일두삼승식 첨차
형, 또는 그것들이 복합적으로 구성
된 다양한 형식의 화반을 볼 수 있
다. 그만큼 고구려 건축에서는 다양
한 형태와 구성의 화반이 사용되었
던 것이며, 시대적 차이를 반영하여

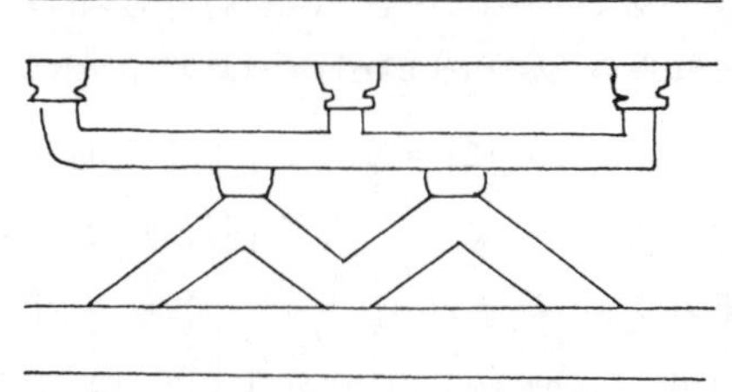

도면9. 덕흥리 고분벽화의 화반

동일한 형태는 아니지만 法隆寺의 건축에서 비슷한 화반 구성이 응용되었던 것
으로 볼 수 있다. 다만 고구려 고분벽화에서 볼 수 있는 인자형 부재는 모두 직
선형인데 반해 法隆寺의 난간에서 볼 수 있는 화반은 곡선형이라는 점에서 형
태적 차이가 있다. 그러나 그러한 차이를 기본적인 건축성향이 다른 이유로 볼
수는 없으며, 취향과 시대적인 변화에 따른 차이로 보는 것이 타당하다.

난간 궁창부의 卍자형 살대 구성은 고구려 고분벽화에서는 동일한 예를 찾아
볼 수 없다. 그러나 고구려 건축과 밀접한 관계가 있는 중국 운강석굴에서도 볼
수 있으며, 충남 연기 비암사에서 출토된 석판과 남북국시대 신라의 안압지에
서 출토된 난간 부재 등에서도 나타나는 것으로 보아 고대 동아시아에서 일반
적으로 사용되었던 형식이라 할 수 있다. 따라서 고구려 건축에서는 직접적으
로 이와 관련된 것을 찾아볼 수는 없으나 국제적으로 공유되었던 형식이라는
점에서 고구려 건축과의 관련성을 언급하는데 큰 무리는 없을 것이다.

2. 人字形 臺工의 사용

法隆寺 西院 회랑에는 전후로 건너지른 보 위에 인자형의 대공을 사용하고
있다. 대공 위에는 소로를 얹은 위에 도리방향으로 일두삼승식 첨차를 둠으로
서 종도리를 받치고 있다. 그러나 지금까지 이러한 구조를 구체적으로 다루고
있는 연구는 거의 없다.

고구려 건축에서는 3량 정도에 해당하는 간단한 구조에 인자형 대공을 사용
한 예를 볼 수 있다. 천왕지신총 전실에서는 석조 구조로 보 위에 인자형 대공

을 사용한 예를 볼 수 있다. 인자형 대공 위에는 주두를 놓은 위에 단여를 사용하고 있다. 안악3호분에는 측실의 부엌 그림에서 맞배지붕의 측면에 보 위에 놓인 인자형 대공과 그 상부에 주두가 놓인 구조가 묘사되어 있다. 인자형 대공 위의 구조에 약간의 차이가 있을 뿐 그 구조적 성향은 法隆寺 회랑의 구조와 동일한 것으로 볼 수 있다.

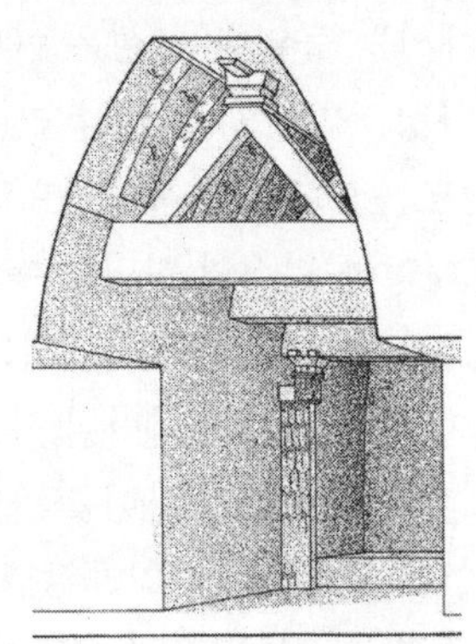

도면10. 천왕지신총 전실

한편 천왕지신총의 전실에서는 일부의 보 아래에 기둥을 표현한 듯한 구조가 있고, 그 위에 출목이 있는 살미를 두어 보를 받고 있는 구조가 있다. 그 구조는 法隆寺 금당과 오중탑 및 중문의 외진주 공포의 내측, 또는 내진주 상부의 공포가 보 또는 그에 준하는 수평재를 받치고 있는 구조와 거의 동일하다.

도면11. 안악3호분 벽화

3. 法隆寺 金堂 外陣部의 架構

法隆寺 금당은 외진기둥과 내진기둥을 동일한 높이로 구성하고 있다. 이처럼 내외에 놓인 기둥의 높이를 동일하게 구성한 것은 목탑인 오중탑 뿐 아니라 중문에서도 공통적으로 나타나는 구성으로 이 시기 목조건축의 일반적 특성에 해당한다고 할 수 있다. 또한 내외 기둥 상부에는 기본적으로 동일한 구조의 공포를 올려놓고 있으며, 금당에서는 외진주와 내진주 상부의 기둥 위에 보를 건너지르고 있다. 이 위에 외진주열 상부에는 도리방향으로 여러 개의 수평재, 즉 뜬장여를 중첩시켰으며, 내진주열 상부에도 역시 여러 개의 뜬장여를 중첩시켰다. 이 구조에서 주목되는 점은 내진주열 상부에는 맨 아래의 뜬장여 위에 기둥형의 화반을 올려놓음으로서 상부 구조의 높이를 외진주열에 비해 높게 만들고 있다는 점이다. 이 화반은 외진주열과 내진주열 상부의 구조적 높이를 충족시

키기 위한 구조로 보인다. 즉 화반에 의해 내진주열 상부의 구조를 높여줌으로서 경사지붕을 만들기 위한 기울기를 조절하고 있는 것이다.

또한 금당의 가구방식에서 나타나는 특성으로는 외진주열과 내진주열을 각각 도리방향으로 연결하는 장방형의 구조틀을 만들고 있다는 점이다. 그리고 외진주열과 내진주열 상부를 연결하고 있는 보는 상부의 하중을 받는 것보다 외진주열의 구조틀과 내진주열의 구조틀을 결속시켜 주는 구조적 의미가 강하다. 이러한 구조는 보와 도리의 관계에 있어서 보의 기능이 강하게 부각되는 후대 건축의 보를 중심으로 하는 중첩식 구조와는 다른 틀식 구조로서의 특성을 지닌다.

한편 고구려의 목조건축은 현존하는 예가 전혀 없으므로 그동안 구조적 측면에서 상호 비교연구는 전무하였다. 그러나 고구려 고분벽화의 건축도는 무덤 내부를 무덤의 주인공이 생전에 기거하던 집으로 가정하여 당시 목조건축의 모습을 매우 사실적으로 반영하였을 가능성이 크고, 그 벽화의 내용을 통해 당시 목조건축의 구조를 추정해볼 수 있다. 물론 고분벽화의 건축도도 시대에 따라 사실적인 묘사를 한 것과 함께 그 묘사가 형식화되어 사실성이 떨어지는 예가 모두 존재한다. 그러나 쌍영총과 같은 일부 고분벽화의 건축도는 목조건축의 모습을 매우 사실적으로 묘사한 것으로 판단되며, 그 건축도의 분석을 통해 목조건축의 구조를 추정해 볼 수 있다.[12]

이렇게 추정한 고구려의 목조건축은 내외 기둥을 동일한 높이로 만들고, 그 위에는 동일한 형식의 공포가 놓이며, 외진주열과 내진주열 상부에 각각 뜬장여가 중첩되는 구조틀이 형성되고, 내진주열 상부에는 인자형 화반을 사용하여 외진주열에 비해 높이를 높여주는 등 法隆寺 금당의 가구와 거의 동일한 가구였던 것으로 추정된다.

---

12) 金度慶 · 朱南哲, 앞의 논문.

다만 法隆寺 금당에서는 하앙이 사용되고 있는데 반해 쌍영총에서는 하앙의 사용 여부를 판단할 수 없다. 이것은 무덤 구조에서 비롯된 표현상의 한계라고 생각되며, 하앙을 제외한 구조가 완전히 일치함을 생각할 때 현재까지 고구려 건축에서 하앙의 존재가 확인되지 않는다고 해서 하앙이 사용되지 않았다고 하는 것은 오히려 무리한 가설이 아닌가 생각한다.

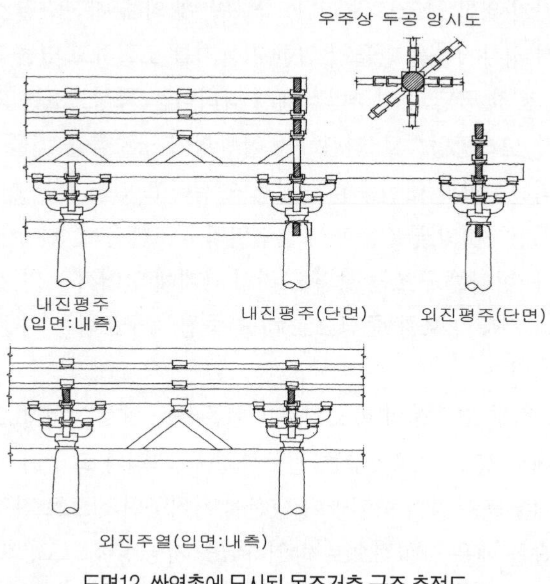

도면12. 쌍영총에 묘사된 목조건축 구조 추정도

V. 맺음말

法隆寺 西院을 구성하는 아스카 시대의 양식을 지닌 건축은 아스카 문화가 백제문화의 영향을 강하게 받고 있다는 이유로 그동안 백제건축과의 관계만이 크게 부각되었던 것이 사실이다. 그러나 실제로 백제건축에 대해서는 거의 자료가 없으므로 그 건축적 상관성을 구체적으로 규명하는 어렵다. 반면에 고구려 건축에 대해서는 고분벽화와 그 구조를 통해 비교적 구체적으로 구조와 형태를 추정해 볼 수 있으며, 그것을 통해 法隆寺 西院을 구성하는 소위 法隆寺式 건축과의 구체적인 비교가 가능해졌다. 양자의 비교를 통해 法隆寺式 건축은 일부 확인이 불가능한 부분을 제외하면 고구려 건축과 구조나 세부의 형태가

거의 동일하다는 점을 확인할 수 있었다. 다만 일부에서 차이가 있었으나 그 차이는 취향과 시대적 차이에서 비롯되는 것으로 이해할 수 있는 수준의 것이었다. 결국 본 연구를 통해 法隆寺式 건축은 고구려 건축과 매우 밀접한 관련이 있다는 점을 구체적으로 증명할 수 있게 된 셈이다.

한편 일본의 아스카 문화가 백제문화의 영향을 받은 바가 크고, 그것은 아스카데라의 건설에 백제 장인이 주도적 입장에서 참여하고 있었던 사실과 같이 건축적인 측면에서도 그대로 반영되었던 것으로 생각한다. 그런데 현존하는 아스카 시대의 건축이 고구려 건축과 거의 동일한 모습을 지니는 이유는 무엇일까?

아스카데라의 배치는 중앙에 목탑을 두고 그 동·서·북 세 면에 목탑을 향해 금당을 둔 소위 三金堂一塔式 배치이다. 삼금당일탑식 배치는 현재까지 확인된 백제의 건축에서는 실례가 확인되지 않고 있다. 부여 군수리사지가 삼금당식으로 추정되고 있기는 하나 정확한 것은 아니며, 삼금당식이라고 하더라도 동·서 금당은 탑을 향해 배치된 것이 아니므로 아스카데라의 배치와는 다른 것이다. 반면에 아스카데라와 동일한 형식의 삼금당식 배치는 평양의 청암리사지(금강사지)와 같은 고구려 사찰에서 확인된다.

따라서 아스카 시대의 건축이 백제의 영향을 크게 받았다는 개연성과 함께 현재까지 확인된 유구를 통해서 구체적으로 비교할 수 있는 내용에 있어서는 고구려 건축과 비슷한 경향을 보이고 있는 것은 그 시사하는 바가 자못 크다. 즉 백제의 건축은 고구려의 건축과 상당히 유사한 성향을 지녔기에 고구려 건축과 아스카 시대의 건축이 유사한 성향을 지닌 것으로 볼 수 있다는 것이다.

결국 현존하는 法隆寺式 건축은 비교 가능한 측면에서 고구려 건축과 매우 관련이 깊으며, 그것은 고대 한국의 삼국과 일본 아스카시대의 건축문화의 관련성을 다음과 같은 두 가지 측면에서 해석할 수 있는 여지를 남기고 있다. 하나는 현존하는 法隆寺式 건축이 아스카 시대 건축 중 현존하는 것으로서 당시 일본에서 일반적인 건축 경향이었던 백제식이 아닌 고구려식으로 지어졌다고 볼 수 있다는 점이다. 이로부터 백제건축과 고구려 건축은 서로 다른 성향을 지넸으며, 현존하는 법륭사식 건축은 백제식이 일반화된 아스카 시대의 보편적 경향이 아닌 고구려식으로 지어진 것이 우연히 현재까지 살아남았을 것이라는 가설을 성립시킬 수 있다. 이와는 반대로 고구려와 백제의 건축은 거의 동일한 것이었으며, 백제건축의 영향을 많이 받았던 아스카 시대의 건축이 고구려 건축과 동일한 것은 당연하다는 가설도 성립한다. 이 경우 法隆寺式 건축은 아스카시대의 일반적인 건축양식을 지닌 것으로 볼 수 있고, 현존하는 사료를 통해 구체적인 모습을 알 수 없는 백제건축의 고증에도 적극적으로 활용될 수 있을 것이다.

현재로서는 法隆寺式 건축이 아스카 시대에 지니는 건축적 가치에 있어서 前者와 後者의 해석 중 어느 것에 부합하는 것인지 결론을 내리기는 어려운 상황으로 앞으로의 연구가 필요하다. 그러나 분명한 것은 法隆寺式 건축이 고구려 건축과 매우 부합되는 특성을 지니고 있으며, 그것은 백제건축과도 상당히 유사했을 가능성이 있다는 점이다.

朝鮮 明宗代 星州 地域 寺刹의 製紙活動

김인규(문화재청 학예연구관)

Ⅰ.머리말

조선시대 사찰에서 종이를 제작하였던 것은 고려 시대의 명맥을 이은 것이었다. 고려시대에 사찰은 농장을 바탕으로 종이를 대량으로 제작하였으며 제작된 종이는 사찰의 자체 수요만이 아니라 판매하여 사찰에 경제적 富를 가져다 주기도 하였다.[1]

그런데 이처럼 고려시대 사찰에서의 종이 제작으로 사찰에 富과를 축적해 주는 기능이 조선시대까지 이어졌을까하는 의문이 든다. 조선 건국 이후 抑佛崇儒策으로 사회적 위상이 크게 달라진 사찰과 마찬가지로 그곳에서의 종이 제작 또한 그 성격이 크게 변화되었을 것을 추측된다.

그러므로 여기에서는 이러한 추측이 조선 전기에 구체적으로 어떻게 나타나는지를 살펴보기 위하여 16세기 경상북도 星州 지역 사찰의 종이 제작 활동에

---

1) 徐聖鎬, 『高麗前期 手工業研究』, 서울대학교 박사학위논문, 1997, p.118.

주목해 보고자 한다. 사실 조선 전기 사찰의 종이 제작에 관한 문제는 매우 흥미로운 주제임에 틀림없다. 왜냐하면 조선전기 제지업은 국가의 큰 관심사였으며 종이 확보를 위하여 지배층은 다각적인 노력을 기울였으므로 이러한 분위기 속에서 종이 제작이 가능하였던 사찰에서는 나름대로 종이 제작 활동을 하였을 것으로 생각되기 때문이다.[2]

그럼에도 불구하고 조선 전기 사찰의 종이제작에 대해서는 그 동안 거의 주목받지 못하였다. 이처럼 된 까닭은 무엇보다도 관련 기록의 부족 때문이다.[3] 중앙 정부의 관점에서 쓰여진『朝鮮王朝實錄』기록의 성격상 각 지방 사찰들의 製紙活動과 관련된 기록이 거의 없다. 이것은 당시 숭유억불정책으로 인하여 사찰의 종이 생산 활동이 크게 위축되었던 것과도 관련이 있을 것이다.

그럼에도 불구하고 각 사찰에서 종이를 전혀 만들지 않은 것은 아니었다. 최근 발견된『默齋日記』(1553~1567)[4]를 통하여 16세기 경북 성주 지역에 있는 사

---

2) 이 시기에 종이만을 전적으로 만드는 업무를 담당한 造紙署의 설립, 각 지역의 紙匠 확보, 중앙정부로의 종이 공납체계의 정비 등이 이루어지고 있다. 이와 관련하여 다음과 같은 연구가 주목된다. 李光麟,「朝鮮初期의 製紙業」,『歷史學報』10, 1958, 金德珍,「조선시대 地方官營紙所의 운영과 변천」,『歷史學研究』12, 1993, 河宗睦,「제지업」,『한국사』24, 1994, 金三基,『15~16世紀 官營 製紙手工業 研究』, 공주대학교 석사학위논문, 1997, 한정수,「조선전지 제지 수공업의 생산체제」,『역사와 현실』33, 1999, 金三基『朝鮮後期 製紙手工業 研究』, 중앙대학교 박사학위논문, 2003 등이 그것이다.
3) 조선전기 사찰의 제지활동을 전적으로 고찰한 연구는 없지만, 조선 후기 사찰의 제지활동에 대해서는 다음의 연구가 참고가 된다.
李光麟,「李朝後半期의 寺刹製紙業」,『歷史學報』17 · 18합, 1962.
河宗睦,「朝鮮後期의 寺刹製紙業과 그 生産品의 流通過程」,『歷史教育論集』10, 1987.
金順圭,「조선후기 사찰 紙役의 변화」,『靑藍史學』3, 2000.
이들 연구에서 조선 후기 사찰에서 종이 제작이 매우 활발하게 이루어졌음을 확인할 수 있다. 이것은 임란 이후 紙匠이 크게 줄게 되면서, 여러 곳에 상납하는 종이 제작을 사찰에서 맡았기 때문이라고 한다. 이러한 양상은 조선 전기 사찰 제지업과 비교하여 조선 전시기에 걸친 사찰제지업의 변화상을 이해하는데 도움을 주고 있다.

찰들의 製紙活動을 짐작해 볼 수 있게 된 것이다. 일기의 저자인 李文楗 (1495~1567)은 同副承旨까지 역임한 지식인으로 星州에서의 귀양생활 동안 여러 경로를 통하여 종이를 획득하였다. 그 과정에서 비록 단편적이기는 하지만 그가 후원하였던 安峯寺[5] 등을 포함한 이 지역 사찰들의 종이 제작 활동에 대한 기록을 남기었다. 그러므로 여기에서는 이를 통하여 비록 한 지역의 사례이지만 당시 성주 지역 사찰들의 제지활동을 구체적으로 살펴봄으로써 조선 전기 사찰의 제지활동의 일면을 엿보고자 한다.

이를 위하여 먼저 사찰에서 제작되는 종이의 종류, 사찰의 종이 제작 방식에 등에 대하여 생각해 보고자 한다. 즉 사찰에서는 누구의 요청에 의하여 어떠한 방식으로 종이가 만들어졌으며 이러한 종이제작에 따른 사찰의 부담이 무엇이었는지를 알아보고자 한다. 그럼으로써 당시 사찰에서의 종이 제작이 어떠한 성격을 갖고 있는지를 살펴보고자 하는 것이다.

둘째로 제작된 종이의 성격 문제를 검토하고자 한다. 당시 사회에서 종이는 물품으로서 어떠한 의미를 갖고 있으며, 제작된 종이가 외부에 어떠한 경로로 유통되었가에 대하여 살펴보고자 한다.

결국 이 연구는 비록 16세기 한 지역의 사례에 불과하지만 특정 사회에서의 종이 수요와 공급체계에 관심을 갖고자 하는 것이며, 아울러 명종 초기 불교 진흥책 속에서의 당시 사찰의 모습을 살펴보고자 하는 목적도 갖고 있다. 또한 후

---

4) 이 일기에 대한 소개는 국사편찬위원회에서 간행한 『默齋日記』(상·하), 1997의 金炫榮의 해제를 참조할 것. 이하 『默齋日記』는 일기로 약칭하며, 일기의 인용문은 국사편찬위원회에서 간행된 책을 기준으로 하였다.

5) 安峯寺는 성종 이후에 星州李氏家의 影幀을 봉안하는 절로 이문건의 적극적인 후원을 받았다.(『新增東國興地勝覽』 권 28, 星州牧, 佛字). 이 절은 조선 후기에 이르러 安山影堂으로 바뀌어 지금은 사찰로서의 면모를 찾기 힘들지만, 조선 태종 때에는 일본 사신에게 주었던 불경을 보관하였던 곳이며, 『默齋日記』의 기록을 통해서도 소속 승려가 40명이 넘을 정도로 성주 지역에서는 비중이 있는 사찰이었다.

대에 사찰제지업이 제지생산에서 큰 비중을 차지하게 되는 배경도 이러한 사례를 통해서 이해하고자 한다.

II. 星州地域 寺刹의 製紙活動 內容

조선 명종대 성주 지역에는 여러 개의 사찰이 있었다.[6] 安峯寺도 이러한 사찰 가운데 하나로 승려들이 종이를 활발하게 제작하였는데 구체적인 예는 다음과 같다.

A-1. • 智一雪贊等還寺 令貴孫持荒租五十一斗厚紙六斤四兩常楮皮七斤等 偕上安峰
　　　留寺造冊紙事教送(명종 6년 2월 25일, 상364쪽)

2. • 奴貴孫持馬還來言 僧人所儲冊紙簾三件 小不合樣 紙當更簾 簾絲不具 告白事
　　由事 持柴來云云(명종 6년 2월 26일, 상365쪽)

3. • 三寶智一來遺冊紙六十二卷 以雨留宿 (명종 6년 3월 5일, 상368쪽)

4. • 以车十三斗租十三斗送安峯 令貿冊紙于三寶處 貴孫受往(명종 6년 4월 11일,
　　381쪽)

5. • 貴孫午還輪炭二石來 冊紙十貼中白紙五卷貿納(명종 6년 4월 12일, 381쪽)

위의 사례는 명종 6년에 李文楗이 서적을 인쇄하기 위하여 많은 종이가 필요하였는데, 여기에 소요될 冊紙를 안봉사에 부탁하여 만드는 사례인 것이다. 먼저 A-1에서 보면 李文楗이 종이 제작에 필요한 재료인 닥나무 껍질과 종이 및 제작 경비를 지급하고 있다. 안봉사에서는 이러한 이문건의 지시와 필요한 경

6) 『新增東國輿地勝覽』에는 星州에 용흥사, 인흥사, 심원사, 안봉사, 적선사, 용연사, 법수사 등 7개의 사찰이 열거되어 있다(앞의 책 권 28, 星州牧, 佛宇條 참조). 『默齋日記』에도 안봉사, 용연사 적산사 등이 등장하며 그밖에 몇 개의 암자도 기록에 나타나고 있다.

비를 받은 지 불과 10일만에 册紙 62권을 만들어 이문건에게 바치고 있다.

이러한 사례에서 우선 안봉사에서 책지를 제작할 수 있으며 필요할 경우 단기간에 많은 양을 만들 수 있는 능력을 가진 사찰임을 알 수 있다. 비록 이문건이 주문한 책지 크기와 안봉사에서 사용하였던 발(簾)의 크기가 달라서 발을 새로 제작하였지만, 册紙를 만들기 위한 발까지 갖추었던 점으로 볼 때 안봉사에서는 이문건의 주문 이전에도 册紙를 제작하였음을 알 수 있다.

이러한 종이 제작 능력은 A-4 · 5에서도 확인할 수 있다. 이문건이 册紙를 구입한 지 불과 한달 만에 다시 안봉사에서 册紙와 白紙를 다시 구입하였던 것이다.7) 불과 한달 만에 이문건이 안봉사에서 册紙를 구입할 수 있을 정도로 이 시기에 안봉사에서는 많은 양의 종이가 제작되었다.

그런데 여기에서 흥미로운 사실은 安峯寺에서의 종이 제작 방식이 다르다는 점이다. 첫 번째에는 이문건이 필요한 재료와 경비를 안봉사에 미리 지급하고 책지 제작을 부탁하였으나, 두 번째에는 미리 경비를 지급하지 않았으나 안봉사에서 이미 만들어진 책지를 구입하였던 것이다. 이처럼 차이가 있는 까닭은 첫 번째의 경우에는 이문건이 필요로 하는 책지의 양과 제작비용이 두 번째보다는 훨씬 많았기 때문으로 생각된다. 이것은 곧 첫 번째 제작의 경우에 단기간의 제작해야 하므로 재료 확보 및 안봉사의 모든 승려들의 동원 필요성으로 인하여 소요 비용이 커지게 되어 미리 이문건에게 받지 않을 수 없었을 것으로 생각된다. 두 번째에는 미리 제작 비용을 지급받지 않더라도 종이제작에 많은 비용이 들어가지 않으므로 이문건은 제작된 종이의 완성품을 구입하고 있는 것이다.

7) 이문건의 귀양살이 기간 중에 경상감사, 성주목사를 비롯한 많은 지방관들로부터 필요한 물품을 증여 받았는데 그 속에는 册紙도 포함되어 있다.(물품 증여에 대해서는 이성임, 「16세기 李文楗家의 收入과 經濟生活」, 『國史館論叢』97, 2001 참조) 그러나 이문건이 지방관들로부터 册紙를 증여받는 일은 많지 않았으며, 안봉사에서도 册紙를 구입한 것은 위의 사례일 뿐일 정도로 당시에 册紙는 다른 종이보다는 흔히 구할 수 있는 종이는 아니었다고 생각된다.

한편 이문건은 평소에 안봉사를 후원하여 경제적으로 많은 도움을 주고 있지만, 그와 같은 관계를 이용하여 일방적으로 안봉사에서 종이를 수탈하지는 않았다. A-5에서 보듯이 炭은 비록 대가를 주지 않고 가져왔지만 종이는 금액을 지불하고 사오고 있는 것이다. 아마도 안봉사에서 炭을 제작하는데 따른 비용은 많지 않지만, 종이 제작 비용은 상당하므로 이에 대해서는 어느 정도의 금액을 지급하였던 듯하다. 따라서 안봉사의 입장에서 종이 제작은 그다지 부담이 되지 않았을 것으로 생각된다. 다만 위의 사례처럼 안봉사에서는 이전에 비록 册紙를 제작하기는 하였지만, 그러한 사례가 많지 않았음을 생각할 때 제작에 따른 어려움은 있었을 것으로 생각된다.[8]

그런데 일기의 기록을 통하여 볼 때 이와 같은 册紙 제작은 흔한 일은 아니었다. 후술하듯이 안봉사 승려들은 자신의 생계를 위하여 빈번하게 이문건에게 종이를 증여하였으나, 증여한 종이의 종류는 주로 常紙, 白紙 등 일상 생활에서 상용되는 흔한 종이였다.

그렇다면 안봉사 승려들은 이러한 종이를 어디에서 만들었을까.[9] 이와 관련하여 이문건의 일기에는 다음과 같이 언급되어 있다.

• (上略)(李文楗)又出西庭見井水 僧人造紙于此矣(명종 8년 10월 6일, 상655쪽)

안봉사를 방문한 李文楗이 안봉사 서쪽 뜰에 있는 우물에서 승려들이 종이를 제작하였다고 언급하고 있다. 아마도 당시 안봉사 경내의 우물은 종이를 제작

8) 안봉사에서 册紙를 자주 제작하였다면, 여러 종류의 발(簾)이 있어서 이문건이 요청한 크기의 종이에 적합한 발(簾)을 새로 제작하지는 않았을 것이다.
9) 닥을 채취하여 종이 원료로 만들기 위해서는 온도가 낮고 깨끗한 물이 필요하므로 보통 산간의 계곡에서 작업을 하는 경우가 많다.(구자운, 「전통한지의 원료와 제작과정 및 특징」, 『한국의 종이문화』, 국립민속박물관, 1995, p.139 참조)

할 수 있을 만큼 水量이 풍부하였던 듯 하며, 여기에 각종 종이제작 도구를 갖추어 놓고 발을 이용하여 종이뜨기를 하였다고 보여진다.

그런데 안봉사의 승려들의 종이 제작은 반드시 안봉사 안에서만 이루어졌던 것은 아니었다.

B-1. • 令道前簡 減安峯僧役紙所十名 (명종 18년 8월 5일, 하577쪽)

　2. • 安峯僧人三名自紙所來 求食而還事 (명종 6년 10월 14일, 상436쪽)

　3. • 安峯赤山等僧以造役差來 卽造簿于二衙 又有此事 請除一役云云 乃書陳此意于
　　　牧城主 則造紙不可廢也 二衙修理使花園僧爲之云云(명종 6년 10월 4일, 상433쪽)

B-1 · 2를 살펴보면 '紙所' 라는 용어가 등장한다. '紙所' 란 각 지방 관청에서 중앙 정부의 공납물이나 관청 수요에 필요한 종이를 제작하는 장소[10]였다. 따라서 성주 지역에서도 타지역과 마찬가지로 관청에서 紙所를 설치하였음을 이 문건의 일기를 통하여 확인할 수 있다. 이러한 사실은 B-1을 보게 되면 이문건이 성주 목사에게 紙所에서 일하는 안봉사 승려 10명의 역사를 줄여달라고 편지를 보낸 사실로도 짐작할 수 있다. 紙所를 운영하는 곳은 성주 관청인데, 만약 성주 관청에서 紙所를 설치하지 않았다면, 이처럼 이문건이 성주 목사에게 편지를 보낼 필요가 없었을 뿐만 아니라 '僧役' 이라는 표현도 쓰지 않았을 것이다. 또한 B-2의 기록으로도 紙所의 존재를 확인할 수 있다. 紙所에 동원된 승

10) 金德珍은 紙所를 관영지소, 민영지소, 사찰지소로 나누었다. 조선 전기 관영지소의 경우에는 監官, 色吏, 庫子, 差使 등의 官屬이 있었을 것이며 여기에서 제작한 종이는 곧바로 관청으로 귀속되었다고 한다.(「조선시대 地方官營紙所의 운영과 그 변천」, 『歷史學研究』12, 1993, pp.457~460). 한편 그에 따르면 조선 전기에는 억불책이 강했던 시기여서 사찰지소가 있기는 하였으나 사찰제지업이 미약하며, 관청의 소요 지물은 주로 관영지소에서 제조하였다고 한다(앞의 논문, p.457). 그러나 조선 전기 사찰지소에 대한 구체적인 언급은 없다는 점에서 여기에서는 성주 지역 사찰제지에 대하여 주목하고 있는 것이다.

려들이 이문건의 집에 와서 식량을 구하고 있는데 이로써 설치된 紙所가 안봉사와는 별개의 장소에 있었음을 보여주고 있다.

이처럼 관청에서 설치된 紙所에 동원되는 승려는 일정하지 않았으며, 종이의 제작량에 따라서 동원 인원이 결정되었다고 생각된다.[11] 그리고 동원된 인원은 안봉사에서만 10명 이상이 되므로 다른 사찰에서 동원된 인원을 포함한다면 '紙所'에서 작업하는 전체 인원은 많았을 것으로 추정된다. 성주관청에서는 이러한 紙所를 통하여 단기간에 많은 종이를 제작하려고 하였던 듯 하다. 또한 이때 성주 관청에서는 종이 제작에 필요한 도구와 재료를 모두 제공하였다고 보여진다.[12]

당시 성주 관청에서는 종이 제작을 매우 중요한 일로 생각하였다. 이러한 사실은 B-3을 통하여 짐작할 수 있다. 안봉사와 적산사의 승려들이 성주의 官舍 수리와 아울러 종이 제작의 두가지 일에 동원되게 되자 승려들의 부담이 커지게 되었다. 이에 승려들이 이문건을 통하여 불만을 제기하자, 성주 목사는 관사 수리보다는 종이 제작이 더욱 중요한 일이므로 안봉사와 적산사의 승려는 종이만을 제작토록 하였다. 그리고 星州의 屬縣 지역인 花園縣 승려들을 관사 수리에 동원하였던 것이다. 이처럼 종이 제작은 당시 승려들에게 힘든 일이면서 관청에서 필요할 경우 수시로 동원될 수밖에 없었다.

이처럼 종이와 관련하여 각종 부역에 시달리는 당시 승려들에게는 또다른 부담이 있었다. 아래의 기록을 살펴보자.

---

11) 조선후기에도 紙所에 승려들이 동원되었는데 이에 따른 雇價를 받았다고 한다(김덕진, 앞의 논문, p.472 참조). 그런데 성주 지역 지소에 동원되었던 승려들은 조선 후기와는 달리 雇價를 받지는 못하였으며 力役의 일종으로 동원되었던 듯하다.

12) 이러한 제작 형태는 조선 전기에 단기간에 많은 종이를 제작하기 위하여 각 지방에서 운영되었던 都會所의 운영체계와 유사하였을 것으로 생각된다.

C-1.　•送納安峯僧所收造紙十七丈于官廳(명종 7년 7월 8일, 상512쪽)

　　2.　•安峯僧釋敏將造紙納官事來到云 因空官置紙于此而去(명종 3년 12월 27일, 상
　　　　342쪽)

　　C-1을 보면 安峯寺에서는 종이 17장을 관청에 납부하고 있음을 알 수 있다.
이처럼 종이를 관청에 납부함은 특별한 일은 아니었다. C-2에서 명종 3년에도
安峯寺 승려인 釋敏이 관청에 종이를 납부하고 있는 것으로 나타나고 있기 때
문이다. 이처럼 안봉사에서는 紙所에서 종이를 제작하는 일 이외에도 일정한
양의 종이를 貢納의 형태로 관청에 바치고 있었다. 비록 납부하는 양은 많지 않
지만 공물의 납부가 쉽지 않았던 당시의 사정으로 미루어볼 때 寺刹로서는 부
담이 될 수밖에 없었다.[13)]
　　이처럼 공물의 형태로 납부하는 것 이외에도 관청에서는 당시 안봉사를 비롯
한 성주 지역의 사찰에 또 다른 방식으로 종이 제작을 시키었다.

D-1.　•普明僧持苤給白鞋來遺 又請官紙分造 白楮勿頒事 圖之云 似難也 維那所分楮
　　　　四斤 無器具不能造云 持來言之(명종 7년 7월 16일,상517쪽)

　　2.　•僧普明來見(中略)又給紙十卷送之 以前日維那處二道收十卷送之者 因維那狼
　　　　收道雲紙十卷故也 (명종 7년 1월 27일, 상468쪽)

　　3.　•道雲庵僧殘 勿分楮麻事 因普明之請 簡白二道而圖之 (명종 7년 7월 17일, 상
　　　　518쪽)

　　4.　•普明來見 官令各寺造紙 維那處勿分道雲事爲文云云 書給之(명종 9년 9월 1일,
　　　　상736쪽)

　　D-1에서 승려 普明이 종이 제작 재료인 닥나무를 분배받지 않도록 해달라고

13) 이 공물이 안봉사의 戶에 부과된 것인지는 분명하지 않다.

李文楗에게 부탁하고 있다. 그는 사찰에 종이를 제작할 수 있는 도구가 없다는 것이 그 이유이다. 그런데 D-2를 보게 되면 불과 6개월 전에 보명이 거주하는 道雲庵에서 維那가 종이 10권을 거두어 갔음을 알 수 있다. 이로써 도운암에서는 이전부터 종이를 제작하였음을 확인할 수 있으며 도운암에 종이 제작 도구가 없다는 것은 결국 역사를 피하기 위한 핑계임을 알 수 있다. 이러한 사실은 보명의 부탁을 받은 다음날에 이문건이 판관에게 보낸 편지에서 도운암의 종이 제작 면제 요청의 이유로 거주하는 승려가 없기 때문임을 언급한 점으로 보아서도 알 수 있다.[14]

그런데 여기에서 나온 사례는 위의 사례들과는 제작방식이 다르다. 관청에서 분배하는 닥나무를 지급 받아서 이를 재료로 종이를 제작하는 것이었다.[15] 이것은 D-4의 기록에서도 확인되는데, 이러한 방식의 중추적 역할을 維那가 하였다.[16]

維那는 관청에서 임명하는데 위의 사례에서 보듯이 종이재료를 배분하여 완성품을 수납하는 일 이외에도 불법승의 색출, 승려들의 역사 동원 등 관청을 대신하여 사찰을 통제하는 역할을 하였다.[17] 그런데 일부 維那의 경우 관청의 권위에 힘입어 폐단을 일으키는 경우도 있었다. 앞에서 언급하였듯이 維那가 각 절에서 종이를 수납하는 과정에서 維那 마음대로 규정 이상의 종이를 걷어서 이에 따른 반발로 인하여 교체되는 사례도 있었던 것이다.[18]

관청에서 승려들에게 부과하는 종이 제작의 부담이 과중하여 승려들 가운데 이에 대한 반발이 있기도 하였다. 그러한 반발로 인하여 종이 제작의 부담이 덜

14) 이러한 상황은 1년 전에 유나승이 언급한 다음과 같은 자료를 통해서도 짐작할 수 있다.
• 용기사의 중 유나가 와서 말하기를, 도운암에 승려가 많아서 완전히 (닥나무 분배를)면제해 줄 수 없으니 보명사에 속한 승려들을 바꾸지 말기를 청합니다 라고 하였다. 내가 (이문건-필자 주) 자공을 시켜서 (관청에) 가서 도운암의 승려들 부리지 말하고 말하였기 때문에 이렇게 된 것이다.(명종 6년 3월 14일, 상 371쪽)

한 지역으로 승려들이 소속을 옮기기도 하였다.

15) 이처럼 성주 관청에서 재료를 공급하여 완성품을 받는 품목은 종이 이외에도 또 있었다. 각 사찰에 콩을 지급하여 된장을 만들어서 납부하도록 하고 있는 것이 그것이다. 아래의 기록들은 그러한 사례 가운데 하나이다.
  - 오늘 (성주관청에서) 절에 된장을 만들 콩을 나누어 주었다. 안봉사의 중이 와서 오십 말을 받아서 이곳(이문건의 집-필자주)에 옮겨 두었는데 여덟 말이 모자란다고 한다. 중 신묵이 와서 된장을 만들 콩을 줄여달라고 부탁하였는데 (그 부탁을) 따르지 않았다. (명종 6년 1월 24일, 상353쪽)
  - 산승 보명이 아침에 와서 식사를 하였다. 성주 관청에서 된장용 콩을 나누어주었는데, (이문건이) 판관에게 도운암에 분배하지 않도록 청하니 성주관청에서 유나에게 (분배하지 않도록) 지시하였다. 유나가 마음대로 (콩) 한 섬을 나누어주었다고 하며 이곳에 옮겨온 콩을 도운암에 나누어주지 않고 다른 절로 분배하겠다고 하였다.(명종 7년 1월 29일, 상 468쪽)
  安峯寺의 경우에 성주 관청으로부터 콩 50말(斗)을 받았는데 실제로는 8말이 부족하였다. 이처럼 성주관청에서는 규정량보다 적게 줌으로써 이익을 얻고 있는데, 이러한 일은 당시 환곡 등을 나누어줄 때에도 발생하고 있는 흔한 관행이었다. 또한 두 번째 자료에서 보듯이 전체 제작 물량이 정해져 있어서 한 곳에 배분되지 않으면 다른 곳에서 만들어야만 하였다. 이러한 방식은 닥나무를 분배하여 종이를 제작하는 경우에도 마찬가지였다.
16) 이러한 사실은 조선 초기에 사찰에서의 종이 생산은 자체 수요를 충족하기 위하여 제작되었으며 공물로서 국가에 납부된 일은 별반 없었다고 하는 기존 주장과는 다른 점을 보여주고 있다.(李光麟,「李朝初期의 製紙業」『歷史學報』10, 1958, p.201 참조) 이처럼 사찰에서 제지업이 발달할 수 있었던 까닭은 자연적 여건 때문이라고 한다. 그러한 여건으로 사찰에서는 닥나무와 맑고 풍부한 물을 쉽게 얻을 수 있으며, 楮皮의 섬유질을 분리하기 위한 평탄한 돌과 필요한 땔나무를 구하기 쉽다는 점을 들고 있다.(河宗睦,「朝鮮後期의 寺刹製紙業과 그 生産品의 流通過程」,『歷史敎育論集』10, 1987, pp.48~49 참조) 그러나 위와 같은 자연적 조건 이외에도 사찰의 경우 종이 제작에 필요한 노동력을 쉽게 확보할 수 있었다는 점도 중요하다고 생각된다. 종이 제작을 위해서는 많은 노동력이 필요하다는 점을 고려한다면 사찰의 승려들은 중요한 노동력이 될 수 있다.
17)『世祖實錄』권 25, 세조 7년 8월 12일 및『성종실록』권 272, 성종 23년 12월 7일 참조. 유나가 사찰의 승려들을 각종 역사에 동원하였음은『묵재일기』명종 16년 9월 20일, 하467쪽 등 참조.
18) ・(上略) 보명이 오후에 다시 와서 말하기를 유나승이 폐단을 많이 일으키니 유향소에서 교체를 의논해야 한다고 하니, (이문건이) 여안을 시켜서 송별감에게 알리니 마땅히 교체해야 한다고 하였다. (下略)(명종 7년 1월 7일, 상461쪽),
  ・목사가 유나를 교체하겠다고 말하였다. (명종 7년 1월 8일, 상461쪽)

• 僧信默來遺冬瓜茸等物 飯送之 移住陜川云 星州造紙熟麻等事不支故云云(명종 7년
  8월 10일, 상523쪽)

위의 기록을 보면, 승려 신묵이 합천으로 소속을 옮기려는 이유가 언급되어
있다. 성주 관청에서 부과하는 종이 제작과 麻를 익히는 것이 힘들기 때문이다.
원래 신묵은 가야산 절에 거주하였던 승려였는데, 아마도 이전에 있었던 사찰
에서는 성주 지역보다 부담이 적었던 듯하다.[19]

이와 같은 신묵의 사례로 볼 때 성주지역에서 사찰에 부과되는 종이 제작이
성주 밖의 다른 지역에서도 동일하게 이루어지지 않고 있음을 알 수 있다. 따라
서 관청의 지시에 의한 사찰의 종이 제작은 지방관의 자의에 따라 달라질 수 있
었다. 결국 이러한 상황은 승려들이 부담이 적은 사찰로의 이동하는 계기가 되
고 이것이 후대에는 사찰의 성쇠와 관련이 될 수도 있었다고 보여진다.[20]

그렇다면 성주 관청에서는 維那를 통하여 분배되는 닥나무를 어떻게 확보하
였을까. 아래의 기록은 이와 관련된 하나의 예이다.

• 金世紹戶白楮榛子權禮孫戶田淸奴劫成戶白楮等量減事 囑二道圖之(명종 7년 7월

19) 『默齋日記』 명종 7년 2월 11일, 상472쪽 참조. 이후로는 일기에 신묵에 관한 기록이 나오지
   않는 것으로 보아서 실제로 합천으로 옮겼다고 보여진다. 일기에 따르면 이문건이 해인사
   에 몇 번 왕래하여 교류가 있었는데, 당시 해인사에서 종이 제작과 관련된 활동은 보이지
   않는다. 이것은 이문건의 개인 일기라는 기록의 한계로 인한 것이기는 하지만, 실제로 해
   인사에서 종이를 제작하지 않았을 수도 있다. 해인사에서 이문건에게 보내온 물품에도 종
   이는 포함되어 있지 않았을 뿐만 아니라, 앞에서 살펴보았듯이 명종 6년에 이문건이 안봉
   사를 비롯하여 여러 지방관에게 종이를 요청할 때에도 해인사에서는 종이를 구입하지 않
   았다. 만약 해인사에서 대량으로 종이를 제작하였다면, 아마도 이문건이 이곳에서 종이를
   구입하였을 것으로 짐작된다.
20) 이러한 상황으로 인하여 각 사찰에서는 후원해 줄 수 있는 유력자를 얻고자 하였는데, 안
   봉사의 경우에는 이문건의 후원으로 비록 모든 부담에서 제외될 수는 없었지만 많은 혜택
   을 얻었다.

27일, 상520쪽)

성주관청에서는 貢物로 닥나무를 비롯한 물품을 각 戶 단위로 수납하였
다.21) 이렇게 수납한 닥나무를 각 사찰에 분배함으로써 관청에서 필요한 종이
를 얻을 수 있었다.22) 따라서 닥나무를 공물로 납부해야 하는 일반민들에게는
닥나무의 확보는 중요하였으므로 당시 닥나무의 거래는 자연스러운 일이었다.
아래의 기록은 이와 관련된 기록들이다.

E-1. • (上略)又以木四匹買輪家皮楮(명종 9년 2월 14일, 상689쪽)
  2. • 所買皮楮付僧等 使去皮作白焉(명종 9년 2월 15일, 상689쪽)
  3. • 性輪送楮皮去粗者四十六斤及柴一同等物 且示金山倅不荅不給空還云云
       (명종 9년 2월 22일, 상691쪽)
  4. • 聞士弼冒耕白楮沓二斗庫 可憎(명종 1년 4월 4일, 상216쪽)

E-1은 이문건이 자신이 필요로 하는 종이 제작으로 닥나무를 개인 집에서 구
입하고 있음을 보여주고 있다. 무명 4필을 주고 구입한 닥나무를 E-2에서 보듯
이 그 다음날 안봉사의 승려들로 하여금 겉껍질을 벗겨내서23) 확보한 닥의 양
은 46斤이었다.24) 이로써 이문건은 무명 1필당 약 11근의 닥을 구입한 셈인데,
이를 통하여 당시 닥나무는 高價品이었음을 알 수 있다.25) 그러므로 이러한 재

---

21) 성주지역은 일찍부터 닥나무의 산지로 알려져 있었다(『世宗實錄』권 150, 지리지, 성주목),
   따라서 성주 관청에서는 백성들에게 닥나무를 공물로 수납받았으며, 이것은 바로 종이의
   제작으로 이어졌다고 보여진다.
22) 일기에 따르면 각 호에 부과되는 공물의 종류는 약간씩 달랐다고 보여진다. 위의 자료에서
   도 같은 戶임에도 불구하고 戶에 따라서 공물의 종류가 달랐음을 알 수 있다.
23) 닥나무의 겉껍질을 벗기기 위해서는 닥을 쪄야 하는데, 작업 시간은 보통 하루 종일 소요
   된다고 한다.(구자운, 『한국의 종이문화』, 국립민속박물관, p.139)

료의 고가성으로 인하여 당시 종이의 가격은 높았을 것이며, 이로 인하여 상류
층을 제외한 사람들은 종이 구입이 어려웠다고 생각된다.

Ⅲ. 寺刹 製紙品의 流通과 그 性格

이처럼 귀한 종이는 당시 생활에서 필수품이었다. 특히 문자를 습득한 계층
에서는 더욱 그러하였는데, 이문건도 예외는 아니었다. 가령 일기에 매우 자주
등장하는 물품의 수증 때마다 대부분 답례 편지를 보냈던 당시의 관행으로 볼
때도 종이의 수요는 매우 많았다고 할 수 있다.

따라서 종이는 화폐와 다름없는 상품성을 갖고 있었다. 아래의 기록을 참고
해 보자.

F-1. • 景晦奴金伊辭還(中略)又用笠帽七常帽十一眞梳百卅白紙七束常紙卅束付之 使
　　　貿口粮景晦處 答以襦直領可助事(後略)(명종 10년 4월 19일, 하7쪽)

24) 이문건은 사료 E-2에서처럼 白楮를 만들도록 안봉사의 승려에게 부탁하였다. 그런데 사료
E-3에서처럼 안봉사의 승려 성륜이 갖고 온 것은 일명 黑皮, 粗皮라고 하는 것이다. 그리고
이 흑피를 물에 10시간 동안 불려서 푸른 중간 껍질까지 칼로 모두 벗겨낸 것을 백피라고
한다. 따라서 E-1와 2의 사료로 볼 때 안봉사의 승려 성륜이 이문건이 구입한 닥과는 별개
로 닥을 갖고 올 가능성도 없지는 않다. 왜냐하면 이문건은 구입한 닥나무에 대한 작업을
안봉사에 시키면서 껍질을 벗겨서 하얗게 만들라고 지시하고 있기 때문이다. 그러나 일기
에 의하면 안봉사에서는 많은 물품을 이문건에게 증여하였지만 닥을 증여한 경우는 위의
사례를 제외하고는 거의 없다. 오히려 안봉사에서는 이문건에게 닥을 얻어갈 정도였다. 따
라서 안봉사에서는 이문건이 준 이외에 별도로 닥을 얻어서 이문건에게 주었다고는 생각
하지 않는다.
25) 당시 5升布 한필의 가격은 평균 白米 5斗였다.(李成妊,「朝鮮中期 柳希春家의 物品購買와
그 性格」,『韓國學硏究』9, 1983, p.95) 이로써 볼 때 당시 닥의 가격은 매우 高價였음을 알
수 있다.

2. ・給白紙一卷 令尙孫買蔽陽子以着 (명종 7년 8월 23일, 상527쪽)

3. ・性輪來言 還上太欲以白紙代備云云(下略)(명종 8년 11월 3일, 상662쪽)

4. ・冶匠權同早到 冶匠粧飾染鑞 元質不精不好也 夕畢辭歸 給紙二卷酬勞(명종 7
   년 8월 21일, 상526쪽)

F-1을 보면 이문건이 경흥에서 온 奴 金伊로 하여금 많은 양의 모자, 빗, 종이 등을 팔아서 그 주인에게 경제적 도움을 주고자 하였다. 이문건이 종이를 비롯한 물품을 준 까닭은 이들 물품이 가벼우므로 장거리에 운반하기가 쉬우면서도 어디서나 쉽게 팔릴 수 있는 물품이었기 때문이었다.

이와 같은 종이의 화폐적인 성격은 F-2에서도 나타나는데, 이문건이 모자를 구입하고 그 값으로 白紙를 지불하고 있는 것에서도 알 수 있다. F-3·4에서도 이와 마찬가지로 환곡으로 받은 콩을 안봉사의 승려 성륜이 종이로 대신 납부한다든지 이문건의 집에서 일한 冶匠에게 보수로 종이를 지급하는 사례가 보이고 있다. 이처럼 종이는 당시 사회에서 화폐처럼 사용되었던 布와 마찬가지로 사용될 만큼 적절한 물품이었으며 그만큼 수요가 많았다고 할 수 있다.

그러면 당시 사찰의 종이제작은 사찰의 경제적인 운영과 어떠한 연관이 있을까 궁금해진다. 이문건의 일기에 자주 등장하는 안봉사를 중심으로 살펴보고자 한다.

G-1. ・安峯僧性田智暹性輪等來見 智一送末醬卄斗來 智暹遺白紙二卷 性田遺常紙十
   卷 飯送之(下略)(명종 7년 3월 25일, 상486쪽)

2. ・熙尙遺紙二卷 給水荏 惠鑑納常紙十二卷 給米(下略)(명종 6년 4월 19일, 상384
   쪽)

3. ・僧雪贊來遺白紙一卷常紙五卷 常紙五卷還給 只留白一卷 無以報債故也(명종
   7년 4월 20일, 상493쪽)

4. ・安峯智一來納常紙六十卷 前日公叔所索于牧伯前 遺租五斛 改量五十斗 輪送
   安峯 三寶與雪贊分用 而乃以此紙納償焉(명종 6년 4월 14일, 상382쪽)

G-1을 살펴보면, 안봉사의 승려 3명이 이문건에게 물건을 보냈는데, 각 승려마다 별도로 바치고 있음을 알 수 있다. 특히 지섬과 성전의 경우 개인별로 종이를 이문건에게 주고 있음이 주목된다. 이러한 현상은 G-2에서도 나타나는데 희상은 종이 2권을 이문건에 바치고, 혜감의 경우 종이 12권을 바치고 있다. 이에 대해 이문건은 이들에게 각각 쌀을 주었다.

이처럼 안봉사에는 같은 절에 소속된 승려라도 각각 개별적으로 종이를 이문건에게 증여하고 있다.[26] 성주 관청에서 안봉사 전체에 부과되는 종이 제작과는 별도로 각 승려마다 독자적으로 종이를 제작하였는지 분명하지는 않지만, 승려의 필요성에 의하여 종이가 제작될 경우 그 결과물은 각자에게 분배되었던 것이다.

이것은 안봉사 승려들의 製紙活動의 일부분이 안봉사의 경제적 운영과는 관련이 없음을 뜻하는 것이다. 안봉사 승려들의 경우 그들의 각자의 생계 수단의 일환으로 종이를 제작하였음을 알 수 있다. 이것은 당시 승려들의 개인 재산을 갖고 있었던 것과 관련이 있다. 조선 후기에 사찰 운영을 위하여 승려들의 개인 재산으로 契를 조직하여 운영[27]하였음을 생각할 때 이 시기에도 승려가 개인 재산을 가질 수 있었으며, 이것이 승려 개인의 생계유지에 도움이 되었던 것이다. 이와 같은 당시의 관행으로 인하여 이문건은 비록 자신이 후원하고 있는 안봉사라고 할 지라도 절 전체가 아닌 승려가 개별적으로 제공하는 물품에는 반드시 그에 대한 보상을 하였다. G-3에서 중 설찬이 준 종이에 대하여 이문건이 보답할 것이 없어서 일부 종이만 받고 나머지 종이를 설찬에게 돌려주고 있는

---

26) 다음의 일기 내용도 이러한 상황을 이해하는데 참고가 된다.
 • 안봉사 승려들이 常紙 20권을 내어, 희상이 (이문건에게) 가지고 와서 주었다.(명종 10년 6월 20일, 하26쪽)
 이처럼 안봉사 내에서 제작된 종이를 각 승려들로부터 모아서 희상이 갖고 왔다는 내용으로 볼 때 각 승려마다 제작한 종이가 있었음을 알 수 있다.
27) 李載昌, 『韓國佛敎寺院經濟硏究』, 불교시대사, 1993년, p.232 참조.

것도 이와 같은 이유에서였다. 이것은 당시 안봉사의 운영이 통상적인 사찰의 운영과는 다른 모습을 보여주고 있다는 점에서 흥미롭다.

안봉사 승려들은 생계 유지를 위하여 이문건 이외에도 다른 사람들의 요청으로 종이를 제작하였다고 보여진다.[28] G-4의 기록이 그것으로 이문건의 기록에는 자주 나타나지 않지만, 승려들은 이문건 이외에도 종이 등의 물품을 개별적으로 납부함으로써 생계유지에 도움을 받았을 것으로 생각된다.

그렇다면 안봉사에서는 종이를 제작하여 이문건을 비롯한 사람들에게 개별적으로 납부하는 것 이외에 場市에 판매하였는지의 여부를 생각해 보고자 한다. 이미 앞에서도 언급하였듯이 당시 종이는 어디에서도 다른 물품과 교환하기 쉬운 물품이었다. 이와 관련하여 일기에 나타난 승려들의 장시 활동을 살펴보자.

H-1. •安峯僧人到場市來報 有人拒奪匊生眞荏爲悶云(명종 16년 4월 1일, 하412쪽)

2. •信守持寺牛一頭來示之 欲賣于場云 牽去受木十五匹來示之 飯送之(명종 16년 5월 1일, 하422쪽)

3. •安峯僧人來寄宿 貿薑往來云云 饋酒(명종 1년 9월 1일, 상254쪽)

H-1의 기록을 살펴보면 안봉사의 승려가 星州에 설치되었던 場市[29]에 출입하여 누룩과 깨를 판매하려다가 빼앗기고 있다. H-2는 안봉사에서 기른 소를 장시에서 팔아 무명 15필을 얻고 있음을 알려주고 있다. H-3에서는 場市에서 생강을 무역하고 있는데, 이처럼 안봉사의 승려들은 장시에 출입을 하여 물품

---

28) 이문건의 일기에는 자신의 祭儀를 지내기 위한 것 이외에 안봉사에 식량을 제공한 사례가 많지 않다. 따라서 안봉사의 승려들은 종이, 부채, 소쿠리, 채소, 땔나무 등 각종 물품을 만들어야만 그들의 생계를 유지할 수 있었다.

29) 星州의 場市에 대해서는 김인규, 『16世紀 慶北 星州 地域의 匠人 硏究』, 서강대학교 박사학위 논문, 2002, pp.68~72 참조.

을 거래하였으며 여기에서 일정한 이익을 얻었다고 보여진다.

그러나 종이 등을 포함한 부채, 신발 등 승려들이 흔히 제작하였던 물품을 대량으로 場市에서 판매하지는 못하였던 듯하다. 종이 등의 물품 판매가 이루어졌다면 C-2의 경우처럼 아마도 이문건의 일기에 언급이 되었을 것으로 생각된다.[30] 안봉사 승려들의 경우에 이문건이 필요로 하는 만큼의 종이를 증여하고 있기 때문에 구태어 이문건에게 숨길 이유가 없었기 때문이다.

이처럼 場市에서 판매가 이루어지지 못한 까닭은 안봉사에서 종이를 대량으로 제작할 수 없었기 때문이었을 것이다. 당시 안봉사의 승려들로서는 성주 관청에서 종이 등을 포함하여 각종 역사에 동원되는 등 부담이 컸으므로 대량의 종이 제작이 어려웠을 것으로 생각된다.[31] 또한 만약 많은 종이를 場市에 판매할 경우 場市 관리자인 場干이 관청에 보고하게 되어 후에 관청으로부터 더욱 많은 양의 종이제작을 부과받을 수도 있었기 때문에 종이의 장시 판매가 이루어지지 않았을 것이다. 그 뿐만 아니라 당시 성주 지역의 승려들은 다른 지역으로 갈 경우 관청의 허가가 있어야 했으므로 다른 지역의 場市등을 통한 판매활동도 어려웠다고 보여진다.[32] 이와 같은 점에서 당시 성주지역 사찰의 종이 생

30) 물론 이문건의 일기에 종이 판매와 관련하여 언급되지 않은 원인은 당시 종이가 공납물로서 관청 등에 수탈될 우려가 있으므로 이문건에게도 이의 판매를 언급하지 않았을 가능성도 있다. 그러나 당시 場市에서는 판매되는 물품에 대한 場稅 부과로 인하여 성주 관청에서는 場干을 두어 판매물품에 대한 감독을 하였으므로, 만약 안봉사 등 사찰에서 종이를 장시에 판매하였다면 성주 관청에서 이러한 사실을 알았을 것으로 생각된다. 그럴 경우 성주 관청에서는 이와 같은 사찰에 종이제작량을 더욱 부과할 것이므로 각 사찰에서는 종이를 대량으로 제작하여 장시에서 판매하지 못하였을 것으로 생각된다. 더욱이 당시 장시에서 거래되었던 물품이 공예품이 있기는 하지만 주로 농산품이 많았던 점으로 미루어볼 때 사찰에서 제작한 종이의 장시 판매는 거의 이루어지지 않았을 것으로 추측된다.(당시 장시의 물품판매에 대해서는 김인규, 앞의 논문, p.71 참조)
31) 그렇다고 하여 당시 장시에서는 종이가 거래되지 않은 것은 아니다. 이문건이 자신의 종인 金伊에게 場市에서 거래할 자금으로 빗과 아울러 종이를 주었기 때문이다.(명종 11년 7월 19일, 하136쪽)

산은 관청의 일방적인 요청에 의하여 力役의 성격을 갖고 있으며, 이를 통하여 사찰 또는 승려들이 종이 제작을 통하여 富를 축적할 수 있는 상품적인 성격을 갖지는 못하였다고 할 수 있다.

IV. 맺음말

지금까지 경상북도 성주지역을 중심으로 사찰의 제지 활동을 살펴보았다. 여기에서는 이러한 고찰 내용을 요약함으로써 맺음말을 대신하고자 한다. 먼저 성주 지역의 승려들의 경우에 지방 관청, 인근의 사찰 관련자들의 요청으로 종이를 만들었음을 확인할 수 있었다. 이러한 사실은 지금까지 조선 전기에는 주로 사찰의 자체에서 사용하기 위하여 종이를 제작하였을 것이라는 추측과는 다른 양상이다.

성주 지역 사찰 승려들에게 종이 제작은 큰 부담으로 작용하였는데, 특히 관청에서는 여러 방법으로 승려들에게 종이를 납부받았다. 그 가운데 관청을 대신하여 사찰에 대한 관리 감독을 하는 승려인 '維那'를 통하여 종이 재료를 각 사찰에 나누어주고, 그 양만큼 완성된 종이를 납부토록 하는 방식이 가장 큰 부

32) 당시 안봉사 등 성주 관내의 사찰의 승려들은 다른 지역으로 이동할 경우 성주 관청의 승인이 필요하였다. 가령 안봉사의 승려가 다른 지역에서 소금을 사려고 하였으나, 성주 관청의 승인이 없어서 가지 못하였음은 당시 이러한 사정을 잘 반영하고 있다. 이와 비슷한 예로 부석사의 미투리 생산을 들 수 있다. 명종 6년 吳希文의 일기인 『鎖尾錄』에 의하면 선조 33년(1600)에 浮石寺의 미투리 생산은 대량의 주문을 받아서 부석사에서 판매하였다고 한다.(金甲周, 『朝鮮時代 寺院經濟研究』, pp.116~123 참조). 그런데 이들 부석사의 승려들도 미투리 판매는 그들이 직접 구매자에게 판매한 것이 아니며 부석사를 방문한 상인들에게 판매하였던 것이다. 오희문에 의하면 미투리를 판매하여 2배의 이익을 얻었을 정도로 이윤이 보장된 것이었다. 그럼에도 불구하고 부석사의 승려들이 직접 상업활동을 하지 않은 원인은 아마도 승려들의 이동에 대한 사회적 제약 때문이라고 생각된다.

담이 되었다. 이밖에도 관청에서는 紙所로 추정되는 곳에 승려들을 모아 일정 기간 동안 종이를 만드는 방식도 있었는데, 이것은 아마도 조선 초기에 단기간 동안 종이를 대량으로 제작하기 위하여 설치되었던 都會所와 비슷하였을 것으로 추정하였다.

따라서 이러한 부담을 피하기 위하여 이문건 같은 영향력 있는 인물을 통하여 제작해야할 종이 원료를 받지 않도록 관청에 요청하거나, 종이 제작의 부담을 주지 않는 다른 절로 옮기는 승려도 있었다. 조선 후기에 사찰에 대한 종이 제작의 부담이 사찰의 흥망을 좌우할 수 있는 단초적인 모습을 이미 이 시기에도 보여주고 있는 것이다.

그런데 승려들은 조선 후기와는 달리 전문적으로 종이를 제작하지는 않았다. 종이를 제작할 수 있는 기술을 가진 승려가 종이 이외에도 신발, 부채 등 다양한 물품을 만들었기 때문이다. 또한 이들 공예품을 대량으로 제작하여 시장에 판매하지 않았다. 다만 제작된 종이를 특정인에게 증여하여 생계를 위한 식량 등을 얻었을 뿐이다. 이러한 사실은 사찰 운영의 경제적 토대를 마련하기 위하여 종이를 생산하였던 조선 후기의 모습과는 다른 점이라고 할 수 있다.

이미 널리 알려져 있듯이 16세기 명종 초기에는 문정왕후의 불교진흥책으로 사찰이 중흥기를 맞이하고 있었다. 그럼에도 불구하고 성주 관청에서는 성주 지역 사찰들에게 종이 제작을 강요하였던 것이다. 이러한 예로 볼때 당시 중앙의 일부 세력이 추진한 불교진흥책이 지방에까지 깊이 확산되지 못하였음을 알 수 있다.

지금처럼 종이가 대량으로 생산되어 누구나 손쉽게 얻을 수 있기 전까지 당시 지배층에게는 종이가 지식의 전달뿐만 아니라 각종 생활에서 없어서는 안될 필수품이었다. 그러므로 종이의 주요 수요자였던 지배층은 조선 후기와 마찬가지로 16세기에도 종이의 제작능력이 있었던 사찰에서 종이를 제작토록 하였는데, 이것은 결국 사찰 승려들에게 큰 부담으로 작용하였으며 그 부담으로 인하여 사찰에서는 대량의 종이 판매로까지 이어지지 못하게 되었다.

到付扵京所自京所成給憑據

入是白齊

一毋論某郡自吏民中如有成

慈鬧作變者是自該邑鄉所

束之致也作魁者與該鄉約長

京所卽告內部一體法勘是白齊

一浮悖之類稱托京司訓令出

한국 문화와 주변 문화 – 그 만남에 대한 역사적 추리

3부

고등학교 국사 교과서상
후백제사 서술의 문제점

이도학(한국전통문화학교 문화유적학과 교수)

I. 머리말

제7차 교육과정 개편의 일환으로 출간된 현행 고등학교 국사 교과서(공식 명칭은 '고등학교 국사')는 국정이다. 국정인 만큼, 국가의 교육 지도 이념은 물론이고 현재까지의 연구 성과 등이 반영되어 있게 마련이다. 필자는 이와 관련해 「중·고등학교 국사 교과서 서술의 문제점과 백제사 인식」이라는 題下의 글을 발표한 바 있다.[1] 그런데 본고에서는 기존 국사 교과서에서 가장 소홀히 다루어 왔던 후삼국시대 가운데 후백제사에 대한 문제점을 摘出해 보고자 하였다.

본고에서 검토하고자 하는 후삼국시대는 시간상으로는 半世紀도 안되는 짧은 기간이었다. 그렇지만 후삼국시대는 교과서에서 설정한 고대사회를 청산하고 중세사회로 넘어가는 과도기적인 시대요, 새로운 시대를 예비하고 잉태했던

---

1) 李道學, 「중·고등학교 국사 교과서 서술의 문제점과 백제사 인식」 『살아 있는 백제 역사를 찾아서』 전국역사교사모임, 2002. 8.

중요한 기간이기도 했다. 그럼에도 고등학교 국사 교과서에서는 정치사 위주의 서술에서 벗어나지 못했을 뿐 아니라 후삼국시대의 문화 양상과 그것의 특징에 대한 접근은 전혀 보이지 않는 일종의 사각지대로 남아 있다. 본고에서는 고등학교 국사 교과서(이후 '교과서'로 略稱한다)에 보이는 후백제사 서술이 얼마나 균형되고 고증에 충실했는가를 검토함으로써 차제에『교과서』서술의 한 지표로 삼게 되기를 바라고자 한다. 이와 더불어 부교재격인 고등학교 역사부도 1種에 대한 검토를 시도하였다.

II.『교과서』의 내용 검토

『교과서』본문에 수록되어 있는 후백제 관련 내용은 다음과 같다.

(1) 10세기로 들어오면서 지방에서 성장하던 견훤과 궁예는 신라 말의 혼란을 이용하여 독자적인 정권을 수립하였다. (2) 이에 따라 신라는 그 지배권이 경주 일대로 축소되어 다시 삼국이 정립하는 후삼국시대가 전개되었다.

견훤은 전라도 지방의 군사력과 호족 세력을 토대로 완산주(전주)에 도읍을 정하고 후백제를 세웠다(900). 후백제는 차령산맥 이남의 충청도와 전라도 지역을 차지하여, 그 지역의 우세한 경제력을 토대로 군사적 우위를 확보할 수 있었다. 또한 중국과 외교 관계를 맺는 등 국제적 감각도 갖추었다.

그러나 (3) 견훤은 신라에 적대적이었고, (4) 농민에게 지나치게 조세를 수취하였으며, (5) 호족을 포섭하는 데 실패하는 등 한계를 갖고 있었다.[2]

---

2) 교육인적자원부,『고등학교 국사』2002, p.66.

그 밖에 『교과서』 여백에는 진훤에 대한 설명과 〈읽기자료〉에서 『삼국사기』 진훤전의 일부를 인용하여 소개하였다. 그리고 『교과서』에는 왕건과 고려를 서술할 때 그 대상으로서 후백제가 언급되어 있다. 그러나 이것은 어디까지나 고려를 설명하기 위한 부차적 서술에 불과하기 때문에 별도로 인용·검토하지 않았다. 앞에서 인용한 위와 같이 『교과서』 본문에 수록된 내용은 분량면으로는 9줄에 불과한 것이다. 그러면 이제는 『교과서』 본문의 문제점을 다음과 같이 검토해 본다.

1. "10세기로 들어오면서 지방에서 성장하던 견훤과 궁예는 신라 말의 혼란을 이용하
    여 독자적인 정권을 수립하였다."
  진훤이 독자적인 정권을 수립한 시기를 10세기로 설정한 것은 전주 천도(900)를 염두에 둔 서술이다. 진훤 정권은 전주 이전에 이미 무진주에 도읍하고 있었다. 그러므로 그 독자적인 정권의 수립 시점을 10세기로 서술한 것은 온당하지 않다. 그것은 다음의 기사를 통해 확인된다.

A. 唐나라 昭宗 景福 元年은 新羅 眞聖王 在位 6년인데, 사랑하는 남자들을 곁에 두어
    국권을 마음대로 농락하였으므로 綱紀이 문란하여진데다가 饑饉까지 더 하여서
    百姓들이 떠 돌아다녔고 群盜가 蜂起하였다. 이에 진훤은 몰래 딴 마음을 먹고 많
    은 사람들을 불러 모아 가지고 서울의 西南 州縣을 쳤는데, 이르는 곳마다 호응하
    여 달포 사이에 무리가 5천 인에 이르렀다. 드디어 武珍州를 습격한 후 스스로 왕
    을 칭했으나 아직도 감히 공공연히 왕이라고 일컫지 않고 스스로를 新羅 西面都統
    指揮兵馬制置持節都督 全武公等 州軍事 行全州刺史兼 御史中丞 上柱國 漢南郡
    開國公 食邑二千戶로 삼았을 뿐이다(『삼국사기』 권 50, 진훤전).
B. 壬子에 처음으로 光州에 도읍했다(壬子 始都光州)(『삼국유사』 권 1, 王曆篇)

  A와 B는 진성여왕 6년인 892년에 진훤이 擧兵하여 왕 행세를 하였음을 알려준다. 그러나 지금까지의 연구 성과에 따르면 진훤은 889년(진성여왕 3)에 휘하의 병력을 이끌고 서울 서남쪽의 州縣[京西南州縣]을 공략하였다. 그의 대열은

한 달 사이에 5,000명에 이르는 무리로 불어 났다. 이를 기반으로 진훤은 A에 보이듯이 892년에는 지금의 광주 광역시인 武珍州에 都邑하고는 스스로 '왕'이 되었다. 그러나 공공연하게 왕이라 일컫지는 못하고 자칭 '新羅西面都統指揮兵馬制置持節都督全武公等州軍事行全州刺史兼御史中丞上柱國漢南郡開國公食邑二千戶'라고 하였다. 이 호칭은 신라 조정이 진훤의 현실적인 세력을 인정하고서 부여했을 가능성도 있다. 그러나 그의 벼슬 이름에 보이는 전주·무주·공주(웅주)를 이때 진훤이 석권하지는 않았으므로 자칭이라는 해석이 맞다. 요컨대 진훤 정권은 교과서에서처럼 10세기가 아니라 '王(A)'과 '都(B)'에 대한 개념이 등장하는 9세기 말인 892년에는 이미 수립되었던 것으로 수정해야 마땅하다.

궁예의 경우도 894년(진성여왕 8)에 장군으로 추대되어 양길로부터 독립한 후에 강원도 일원과 浿西 지역 호족들을 흡수하였다. 그 직후에 관한 상황을『삼국사기』는 "선종은 스스로 그 무리가 많고 세력이 커지자 나라를 세우고 임금이라 할 만하다고 여겨(可以開國稱君) 비로소 內外官職을 설치했다. 우리 太祖가 송악군으로부터 來投하여 마침내 철원군 태수를 제수 받았다"라고 서술하였다. 여기서 內外官職 설치와 지방관에 대한 임명 기사는 蛇足이 필요 없이 궁예가 독자적인 정권을 수립했음을 뜻한다. 따라서 10세기에 접어들어서야 진훤과 궁예가 독자적인 정권을 수립했다는『교과서』서술은 잘못임이 드러났다.

2. "이에 따라 신라는 그 지배권이 경주 일대로 축소되어 다시 삼국이 정립하는 후삼국시대가 전개되었다."

진훤과 궁예가 독자적인 정권을 수립함에 따라 신라는 그 母胎였던 경주 분지의 斯盧國 범위로 영토가 축소되었다는 것이다. 이러한 교과서 서술처럼 신라의 지배권인 영토가 경주 일대로 축소되었다고 하자. 그러면 '다시 삼국이 정립하는 후삼국시대'라는 서술은 적합하지 않다. 더구나 '鼎立'이라는 개념과는 전혀 부합되지도 않는다. 이 경우는 차라리 "삼국이 부활하는 후삼국시대가 전개되었다"라는 서술이 온당할 것이다.

3. "견훤은 신라에 적대적이었고"

신라에 적대적인 세력은 기실 궁예였다. 궁예가 신라를 '滅都'라 하였고, 그 곳으로부터 항복해 온 자들을 가차없이 죽였던[3]데서 알 수 있듯이 對新羅政策은 敵對的이었다. 반면 진훤의 경우는 對外的인 官爵에서 신라의 신하임을 내세웠듯이[4] 신라의 존재를 인정하는 입장이었다. 이 후 왕건 정권의 등장과 더불어 三國分割 鼎立構圖 속에서 후삼국은 공존하였다.[5] 그러나 그 틈새를 노린 진훤의 加耶故地 진출과 그로 인한 후백제의 군사적 위협을 직접 느끼게 된 신라 경애왕은 친고려 정책을 택했다. 이로 인해 고려=신라간의 결속과 그에 대항하는 후백제와의 적대 관계가 구축되었다.

그럼에도 진훤은 경주 포석정을 습격하여 경애왕을 살해한 927년 직후에도 여전히 신라의 신하임을 내세웠고, '尊王之義'를 언급하였다.[6] 물론 이는 지극히 명분적이고 형식적인 외교 논리에 불과한 것이었다. 그러나 진훤이 신라에 대해 적대감을 公言하지 않았음을 알려주는 실례가 된다.

4. "농민에게 지나치게 조세를 수취하였으며"

진훤이 농민들에게 과도한 수취를 했다는 기록이 있는지 반문하고 싶다. 진훤의 경우는 收稅에 관한 기록이 전혀 남아 있지 않다. 비록 修辭가 많은 진훤 아들 神劍의 敎書에 적혀 있는 내용이기는 하지만 "대왕의 神武는 보통 사람보다 빼어나게 뛰어 나셨고, 영특한 지혜는 만고에 으뜸이라, 말세에 태어나서서 스스로 세상을 건질 소임을 지고 三韓 지역을 徇行하시면서 백제라는 나라를 회복하셨으며 塗炭에서 구해 주셨으니 백성들이 편안히 살게 되고, 바람과 우

---

3)『三國史記』권 50, 弓裔傳.
4) 申虎澈,『後百濟 甄萱政權研究』1993, p.144.
5) 李道學,「後百濟의 加耶故地 進出에 관한 檢討」『白山學報』58, 2001, pp.46~52.
6)『三國史記』권 50, 甄萱傳. 여기서는 '僕義篤尊王'라고 하였다.

레처럼 횡행하시니 가는 곳마다 모두 달려와 붙었으니, 功業이 거의 重興하게 되었는데"[7]라고 하였던 만큼, 농민층의 열렬한 지지를 얻었음은 부인하기 어렵다. 농민층의 지지는 진훤이 국가 창건에 성공하게 된 배경으로서 지역 정서인 백제의 부활과 더불어 그 한 軸을 이루는 요소라고 하겠다. 여기서 농민층의 지지라는 것은 收稅의 輕減에 있었음은 두 말할 나위 없을 것이다. 즉 진훤은 농민들을 과중한 수탈과 질곡에서 해방시켰다. 그는 촌락 공동체를 뛰쳐나와 미아처럼 방황하는 유민들을 수습하여 농토에 묶어두면서 사회 안정과 경제 기반의 확대를 가져왔던 게 분명하다.

　진훤의 對民收取에 있어서 비록 神劒의 敎書에 적혀 있는 글귀이기는 하지만 "塗炭에서 구해주셨으니, 백성들이 편안하게 살게 되고"라고 한 구절은 농민들을 과중한 수탈과 질곡에서 해방시켰고, 그것을 가능하게 할 수 있는 제도적 장치가 마련되었음을 알려준다. 이것을 뒷받침해 주는 것이 屯田制의 시행과 灌漑 시설의 확충이었다. 둔전은 싸우면서 농사 짓는[且戰且耕] 군량 조달 방법이다. 군대 스스로가 식량을 생산함으로써 국가 경비 지출을 줄이는 동시에 보급·병참 문제를 해결하는 방책이었다. 이는 중국의 漢末 曹操가 시행하여 크게 효과를 본 제도였다. 진훤은 둔전이나 灌漑를 통하여 백성들의 생활 향상을 위한 농업경제의 증진에 비상하게 심혈을 쏟았다. 이러한 경제적 안목이 그가 雄强한 국가를 만들 수 있었던 배경이었던 것 같다. 「통진대사비문」에 따르면 진훤이 萬民堰이라는 제방에서 군대를 이끌고 있었다고 했다. 이는 진훤 스스로가 屯田과 灌漑에 힘 쓴 사실을 확인시켜 준다. 아울러 '모든 백성들의 방죽'이라는 뜻의 萬民堰이라는 제방을 통해서도 그가 취한 일련의 시책의 무게 중심이 농민과 관련한 농업경제의 증진에 두었음을 읽을 수 있게 한다. 합덕방죽과 나주에서의 둔전에 관한 전승 또한, 우리 나라에서 둔전제를 본격 도입한 진

---

7)『三國史記』권 50, 甄萱傳.

훤의 농업시책을 알려주고 있다. 이는 전쟁 수행 과정에서 현지의 호족들로부
터 군량이나 車乘을 차출받았던 왕건의 행태와는 크게 차이가 난다.[8]

5. "호족을 포섭하는 데 실패하는 등 한계를 갖고 있었다"

진훤이 호족 포섭에 실패했으면 국가 창건에 성공할 수 있었을까? 국가의 창
건은 농민층의 지지만으로는 가능하지 않은 大業인 만큼, 그러한 발상 자체가
잘못되었다. 다만 진훤이 후삼국 통일에 실패한 원인으로써 호족 포섭의 실패
를 지적하는 경우는 있다. 그러나 그러한 지적 역시 '한계'라고 할 수는 없다.
진훤 정권의 몰락 원인은 對豪族 시책의 실패에 기인한 것이 아니라 왕위계승
분쟁과 같은 내분 때문이었다.

6. "견훤 / 본래 상주 지방의 호족 집안에서 태어나 신라 서남 지역 방위군의 장군으로
나가 세력을 키웠다. 그의 출신에 대해서는 상주의 농민 출신, 광주의 호족 출신 등
여러 설이 제기되고 있다."

『교과서』 66쪽 왼쪽 여백에 적혀 있는 이 기사에 대한 해답은 67쪽 '읽기자료
/ 후백제 건국 이야기'에 적혀 있는 『삼국사기』 진훤전에 대한 해석 그대로라
고 보면 된다. 즉 "견훤은 상주 가은현(경북 문경 가은) 사람으로 본래의 성은 이
씨였는데 후에 견으로 성씨를 삼았다. 아버지는 아자개이니 농사로 자활하다
가 후에 가업을 일으켜 장군이 되었다"라고 적혀 있듯이, 진훤은 문경 출신인
것이다. 그런데 상주 지방 출신은 왜 나왔는지 알다가도 모를 일이다. 진훤이
'호족 집안에서 태어나'라고 한 서술도 잘못된 서술이다. 원종과 애노와 같은
농민 봉기의 와중에서 아자개가 호족으로 성장했다고 볼 수는 있다. 그러나 그
때는 진훤이 이미 장성하여 신라군에 복무하고 있는 시점이었다. 그러므로 진

---

8) 李道學, 「後百濟 甄萱의 農民施策에 대한 再檢討」 『白山學報』 62, 2002, pp.129~137.

훤이 '호족 집안' 출신이 될 수는 없다. 이러한 서술은 6차 중·고등학교 국사 교과서에서 "농민의 아들로서"9)·"농민 출신으로"10)라고 한 서술보다 오히려 퇴보한 것이다.

그리고 "신라 서남 지역 방위군의 장군으로 나가"라고 서술되었지만, "장성하게 되자 體貌가 웅장하고 奇異하였으며, 뜻과 기상이 뛰어나서 평범하지 않았다. 從軍하여 王京에 들어 갔다가 西南海를 防戍하는데 나가 있으면서, 창을 베고 적을 기다렸는데, 그 용기가 항상 士卒들보다 앞섰기에 그 공로로 裨將이 되었다"11)라는 기사에서 알 수 있듯이 해적을 소탕한 武功으로 인해 진훤이 裨將이라는 직책까지 승진한 것이었다. 『교과서』 서술처럼 그가 당초 '從軍' 하면서부터 서남 지역에 장군으로 부임한 것은 아니었다. 참고로 진훤이 복무했던 서남 해안 지역은 지금의 순천만 일대였다. 이에 관해서는 필자가 이미 다음과 같이 언급한 바 있다.

진훤의 사위인 무진주 성주 池萱은 지금의 광주 출신 호족이 분명하다. 그리고 지금의 순천 출신인 朴英規는 말할 것도 없고, 진훤의 御駕行次를 맡았던 引駕別監 金摠도 순천 출신이었다. 인가별감은 어거행차와 관련한 임무를 맡았던 만큼, 경호의 총책임자인 지금의 대통령 경호실장에 해당되는 직책이라고 하겠다. 김총은 죽어서 순천의 城隍神으로 받들여졌고, 그를 제사지내는 사당이 18세기 말까지만 하더라도 進禮山(여수시 상암동)에 존재하였을 정도로 위세 있는 인물이었다. 그는 순천 김씨의 시조이기도 한데, 묘와 사당인 同源齋는 순천시 주암면 주암리 방축동에 남아 있다. 이처럼 진훤의 최측근 인맥이 지금의 광주와 순천쪽이었다고 하는 것은, 그의 초기 세력 기반과 거병 지역을 암시해 준다. 892년에 진훤이 역사의 전면에 등장할 때 武州 동남쪽의 郡縣이 일제히 진훤에게 降屬하였다고 한다. 지금의 광주인 무주의 동남

---

9) 교육부, 『중학교 국사』 1997, p.92.
10) 교육부, 『고등학교 국사』 상, 1996, p.108.
11) 『三國史記』 권 50, 甄萱傳.

쪽은 순천과 여수를 포함한 지역권으로서 그 중심지는 순천이었다. 순천은 해안을 끼고 있는 곳이 아닌가. 이 점 유의하지 않을 수 없다.

이와 관련해 939년에 세워진 大鏡大師碑에 의하면 승려 麗嚴이 당나라에서 신라로 귀국할 때인 909년에 武州의 昇平에 도달했다(此時天祐六年七月 達于武州之昇平)는 기록이 주목된다. 승평은 승주 그러니까 지금의 전라남도 순천을 가리킨다. 이 사실은 기존의 인식과는 달리 南端 내륙 교통의 요충지인 순천 또한 대 중국 항로와 관련한 항구로서 기능하였음을 알려준다.

즉 현재의 순천은 광주로 이어지는 철로와, 여수로 연결되는 철로의 분기점인 동시에 광양 → 하동 → 진주 → 창원 → 삼랑진으로 뻗어가는 경전선의 시발이요 종착역이었다. 그런 관계로 순천에는 현재 철도국이 설치되어 있을 정도로 교통의 요충지였다. 그러니까 순천은 광주 및 나주 · 목포 지역과 지금의 경상남도 연안 지역을 연결하는 위치에 있었다. 지금의 광주에서 신라 수도인 경주로 가기 위해서는 통과해야 하는 땅이기도 했다. 그런데다가 順天灣에서 중국 대륙을 왕래하는 선박이 정박한다고 해 보자. 그것을 둘러싼 해적 집단의 횡행과 이들을 제압하기 위한 군대의 주둔을 생각하지 않을 수 없다. 바로 해적 소탕 임무를 띠고 주둔했던 진훤의 軍營이 순천 해안가였고, 그러한 가운데서 자연스럽게 그의 초기 세력 인맥이 형성되어진 것으로 보여진다.

진훤의 초기 세력은 예하의 병력에다가 순천 지역 호족과의 혼인 관계를 통한 지역세력의 흡수, 나아가 順天灣을 중심으로 횡행하던 해적 집단의 규합을 통하여 이루어진 것으로 보겠다.[12]

7. 『교과서』 66쪽 〈후삼국의 정립〉 지도에 보면 이른바 후고구려의 영역에 대동강과 평양이 포함되지 않았다.

---

12) 李道學, 『진훤이라 불러다오』 1998, pp.86~87; 「진훤의 출신지와 초기 세력 기반」 『후백제 견훤 정권과 金州』 전북전통문화연구소, 1999, pp.8~9; 同論文, 주류성, 2001, pp.69~72. 한편 邊東明도 같은 견해를 취하고 있지만(「甄萱의 出身地 再論」 『震檀學報』 90, 2000, p.41), 필자의 논고를 인용하고 있고 논지도 동일하다.

905년에 평양성주 장군 黔用이 항복해 왔다. 甑城(평안남도 강서군 증산)의 赤衣와 黃衣賊 明貴 등도 궁예에게 항복하였다. 즉 "평양성주 장군 검용이 항복하였다. 甑城 赤衣와 黃衣賊 明貴 등이 歸服했다"[13]고 했다. 그러므로 후고구려 영역에 대동강 유역을 포함시키지 않은 『교과서』의 지도가 잘못되었음을 알 수 있다.

8. 『교과서』 73쪽 〈고려의 민족 재통일〉 지도에 보면 '강주(진주)' 를 신라 영역으로 표시하였다.

후백제는 901년에 대야성을 처음 공격한 이래로 916년에도 공격했지만 함락시키지 못하고 회군하였다.[14] 대야성에서는 후백제 군대의 침공을 막는 데 일단 성공했지만, 原新羅 지역은 물론이고 加耶故地의 호족들이 위기감을 가졌다.[15] 승려 利嚴이 金海府 知軍府事 蘇律熙의 지원으로 김해에서 駐錫한 지 4년만인 915년에 移錫하면서 "땅이 賊窟과 붙어 있어서 신변의 도모가 안전하지 않았다"[16]라고 한 말에서도 엿볼 수 있다. 여기서 '賊窟' 은 후백제의 영역을 뜻하는 것이다. 김해 지역 인근에 후백제의 거점이 소재하고 있으면서, 김해 지역을 압박하고 있었음을 의미한다. 920년 10월에 진훤은 다음과 같은 군사행동을 하였다.

10월에 후백제 임금 진훤이 보·기병 1만을 거느리고 와서 대야성을 함락시키고는 進禮城으로 진군하였다. 金律을 보내어 태조에게 구원을 청했다. 태조가 部將을 명

13) 『三國史記』 권 50, 弓裔傳.
14) 『三國史記』 권 12, 神德王 5년 조.
15) 加耶故地의 호족들이 反新羅的인 입장에서 連帶 관계를 형성했으므로(金泰植, 『加耶聯盟史』 1993, pp.73~74) 이와 관련된 집단적 위기감을 느꼈을 것임은 필지의 사실일 것이다.
16) 朝鮮總督府, 「廣照寺眞澈大師寶月乘空塔碑」 『朝鮮金石總覽』 上, 1922, p.127.

하여 군대를 내어서 구원하니 진훤이
이를 듣고는 철수했다.[17]

겨울 10월에 진훤이 신라를 침공하여
大良·仇史 2郡을 탈취하고 進禮郡에
이르렀다. 신라가 아찬 金律을 보내어
구원을 청하였기에 왕이 군사를 보내어
구원하였다. 진훤이 그 소식을 듣고 퇴
각하였는데, 이때부터 그는 우리와 불
화하게 되었다.[18]

위에서 大良은 대야성 곧 합천을
가리킨다. 仇史는 종전에는 초계로
지목하였지만 창원이 타당하다. 그
리고 진례성도 경상북도 청도 지역이
아니라 김해의 서북 진례면 지역이
온당하다.[19] 그러므로 후백제군은
합천에서부터 신속하게 창원과 김해

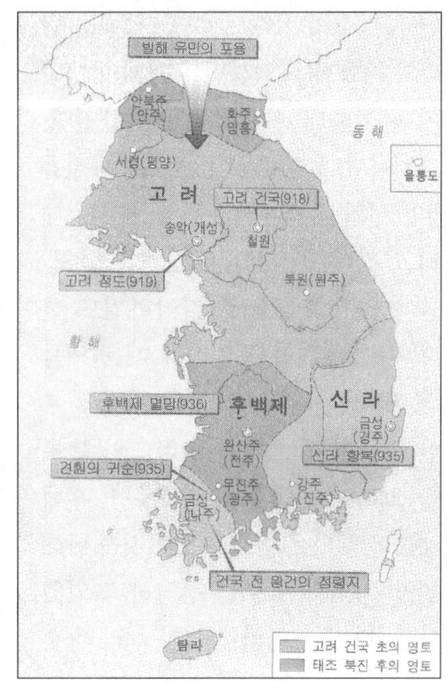

고려의 민족 재통일

를 잇는 루트를 따라 진격해 왔음을 알 수 있다.

후백제는 결국 김해 지역을 未久에 장악하였다. 922년 5월에 후백제가 사신
輝嵒을 對馬島에 파견한 사실이[20] 그것을 암시한다. 왜냐하면 후백제가 對馬
島에 사신을 파견하기 위해서는 그 橋頭堡格인 김해 지역의 장악이 선결되어야

---

17) 『三國史記』 권 12, 景明王 4년 조.
18) 『高麗史』 권 1, 太祖 3년 조.
19) 金侖禹, 「新羅末의 仇史城과 進禮城考」 『史學志』 22, 1989, pp.155~160.
　　李道學, 앞의 책, p.151.
20) 『扶桑略記』 권 24, 裡書, 延喜 22년 6월 5일 조.; 『本朝文粹』 권 12, 牒, 大宰府졺 新羅返牒.

만 하기 때문이다. 929년 1월에는 탐라와 海藻를 교역하던 후백제의 상선이 對馬島의 下縣郡에 표착하였다. 그러자 對馬島守 坂上經國은 사절을 동반시켜 후백제인들을 金州까지 데리고 왔다.21) 『扶桑略記』의 '金州'를 '全州'의 誤記로 파악하기도 한다.22) 그렇지만 통일신라 때 김해를 '金州'라 하였고23) 924년 7월에 부산 앞바다에 소재한 絶影島의 驄馬를 고려에 선물했을 정도로24) 후백제는 김해와 부산으로 이어지는 남해 연안 지역과 항로를 장악하고 있었다. 게다가 後唐의 登州와 신라의 金

고려의 민족 재통일

---

21) 『扶桑略記』권 24, 延長 7년 5월 17일 조.
　　이러한 상황은 1049년에 金孝 등 20명이 폭풍을 만나 對馬島로 漂流했다가 對馬島 官人들의 도움을 받아 金州로 귀환한 경우와 동일하다(『高麗史』권 7, 文宗 3). 이 때도 歸還地를 '金州'라고 하였다. 金州는 金海를 가리킨다. 이러한 정황에 비추어 보더라도 『扶桑略記』에서 언급한 金州는 김해가 분명하다.

22) 黑板勝美, 『新訂 增補 國史大系 12–扶桑略記』吉川弘文館, 1965, p.203.
　　申虎澈, 앞의 책, p.141.

23) 『三國史記』권 34, 雜志 3, 地理 1과 『世宗實錄』지리지, 김해도호부 조에 의하면 고려 전기 혹은 995년(고려 성종 14)에 金海를 金州로 행정지명을 고쳤다고 했다. 그러나 『册府元龜』권 976, 外臣部 20, 天成 2년 3월 조에 따르면 '新羅國登州知後官 本國金州司馬李彦謨'에 관한 기사가 보이는데, 여기서 金州는 명백히 金海를 가리킨다(金庠基, 「羅末地方群雄」 『東方史論叢』서울대학교출판부, 1974, p.435). 요컨대 927년(天成2)에 김해를 金州로 일컬었던 사실이 확인되는 것이다. 그밖에 金州를 金海로 지목한 견해로는 中村英孝, 『日鮮關係史の硏究』上, 吉川弘文館, 1965, p.132이 대표적이다.

州를 연결하는 신라인 연락관이 파견되어 있었을 정도로[25] 경제와 전략적으로 중요한 곳이 김해 지역이었다. 따라서 중국대륙과 한반도 연안 그리고 對馬島를 잇는 중요한 寄港地가 김해라는 사실이 밝혀지게 되었다.[26] 이러한 요인으로 인해 일본열도와의 교섭을 열망하고 있던 후백제는 920년에 전격적으로 김해 지역의 장악을 시도했다고 하겠다. 922년 이전에 후백제는 지금의 경상북도 지역 호족들이 외부 세계와 交通할 수 있는 대야성(합천)과 진례성(김해)이라는 兩大 關門을 장악하였다. 928년 5월에는 다음과 같이 후백제군이 고려군을 격파하고 강주장군 有文의 항복을 받아냈다.

> 庚申日에 강주 원보 珍景 등이 古子郡에 양곡을 운반하러 간 사이에 진훤이 몰래 군사를 보내어 강주를 습격하였다. 진경 등이 돌아와 싸웠으나 패배하여 죽은 자가 300명이나 되었고, 장군 有文이 진훤에게 항복하였다.[27]

위의 기사로 볼 때 928년 5월에 후백제가 강주를 지배하게 되었음을 알 수 있다. 진훤의 둘째 아들 良劍이 935년에 진훤을 축출하는 모의에 가담할 때 康州 都督이었다.[28] 그러므로 후백제는 그 말기까지 강주 지역을 장악하고 있었음이 분명하다. 진훤의 맏아들 神劍은 전주에 거주하였다. 둘째 양검과 셋째 용검은 康州와 武州에 각각 파견되어 있었다. 진훤의 둘째 아들이 통치하던 구역이 강주였다는 것은 그 비중이 무주보다 컸음을 뜻한다.

24) 신라 귀족들은 섬을 목마장으로 이용했었는데, 절영도의 경우도 예외가 아니었다. 733년 (성덕왕 32)에 성덕왕이 김유신의 후손인 김윤중에게 절영도의 馬 1필을 하사했다는 기록이 보이기 때문이다(『三國史記』권 43, 金庾信傳). 물론 이 기사에는 '絶影山'으로 적혀 있지만 동일한 지역을 가리킨다.
25) 金庠基, 앞의 논문, p.435.
26) 李道學,「百濟의 交易과 그 性格」『STRATEGY21』2-2, 한국해양전략연구소, 1999, p.57.
27)『高麗史』권 1, 太祖 11년 5월 조.
28)『三國遺事』권 2, 後百濟 甄萱 條.

한편 진주 촉석루 앞의 의암 일대를 試掘 조사한 결과 吳越의 '寶正' 연호가 있는 명문 기와가 출토되었다.29) 寶正 연호는 926년~931년간 사용된 연호이다. 이 연호를 진주에서 사용할 수 있던 세력은 후백제를 제외하고는 달리 생각하기 어렵다. 한 때 진주를 장악했던 왕봉규는 後唐으로부터 관작을 받았을 뿐이고, 고려의 경우는 918년 단 한차례 오월에 사신을 파견한 적 밖에는 없다. 그런데 반해 후백제는 오월과 긴밀한 관계를 지속했다. 후백제는 900년에 오월에 사신을 파견하였고, 오월에서 報聘使가 와서 진훤에게 檢校大保를 加授하고, 909년에는 염해현에서 오월에 가는 선박이 왕건에게 나포된 적도 있었다. 918년에 후백제는 오월에 사신을 파견하여 말을 바쳤다. 또 오월에서 報聘使가 와서 中大夫職을 진훤에게 除授하였다. 927년 11월에는 오월의 班尙書가 詔書를 지니고 후백제에 왔었다.30) 이러한 정황에 비추어 볼 때 진주성 밖에서 출토된 寶正銘 기와의 제작 주체는 후백제였다는 결론에 이르게 된다. 따라서 후백제는 928년부터 적어도 935년까지 강주인 지금의 진주 일대를 지배했음을 알 수 있다. 928년 5월 이전에는 고려가 강주를 지배했었다. 어쨌든 강주는 신라 영역은 아니었으므로 후백제 영역으로 표시하는 게 마땅하다.

III. 고등학교 역사부도의 검토

김유철 · 윤희면 · 최병도 · 승용기 · 최재삼, 『고등학교 역사부도』 2002, (주) 천재교육의 경우 판권에 "교육인적자원부의 위탁을 받아 한국교육과정평가원이 검정 심사를 하였음"라고 적혀 있다. 그런데 본서(이후 '역사부도'로 略稱한

---

29) 국립중앙박물관, 「국립진주박물관 - 진주성 촉석루 외곽시굴조사」 『박물관신문』 353호, 2001년 1월 1일.
30) 후백제의 吳越과의 교섭 사실은 申虎澈, 앞의 책, pp.135~136에 정리되어 있다.

다)에는 13쪽의 〈후삼국의 정립〉이라는 지도에 보면 분명히 '궁예 때의 영역'
이라는 명시가 있지만, 그러나 나주 일원은 후백제 영역과 동일한 색으로 표시
되어 있다. 나주 일원은 '궁예 때의 영역'이므로 고려 영역과 동일한 노란색으
로 표시해야 한다.

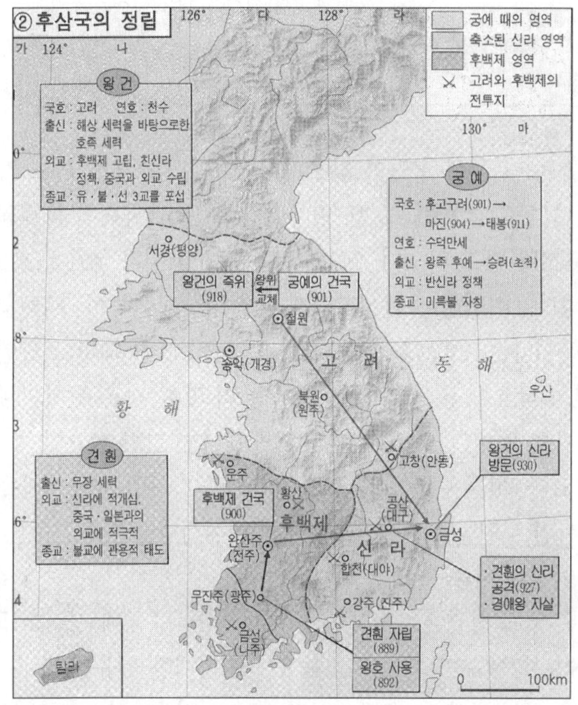

후삼국의 정립

(1) 진훤의 외교와 종교에 대한 서술 검토

『역사부도』〈후삼국의 정립〉 지도에서는 궁예·왕건·진훤을 다음과 같이
도표로 작성하여 설명했다.

	궁 예		왕 건	견 훤
국호	후고구려(901) → 마진(904) → 태봉(911)		고려	
연호	수덕만세		천수	
출신	왕족 후예 → 승려(초적)	해상세력을 바탕으로 한 호족세력		무장세력
외교	반신라 정책		후백제 고립, 친신라정책, 중국과 외교 수립	신라에 적개심, 중국·일본 과의 외교에 적극적
종교	미륵불 자칭		유·불·선 3교를 포섭	불교에 관용적 태도

위의 도표를 보면 궁예 정권의 최초의 국호를 '후고구려'라고 하였다. 그러나 궁예 정권 최초의 국호는 '高麗'였다. 『삼국유사』 왕력편 後高麗 弓裔 條에 보면 "辛酉 稱高麗"라고 하였다. 901년(신유년)에 궁예가 국호를 高麗로 칭했음을 알려주고 있다. 이러한 사실은 "왕씨가 궁예를 대신하여 '高麗'라는 이름을 그대로 사용하였다(王氏代弓裔 仍襲高麗之號)"[31]라고 한 데서도 확인된다. 따라서 궁예 정권의 국호를 본서에서 '후고구려'라고 한 것은 후대의 편의상의 호칭을 잘못 사용한 것이다. 그리고 위의 도표에서는 진훤 정권의 국호가 空欄으로 처리되어 있다. 이들은 국호도 없는 집단으로 간주한 때문이었을까? 아니면 실수로 누락시킨 것일까? 아무튼 후백제에 대해서만은 이런 저런 이유로 왜곡이 심하다는 인상을 지울 수 없게 된다.

연호의 경우 궁예 정권은 수덕만세만 기재하였다. 궁예 정권의 국호는 모두 기재하였음에도 그에 수반되는 연호는 1개만 기재한 이유를 알 수 없다. 국호가 摩震이었을 때는 武泰와 聖册이었고, 泰封이었을 때는 水德萬歲와 政開였다. 보다 유의해야할 사실은 後百濟欄에는 연호가 기재되지 않았다는 것이다. 正開라는 후백제 연호가 누락되어 있다. 신라말 9산 선문 도량 가운데 하나로

---

31) 『三峰集』 권 13, 「朝鮮經國典」 國號 條.

서 후백제 영역에 소재했던 남원 실상산파의 實相寺에는 片雲和尙 浮屠가 있
다. 이 부도에 새겨진 '正開'는 후백제가 전주로 천도한 지 1년 후인 901년에
제정한 年號이다.[32]

　　그리고 궁예의 출신을 '왕족 후예'라고 기재하였다. 궁예는 헌안왕 혹은 경
문왕의 庶子[33]라고 하였으므로, 王子 출신이라고 적는 게 온당하다. 한편 외교
와 관련해 진훤을 '신라에 적개심'이라고 기재하였다. 그러나 '적개심'은 궁예
에게 어울리는 표현이다. 다음의 기사가 그것을 말한다.

> 天復 원년 辛酉에 선종이 스스로 왕을 칭했다. 사람들에게 말하기를 "지난 날 신라가
> 당나라에 군대를 청하여 고구려를 격파한 까닭에 평양 옛 서울은 묵어서 풀만 무성하
> 였다. 내가 반드시 그 원수를 갚겠다" 대개 태어났을 때 버림을 받은 원한이 있었던
> 까닭에 이러한 말을 했다. 일찍이 남쪽으로 순행하다가 興州 부석사에 이르렀는데,
> 벽에 신라왕의 초상이 그려져 있는 것을 보고는 칼을 뽑아 이것을 쳤다. 그 칼날 자국
> 이 아직도 있다.…國人에게 신라를 滅都라고 부르게 하였고, 무릇 신라로부터 온 자
> 는 죄다 죽여 버렸다.[34]

　　앞에서 언급한 바 있지만 진훤은 신라의 권위와 존재를 인정하는 입장이었
다. 반면 위의 기사에서 알 수 있듯이 궁예는 신라에 대한 적개심을 표출하고
있다. 따라서 『역사부도』의 서술은 잘못임을 알 수 있다.
　　진훤의 종교에 대한 성향을 "불교에 관용적 태도"라고 하였다. 관용은 "너그
럽게 받아들이거나 용서함"을 나타낸다. 진훤은 미륵불을 자처했을 정도로 불
교를 정치에 이용하였다. 그리고 화엄종 교단이 남악과 북악으로 각각 나누어
졌을 정도로 진훤은 교단 장악에도 비상한 힘을 쏟았다. 그 뿐 아니라 진훤은

---

32) 金包光, 「片雲塔과 後百濟의 年號」『佛教』 제49호, 1928, pp.33~35.
33) 『三國史記』 권 50, 弓裔傳.
34) 『三國史記』 권 50, 弓裔傳.

禪宗 사원들과도 긴밀한 관련을 맺고 있었다. 이렇듯 진훤은 불교계를 포섭하기 위해 전력을 투구하고 있었으므로, 소극적인 느낌을 주는 "불교에 관용적 태도"라는 인식은 잘못된 것이다. 이와 관련해 진훤의 불교적 관심과 이해를 짐작케 하는 것은 전라남도 광양군의 玉龍寺에 소재한 洞眞大師寶雲塔碑이다. 958년 8월 15일에 건립된 이 비석의 문장에는 통진대사 慶甫가 후백제 영역에 이르고 후백제 교단에 編籍되는 과정을 읽을 수가 있다. 관련 비문의 내용은 다음과 같다.

마침 귀국하는 선박을 만나 동쪽으로 돌아 왔다. 天祐 18년(921) 여름에 전주 臨陂郡(전라북도 군산시 임피면)에 도달했는데, 道가 헛되이 행해지는 때였고 불리한 시절의 초기였다. 州의 都統인 太傅 甄萱이 萬民堰에서 군대를 이끌고 있었다. 태보는 본래 스스로 善根을 가졌고, 장군 집안[將種]에서 태어나서서 바야흐로 壯志를 펴고자 했다. 비록 擒縱之謀을 우선으로 여겼으나, (대사의) 인자한 얼굴을 우러러 뵙고는 첨앙하고 의지하는 뜻이 배나 더해졌다. 이에 탄식하며 말하기를 "우리 스승을 만남이 비록 늦었지만 제자 됨을 어찌 늦추겠는가"라고 하면서, 자리를 피하기를 진실히 하고 띠에 적기를 독실히 했다. 드디어 州 안의 남쪽에 소재한 南福禪院에 거처할 것을 청하자, 대사가 말하기를 "새도 나무를 가리거늘 내가 어찌 꼭지 달린 박과 외처럼 (한 군데만) 얽매여 머물 수 있겠습니까" 하였다.
白鷄山 玉龍寺는 돌아가신 스승께서 도를 즐기시던 淸齋로서 禪을 행하기에는 알맞은 형승이라 구름 덮인 시내가 허공에 떠 있는 듯하여 경치가 가장 좋은 곳이었다. 드디어 太傅에게 말하니 이를 허락하여 그곳에 옮겨 거처하였다.

당나라에서 귀국하는 선박들은 서남해안을 끼고 있는 후백제의 영역에 소재한 항구로 들어오게 마련이었다. 유학 승려나 학생들은 후백제 땅을 밟게 되면서 자연스럽게 눌러 앉거나 포섭되는 경우가 많았을 것이다. 禪僧이었던 경보의 경우도 예외가 되지는 않았던 것 같다. 그는 道詵이 주석하였던 백계산 옥룡사에서 주석하면서 후백제 정권 사상 구축의 한 축을 지탱하는 데 기여했음이 분명하다.

　진훤과 왕건은 서로 유력한 사원의 후원을 입기 위해 각축전을 전개하였다. 화엄종은 당시 남악과 북악으로 분열되어 있었다. 『均如傳』에 의하면 화엄 교단 내부의 분열과 대립·갈등 양상이 다음과 같이 적혀 있다.

> 師는 北岳의 法孫이다. 옛날 신라말 가야산 해인사에 2명의 華嚴司宗이 있었다. 한 분은 觀惠公으로 백제 渠魁인 진훤의 福田이었다. 또 한 분은 希朗公으로 우리 태조 대왕의 복전이었다. 두 분은 信心을 받아서 香火의 願 맺기를 청하였지만 願이 이미 달랐으니 마음이 어찌 하나이랴. 내려와 그 門徒에 이르러서는 점점 물과 불처럼 되었으니 하물며 法味에서야. 각각 시고 짠 맛을 받았으니 이러한 폐단을 제거하기가 어려웠다. 유래가 이미 오래 되어서 그 때 세상의 사람들이 관혜공의 法門을 남악이라 했고, 희랑공의 법문을 북악이라고 했다. 師께서는 매번 남북의 宗旨가 모순되어 분간하지 못한 것을 탄식하시고 많은 갈래를 막아 한 길로 돌아 오게 하셨다.

　위의 기록을 통하여 관혜는 진훤을 지지한데 반하여, 희랑은 왕건을 지지하였음을 알 수 있다. 관혜와 희랑 두 고승이 같은 해인사에 주석하면서 정치적인 지지자의 차이에 따라 갈등과 대립을 하였다. 해인사 안에서 후백제와 고려를 후원하는 두 세력이 생겨나 대립했다는 이야기가 되겠다. 후삼국시대의 화엄종은 진훤을 지지했던 남악과 왕건을 지지했던 북악으로 갈려서 대립했던 것이다. 순전히 정치적인 이유 때문이었다. 이러한 대립과 관련해 943년에 편찬되었다는 『伽倻山海印寺古籍』에 다음과 같은 기록이 남아 있다.

> 신라말에 僧統인 希朗이 이 절에 住持하여 華嚴神衆三昧를 얻었다. 그 때 우리 태조가 백제 왕자 月光과 싸웠는데, 월광은 美崇山을 지켰는데 식량이 넉넉하고 군대가 강하였다. 그 敵은 神과 같아서 태조가 힘으로 제압할 수가 없어서 해인사에 들어가 希朗公에게 사사하였다. 師께서 勇敵大軍을 보내어 왕건을 도왔다. 월광은 金甲을 입은 군대가 공중에 그득 찬 것을 보고는, 그것이 神兵임을 알고는 두려워서 이내 항복하였다. 태조는 이런 이유로 (희랑을) 敬重奉事하여 田地 500結을 施事하고 옛 寺宇를 거듭 새롭게 하였다.

위의 기록에 보이는 백제 왕자 월광은 대가야국의 월광태자가 부회된 것으로 간주하는 시각이 있다. 해인사 입구에 현재 터만 남아 있는 월광사와도 어떤 관련이 있어 보인다. 그리고 전장인 미숭산(고령군 쌍림면과 합천군 야로면의 경계에 소재)은 고령 읍내의 지산동 대가야 왕릉군을 굽어 보는 옆 산자락인데, 해발 733.5m의 정상에 축조된 둘레가 1,367m의 석축 산성이다.

미숭산성은 산세가 험준하고 주위에서 가장 높은 곳에 위치하고 있어 시야가 넓게 잡히는 천연의 요새였다. 후백제군과 고려군이 합천과 고령 지역을 에워싼 전투에서 격돌했을 때 희랑이 神兵을 보내어 왕건이 승리했다는 이야기겠다. 후백제와 고려가 합천 일원에서 빈번하게 군사작전을 펼친 것을 생각해 보면 허구적인 이야기로만 돌리기는 어렵다. 여하간 이러한 기록은 진훤과 불교 교단과의 관계, 또 그것이 후삼국의 쟁패에 어떠한 영향을 미쳤는가를 시사해 준다. 불교 사상계의 장악이 소백산맥 안의 신라계 호족들의 향배에 지대한 영향을 미칠 수 있었음은 의심할 나위 없다. 여하간 앞서 제시한 자료들은 진훤이 선종과 화엄종 모두에 깊이 관여하였음을 알려준다. 진훤은 兩宗을 모두 포용하려고 했던 것이다.

그리고 9산선문 가운데 무려 4개 파가 후백제 영역에 소재하였다. 즉 實相山派(전라북도 남원 實相寺)와 桐裏山派(전라남도 곡성 泰安寺), 그리고 聖住山派(충청남도 보령 聖住寺)와 迦智山派(전라남도 장흥 寶林寺)가 되겠다. 이는 고려 영역에 확실하게 소재한 선문도량이 須彌山派(황해도 해주 廣照寺) 1개밖에 없었던 사실과 크게 비교되는 현상이다.

이러한 선문도량 가운데 경보와 연결된 동리산파를 통해 진훤은 唯識과 풍수지리사상을 포용하였다. 진훤은 또 4개 선문의 檀越로서 그 사회·경제적 후원자 역할을 했었다. 특히 전주와 지리적으로 가장 가까웠던 실상산파의 경우 그 비중이 지대하였으리라고 믿어진다. '正開'라는 후백제의 연호를 사용했던 편운화상을 비롯한 그 제자들과의 관계가 그것을 암시하고도 남는다. 그리고 구례 華嚴寺를 비롯한 지리산 일대의 사찰들도 진훤과 깊은 관련을 맺었음이 분명하다.

진훤은 기근과 수탈로 인해 지칠대로 지쳤고 절망에 빠졌던 농민들을 慰撫하고, 정국을 빠르게 안정시키는 수단으로써 불교 이데올로기를 이용했다. 특히나 진훤의 신국가 건설의 궁극적 지향점으로서 미륵신앙이 한 몫을 하였을 것이다.[35] 실제로 진훤은 922년에 익산 미륵사 開塔 의식을 통해 미륵불의 출현이랄까 부활을 내세우게 되었다. 이때 진훤은 미륵불을 迎禮한 전륜성왕을 자처할만 조건을 갖추고 있었다. 그는 정복전쟁에서 기세를 올리고 있었고, 불교 종단에 대한 영향력 또한 절정을 구가하고 있었기 때문이다.[36] 따라서 진훤이 "불교에 관용적 태도"라고 한 서술은 터무니없음이 드러났다. 진훤은 오히려 불교 이데올로기를 십분활용하였고, 또 그것으로써 정국의 주도권을 잡고자 하였던 것이다.

(2) 나말 여초의 지방 세력에 대한 서술 검토

『역사부도』에는 다음과 같이 〈나말 여초의 지방 세력〉이라는 題下의 도표가 있다. 이 도표에 수록된 내용을 검토해 보기로 한다.

몰락 귀족	김순식(강릉) 김헌창
해상 세력	왕건(송악) 왕봉규(진주), 장보고(청해진)
군진 세력	견훤(서남해)
초적 세력	궁예(철원), 양길(북원), 원종 · 애노(상주)
재지 촌주세력	이총원(성주), 소을희(김해)

---

35) 이상의 서술은 李道學, 앞의 책, pp.156~163에 의한다.
36) 李道學, 「後百濟 甄萱 政權의 沒落過程에서 본 그 思想的 動向」 『韓國思想史學』 18, 2002, pp.283~286.

위의 도표에서 '몰락 귀족' 으로 김순식과 김헌창을 소개하고 있다. 그런데 '나말여초' 라고 하면 9세기 말~10세기 전반까지를 시간적 범위로 하고 있다. 김헌창은 반란을 일으켰다가 822년(헌덕왕 14)에 사망했으므로, '나말여초' 인물에 해당되지 않는다. 그리고 해상세력으로 장보고를 수록했지만 그 역시 나말여초의 인물은 아니다. 군진 세력으로 진훤을 포함시켰다. 그러나 그가 복무했던 순천만 일대는 패강진이나 청해진과 같은 군진은 아니었다. 이러한 군진은 지방 호족의 사적 근거지로 변모해 있었지만, 진훤은 신라의 公兵으로서 복무하다가 기회를 보아 자립한 것이다. 진훤은 오랫 동안 반독립적인 세력 기반을 구축한 후에 신라 조정에 叛旗를 든 게 아니었다. 그러므로 진훤을 군진 세력에 포함시키는 것은 마땅하지 않다.

그리고 재지 촌주세력으로 분류해 놓은 '이총원' 
은 벽진군장군 李恩彦을 잘못 표기한 것이다. 그리고 '소을희' 는 「廣照寺眞澈大師寶月乘空塔碑」에 보이는 金海府 知軍府事 蘇律熙를 역시 잘못 기재하였다. 그 밖에 『역사부도』 13쪽 사진 설명에서 '후백제 때의 성문(나제 통문)' 이라고 하였다. 이 사진은 김제 금산사 입구로 들어서면 나타나는 이른바 '견훤성문' 이라는 석성문이다. 전하는 말에 의하면 진훤이 쌓았다고도 하고 왜구의 침입을 막기 위해 금산사에서 쌓았다고 한다. 이 석성문은 축조 주체가 명확하지 않다. 게다가 이 성문을 '나제통문' 이라고 적어 놓았지만 그것과는 아무런 관련이 없다. 주지하듯이 나제통문은 신라와 백제의 통로였다는 전라북도 무주에 있는 통문이지만, 일제 때 개통한 것으로 삼국시대와는 역시 관련이 없다. 그러한 나제통문을 금산사 입구의 성문과 연관지어 서술한 것은 가당치 않다.

Ⅳ. 맺음말

제7차 교육과정 고등학교 국사 교과서에서 후삼국과 후백제가 점하고 있는 지면상의 비중은 그 역사적인 무게와는 달리 소략하기 이를 데 없었다. 게다가 진훤에 대한 서술은 부정 일변도였다. 그것은 진훤의 행적이 부정적이었던데서 연유한 게 전혀 아니었다. 본고에서 낱낱이 검토한 결과 허다한 오류가 드러났듯이 전적으로 『교과서』 필진들의 소양과 자질에 기인한 것이라고 해도 할 말이 없게 되었다. 차제에 고등학교 국정 국사 교과서 편찬 과정의 졸속성과 그 문제점에 대한 냉정한 평가와 더불어 대책 마련이 시급해 졌다. 이와 더불어 후삼국시대의 문화 양상과 그 특징에 대한 서술이 필요하다고 느꼈다. '통일신라시대의 문화' 가 아니라 '후삼국시대의 문화' 혹은 '그 미술' 이라는 독립된 章을 설정해서 다룰 필요를 절감하게 된다.

우연히 손에 잡힌 고등학교 『역사부도』 1種의 관련 내용에 대한 검토를 시도하였다. 그런데 고등학교 국사 교과서의 부교재격인 『역사부도』의 오류는 심각한 수준이었다. 요컨대 고등학교 국사 교과서가 점하고 있는 비중에 비추어 볼 때 그 폐해를 짐작하기는 어렵지 않다. 더욱 심각한 것은 그것을 문제로 여기지 않는 다는 데 있는 것 같았다. 본고를 작성하게 된 까닭은 여기에 있었다.

「嶺南京約所節目册」

이도학(한국전통문화학교 문화유적학과 교수)

본 문서의 외적 소개

「嶺南京約所節目册」은 光武 元年인 1897년 11월에 "奉旨 認許"라고 하여 '議政府 參政 內部大臣 南廷哲'이 결재한 문서이다. 결재 문구와 더불어 남정철의 직함과 성명이 포함된 마지막 장에 적혀 있는 앞의 12字는 명필로 정평이 난 그의 筆跡이 된다. 그 왼쪽 윗편에는 '內部之印'(크기 : 6×6Cm)이, 그리고 그 맨 밑에는 '內部大臣之章'(크기 : 3.2×3.2Cm)이 捺印되어 있다.

본 문서는 33×39.5Cm 크기로서 표지와 속지 각 1장과 내용 6장 11면으로 구성되었다. 본 문서의 表題에 보이는 京約所는 본 문서에서 "京所古有 而今無 今旣更設"라고 씌어 있듯이, 과거에 존재했으나 폐지되었다가 1897년에 다시금 설치한 기구이다. 그러한 京約所의 前身이 어떠한 기구인지 명쾌하게 알 수는 없지만 京在所가 아니었을까 짐작된다. 그리고 본 문서의 해당 條文 末尾에는 어김없이 '是白齊' 라고 적혀 있다. 이는 "…이옵니다" 혹은 "…이올시다"라는 의미를 담고 있는 이두문이다. 따라서 조선 왕조의 상급 공문서에도 이두가 사용된 사실이 확인되었다.

본 문서를 통하여 해당 시기를 전후한 기간의 민정을 파악하고 그에 대처하려는 大韓帝國 政府의 움직임을 읽을 수 있다. 따라서 이 방면의 대한제국 연구에 약간의 도움이 되지 않을까 싶어 본 문서를 影印하여 소개하는 것이다. 본 문서를 토대로 湖南京約所 등 기타 지역 京約所에 관한 문건이 확인되고, 또 이러한 京約所의 施行 與否와 그 설치 배경에 대한 연구가 진행되기를 바란다.

끝으로 본 문서는 이도학의 집안에 전해 내려 온 소장 典籍類 가운데 하나임을 밝혀 둔다.

본 문서의 내용 소개

1. 嶺南京約所의 역할과 기능

⑴ 上京 申告處

嶺南京約所는 大韓帝國의 수도인 漢陽에 설치한 기관이다. 영남 지역에서 上京한 이는 이곳에 와서 신고를 해야 했다. 즉 누구를 막론하고 嶺南에서 都城의 中門에 들어온 자는 京約所(京所로 略記하기도 한다)에 와서 자신의 姓名과 소관하는 일을 적은 연후에 宿所를 정하게 하였다. 숙소를 정한 후에는 다시금 京約所에 와서 宿所가 소재한 洞名과 그 주인의 姓名 및 歸鄕 날짜를 기록하고는 돌아가게 했다.

이 때 신고 당사자는 누구를 막론하든 京約所로부터 姓名을 확인한 標를 받아야만이 都城 출입이 가능하였다. 만약 이러한 標가 없는 이는 행적을 숨기고 속이는 者로 규정지어져 즉각 內部에 申告하게 되었다.

⑵ 司法權의 行使와 救活處

선비로서 偏術에 혹하여 빠져 있거나, 일 없이 한곳에 오래 머물러 있으며 요행을 엿 보는 자를 위시하여, 허장성세로 속이고 술만 마시는 등 사회 불안을 조성하는 자들을 색출하여 都城 밖으로 쫓아내도록 했다. 이 때 가벼운 경우는 京約所에서 벌을 주고 무거우면 內部에서 조치를 취하게 하였다.

그 밖에 죄없이 뜻 밖에 재앙을 만났으나 변명할 길이 없는 者나 疾病이 있어도 救活할 사람이 없는 者 등은 聯名으로써 辯護하거나 救活의 길을 모색하게 하였다. 그리고 病을 얻어 葬禮에 관한 일을 처리할 수 없는 상황에 빠진 者는 의당 재물을 준비하게 하고 有司를 정하여 그 일을 소관하게 했다.

2. 嶺南京約所의 조직과 운영

(1) 조직과 인원

條約을 정하여 所任을 나누었다. 約長에서부터 曹司에 이르기까지를 맡을 만한 사람을 택하여 사무를 맡기도록 하였다. 都約長은 1人인데, 서울에 있건 鄕里에 소재하건 상관 없이 德望 있는 자를 추천하여 삼도록 했다. 副約長은 2人이고, 公事員 4人, 曹司 8人이다. 이들은 모두 서울에 있어야 하며, 마땅한 者가 있으면 圈點으로 선택한다. 京約所에서의 이같은 임명을 內部에 보고하게 하였다. 都約長이 서울에 없을 때는 幹務인 副約長 2人 가운데 1人을 추천하여 일을 代行하게 했다.

(2) 京約所의 설치와 운영

京約所를 준비하는 者가, 졸지에 재물을 마련하기 어렵거나 가옥을 구입할 만한 여건이 되지 못하면 우선 人家를 빌려서 임시로 京約所를 설치하게 하였다. 매월 보름에는 京約所에 모여서 지난 달 보름부터 이달 보름에 이르기까지 왕래한 人員數를 비롯하여 事案을 정확히 파악하여 마땅한 조처를 취하게 했다. 그리고 會議는 관리들이 모여 사무를 보는 절차와 揖禮와 笏記에 따라 행하게 하였다. 支出된 費用은 강제가 아니라 반드시 自願에 의하게 했다. 즉 京約所의 運營經費를 위한 利殖 방법에 관한 주문을 하고 있다.

⑶ 京約所와 그 예하 조직의 관리

京約所가 부활된 만큼, 列邑의 鄕約所가 各郡을 다시금 관할하게 된다. 鄕約長 1人은 해당 邑에서 덕망 있는 者를 뽑아 그 姓名을 京約所에 보고하게 했다. 그리고 各郡의 面마다 面約長 1人을 두게 하였다. 서울에 볼일이 있어 上京하고자 하는 者는 먼저 해당 面約所에 가서 그 單子를 올리게 했다. 그 내용은 "출신 里와 姓名을 밝히고 무슨 일로 아무 날 떠날 터이니 허락해 달라"는 것이다. 이 때 그 사람 및 일에 관한 것을 심사하여 이상이 없으면 上京을 허락해 준다. 서울에 들어 온 날은 鄕單을 먼저 京約所에 제출하고, 京約所로부터 憑標를 지급 받아 이것을 지니고 출입을 하게 하였다.

만약 吏民 중에서 무리를 모아 시끄러움을 惹起하고 變을 만드는 者가 발생하면 해당 邑의 鄕約所에서 잘 단속하지 못한 때문으로 간주하였다. 해서 그 魁帥와 더불어 해당 鄕約長의 姓名을 京約所에서 즉시 內部에 보고하게 했다. 그 밖에 京司의 訓令을 稱託하여 鄕里에 出沒하여 말썽을 일으키는 者들에 대해서는 해당 郡 鄕約所에서 始末을 자세히 京約所에 보고하게 하였다. 그러면 京約所는 本司에서 그 眞僞를 辨別하게 했다. 그 밖에 京約所에서는 各郡의 鄕約所에 모여 교육을 扶揚시켜 민심을 교화시킬 목적으로 鄕의 面과 里에는 각각 訓長을 두게 하였다.

嶺南京約所의 구성

內部		
소재지	조직 이름	조직원과 인원수
漢陽	嶺南京約所	都約長 1人/ 副約長 2人 公事員 4人/ 曹司 8人
郡	鄕約所	鄕長 1人
面	面約所	面約長 1人/ 訓長
里		訓長

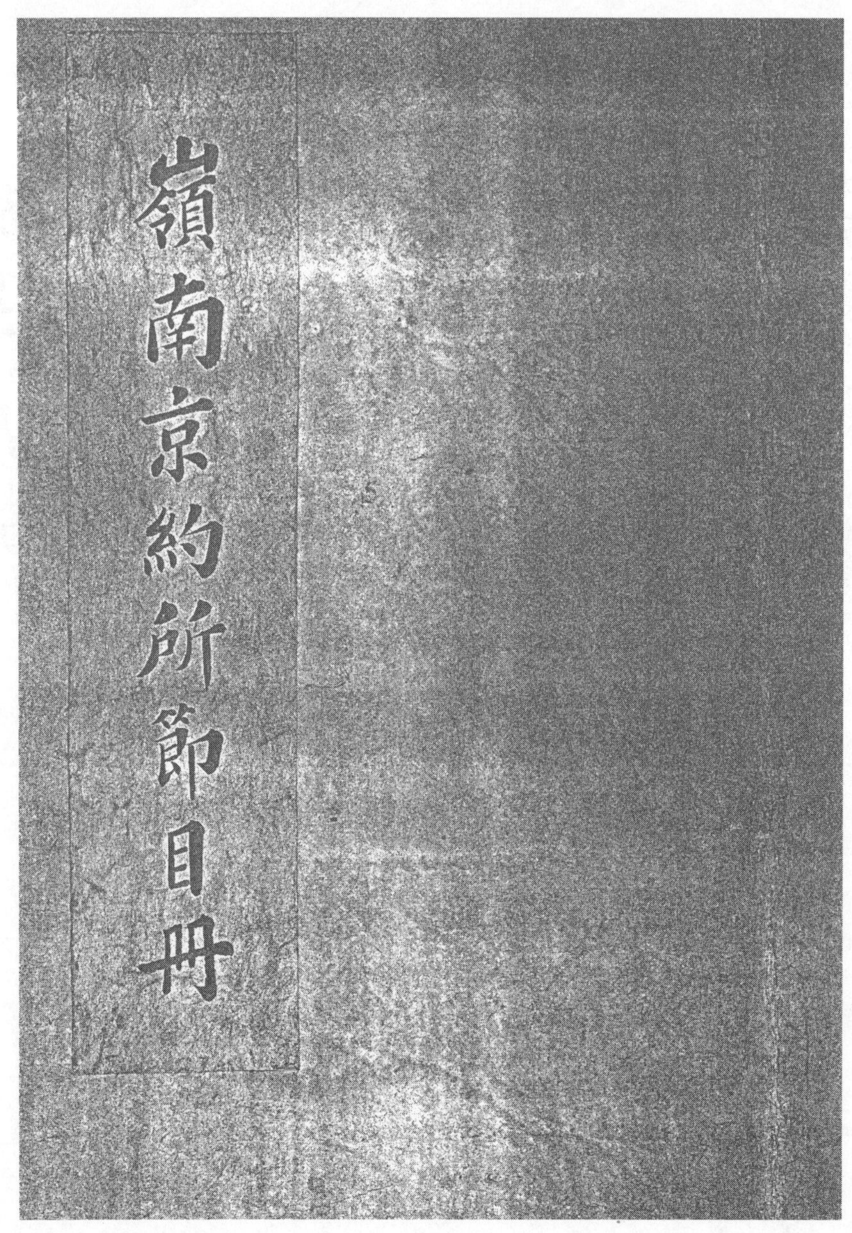

嶺南京約所節目冊

嶺南京約所節目

一毋論誰某自嶺入閫者先到京所記其姓名
與所觀事然後往定舍舘而定舘後又來記其
舍舘之洞與主人姓名及其還歸也亦來告
歸是白齊

一毋論誰某自京所成給姓名憑標使之出入
而如無是憑則是潛欺行跡者也當隨現告
內部是白齊

一以儒托名不務正學沉惑偏術來惑其本性者

齊會開諭而猶不改悛則擯斥之使不得暫

留都下是白齊

一以少凌長以賤凌貴自有當律輕則自京

所施罰重則告內部是白齊

一外托儒雅內懷淆雜者行已鄙悖取人嘲

笑者專尚浮訛撓動衆心者空懷猜惡誹

訕朝廷者符同亂類恣行非法者酗酒

騙財無所顧忌者無事逗遛窺覘僥倖者

虛張聲勢瞞欺酒食者專事請囑衆涉是

非者以古非今隨處毀議者並一切禁斷而輕

則自京所措處重則告內部是白齊

一無罪橫罹而無路發明者冤妄有疾而無人

救活者若已當之隨宜措劃聯名以發明之並

力以救活之以敦相愛之情是白齊

一得病不幸無路送終者隨宜辦財定有司使

之護㐮是白齊

一旣定條約則宜派所任先自約長以至曹
司擇其可堪人㐮定是白齊

一所任宜有定數都約長一負毋論在京在鄉
以齒爵德咸尊人望薦副約長二負公事
負四負曹司八負俱以在京人有實望者
圈點薦㐮是白齊

一京所所任望報于內部是白齊

一都約長若不在京幹務則副約長二員中

一貟更薦望使之代行是白齊

一尊其長所以重其約也都副約長當座之

地母論誰某審慎其體貌是白齊

一寂所準備者處所而財難猝辦勢不得買

屋爲先借得人家權設京所是白齊

一每月望所任及可議之人來會京所自去

月望至于今望往來人數行止遲速事之

有無昭詳叅攷隨宜措處是白齊

一每公議之地開座節次倣用相揖禮筭記是

白齊

一使嗅不可無者也以勤幹者一名爲先差出

舉行是白齊

一經用必備隨其手勢之優劣下自一緺上

至無定數出義補用必從自願切勿強排是

白齊

一凡嶺人之文蔭武出宰外邑者隨其等分

定例錢補用是白齊

一鳩聚之財隨其多少必將殖利而殖利之方

莫若任諸屢人都所受都所之標定邊信任

而自京所如有用處則以京所圖署照以符

驗然後無疑與受是白齊

一京所古有而今無今旣更設則列邑鄉所復

當管轄各郡鄉長一員依該邑儒論峻　約

望差出後其姓名自鄉中報于京所是

白齊

一各郡每面有面約長一人毋論誰某有事
於京欲爲上京者則先往該面約所呈其
單子曰某里某姓名以某事將於某日發
行矣願許施而照給圖章事如是呈單自
面所審其人度其事果人非殊常事非糢糊
者照給圖章許以往之而入京之日鄉單先爲

到付於京所自京所成給憑標使之出

入是白齊

一毋論某郡自吏民中如有成羣聚黨

惹鬧作變者是自該邑鄉所不善操

束之致也作魁者與該鄉約長之姓名自

京所卽告内部一軆法勘是白齊

一浮悖之類稱托京司訓令出沒鄉里誅

求多端者自該郡鄉約所詳探根委如

有疑貳之端論報京所自京所更探于本
司以辨其真偽是白齊
一近來教術之頹敗誠極寒心自京所行會
于各郡鄉所使之扶教而鄉百里各置訓
長月朔開講童蒙與勝冠者並就學
無或隳廢而鄉百里訓長並墾報于京
所是白齊
一得拈條約原韻賦陳其事以示約誓之

旨

認許

義而毋論某因其韻次第參題是白齊

一條約冊子宜有序記往請于典文以作重

鑒是白齊

一未盡條件追後磨鍊是白齊

光武元年十一月　日奉

議政府參政內部大臣南廷哲

한국 문화와 주변 문화−그 만남에 대한 역사적 추리

초판인쇄일 : 2004년 12월 25일
초판발행일 : 2004년 12월 30일

지　은　이 : 이도학 · 김도경 · 김인규 · 서영교 ·
　　　　　　정동찬(윤용현) · 정석배 · 천진기 · 채미하
발　행　인 : 김선경
발　행　처 : 도서출판 서경문화사
인　　　쇄 : 한성인쇄
제　　　책 : 반도제책사
등 록 번 호 : 제 1 - 1664호
주　　　소 : 서울 종로구 동숭동 199 - 15(105호)
전　　　화 : 743 - 8203, 8205
팩　　　스 : 743 - 8210
메　　　일 : sk8203@chollian.net

ISBN　89-86931-79-6　　93900

* 파본은 본사나 구입처에서 교환하여 드립니다.

정가　14,000원